陈雪平・著

立法价值研究

——以精益学理论为视阈

LEGISLATION VALUE STUDIES

LEGISLATION VALUE STUDIES

中国社会科学出版社

图书在版编目(CIP)数据

立法价值研究:以精益学理论为视阈/陈雪平著.
—北京:中国社会科学出版社,2009.8
ISBN 978-7-5004-8160-7

Ⅰ.立… Ⅱ.陈… Ⅲ.立法—价值—研究
Ⅳ.D901

中国版本图书馆 CIP 数据核字(2009)第 162828 号

责任编辑 吴连生
责任校对 曲 宁
封面设计 李尘工作室
技术编辑 戴 宽

出版发行 中国社会科学出版社
社 址 北京鼓楼西大街甲 158 号 邮 编 100720
电 话 010—84029450(邮购)
网 址 http://www.csspw.cn
经 销 新华书店
印 刷 君升印刷厂 装 订 广增装订厂
版 次 2009 年 8 月第 1 版 印 次 2009 年 8 月第 1 次印刷
开 本 880×1230 1/32
印 张 14.5 插 页 2
字 数 376 千字 印 数 1—2000
定 价 38.00 元

序

立法是法治的前提，只有所制定的法律本身是优良的，法治的实现才有现实的基础。但法律本身不会自动优良，要使法律优良，就离不开对立法的研究，就要研究立法的价值。就此而言，本书的选题抓住了法律的根本，是大有价值的。

关于立法价值，我认为，最起码包括立法本身的价值和作为立法指导思想的价值两个方面。

立法是为社会立章建制、为国家立法典民，具有极其重要的价值。我们经常讨论如何为社会作贡献的问题，但我认为一个人对社会的最大贡献莫过于为社会、国家建立一套优良的法律制度，因为恶法是百恶之源，善法是百善之首。所以，拿破仑才说，我打了一辈子的胜仗，但都被滑铁卢一仗给全部抹杀了，我真正能留给后人的、让后人永远记得我的，还是我的民法典。每念及此，就会遥想起那些真正的开国元勋，他们是值得人们铭记的先贤和学习的楷模。

立法不仅是法治的基础，也是一切法学研究的最终目的，因为研究问题就是为了提出解决问题的方法，而这种方法的最高形式就是法律规则。法学研究无论是究天人之际，通古今之变，还是博中外之长，成一家之言，最终目的都是为了立一套规则。北京天则经济研究所把“天降大任兴百业，则成律令福万民”立为所训，这是很值得我们学习的。人家经济学研究尚且追求“则成律令”，我们的法律研究本质上是规则研究，按理说最应该把研究成果“则成律令”，但我们似乎还缺乏这种立法意识，做得还很不够，经常可以看到许多法学研究的成果，包括那些洋洋几万言、几十万言的硕士、博士学位论文，它们研究来研究去，其结论却很少被确立为具体的法律规则。这种研究不仅功亏一篑，而且很不到位，就像踢足球欠缺临门一脚一样，令人叹息。这种现象是我们应该高度重视、认真对待、着力解决的。要是我们的法学研究成果，最终都能确立为法律规则，为我们的法制完善尽心尽力，那么我们实现法治国家的目标就指日可待了。

人的行为深受价值观念的指导，可以说，有什么样的价值观念就有什么样的行为。同样，有什么样的立法价值观念，就有什么样的立法和法律，立法要保证优良，就必须受到正确的价值观念的指导。因此，要研究立法就必须研究立法的价值。这些立法价值包括，一是道德，法律本身应该是道德的，道德是立法的核心价值，如公平、正义、平等、自由、民主、人权、秩序等，它们是立法的根本价值。我认为，一切立法和法律都应是对上述人类普世价值的确定化、规则化和体系化。但由于上述立法价值有其宽泛性和不确定性，需要其他立法价值去补充和确证，因此，除了作为核心立法价值的道德以外，还应选择那些对立法有着重要指导作用的价值作为有益的补充，如习惯、科学即是如此。习惯是法律之母，立法应尊重习惯、符合习惯、记载习惯、升华习惯，这样立出来的法律才不会是无源之水、无本之木；立法是一门科学，应符合科学的要求，具有科学的内涵，体现科学的精神，具备科学的特征，实现科学的宗旨，立法科学才能保证法律科学，法律科学才能行之有效。本书力求在道德、习惯和科学的基础上建立一套多元、系统的立法价值体系。这一立法价值体系的基本特征是，以人类对良法的追求为立法价值的逻辑起点；以人的需要为立法价值的逻辑终点；以道德的正当性为主导，以符合习惯、尊重科学为补充；以实现立法的正当性、实效性和客观性为目的。我认为，书中的这些探讨是十分有益的。

立法是从纷繁多样的社会关系中总结出一般性的法律规则，法律是社会关系的总和，立法关系国计民生，影响国泰民安，涉及方方面面，这就决定了立法是一项错综复杂的工作，它需要百科全书式的知识。所以《查士丁尼法典》开宗明义规定："法学是关于神和人的事物的知识"。[①] 孟德斯鸠指出："从最广泛的意义来说，法是由事物的性质产生出来的必然关系"，"法律应该和国家的自然状态有关系；和寒、热、温的气候有关系；和土地的质量、形势与面积有关系；和农、猎、牧各种人民和生活方式有关系。法律应该和政治所能容忍的自由程度有关系；和居民的宗教、性癖、财富、人口、贸易、风俗、习惯相适应……这些关系综合起来就构成所谓法的精神。"[②] 如此看来，要完成立法工作，立法者必须具有广博精深的知识，立法者的知识广度和深度直接决定着立法的质量。为此，立法者必须先经磨炼，洞悉天人性情，根极天理民彝，称量于人情世故，熟谙各国风教，大小上下，源委重轻，无不了然于心中者，然后推而出之，乃能稳惬人情也。[③] 这就是说，立法者几乎要上知天文、下晓地理、中通人事，应探究天地人、追求真善美，只有具有如此广博精深的知识，才能胜任立法工作。所以有人说，立法者应是一国中最优秀

---

① ［古罗马］查士丁尼：《法学阶梯》，张企泰译，商务印书馆 1987 年版，第 1 页。

② ［法］孟德斯鸠：《论法的精神》上卷，张雁深译，商务印书馆 1993 年版，第 1、7 页。

③ 参见洪仁玕《资政新编》。

的人，甚至是非神明不可。不仅立法需要百科全书式的知识，研究立法和立法价值也同样如此，本书在这方面作了力所能及的努力。它以立法学理论为主线，但在具体问题的论证中综合运用了哲学、历史、政治学、法学、伦理学、经济学等多学科的知识、理论和方法，广泛借鉴和吸取了古今中外已有的研究成果，并在此基础上提出了自己的一些见解。这是可喜可贺的。

还有本书的一个重要方面就是运用了现代管理学的精益理论和方法对立法价值进行了创新性的研究。它将立法过程视为精益过程，将立法价值体系视为精益价值系统，对立法价值进行了精益性分析，提出了道德、习惯和科学等要素在立法价值系统中的地位、功能及各自量化的表现，并以此为基础对立法提出了精益性的要求，使立法价值研究更有现实基础。是呀，我们制作一件物品尚且需要精益求精，制定直接关涉人们生命、自由、财产、安全，关系国计民生、影响国泰民安，也可以说是“为天地立心，为生民立命，为往圣继绝学，为万世开太平”的法律更需要精益求精，也许可以说，这世上大概没有什么东西比法律更需要精益求精的了。其实，我们进行法学研究的最终目的就是为了使我们的法律规则精益求精，如果法律规则精益求精了，那么法律就优良了。相比之下，我们急需对我们的法律规则加以精益求精，因为我们的法律规则除了有剥夺孙志刚生命这样很不人道的《收容条例》和侵害许多婴幼儿生命健康这样匪夷所思的“免检制度”以外，仍然还有许多不够精益求精的地方。例如，《刑法》第十七条规定：“已满十四周岁不满十六周岁的人犯故意杀人、故意伤害致人重伤或者死亡、强奸、抢劫、贩卖毒品、放火、爆炸、投毒罪的，应当负刑事责任。”这个规定是不合逻辑的，因为“故意伤害致人重伤或者死亡”，它本身不是一个罪名，而是故意伤害罪的两种情节。再如《刑事诉讼法》第二百一十二条规定："死刑采用枪决或者注射等方法执行"。这一规定也是不严谨的，因为刑法的基本原则之一是罪刑法定，不仅罪要法定，而且刑也要法定，执行刑罚的方法怎么可以"等"呢，"等"给人们留下了很大的想象空间，也埋下了不小的滥刑可能。还有《婚姻法》第七条规定："直系血亲和三代以内的旁系血亲禁止结婚"，这条规定也是有待完善的，因为这是生育的条件而不是结婚的条件，事实上就有许多人是直系血亲或三代以内旁系血亲，他们的爱情不亚于梁山伯与祝英台，但根据目前《婚姻法》的规定他们是不能结婚的，这种一刀切剥夺他们结婚权利的做法是十分残忍的！如果他们只结婚不生育，如丁克家庭那样，难道法律不应该对他们网开一面吗？当然有人会说，这是为了防止残疾婴儿的出生。但是否会生育出残疾婴儿，其实当事人比任何他人或社会、政府都更为担心和关心，因而他们会好自为之，大概用不着别人为之费心劳神。法律诸如此类不够精益求精的地方还有很多。如果我们能对我们所有的法律进行逐一排查，对每一条、每一部法律都精益求精，那将是功莫大焉的事情。

这篇序已经写得太长了。俗话说，百闻不如一见，还是敬请读者亲睹为快吧。

中国社会科学院法学研究所研究员　邱本

2009 年 6 月 20 日

目　录

导　言

立法，即以审慎刻意的方式制定的法律，已被论者确当地描述为人类所有发明中充满了最严重后果的发明之一，其影响甚至比火的发现或火药的发明还要深远。然而立法本身从来不是像立法那样被“发明”出来的，因此与这种法律不同，立法的发明在人类历史上相对晚出一些。立法的这种发明赋予了人类以一种威力无比的工具——它是人类为了实现某种善所需的工具，但是人类却还没有学会控制它，并确使它不产生大恶。立法向人类开放出了诸多全新的可能性，并赋予了人类以一种支配自己命运的新的力量观或权力观。

——［英］弗里德利希·冯·哈耶克①

① ［英］弗里德利希·冯·哈耶克：《法律、立法与自由》第一卷，邓正来、张守东等译，中国大百科全书出版社 2000 年版，第 113 页。源于：Begulae Rehfeld, Die Wurzeln des Rechts（Berlin，1951）第 67 页中的一段话：“立法现象的出现……意味着人类历史上一种艺术的发明，即规定合法与不合法的艺术。在此之前，人们认为，法律是不能制定的，而法律只能作为某种本来就存在的东西来加以适用。根据这种观念，立法作为一种发明，就可能产生的某种严重后果，与火的发现或火药的发明所具有的那种严重后果一样。这是因为，越加强立法，人类的命运就越依赖于法律。”

立法学作为现代法学体系中一门重要的学科，是对立法现象、立法规律进行理论研究和实践的探索，即立法学一方面要对立法主体、效力及过程给出理性的阐述；另一方面还要对立法的客观状况进行求证。但无论是理论研究，还是实践探索都会同时遇到立法的价值问题。尽管目前立法学的体系还没有将其纳入立法学的内容，但立法的价值问题理应是立法学研究的范围。这是因为，人类实践的价值取向是不容置疑的，是为满足人——作为社会实践主体的需要的必然选择。而人的需求欲望虽然会受到社会历史的物质条件和人类自身实践能力的限制，但是作为具有社会性和自然属性统一本质的人，在受到客观外在限制的同时，其主观意识却在无时无刻地追求这种需求的最大化。自从有了国家，国家的统治者便通过法律规定，规范人的行为，使其能够在法律许可范围内，保护或限制人们为满足自身的需要和他人需要的行为规范，由此必然会形成对立法价值的追求。

在现代社会中，市场经济是当然的法治经济，只有法治经济才能规范市场的主体（在这一点上国家也不例外），才能使立法的价值至少在形式上得到了直接的、纯粹的体现，也使得法治的权威在民众心中得以树立，使遵法、守法、执法、司法及法律监督能够在一定程度上得到良好地运行。近十几年来，由于中国市场经济的不断完善和发展，特别是加入 WTO 后，中国的经济发展已融入世界的舞台。全球经济一体化要求中国依法治国的治理方略应更加完备，更加具有成效。这首先就要求中国必须要有完善而系统的法律体系，因此立法已成为中国权力机关的重要行为之一。然而由于部门权益、群体利益的不同，导致了立法目的和立法过程始终充满着博弈，使得立法者在立法的价值取向上必须权衡利害、舍取适当，在充分或至少体现法的最普遍价值时，兼顾法的其他价值，从而实现立法价值的系统性，特别是立法价值的精益性。但这一过程由于种种复杂多变的原因，在现实中却是相当艰难的。在这一点上，我们可以从近年来中国制定一些法律的过程中得到证实，特别是《中华人民共和国物权法》和《中华人民共和国劳动合同法》的制定过程更能说明这一点。在十一届全国人民代表大会第一次会议的全国人大工作报告中，着重提出了要以科学发展观为指导思想，以人为本，实现民主立法、科学立法。这一指导思想的本质就是通过立法价值的取向，以保护人的基本权益为依托，体现法的价值。而这一过程只有进行精益的有价值的立法行为才能实现。

现代社会发展的全面性和复杂性向立法学的理论提出了挑战，要求立法活动能从全面的、系统的和多层次的维度考虑问题，要求人们必须运用抽象具体、分析综合等辩证的理性思维，采用量化和实证等方法，从哲学、政治学、伦理学、美学、社会学、心理学、历史学、管理学等多学科视角，对立法价值的深层次的理论问题进行探讨：怎样才能对立法的价值概念进行科学的界定？如何建立立法的价值系统？如何描绘立法价值的行为？在现阶段如何分析和解决立法活动过程中出现的矛盾和冲突？这都需要在理论的层面上进行全面而系统的探讨。当前，中国理论界对具体法律的立法价值探讨的较多，而对立法价值的理论进行研究还比较少。因此笔者试图作出这方面的不懈努力，并试图以精益学理论分析立法价值及实现立法价值的行为过程，期待此举能够对立法价值的理论研究起到抛砖引玉的作用。

一　立法价值研究的重要性和必要性

对立法价值的理论研究，首先是基于现代法治国家的追求，同时也是立法理论自身完善的需要，而更重要的是立法价值适用的需要，这是立法价值的生命力，也是进行这一理论研究最坚实的基础和最终的着眼点。

1. 现代法治国家的追求

当今世界，除个别国家外，都在积极制定法律，许多国家早已形成或正在形成自己的法治社会。而无论是建设法制或实行依法治国，首先都要立法[①]。立法始终是和法治联系在一起的。在人类文明的进程中，国家的形成，使法治在与人治的博弈中逐渐成为执政者主要的或绝对的治国方略，这在现代实行市场经济的国家中尤为明显。

（1）法治应当是“良法”之治。对立法价值进行“艰苦卓绝”的探讨，其目的是能够为依法治国制定“良法”，以满足人作为实践的主体对立法客体的需要。

在国家形成的初期，由于生产力发展水平的低下，社会意识的功能和作用还处于较低的水平，加之上层建筑的内在结构及其各个部分还没有形成良好的运行机制，使治理国家的途径在本质上是“人治”，但在表现形式上，“人治”的实施是通过法律进行的。特别在人类社会的进步中，执政者逐渐克服了密制酷法、滥设私刑的“愚民”做法，并最终以公开颁布的法律和审判定罪得以实现。法律的公布对于约束政治的权威十分重要，“把法律写出来不仅保证了法律的永久性和稳定性，还使法律摆脱了以‘言说’法律为职能的巴赛勒斯的个人权威，变成了公共财产和对所有人都一视同仁的普遍规则。法律是一种适用所有人但又高于所有人的规则，是一种理性的规范，它可以讨论，可以通过决定来修改”[②]，至此法律公开，

---

① 周旺生：《立法学》，法律出版社 2004 年版，第 2 页。

② ［法］让·皮埃尔·韦尔南：《希腊思想的起源》，秦海鹰译，生活·读书·新知三联书店 1996 年版，第 40—41 页。

统治者便将治理国家的厚望寄于法治的权威，而不是仅仅寄于某一个人的身上。这样，立法也就成了统治者在任何时代和时期都极其重要的活动了。

古希腊著名思想家柏拉图在他的《法律篇》中分析了人的本性是贪图和自私时认为："人类必须有法律，并且遵守法律，否则他们的生活将像野蛮的兽类一样。"由此他得出结论：一个国家的法律如果在官吏之上，而这些官吏又服从法律，这个国家就会获得诸神的保佑和赐福[①]。柏拉图的学生亚里士多德则更进一步地提出了"良法之治"的思想，他认为："法治应包含两重意义：已成立的法律获得普遍的服从，而大家所服从的法律又应该是本身制定得良好的法律。"[②] 即只有符合正义的良法才能树立至高无上的权威，才能被人们普遍遵守。近代以来，资产阶级思想家们强调自由、平等、正义、人权等人道主义精神，并在对社会进行深刻分析的基础上，强调了"法律即王"、"法律高于政治权威"、"法律至上"、"司法独立"、"程序正当"等，以此强调法治的重要性[③]。

可见，法治应以良法为前提。何为良法？亚里士多德在《政治学》中提出了这样的标准：第一，良法是能够促进正义的法律。法律的实际意义应该是促成全邦人民都能献身于正义和善德。亚里士多德认为，法律如果能帮助政府和人民为恶，便不是良法。第二，良法不能只于一时一地具有意义。亚里士多德主张

① ［古希腊］柏拉图：《法律篇》，载《西方法律思想史资料选编》，北京大学出版社 1983 年版，第 73 页。

② ［古希腊］亚里士多德：《政治学》，吴寿彭译，商务印书馆 1965 年版，第 199 页。

③ 参见程燎原、江山《法治与政治权威》，清华大学出版社 2001 年版，第 81 页。

政府在立法过程中，应考察各种政体的优劣，索求政体垂之久远的要诀，如此能维护经久不衰的法律才能算得上良法。法制得到拥护，政体维持不坠。第三，良法之治是对人民的自我保全，而不是以法律压迫人民的威权之治[①]。可见亚里士多德是从“应然”的自然法的意义，对统治者能够制定良法给予了极大的期待，而事实上，亚里士多德所处的奴隶社会的时代以及后来的封建等级制度的建立，不可能实现良法的制定和实施。

20 世纪法律实证主义（分析法学）开始兴起。以凯尔森、哈特、拉兹、麦考密克为代表的分析法学认为：要严格区分“实际是这样的法”和“应当是这样的法”；强调对法的概念的分析；依靠逻辑推理来确定可适用的法律；以及否认法律和道德之间的必然联系[②]。这些观点遭到了自然法学派的强烈反对，并最终引发了始于 1957 年的那场坚持新分析实证主义观点的英国法理学家哈特与主张新自然法学理论的美国法理学家朗·富勒之间延续了 12 年的争论，这就是 20 世纪著名的“哈特 - 富勒”之争，直到 1969 年富勒的《法律的道德性》一书再版为止。实际上，实证主义法学和自然法学之间的争论早在 19 世纪就开始了，其中一个重大的哲学争论是“应当”（ought）和“现实”（is 或 being）两者之间的关系。具体到法学中，就是“应当是这样的法”（the law as it ought to be）和“实际是这样的法”（the law as it is）的关系。青年时代的马克思在柏林大学学习法律时评论过这一争论，他明确指出，“应当的东西”和“现实的东西”的对立“是唯心主义固有的；它又成了拙劣的、错误的划分的根源”。他主张，在研究

---

① 参见周天玮《法治理想国——苏格拉底与孟子的虚拟对话》，商务印书馆 1999 年版，第 89 页。

② 参见沈宗灵《现代西方法理学》（法学丛书），北京大学出版社 1992 年版，第 128—129 页。

法、国家等哲学方面，“必须从对象的发展上细心研究对象本身，绝不应任意分割它们；事物本身的理性在这里应当为一种自身矛盾的东西展开，并且在自身求得自己的统一”[①]。马克思的这些观点对我们正确认识这场争论提供了科学依据。“在研究法的过程中，会存在对法的价值判断（即它应当怎样）和法的现实（即它实际上怎样）这两种认识形式之间的矛盾。但我们不应当将它们截然割裂开来。法是统治阶级意识的体现，使现实的法符合这一阶级的理想和价值的判断自然会有一个认识和实践的过程，但应当在这一过程中逐渐求得二者之间的一致。”[②] 强调法律和道德的密切联系，把道德作为立法价值标准的法律规则被视为“良法”，而与道德分离，违背正义、公平道德标准的则被称为“恶法”；自然法学理论推崇“良法”，主张“恶法非法”，而分析法学认为“恶法亦法”。哈特认为，即使违反道德性，只要是在法定形式下制定，就内容而言仍然是法律，尽管是很不公正的法律。麦考密克从肯定和否定两个方面界定了分析法学的立场：从否定的角度来讲，法律的存在不取决于它们是否符合对所有法律制度普遍适用的任何特定的道德价值；从肯定的角度来讲，法律的存在有赖于它们是由社会中的人们决定创立的[③]。因此，分析法学家始终坚持法律和道德分离的信条，认为“法律存在是一回事，它的功过则是另一回事”[④]。这样就否认了法律的道德价值，实际上也就否认了立法的道德价值内容。

---

① 《马克思恩格斯全集》第40卷，人民出版社1963年版，第10—11页。

② 沈宗灵：《现代西方法理学》（法学丛书），北京大学出版社1992年版，第29页。

③ 参见［英］麦考密克、［奥］魏央贝格尔《制度法论》，周叶谦译，中国政法大学出版社2004年版，第54—55页。

④ 张文显：《二十一世纪西方法哲学研究思潮》，法律出版社1996年版，第85页。

现代法治社会，必须通过立法制定良好的法律才能为法治提供依据。法治需要良法，而立法就是制定和认可法律的活动和行为过程，是法治所有构成和运作的源头与启动点。而立法的价值则是决定立法的成果——法律是否为良法的关键。通过立法制定出能够满足人类自身需要的法律。这种法律规范首先要符合人类对道德价值的追求，这是法律精神的本质所在，是人类对立法价值追求和选择的共同目标，也是人们崇敬法律的严谨，受摄法律权威的动力。同时还要能够被不同时期、不同民族的文化习惯所认可和接受。这是法律能否实施和实现的最坚实的“土壤”，一部法律如果能够植于这样的“土壤”，获得培育和滋润，那么它就会获得生机和活力。另外要制定“良法”，还必须汲取先进的科学技术，使制定的法律能够经得起社会实践的检验。立法必须尊重客观规律，运用先进的科学技术，这在一些商法和经济法规中较为突出。这是人类社会文明的进步和现代科技发展的结果，无视于这一点，仅仅停留在单纯的道德层面上，其道德本身的立法价值也是不能实现的。而政治、经济等因素的影响也是不容置疑的。因为道德是一个历史的范畴，道德的形成会受到诸多因素的影响，这种影响是全面的、系统的，因此立法的价值只有深刻体现这种全面性和系统性，才能具备良好的品质，也才能够成为真正的“法治之法”、“良法之法”。

（2）法治是“尊重个人尊严”之治。法治是“尊重个人尊严”之治，是对基本人权的保障，是现代法治所要求的重要价值之一，当然也是立法价值要求的逻辑必然。

在人类的历史上，保障人权、“尊重个人尊严”的思想萌芽于欧洲文艺复兴时期，起初只是朦胧的，不确定的，而且具有浓郁的宗教色彩，大多体现在建筑、绘画、雕塑、文学作品中。因此人权概念是抽象的，还不可能明确提出“尊重个人尊严”，保障公民个体权利的主张。直到资产阶级革命前夕的启蒙思想家们才提出了有关人权的具体内容。启蒙思想家们主张自由和平等是人人生而具有的权利，因此人的生命权、人身权和对私有财产的所有权不受侵犯。显然这是为了反对封建专制和特权提出来的。但是人权的实现要受到一定的历史条件的限制，因此人权具有历史性和现实性，可是在资产阶级那里，“当人权被视为永恒的，权利就成了现代的作品；当权利被视为自然的，它又是一种社会和法律的建构；当权利被视为绝对的，客观存在又是要受到法律限制的；当它被视为是超越政治的，它又是那个时代的政治产物；最后，当它被视为理性的，它又是资本理性的产物，而不是社会公共理性的产物”①。

人权由一种思想转变为法律和制度，经历了漫长和艰难的过程。英国13世纪后，随着诸侯对农民统治地位的巩固，摆脱王权的要求也逐渐强烈。1215年6月，诸侯在反对国王的斗争中取得胜利，国王被迫签署了《大宪章》。《大宪章》在一定程度上限制了王权，确定了封建贵族和僧侣的特权，并规定国王在征税时必须召开由大贵族参加的“大会议”，征得贵族的同意。同时还规定，任何自由平民非经合法程序不得被逮捕、监禁、放逐和没收财产。由于这些规定有效地限制了王权，保障了平民的基本权利，因而成为英国历史上重要的法律文献之一，并成为资产阶级反封建的锐利武器。1640年英国爆发了资产阶级革命，确立了君主立宪的政体，王权受到了极大的限制，国会的权力得到了加强，1640年和1689年又分别颁布了《人身保护令》和《权利法案》，对保护公民的权利作出进一步具体的规定，如规定国王不得随意

① ［美］科斯塔斯·杜兹纳：《人权的终结》，郭春发译，江苏人民出版社2002年版，第174页。

征税，不得征集和维持常备军，不得对臣民使用酷刑，不得设立宗教法院和特别法院，不得干预司法活动，等等。体现了保护人权的思想。

美国独立战争时期，1776 年 7 月 4 日召开的大陆会议通过的《美国独立宣言》序言中表明："我们认为下面这些真理是不言而喻的：人人生而平等，造物者赋予他们若干不可剥夺的权利，其中包括生命权、自由权和追求幸福的权利。为了保障这些权利，人类才在他们之间建立政府，而政府之正当权力，是经被治理者的同意而产生的。当任何形式的政府对这些目标具破坏作用时，人民便有权利改变或废除它，以建立一个新的政府，其赖以奠基的原则，其组织权力的方式，务使人民认为唯有这样才最可能获得他们的安全和幸福。"1789 年《法国人权宣言》对人权保护作了这样的阐述：在权利方面，人们生来是而且始终是自由平等的。只有在公共利用上面才显示社会上的差别（第 1 条）；任何政治结合的目的都在于保护人的自然的和不可动摇的权利。这些权利就是自由、财产、安全和反抗压迫（第 2 条）；整个主权的本原，主要是寄托于国民。任何团体、任何个人都不得行使主权所未明白授予的权力（第 3 条）。

在现代法治国家中，在人权的保护方面更加注重对公民个体权利全面性的保护，特别是对人的自主的自由、精神品质的肯定，对人格的尊重，使其将"尊重个人尊严"作为保障公民权利、促进人的全面发展的重要内容。

1959 年，在印度新德里召开的国际法学家会议所形成的《法治宣言》把"尊重个人尊严"作为法治对人权保障的崇高价值，其具体要点是：

在立法方面：（1）立法机关要创造和维持条件，使个人尊严得到尊重。人的尊严，包括承认人的公民和政治权利，以及建立社会、经济、教育和文化条件，以促进个性的完整发展。(2) 立法机关要致力于实践人权宣言，包括：法律上不得有基于种族、宗教、性别的歧视；保障宗教自由；保障参政的选举和被选举权；保障言论、集会、结社自由；法律不得溯及既往；保障个人基本权利及自由的行使；提供程序机制使上述原则得以实现。在行政方面：(1) 要防止权力滥用。(2) 要有效维持法律秩序，以保障社会和经济生活条件。(3) 行政机关如果获得制定法律规章之权，应当明确限定权力之目的与范围，并确立生效的程序。在任何情况下，基本人权不能被剥夺。(4) 行政机关的行为凡直接不利于个人人身权利或财产权利的行使，皆应当受到司法审查。(5) 行政机关的不法行为如果使公民权益受损，应当迅速给予救济。救济可以是对国家提出诉讼，也可以是对不法行为提出告诉。

尊重个人尊严意味着对个人的自主性和计划未来能力的尊重。一个人可能因为自我性格和能力缺陷而无法控制自己的生活，他可能不知道自己可以有些什么选择，也可能因为天灾而丧失若干选择。……然而，人可能因为他人的干预而导致本身生活选择的改变。拉兹认为，有三类干预会侵犯个人的尊严及自主性：侮辱、奴役和操纵。……蓄意违背法治就会导致个人尊严受到侵犯。因为法治所带给社会和个人的是确定性和合理的期望，使人们作为理性而自主的个体可以顺利地有所作为。因此就需要通过立法制定恰当的法律，否则就有可能侵害人们的尊严，也可能不幸地为政府专断提供法源，因为法治具有抑制政府专断和保障个人尊严的功能[①]。

---

① 参见周天玮《法治理想国——苏格拉底与孟子的虚拟对话》，商务印书馆1999年版，第144—146页。

随着社会的发展和人类文明的进步，社会对私人领域的尊重程度不断提高，法律在保护公民个人隐私权方面也不断得到了加强。公共领域与私人领域的划分，是现代社会最重要的特征之一。现代法治思想认为，国家和社会的权力不应运用于私人领域，这是对公共法律机构的限制。从传统来讲，家庭、住宅及个人的兴趣和偏爱是私人的或家里的事。……无论这种区分的界限是什么，对私人领域的侵犯都被认为是可耻的。相比之下，公共领域是受法律规范和政治权威支配的关系领域。对自由主义而言，公共和私人的区分对于维护个人的隐私权和自由及表明政治权威的合法限度是至关重要的①。

对私人领域的保护也是保护人权、尊重个人尊严的具体体现。“风可进，雨可进，国王不可进”，是著名的法理谚语，强调私有合法财产应受到至高无上的保护。这一谚语源于18世纪中叶英国首相老威廉·皮特的一次演讲中的内容：“即使是最穷的人，在他的寒舍里也敢于对抗国王的权威。风可以吹进这所房子，雨可以打进这所房子，房子甚至会在风雨中飘摇，但是英王不能踏进这所房子，他的千军万马也不敢跨入这间门槛已经破损了的破房子。”② 依据这一谚语，19世纪后期统治普鲁士王国的德国皇帝威廉一世成了被告，并败诉。事情的经过大概是这样的：威廉一世想在波茨坦建一个行宫，建的时候没发现行宫前面有一个磨坊，建好后，皇帝站在自己的阳台上发现这个磨坊特别碍眼，让他心里特别不爽，然后就派手下的人去看看，能不能把磨坊买下来，算国家征用这片土地。殊不知磨坊主不答应，然后

① 参见［美］尼古拉斯·布宁、余纪元编著《西方哲学英汉对照辞典》，人民出版社2001年版，第837—848页。

② *Oxford English Dictionary of Quotations*, 1966; also, Tibor R. Machan: *Individual and Their Rights*, La Salle: *Open Court*, 1989, Chapter V.

内务大臣回去给皇帝汇报，并建议一定要买下来。皇帝说再增加价格，并给予优厚的补偿。但磨坊主仍坚持不卖，皇帝很生气，就强制把磨坊拆了。于是磨坊主第二天找到律师将皇帝告上了法庭。而法院竟受理了这一以国王为被告的案件，最后三个大法官以私有财产神圣不可侵犯，不经房主的同意是不可以进行强制拆迁为依据，判国王赔款，重建磨坊。也是依据这一谚语，当18世纪美国波士顿周围的十三个北美殖民地屡遭大英帝国派遣的税吏逐家征税，强行入户时，新大陆的民众呐喊着：我的家园也许破弱，不足以抵挡风雨的入侵，但它却是我立足安命的根基。即便是国王也不能进来夺走我的家啊。以此维护自己的私人领域。而正是这一维护私人权利的意识，使一批青年以韩柯克和萨姆尔·亚当斯为首，组成了波士顿茶党，为了本民族的利益，为了反抗英国的殖民统治，他们领导民众拒绝卸运茶叶，引发了1773年12月16日著名的波士顿茶叶税之战，并最终导致了1775年4月美国独立战争的爆发，并使美国从此走向独立。

中国自从2004年的宪法修正案中，把尊重和保护人权作为一项原则写入宪法以来，尊重和保护人权已作为一项法治原则体现在立法、执法、司法等各个环节中，并首次写入了国民经济和社会发展的“十一五”规划中。中共十七大首次将尊重和保障人权写入党章，表明中国今后的各项工作将全面遵循和体现这一原则。

2. 立法理论的自身完善

当今世界的立法已经成为与国家的政治生活、社会发展和公民权益的保障紧密相连的大事，与之相适应的对立法的理论研究也成了法律学科的重大课题。构建现代法治国家，使人类社会能够向着更加促进人类自身全面、自由发展的方向前进是时代赋予我们的神圣职责。而能够使法律之治卓有成效，必须通过立法制定良好的法律才能实现。而正确的行为必须有正确的理论指导，因此必须不断完善立法理论。而完善立法理论是人类在世代探索和传承中完成的。让我们追溯人类对立法认识的历史，梳理出立法理论形成的脉络，以期不断完善立法自身的理论研究。随着社会发展和人类文明的进步，特别是现代法治国家的建立，使人们更加意识到了立法的重要性，立法学也逐渐从其他学科中独立出来。

（1）立法学的思想萌芽。立法理论作为独立的理论，从法理学中分离出来较晚，在立法学的发展中，立法理论一直被镶嵌在法理学（或法哲学）这一庞大的体系中，而且又往往与哲学、伦理学、文学、神学，社会学、历史学，特别是与政治学及对法学的一般性问题的研究缠绕在一起，使立法学往往成为这些学科的附属品，处于工具地位，这无疑会在一定程度上限制立法学的发展。尽管如此，先人们的论说已经触及了立法的价值问题，并且已经自觉地意识到了立法价值问题的重要性和不可回避性。这一时期古典自然法理论占统治地位，出现了亚里士多德的《政治学》、霍布斯的《利维坦》、洛克的《论政府》、卢梭的《社会契约论》等著作，将法律及立法的问题纳入政治学说中进行探讨。虽然这一历史时期也出现了如柏拉图的《法律篇》、盖尤斯的《法学阶梯》、普芬道夫的《法学要论》、孟德斯鸠的《论法的精神》等有关法的著作，但研究的范围仍然十分广泛，并且从性质来说有的并不是专门的法律著作。因此还不可能建立独立的立法学科[①]。下面以柏拉图的《法律篇》、亚里士多德的《政治学》及孟德斯鸠的《论法的精神》三部著作为例分析其立法思想。

---

① 参见周旺生《立法学》，法律出版社 2004 年版，第 9 页。

《法律篇》是古希腊哲学家柏拉图生平所著《理想国》、《政治家篇》和《法律篇》三部曲中的最后一部力作，可以说它集中反映了晚年柏拉图对其生平思想轨迹的反思成果，标志着其思想从“人治”向“法治”的转变。虽然这是西方第一部以法律为名的著作，但由于受当时社会历史条件及立法水平的限制，使其难以成为一部系统的法律著作，而事实上由于其在著书的体裁上采用的是柏拉图与对手论辩对话的形式，内容也极其宽泛，涉及国家生活的各个方面，对立法理论的相关问题的探讨也过于零碎。尽管如此，我们仍能从论辩的叙述中，辨析出柏拉图的立法思想的精髓。特别是他在每一具体法律的开头都有一个有关良好立法的序言，阐述立法的价值和目的[①]，以做到以理服人，从而使法律能够避免强制而得到自愿遵守。在《法律篇》的开头部分，论辩者们主要是围绕着立法的目的来展开辩论的。接下来柏拉图提出最大的善才是立法者立法的目的。在其后来的论述中，他多次强调立法者立法时，除了受最高的美德指导以外，不应考虑其他意见，而且立法者考虑的美德应当是美德的整体，而不是部分。柏拉图在《法律篇》中对立法的论述虽然缺乏系统性，但对立法价值的论述极其重要。

《政治学》是亚里士多德重要的政治学著作，阐述了城邦政体的理论，对当时的各种政治体制进行了评价，是西方第一部系统论述政治学的著作，极大地影响了西方政治思想的发展。亚里士多德认为，良法是法治的前提条件之一，立法者应当制定良法，而良法必须是以城邦公共利益为目的的法律，并且良法必须是能够久远维护合理政体的法律，指出：“凡订有

---

① 参见［古希腊］柏拉图《法律篇》，张智仁、何勤华译，上海人民出版社2001年版，第132、187、281页。

良法而有志于实行善政的城邦就得操心全邦人民生活中的一切善德和恶行……必须以促进善德为目的。”① 由此他认为，立法者首先要关心青年的教育，法律的最高目的是培养德性。立法者的任务就是通过塑造善良的习惯而使公民们为善。我们是由于做出了正直的行为而成为正直的，其他的德行也是一样。亚里士多德以为我们由于被迫而获得善良的习惯，但是到时候我们也就会在做出善良的行为里面发现快乐。同时亚里士多德还提出了一些可能对立法产生影响的诸多因素，如政治、经济、文化和习惯，特别是道德对立法的影响，体现了亚里士多德立法价值辩证的理性思维，对我们在现阶段认识立法价值的系统性提供了重要的借鉴。

《论法的精神》是孟德斯鸠最重要的一部综合性的政治学著作，被称为是亚里士多德以后第一本综合性的政治学著作，该书是到他的时代为止最进步的政治理论书。作为资产阶级革命的启蒙思想家，孟德斯鸠的理论在中国具有广泛影响。1904 年到 1909 年期间，中国早期的重要思想家严复陆续将《论法的精神》一书翻译出版，当时译名为《法意》。这部著作的出版对中国当时的法律学、政治学产生了深刻的影响，特别是他的对权力制约的分权与制衡理论，对中国反对封建专制和压迫，追求法治，建立共和国家有重大的启蒙意义。在政治体制的选择上，以英国为例，孟德斯鸠提出了君主立宪制的政治主张，因为在君主制国家，法官遵守法律，法无明文规定时，法官按法律的精神办案。但他倾向于法律形式主义，认为要严格依照法律办事，在实施法律时，不要过多地掺入政策、道德等因素。孟德斯鸠反对刑罚报

① ［古希腊］亚里士多德：《政治学》，吴寿彭译，商务印书馆 1965 年版，第 138 页。

复主义，主张多用财产刑，少用人身刑等，这些都体现了他理性主义的法律观和人文主义精神。在论述了自然条件同政治法律的关系时，他认为，自然地理环境、文化、宗教、风俗习惯等各种因素对社会政治法律制度具有重大的影响。因此立法者制定法律时应当加以考虑。应当说孟德斯鸠所探讨的问题，除了“应然”的问题，也有“实然”的问题。表明他试图解决“先验”和“经验”的矛盾，并把“法的精神”具体化、社会化和实践化。这一唯物主义的立场是值得我们今天倡导和传承的。

此外，这一时期的思想家们还对立法目的、作用和本质进行了研究。如强调立法是法治的前提、是政治和治国的工具、是理性和自然法精神的体现，立法是人民公意的反映，其目的是保障人的天赋人权，为人们提供行为准则，抑制人类存在的自私、残暴等不正义的行为，也约束政府的行为，使其依法行使职权。同时也对立法的程序问题进行探讨。对立法问题的探讨尽管涉及的范围较广，但仍然较零散，还没有形成体系，并且过于突出了立法理论的工具作用。因此不能够使立法学产生，但这些研究和见地却为立法学最终得以形成奠定了基础①。

（2）立法学的形成。随着资产阶级政权的相继建立，法治也逐渐取代了封建统治的“人治”，立法已成为国家权力机构的重大工作事项。同时，人类科学技术得到了进一步的发展，科学研究已从收集材料发展到整理材料阶段，学科分类进一步深化，这些都为形成独立法学奠定了基础。这一时期立法学的发展起初是从先前的政治学中脱离出来融入到了法理学和法史学等学科中，使立法学的研究范围相对缩小，为能够对立法的相关问题进行深入地研究提供了条件。这一时期古典自然法学走向衰落，哲

① 参见周旺生《立法学》，法律出版社 2004 年版，第 9 页。

理法学、历史法学和分析法学逐渐占主导地位，出现了奥斯丁的《法理学范围》、梅因的《古代法》、耶林的《法律的目的》以及霍姆斯的《普通法》等法学著作。此外，还出现了专门的立法学著作，如1776年法国马布利的《论立法或法的原则》等。进入20世纪后，由于西方资本主义社会政治、经济、科学、文化的发展，形成了诸多法学流派，立法学也相应取得了进步。至二战结束前，西方国家的立法学专著大量涌现，其代表性的著作主要是：美国有1901年伊尔伯特的《立法的方法和形成》、1917年弗洛恩德的《美国立法标准》、卢斯的《美国法和制定》；英国有1912年布朗的《现代立法的基本原则》、1938年罗素的《立法起草和立法形式》。此外还有一些纯立法技术方面的著作。相对来说，中国这一历史时期的法学发展比较缓慢，但也出现了一些法学或立法方面的著作。如梁启超的《论立法权》、康有为的《请定宪法开国会折》、章太炎的《原法》等。可见这一时期立法学已经从其他学科中分离出来，并逐渐发展成了独立的学科。对立法价值问题的研究也由“应当”的理想状态过渡到了“实然”现实中。而这一时期对立法价值问题的研究较集中地体现在黑格尔的《法哲学原理》、边沁的《道德与立法原理导论》两部著作中。

《法哲学原理》是黑格尔在法学方面最重要的著作，其理论也是其客观唯心主义哲学体系的重要组成部分。黑格尔认为，法律是自在地，是法的东西被设定在它的客观定在中，这就是说，为了提供于意识，思想把它明确规定，并作为法的东西和有效的东西予以公布。通过这种规定，法就成为一般的实定法。因此他反对自然法学派把法律分为自然法和人定法两种，否定历史上存在过不依人的意志为转移的自然法，认为法律作为客观精神的体现，必须通过具体形式表现出来，必须具有客观现实性，是实定的东西。法的东西要成为法律，不仅首先必须获得它的普遍性的形式，而且必须获得它的真实的规定性①。这样法律所规定的内容既要详明，又不能过细。“法律规定的愈明确，其条文就愈容易切实地施行。但是规定得过于详细，也会使法律带有经验的色彩，这样，法律在执行过程中就不免要被修改，而这会违背法律的性质。”② 黑格尔认为，对作为人际规律的法之规律的发现、寻找和表述，在一个法治的社会中，不是每个人都能像发现自然规律一样去发现它，因为人在认识、把握这一规律的过程中，多少会带有个人的烙印，即认识的主体可能以自身的“衡量法的尺度”来裁剪客观的规律，从而产生对法这一规律的认识误区，造成混乱，影响秩序的形成。因此在黑格尔看来，并不是所有人都能参与立法，都能进入作为立法机构的国会，因此只能交由专业的机构来进行，并赋予其权威性。这一机构就是享有并行使立法权的立法机关。国家立法机构一旦形成，国家赋予其立法权，行使发现作为规律的法并予以公布的权力。

可见，黑格尔与古典自然法的观点不同，不仅仅是对法及法律进行抽象的定性思考，而且是进行具体过程性的推演，其中也对立法的相关问题进行了比较系统的阐述，并涉及立法的价值问题，如提出法律必须是现实的、具体的、明确的，必须具有实在的内容。并提出了立法的主体和立法的程序问题，这都是实现立法价值必备的条件。

《道德与立法原理导论》是英国功利主义哲学家边沁的力作。当时欧洲的启蒙运动的社会哲学有一个重要内容，那就是认

---

① 参见［德］黑格尔《法哲学原理》，范扬、张企泰译，商务印书馆 1962 年版，第 218 页。

② 同上书，第 316—317 页。

为应当把惩罚当作以最小的人类痛苦为代价来防止犯罪的一个手段，认为在这种惩罚观念和对人性的科学理解指导下的立法，可以成为社会进步的伟大工具，而边沁则是这一社会哲学在英国的首要倡导者①。因此边沁特别重视立法。他否认自然法，认为自然法是虚构的，是根本不存在的，只有成文法规定的法律才是现实的。他认为，是人们的功利需要才出现了立法，才产生了法律。因此他提出了立法的根本原则和目的在于保证最大多数人的最大幸福。他说："自然把人类置于两位公主——快乐和痛苦的主宰之下。……凡是我们所行、所言、所思，无不由其支配：我们所能做的力图挣脱被支配地位的每项努力，都只会昭示和肯定这一点。……功利原理承认这一被支配地位，把它作为在依靠理性和法律之手建造福乐大厦的制度和基础，凡试图怀疑这个原理的制度，都是重虚轻实，任性昧理，从暗弃明。"② 他认为，这就是立法科学的宗旨，根据这一宗旨，立法者的立法行为同样取决于功利主义原则，立法的好坏，应当根据其现在或将来的新法对个人和社会产生的后果进行评价，并据此决定是否制定或修改。可见，边沁把功利主义学说作为他的立法科学的最高宗旨，并对立法价值的道德问题进行了深入的探讨。虽然他将功利主义绝对化，有其片面性，但他对立法价值问题的研究所作出的贡献是值得肯定的。

（3）当代立法学的概况。第二次世界大战后，人类社会发展进入了一个新的历史时期，各国，特别是西方国家对法治、民主的发展和完善提出了更高的要求，从而推动了立法和立法学的

---

① 参见［英］边沁《道德与立法原理导论》，殷时弘译，商务印书馆 2000 年版，第 5 页（导言）。

② 同上书，第 57 页。

发展。特别是20世纪70年代以来立法学作为独立的学科已经建立，其所研究的对象、内容及范围更加广泛、系统和完整。但将立法学的研究融于其他学科的现象仍然存在。这说明由于立法对构建现代法治国家的重要性，立法学所研究的立法现象及其发展规律的问题无论在过去、现在、还是将来，都会是诸多学科关注的热点。同时由于现代各国的法律调整的范围几乎涉及了社会发展的所有领域，因此对立法相关问题的研究也会越来越多地被非法学的学科所触及，而且不仅会被政治学、伦理学、历史学等传统的社会科学所关注，同时在研究立法的过程中，也会采用和汲取经济学、管理学、统计学等量化和实证的方法。这一时期出现了一批立法和与立法相关的专著。主要有：1978年辛恩的《我们的法是怎样制定出来的》、1980年本宁的《制定法》、1982年迈尔斯和帕基的《立法》、1984年小林直树的《立法研究》、1987年基福特的《怎样理解议会法》、哈耶克的《法律、立法与自由》等，这些著作所涉及的立法问题主要是立法主体、立法过程和立法技术等①。

关于立法主体。立法主体即是立法的承担者。“由于立法主体涉及主权的归属，与国家的性质以及整个国家制度的种种重要方面直接联系，也由于富于民主传统和主体意识是西方文化的主要特色之一，在西方，关于立法主体的研究是十分发达的。”②当代西方国家关于立法主体的研究范围主要是：立法主体的总论；作为立法的政府、法官和立法参与者的政府；作为立法机构或议会。其中对立法机关的研究较多，主要涉及的范围是，立法机关总论、立法机关比较研究、各国立法机关专论、立法机关的

---

① 参见周旺生《立法学》，法律出版社2004年版，第11—12页。

② 同上书，第12页。

地位和作用、立法机关委员会、立法机关的立法权和授权立法机关的服务设施等。

关于立法的过程。立法的过程即是研究法的产生和形成的过程。探讨这一问题在整个立法学的研究领域中有重要的作用。当代西方关于立法过程研究涉及的范围主要是，立法过程的基本问题、各国立法过程专门研究和立法过程比较研究以及各个立法阶段的研究。

关于立法技术。立法技术就是从静态的角度研究法如何制定。对立法主体、立法过程的研究强调的主要是立法的制度性问题，而对立法技术强调的主要是立法的科学性问题。对于这一问题的研究会使立法适用性和操作性更加有效。这一时期除了从宏观角度分析立法的方法、立法的标准、立法的规则、立法的形式、法案的起草等问题外，还出现了一些从微观角度研究立法的技术的问题。如立法语言、法的标点符号、法的标题、法的修改技巧等。

至此，从立法理论的发展过程可见，立法学虽然已经发展成为一门独立的学科。但仍有诸多不够完善的地方，而且立法学的研究方向越来越偏重立法的技术研究及立法的实务、实证问题的研究，而对立法的理论问题，特别是对立法的价值问题的研究越来越忽视，以至于立法价值问题并没有被纳入为立法学研究的范围。法理学中有关于法律价值的研究，而不是立法价值的研究。立法价值虽然与法律价值有密切的联系，但绝不能等同。这一问题会在本书的第一章中有专门的叙述。因此关于立法价值的归属问题并没真正解决。笔者认为，应将立法价值纳入立法学研究的范围，理由如下。

1. 是完善立法学体系的需要

立法学作为一门独立的学科，应当有完整的科学体系，在整个立法学的体系中，立法价值应处于立法学的基本理论部分，在整个立法学的体系中起着承上启下的作用。因为从性质来说，立法价值应当属于立法的基本理论；但从内容和作用来说，却有一定的适用性。因此立法价值在整个立法学中是必要的和不应当缺少的组成部分。立法学要做到这一点，必须冲破近现代立法学研究的范围，重新审视立法价值在立法学体系中的归位。

2. 是完善立法学内容的需要

作为一门科学学科，既要研究其现象及其规律，也要研究被现象体现的内在的本质；既要从实证的角度研究立法的“实然”问题，也要从理论的高度探讨立法的“应然”问题。对立法价值的研究，就是从“应然”的角度，从人类自身对立法这一客观行为的需要出发，在道德、文化及科学的层面上进行研究，并且这种研究的范围是开放的，会随着人类立法实践的发展而不断深入。立法价值是立法活动中客观存在的问题，是不能回避的。因此对立法价值的研究理应成为立法学的研究内容。

3. 立法价值适用法律的意义

立法价值这一范畴虽然是理性思维的结果，但其内涵却深刻反映了立法的实践特征。立法是国家产生后的人类社会发展不可缺少的重要活动之一，是任何时代的国家统治阶级必须进行的行为。而立法价值的实践特征就是保证所制定的法律能够成为“良法”，能够获得法律实施和实现。因此立法价值从根本上来说，它所解决的是法律的适用问题。

（1）立法价值是依法行政的导向。现代法治国家的重要标志之一就是国家政府的有关部门必须依法行政，防止权力滥用。而依法行政的前提是必须有法可依，确切地说，是要有“良法可依”，而“良法”的制定又必须充分体现人们对立法价值的追求。因此立法价值是依法行政的导向。行政人员在执法过程中仅仅依据具体的法律规范进行，是不够的，还必须能够理解立法的价值在某一具体法律中的体现，如《治安管理处罚法》的立法价值就是能够满足人们对公开、公平处理违反治安管理法的行为，维护社会秩序、保障公共安全、保护公民的人格尊严的需要，使其成为一部调整治安管理关系的良好法律。

（2）立法价值是司法公正的依据。毫无疑问，司法公正也是现代法治国家的重要标志之一。法官在具体的审判活动中，除直接依据法律的条款外，还要根据立法的价值体会法律的理念和精神，从而根据其对现实个案的裁判才能合法合理，保证案件审理的质量，才能被当事人接受，减少对案件不服上诉的可能，从而体现司法公正。

（3）立法价值是公民遵法、守法的动力。通过立法机关制定的法律能不能成为人们追求的“良法”，能不能满足人们对立法客体的需要，对公民遵法、守法至关重要。一部能够满足人们对道德准则等行为规范实现需要的法律，就会被人们认可为是一部“良法”，就能够得到社会成员的普遍遵守，从而也就使立法的价值得到了实现。

二　国内外对立法价值研究的现状

如前所述，在人类立法理论的发展中，对立法价值的研究历来是哲学、法学和政治思想家们在探讨与法律相关问题时孜孜以求的重要课题。自从古希腊哲学家柏拉图在《法律篇》中，以“智者”雄辩的风采为国家的统治者构筑了以“美德”为基石的寄托人类善治的“良法”大厦，道德就始终如一地成为历代思想家们所追求的首要的立法价值。这在自然法学派的思想中尤其突出，无论是古典的自然法学派，还是现代自然法学派都是如此。

1. 国外关于立法价值研究的现状

在当代，随着生产力的发展，社会财富的增加，而导致的因社会财富分配不均的社会矛盾也更加突出，因此从更加广泛的社会背景出发，以边缘性科学理论对道德进行立体的实证反思，以体现政治、法律、哲学、伦理等多层次的价值，立法价值也当然体现在其中。因此多学科、多视野是现代西方立法价值理论研究的特点。自从 20 世纪 20 年代以来，在法理学领域经历了那场分别代表新自然法学派和分析法学派的“哈特－富勒”的有关法律与道德的旷世之战，时至今日，其影响仍然依旧，两大学派的法学家对其所研究问题更加具体，更加关注法律的社会意义。由于分析法学派注重“实然法”的研究，将法律和道德的效力性区别开，否认法律和道德之间的必然联系，因此强调对法律概念、法律规则的研究，依靠逻辑推理来确定可适用的法律。而立法价值是以自然法学的道德价值为基础的。因此分析法学的观点在此不必赘述。

西方法律思想史中一个重要的特征就是自然法学的思想，从古希腊思想家们提出后到当代，除 19 世纪在哲理法学、历史法学和分析实证主义法学共同反对下曾一度衰落外，一直是一种很盛行的学说。进入 20 世纪以后，自然法学得到了复兴，称新自然法学派。这一学派早期的著作主要有：德国拉德布鲁赫的《法学导论》（1907 年）、《法律哲学》（1932 年）；美国朗·富勒的《法律的自相矛盾》（1968 年）、《法律的道德性》（1964 年）；英国的约翰·菲尼斯的《自然法和自然权利》（1982 年）；克·马里旦的《真正的人道主义》（1936 年）、《人权和自然法》（1943 年）；等等。他们提出了一些与立法价值有关的理论，如拉德布鲁赫的法律的正义价值学说、富勒的道德价值理论和程序自然法、菲尼斯提出的追求和实现人类幸福的自然法原则、马里旦提出的自然人权和法定人权的观点。20 世纪，在自然法学复兴的同时，也出现了一些以研究价值为核心的法律学说，这些学说并不直接研究自然法，但在思想倾向上却与新自然法学相同，关注立法的价值问题，并往往对道德的某一具体范畴如正义、权利、自由等进行深入的和广泛的研究。这一时期代表著作主要有：美国约翰·罗尔斯的《正义论》（1971 年）、《政治自由主义》（1993 年）、《作为公平的正义》（2001 年）、罗纳德·德沃金的《认真地看待权利》（1977 年）和《法律帝国》（1986 年）；英国弗里德利希·冯·哈耶克的《法律、立法与自由》（上下卷，1973 年、1976 年和 1979 年）等。他们所提出的一些理论观点代表着现代立法价值的研究成果和发展方向。

（1）罗尔斯的正义论法学。罗尔斯反对以边沁为代表的功利主义及一切以谋取某种社会利益为宗旨的有关学说，他认为，功利主义在产生最大利益总额（或平均数）的前提下，容许对一部分人的平等、自由的严重侵犯。因此是不可取的，由此他首先提出了“作为公平的正义”，并强调了其作用，他认为：“正义是社会制度的首要价值，正像真理是思想体系的首要价值一样。……某些法律和制度，不管他们如何有效率和条理，只要它们不正义，就必须加以改造和废除。每个人都拥有一种基于正义的不可侵犯性，这种不可侵犯性即使以社会整体利益之名也不能逾越。因此，正义否认为了一些人分享更大利益而剥夺另一些人的自由是正当的，不承认许多人享受的较大利益绰绰有余地补偿强加于少数人的牺牲。所以在一个正义的社会里，平等的公民自由是确定不移的，由正义所保障的权利绝不受制于政治交易或社会利益的权衡。……作为人类活动的首要价值，真理和正义是决不能妥协的。"①

可见，罗尔斯把正义视为是至高无上的，而且他所说的正义主要是指社会正义，即社会制度正义，他认为，人们首先要决定一种社会制度是否合乎正义，然后才能决定个人的道德准则，决定个人须承担的义务和职责。因此一定不要把对制度来说是正义原则和适用于个人及其在特定情况下行为的正义原则混为一谈。他认为，社会虽然是一个为实现相互利益而进行合作的事业，但它又有一个特征：既存在利益的一致方面，也存在利益的冲突方面。所以有利益的一致，是因为社会合作可以使所有的人所过的生活，比每个人单靠自己的力量所过的生活更好。所以有利益的冲突，是因为人们都希望多分得一些通过合作所产生的利益。因此必须确定利益分配原则②。他指出，一般的社会基本价值（或者说基本的善）——自由和机会、收入和财富、自尊的基础——都要平等地分配，除非对其中一种或所有价值的一种不平等分配合乎每一个人的利益。他还指出，对社会正义原则的选择是人们在"原始平等的地位上"，即在"无知之幕"的背后选定的。体现这一正义观的两个正义原则是：平等自由的原则和机会的公正平等与差别原则的结合。进而对这两个原则的内容和相互关系进行了阐述。

罗尔斯的"作为公平正义"是符合一切法律和制度的理论，当然也包括立法制度及立法价值的确立和实现。尽管罗尔斯的"正义"具有理想的、抽象的和虚拟的特征，但是，罗尔斯通过

① ［美］约翰·罗尔斯：《正义论》，何怀宏、何包钢等译，中国社会科学出版社1988年版，第3—4页。

② 参见沈宗灵《现代西方法理学》（法学丛书），北京大学出版社1992年版，第100页。

他的正义论告诉我们：正义是社会的基本结构的主题，也是评判一切法律和制度的基本价值。

（2）德沃金的权利论法学。德沃金认为，自己的人权理论不同于法律实证主义和功利主义。法律实证主义认为：法律权利不可能在任何立法形式以前存在；除了法律规则明文规定的权利外，个人在司法中没有什么权利。功利主义认为：政治或道德权利不可能先于法律权利存在；除了立法上决定违反一般福利这一理由外，公民没有反对立法决定的其他任何理由。而按照德沃金的权利论，在对个人希望或希望做的事情上，集体目标已不足以成为否定的理由时，或对个人所加的损失或伤害上，集体目标也不足以成为否定的理由时，个人就是权利。在此，他所讲的权利不仅反映法律上的权利，而且是指政治上的权利，也包括道德上的权利①。

德沃金是在批判法律实证主义和功利主义法学时，对规则和原则、原则和政策之间的关系进行了分析。他认为："实证主义是一种关于规则体系并用于这种规则体系的模式，关于法律的单一标准这一中心思想，迫使我们忽视了那些非规则的标准的重要作用。"② 所以法律不仅包括规则、也包括原则和政策。他所说的原则其实指的就是他的权利论。他认为，原则是存在的，特别是当一些疑难案件不能适用具体的法律规则时，原则发挥了重大的作用。德沃金认为：政策是综合性的，是指促进或保护整个社会的某些集体目标的一种政治决定；原则是分配的，是指尊重和保障个人和集团的权利的政治决定。任何复杂的立法案一般需要

---

① 参见沈宗灵《现代西方法理学》（法学丛书），北京大学出版社 1992 年版，第 113 页。

② ［美］罗纳德·德沃金：《认真地看待权利》，信春鹰、吴玉章译，中国大百科全书出版社 1998 年版，第 22 页。

政策和原则两方面的考虑。而司法和立法不同，在司法中，特别是在疑难案件中，更多依靠的是原则而不是政策。德沃金还进一步指出，在所有的个人权利中，最重要的是平等的权利，也就是关怀和尊重的平等权利。体现了他的立法价值的道德观念。

（3）哈耶克的自由论法学。哈耶克确立的“自由”，是以法律、立法为前提的，在详尽论述了法律与立法之间的关系，并阐明了“进化论理性主义”的法治观之后，提出了他的自由主义的理论。哈耶克指出：“如果一个社会秩序能够较好地服务于涉于其间的个人的利益和较好地运用参与其间的个人的默会或明确知识并使个人在追求各自的目的时达致彼此知识的协调，那么在一般的意义上讲，这种社会秩序是有助益的，而自由的价值就在于它能够促进这种知识的协调并提供‘机会和激励，去确保个人所能获得的知识的最大化运用。’”[①] 他还认为，只有当个人有自由运用他们所拥有的知识相协调以实现他们自己的目的时，社会才能进步，因此，自由可以被视作是自生自发的社会秩序之所以有助益的必要条件。一个社会中的所有人都遵循某些规则，因为这些规则构成了他们共同文化传统的一部分；但是人们还会被迫遵守另外一些规则，只有在这些规则为人们普遍遵守时，社会的整体秩序才能得以产生。他进而将这种“规则”分为内部规则和外部规则。内部规则是指社会在长期的文化进化过程中自发形成的规则，也就是严格意义上的法律；外部规则是指根据组织者或治理者意志制定的只适用于特定之人或服务于统治者的目的的规则[②]。显然，作为内部规则的法律对协调社会秩序有重要的

---

① ［英］哈耶克：《法律、立法与自由》第一卷，邓正来、张守东等译，中国大百科全书出版社 2001 年版（代译序），第 13—14 页。

② 同上书，第 28—29 页。

作用。

哈耶克的自由观是建立在法治的基础上的。而法律必须具有抽象性、普遍性、确定性，并被周知以及平等地适用人人，才是真正的法治之法，如何才能做到这一点呢？他认为，必须对国会的立法权力加以限制，这种限制的途径就是要运用“超立法原理”。哈耶克的“超立法原理”是对政府绝对道德的限制，实际上是一套以自由为核心的价值体系①。

哈耶克的自由法学理论，“为我们反思那种基本上构成了现代性图式之一的视立法为唯一的法律的观点和实践提供了一个颇为重要的维度，进而也为我们进一步追问现代社会在唯理主义意识形态的支配下将原本不可通约的文化传统由立法一元化而统合起来的那种观点和实践的正当性提供了一个知识基设”②。可见，哈耶克以他的“自由主义”法律哲学突破了传统道德价值的界限，将立法价值置于了更加广泛的社会文化之中，带给了我们一个极其重要的启迪：法律、立法与自由的不可分割的本质联系。

可见，现代西方关于立法价值的研究并没有被作为一个专门的理论问题设置，依然是被融于政治、哲学及伦理学之中，只在具体问题上的研究更加细微，如：罗尔斯主张的“作为公平正义”是符合一切法律和制度的观点；德沃金所肯定的立法中的原则即权利的重要作用的理论。还有不可否认的是，立法价值被重视的程度极大地被提升了，特别是哈耶克的自由法学理论在构建方面宏大的气派，给我们对立法及立法价值在人类社会所产生的创造性的力量以足够的信心。他们的理论成果代表了现代国外

---

① 参见何信全《哈耶克自由理论研究》，北京大学出版社 2004 年版，第 93、94 页。

② ［英］哈耶克：《法律、立法与自由》第一卷，邓正来、张守东等译，中国大百科全书出版社 2001 年版，封底。

立法价值的研究状况，同时也是他们在我们这个时代对立法价值的研究及整个法学理论所作出的巨大贡献。

2. 国内关于立法价值研究的现状

相对于国外有关立法价值研究的宏大和细微，在中国学术界，对立法价值的研究远没有达到这样的程度，无论在理论上，还是在适用性上，都处于初始阶段。因此还没有专门的著作和系统的研究。但近年来，中国立法所取得的成就极大地鼓舞了专家学者们的研究热情，特别是对立法价值的研究也出现了前所未有的高潮。目前，中国对立法价值的研究除在法理学中间接性地有所涉及外，主要集中在对部门法或某一具体法的研究中。

（1）关于立法价值概念的界定。目前，中国学术界对立法价值的界定是，从主体对客体的需要的认识的价值意义作为逻辑切入点，一般是在道德的层面上确定的，具体从两个范围进行：一是从狭义，仅从道德的基本准则界定立法价值的概念，这是20世纪90年代人们对立法价值的共识，如认为，立法价值是反映立法主体的需要对立法对象间的相互关系，表现为立法主体通过立法活动所要追求实现的道德准则和利益①。这一定义是将立法的价值局限在道德的范围内，将正义和其外在表现的利益及其相互关系作为内容和结构确定立法价值的。二是从广义，21世纪以来，特别是近年来，一些学者从广义的角度，即除了以道德为基本准则外，还从宏观上将立法价值置于社会、法治等更广泛的领域中，在内容上也更加具体和丰富。如认为，立法的价值与法的价值是一致的，通过立法体现法对于全体社会成员——人的需要的满足以及人对法的善意、合理的追求②。以上对立法价值

① 参见李林《试论立法价值及其选择》，载《天津社会科学》1996年第3期。

② 参见周秀华《以人为本与立法价值》，载《皖西学院学报》，2008年第1期。

概念的界定应当说基本上把握了立法价值的本质，即都把人对立法客体认识产生的需要之道德作为立法价值的内涵。这是立法价值正当性的体现。但随着社会的发展，人们的需要越来越多样化和复杂化，仅仅具有正当性是不够的，还应当从实效性、客观性上进行整体把握。

但也有的学者是从立法价值的选择上进行探讨[①]以及仅从立法活动与人的内在需要之关系中确定，并不指明人的这种需要确定的内容[②]。

（2）对立法价值内容的确定。由于对立法价值内涵的认识的视角不同，因此对立法价值的确定也不同，如有的学者从立法价值本质和现象的关系入手的，认为立法价值是正义和利益的统一。正义是立法的内在价值，决定着立法的本质属性。一方面正义是一定社会条件下的道德观念和道德准则在法律领域的体现，必然带有这个社会的政治、经济和文化的印记。另一方面正义又是全人类共同追求的崇高价值，是人类社会共有的美德。因此立法中的正义又具有某些超越政治、经济和文化的客观性和共同性。相对来说利益是具体的，它是立法的外在价值。在立法时确认、保护或限制的各种社会行为和社会关系的背后，都有利益的存在。不同的利益反映了社会关系和人际关系的种种差异。立法的功能就是控制和协调不同的社会关系[③]。还有的学者是以立法价值的实质为切入点的，认为“立法的价值实质上就是立法者与公民之间围绕着某项立法所发生的价值关系。包括促使立法者

---

① 参见汪全胜《现行立法价值观的四重选择》，载《经济与法》2000 年第 8 期。

② 参见江国华《论立法价值——从“禁鞭尴尬”说起》，载《法学评论》2005 第 6 期。

③ 参见李林《试论立法价值及其选择》，载《天津社会科学》1996 年第 3 期。

出台特定法律的价值理念、立法者在制定法律过程中面对多重价值所做出的权衡与选择、立法者对于特定立法的价值期待，以及公民对于立法者的价值理念、价值权衡与价值期望所作的判断、评价和回应”[①]。这种对立法价值实质的分析，也包括了实现立法价值的程序和途径，更具有立法价值的适用意义。

（3）对具体法立法价值的研究。近年来，中国立法机关颁布了一系列旨在体现民生、民权方面的法律。因此，一些学者对具体法的立法价值进行了探讨。如有的学者认为，在中国反垄断法的立法过程中必然隐含着政府自身的价值取向，也即政府的价值取向左右着反垄断法的立法方向。由于市场经济的发展是一个始终伴随着政府干预和调节的非完全自由发展的过程。同时，也正是政府和市场之间的相互关系推动了一批反垄断法律法规的产生和发展。因此，反垄断法和政府有着天然的联系，两者都体现了一定社会主体的意志和利益。反垄断法的制定、修改、废止及运行状况都是由政府利益倾向的变化引起的。因此反垄断法在立法过程与内容上彰显了政府的价值取向[②]。

还有的学者认为，生命法的价值取向是周全地体现各种主体的利益要求，追求社会的公平、和谐。生命法的立法价值原则是：周全地体现各种利益主体要求的协调平衡的原则；既保护和尊重人权，又保障科学研究基本自由的原则；有效保护弱势群体，政府和社会多承担义务原则；受验人（接受实验的人）知情同意和相关人利益共享原则、充分尊重规律、谨慎周到的原则。对生命法立法价值取向的探讨，其现实意义极其重大，生命

① 江国华：《论立法价值——从“禁鞭尴尬”说起》，载《法学评论》2005第6期。

② 参见郑鹏程、曾晶《政府在反垄断立法中的价值取向及其作用》，载《湖湘论坛》2008年第1期。

法在性质上属于社会法，融有“私法”和“公法”的双重性质。目前，各国有关生命法已涉及包括疾病控制、精神卫生、生育人口、安乐死、环境保护、放射安全、器官移植、无性繁殖（克隆）等20多个方面的问题。生命法维护的是社会利益，但同时也是保护和尊重生命的个体权利。这在不同的法律中有不同体现，如在基因法律的保护中是为了防止基因技术的滥用，同时也是为了保护基因供者和受者的隐私权。二战后，随着生物学和医学的发展与技术的应用，出现了与生命相关的新型的社会关系，西方发达国家为了遏制某些技术的垄断，规范新的社会关系制定了包括生命法在内的社会法①。表明现代法治国家立法的价值取向，不仅单纯地强调尊重和保护个体权利，而且也注重了社会的公共权益，彰显了人类共同的美好愿景和切身需要。

3. 对目前中国立法价值研究的现状评价

应当肯定的是，中国法学界也十分重视立法及立法学的研究，但由于历史的原因，中国立法理论的研究在相当长的时期内都没有形成体系。近年来，由于中国立法制度和立法技术的建立与提高，推动了立法理论的研究，立法学已作为一门独立的学科受到重视，也出现了一批这方面的专家学者，其中北京大学立法学研究中心主任、博士生导师周旺生对中国立法学的形成和发展作出了重要贡献，被誉为中国现代的“立法学之父”。周旺生先生不仅著有立法学的专著、撰写了诸多的学术论文，同时为了更广泛地引起社会对立法的重视和对立法理论研究更加深入，从2000年开始主编了《立法研究》，每年一部，其中所收集的论文内容，及时反映了当代中国立法及理论研究现状。同时，近年

① 参见谈大正《生命法的价值取向和立法原则》，载《法治论丛》2008年第1期。

来，中国一批卓有成就的法理学家在其对法律价值、法律制定、法律道德等问题的研究中均体现了对立法价值的重视。但总体而言，中国对立法价值的研究还不具有系统性，还处于较初级的阶段。

（1）立法价值的归属问题。在很大程度上，由于受近现代法律学科发展分类的影响，使立法学已经从法理学（法哲学）中分离出来形成了一门独立的学科，与法理学研究的对象相对应，立法学侧重研究立法的外延、结构和表现形式。因此现代立法学实际上已成了单纯对立法本身的理论、规则和技术的研究，这在当代西方立法学的研究中更加明显。中国立法学的研究对象中也未列入立法价值的内容。这是一种令人忧虑的倾向。事实上，在现代法治国家，立法是为法治提供“良法”的行为过程，早已把自身存在的价值广泛融入具体的法律规范中，形成了坚固的客观事实，无视于这一点，就不能从本质上理解立法在人类文明社会中的崇高地位。多年来，笔者一直在“法治”这一浩瀚的知识研究领域勤劳苦读、绞汁思索，对立法及立法价值问题倾情关注，并逐渐坚定了这样一种认识：立法学应把立法价值吸纳为研究的对象，使与立法相关问题的研究更有根基，也给立法价值的研究，在以往的抽象理论中注入适用性、合理性的活力，使其能够更直接地为立法实践提供有益的理论指导。同时也使得立法学的体系更加完善。

（2）立法价值的概念和内容。目前，中国学者对立法价值概念的界定在涉及的范围上明显狭窄，在内容上不仅单一，而且还不确定。表现为：对立法概念更多地注重道德需要的层次，而忽视或舍弃了其他需要的层次，即使意识到了其他的需要层面，其论证也不够充分。与此相适应，立法价值的内容设置也略显单薄，大多是围绕道德的内容展开的。而对立法价值的评判问题基本上没有涉及。

（3）研究方法。在研究方法上，对立法价值研究基本上都是局限于定性的方法，而且主要是侧重理论的分析。而量化及实证的方法已经成为现代社会科学较常用的研究方法，但在中国立法价值的研究中则较少使用。

三　本书的研究方法和基本思路

置身于我们伟大祖国改革开放30周年的历史发展时期，为中国依法治国贡献自己的微薄之力。本书将力图科学合理地呈现立法价值的理论和实践的相关问题。

1. 研究方法

本书的研究方法以马克思主义、毛泽东思想、邓小平理论以及“三个代表”重要思想和科学发展观为指导原则，运用理论联系实际和矛盾分析的辩证方法。

本书除运用分析和综合、历史和逻辑、理论和实践、定性和定量相统一的常规方法外，还将运用管理学的精益理论分析立法价值的有关问题。并将“精益”一词在两个语词的意义上使用，既将其作为“名词”，也将其用为“动词”。作为“名词”，是当价值的“定语”，是对立法价值目标结果的表达，即将立法的价值视为精益价值，视为网状的、链扣的价值系统。作为“动词”，是作立法的“状语”，是对立法行为过程的描绘，即把立法活动视为立法的精益行为过程，视为递进式的有价值的行为过程，为形成或实现立法价值的目标结果寻找路径和开辟道路。在具体的阐述中为简洁明了，将立法精益价值的系统——“网链”中相近一组的子网链，即链环为一组进行对比分析；对立法的精益行为过程——递进式的每一位阶的立法行为与其“产品”——法规，在效力上对位认证。对每一组价值链环和每一阶段的立法行为，除在定性上进行界定外，还要对其进行量化的分析，如以人对立法的需要（这种需要会受社会其他因素的影响）进行总体量化，找出其所占比例最大的、最共同的需要作为首要立法价值，所占比例相对较小的需要则次之。对具体立法的需要则进行具体量化，找出一个相对于这一法律中最需要的，作为该法的立法价值。同时对每一阶位的立法行为都要严格依法量化、整齐划一，如某一阶位的立法主体在行使立法权时，不仅要确定权限（定性），而且还要对其权限内的行为进行一一度量，以确保立法主体和立法权的高度统一。

2. 预期创新之处

（1）对立法价值概念进行合理的界定。立法价值的界定是基于这样一种理念：立法价值的概念是以人类对“良法”的追求的动机价值作为逻辑的切入点；以主体——人的需要之目标价值为逻辑终点；以道德准则为主导；以习惯要求、科学规则等为补充作为衡量立法对人的需要的标准，以解决立法的正当性、实效性和客观性问题。由此本书对立法价值界定为：立法价值是指立法所体现的全体社会成员对“良法”追求的愿望，以满足其对道德准则、习惯要求、科学规则等行为规范实现的需要。反映了立法主体的需要与立法客体之间的相互关系，是法律价值的具体体现。此定义打破了仅仅以道德层面的需要界定立法价值的传统，并将“良法”作为立法价值的动力目标。这样做的原因：一是为了和时代的发展相适应，以调整由于社会发展出现的新的社会关系；二是在确定立法价值的目标时体现了直接性和现实性。

（2）运用精益学理论，采取量化分析方法。提出立法的精益价值是一个开放的系统“网链”，它由若干子网链，即链环组成；每一个链环又由若干子链环，即单元组成，它们相互促进、相互制约，有和谐、有冲突。将立法的精益行为过程视为一条有序“阶梯”，是由不同的阶位组成的，是一个相对应的双向过程：从立法的法律效力方向看是由上而下，从立法的民主程序来讲则是由下而上，两个方向的行为都是递进式的，不能越位。以此描绘，将抽象的概念形象化，将立法价值内在的本质展现出来，这样便于人们理解和掌握，从而增强立法价值的适用性和有效性。同时，对立法价值在定性研究的基础上进行量化分析。因为只有量化，才能对事物进行深入的认识，才能比较，才能择优，并尽量在选择上达到一个比较理想的程度，以减少对立法价值理解上的冲突和相悖，杜绝无价值的产生。必要时，用图示表示相关内容，并配以文字说明，以增强其可视性。

这里需要说明的是，在运用精益学理论时，只是方法的运用，确切地说是原则性地、间接性地、抽象性地运用，原因是管理学和立法学在学科性质上的差异，使其都有自身的独立性，况且，精益学理论还不是一般性的哲学的科学方法，还不具有普遍性，因此，本书只是将其有条件地、选择性地进行了尝试，是否具有科学性与合理性，还有待于读者的评判。

（3）评判立法价值标准的现实性和社会性。鉴于立法活动的历史性和时代性，立法价值总会受到一定的社会发展条件的限制，总会反映一定历史时期执政者的意志。因此对立法价值的评判，必须将其置于广泛的社会领域中，以一国的现实国情为根基。对中国当前立法价值的评判，就是要将其融入中国特色社会主义的现实中，坚持以人为本的科学发展观为指导思想，针对中国立法过程中存在的问题找出原因，提出实现中国现阶段立法的精益价值的具体措施。

3. 研究的思路和基本框架

导论是全书的统领，是作者写作本书真诚心愿的展现和为之作出努力的承诺。

第一章是对立法价值及相关的概念、立法价值的原则及立法的精益价值方法论进行概述，特别是对立法价值概念的界定，是全书的逻辑切入点，而对立法的精益价值方法论的概述，则为立法价值整体的问题研究提供了一种始终如一的研究视阈。

第二章是对立法的精益价值系统的设定。以立法价值的结构系统——“网链”进行静态展现。提出道德、习惯和科学等要素在系统中的地位和功能及其各自量化的表现。并以此为前提对各个要素互动状态进行分析，并逐个对其提出了精益的要求。这一章是对立法价值实质内容的展示，是全书的中坚部分。

第三章是对立法的精益行为过程进行的描述，并将这一行为过程形象地称为有序的“阶梯”，从立法主体资格的确认和权限的度量开始，经过由下而上的民主立法和由上而下的立法民主两条相对应的“阶梯”通道，加上必要的立法预测、规划和决策，以及科学的立法方法和技术，从而为实现立法的精益价值进行积极的努力。这一章讲的是实现立法价值的行为过程，在全书中占有着重要的地位。

第四章是关于立法的精益价值适用的内容。如果对所有的具体法律的立法价值都进行分析，显然是不可能的，也是不现实的。因此笔者选择近年来在立法方面对社会产生重大影响的宪法、民法、刑法、劳动法及诉讼法作为代表，根据每一具体法律自身的特点，提出不同的精益的要求。这一章是立法价值的应用部分，是全书最充实和多彩的一部分。

第五章是全书的最后一章，是对中国现实立法价值的反思和构想，对中国现阶段立法价值存在的问题及原因进行了分析，并提出了改进的措施。最后，提出了建立中国现阶段立法的精益价值体系：建立以道德的正当性为主导的立法的精益价值体系，建设和谐文化，培育文明风尚，尊重科学，追求真理。这一章的内容立足于中国的立法现实，其目的是通过民主立法、科学立法，实现立法价值。

第一章　立法价值概述

从最广泛的意义来说，法是由事物的一切产生出来的必然关系。在这个意义上，一切存在物都有它们的法。上帝有他的法；物质世界有它的法；高于人类的“智灵们”有他们的法；兽类有它们的法；人类有他们的法。

——［法］孟德斯鸠

价值是认识论中的基本范畴，是人类实践过程中必然遇到的问题，因此也一直受到了哲学家们的高度重视。由于哲学家们的世界观不同，因此对价值本质的认识也有较大的分歧，特别是现代西方哲学对价值的研究已超出了单纯的道德问题，对更广泛的价值问题进行了探讨，而人们对立法价值的认识也必然会受到价值理论的影响。作为立法过程中的价值问题，如何定位道德价值？如何处理道德价值和其他价值的关系？如何对立法价值进行评判？如何对立法价值进行精益的诠释？此类问题必须得到科学合理的证实，才能满足现代法治国家对立法价值所寄予的厚望。

第一节　价值与立法价值

概念是对事物的本质及其表征的概括，对任何理论的研究都必须以概念作为逻辑的切入点，只有这样才能更深入地认识事物。科学地界定立法价值的内涵应当是建立在对价值概念正确把握的基础之上。

一　价值的含义

价值（value），从其语义来讲，是指事物的用途和积极作用，如参考价值、有价值的作品等。价值作为一个科学用语是现代西方哲学、政治学、经济学和法理学中经常使用的一个概念。什么是价值？价值的本源是什么？要了解这一问题，必须从人类对价值理论研究的历史中去寻找。

1. 对西方价值理论的透析

西方价值理论源于古希腊、罗马时期的伦理学，经过经验主义和理性主义两大对峙观点的演进，发展为以相对主义和主观主义为基本特征的现代西方价值理论

（1）古希腊、罗马时期。古希腊、罗马时期人们最关心的是幸福问题。这一时期的哲学家们一般都认为，幸福是人生的善或至善，但是对于幸福或至善的理解却是不同的。以德谟克里特、居勒尼学派和伊壁鸠鲁学派为代表的快乐主义认为，快乐是幸福和至善，强调快乐的感觉和经验，特别是居勒尼学派的观点更加极端，这一学派的主要代表人物亚里斯堤卜认为，肉体的快乐优于精神的快乐。这一主张对现代功利主义的价值学说影响较大。而以苏格拉底、柏拉图、亚里士多德为代表的德性主义则认为，幸福和至善在于美德。如亚里士多德说：“最优良的善德就

是幸福，幸福就是善德的实现，也是善德的极致。”[①] 进而他们还对美德的具体表现进行了探讨，柏拉图提出了“善”的理念，认为，善的理念里面有四种美德：智慧、勇敢、节制和正义。同时他认为，善的理念是这些道德理念追求的最终目的。亚里士多德则把美德分为：“理智的美德”和“道德的美德”。“理智的美德”是指理性将其发现真理的能力发挥出来，是以知识和智慧表现的。“道德的美德”是指人的行为中按照中道原则进行选择的习性，是以制约感情和欲望的习惯表现的。近现代的理性主义价值论就是德性主义的延续和发展[②]。

（2）近代时期。近代的伦理学分裂为经验主义和理性主义。经验主义具体包括：快乐主义、利己主义、功利主义等。快乐主义是西方主张最多的一种伦理学理论，从早期的伽桑狄倡导古罗马时期伊壁鸠鲁学派快乐主义起，到后来法国的爱尔维修、霍尔巴赫及德国的费尔巴哈都是主张快乐主义的。从广义来说，英国的霍布斯、洛克和边沁所主张的功利主义也是快乐主义。功利主义认为，人的本性就是追求快乐，避免痛苦，并把快乐等同于善，把痛苦等同于恶。边沁主张每个人都要为大多数人的最大幸福而行动。可以说功利主义是一种普遍的快乐主义，利己主义一般来说也都是主张快乐的，他们大都主张利己是道德的、正当的。同时还提出要合理利己，要想到别人和自己一样也是人，也在追求幸福，也有和自己一样的权利，也应当受到尊重。但他们中也有主张极端利己主义的，如霍布斯就认为，人的本性必然是自私的，每个人都为了自身而欲求某种善，理性的任务就是给人

---

① ［古希腊］亚里士多德：《政治学》，吴寿彭译，商务印书馆 1965 年版，第 364 页。

② 参见江畅《现代西方价值理论研究》，陕西师范大学出版社 1992 年版，第 9、11 页。

指出满足他们的基本欲望的方法。理性主义具体表现为形式主义（义务论）和直觉主义。形式主义或义务论针对经验主义伦理学主张决定行为善恶道德原则的基础在于行为目的、内容或实质的观点，认为道德原则不应当考虑内容，而只应考虑形式，最高的道德原则是普遍的立法的形式原则。康德认为，只有这样的原则才具有普遍的效力。由于这些理论注重行为的正当性，主张"应当"的道德原则，因而也被称为义务论。早期的直觉主义的代表是英国的西季维克，他和康德一样注重道德原则的作用，但他认为，道德原则是自明的，因而对道德原则的认识不能通过经验，也不能通过理性，只能通过直觉①。

总之，这一时期的价值理论主要局限于道德的领域，从道德的意义把握幸福和善，并从绝对的意义上区分善和恶、正当和不正当。因此他们往往将其客观化、真理化，没有进一步区分事实和价值、事实判断和价值判断，认为价值和事实都是客观的，价值判断和事实判断都表达了某种事实。因而否定了人对价值选择的主观性，表现为客观主义和绝对主义。这也正是现代西方价值理论所极力反对的。

（3）现代西方价值理论。现代西方价值理论与传统价值理论的研究有明显的不同，表现为相对主义和主观主义。导致这种不同的原因较复杂，但主要表现为两个方面：第一，价值理论自身逻辑发展的原因。从价值理论自身逻辑发展分析："道德问题不仅是一个个人的德性问题，而实际上是一个涉及个人与他人、个人与社会的价值关系问题，不考虑这种关系问题，个人的德性、至善问题是无法深入研究的。同时道德又不是一个孤立的问

① 参见江畅《现代西方价值理论研究》，陕西师范大学出版社 1992 年版，第 11—12 页。

题，它作为价值问题和规范问题是人类整个价值问题和规范问题的一个子类，没有对后者的研究和回答，道德本身是说不清的，更谈不上解决。”① 传统的价值理论由于受历史条件和科学发展的局限，哲学家只是依据日常生活的经验提出一些具体的道德问题或者凭借理性思维想象出某种抽象的、永恒的价值理论，远离实际，导致了理论和现实的脱离。随着社会的发展和人类认识的不断深入，个人价值与他人及社会的价值关系、道德价值与其他价值、价值判断和事实判断的关系等问题开始出现，因此在打破传统价值理论的局限，超出单纯道德问题的前提下，进行了广泛的价值规范的研究。第二，社会历史发展的原因。资本主义经济的发展，使商品经济关系及其主体的“自我意识”观念已经渗透到西方社会生活的各个方面，特别是国家垄断时期，由于国家干预作用的逐渐加强，个人价值与社会价值，道德与其他价值，特别是与功利价值的矛盾越来越突出。同时，由于科学技术的应用，使社会化大生产得到了极大的提高，人类的整体力量加强了，但个人的地位却降低了，增强了个人的自卑感。另外，量子力学和相对论的创立，对传统的哲学和价值理论的绝对观念都产生了巨大的冲击，在一定程度上促进了价值研究的主观主义和相对主义的倾向。

传统的价值理论都是以具体的价值作为研究对象，并且都是从道德的意义上分析的。现代西方价值理论则是以“价值”概念为基础的。19 世纪中叶以前，价值主要是一个经济学的概念，使其真正成为一个哲学范畴的是德国的两位哲学家：洛采和尼采。针对实证主义想要建立一个不包括价值的实在世界，洛采力

① 江畅：《现代西方价值理论研究》，陕西师范大学出版社 1992 年版，第 15 页。

图将逻辑、伦理和形而上学都归为价值论。他把世界划分为事实、普遍规律和价值三大领域，认为价值是目的，事实和普遍规律都是手段，并把真理性作为评价概念是否具有价值的标准。他的观点将价值概念提高到了哲学的高度。尼采提出的“重新评价一切价值”理论，在西方引起了一场重新反省自己文化和价值观念的运动，从而进一步扩大了“价值”一词的应用领域，突出了价值问题的重要性。此后，西方价值理论进一步兴起。比较有影响的是新康德主义的价值哲学、摩尔的价值论直觉主义、舍勒的现象学价值伦理学、斯蒂文森的温和情感主义价值论、黑尔的规定主义价值论、培里的价值兴趣说以及杜威的认知自然主义价值论。其中的研究主要涉及规范理论和元理论两大领域。规范理论主要研究价值的含义、根据、标准和规则，即回答什么是善或是有价值的，为什么某物被人们评价为善的或有价值的。元理论通过价值语言的分析：当我说某物是善的或有价值时，我主观的意思是什么，这一价值的有效性和正当性能否从逻辑上给予证明，它不研究价值的含义，也不提供价值的根据、标准和规则，而只是分析价值术语和价值判断本身的性质。

总之，现代西方价值理论突破了传统价值理论所局限的个人道德问题的研究领域，从横向上研究了诸多非道德的领域，如功利或经济、审美、知识、宗教、文化及人的价值等问题。从纵向上还研究了道德价值的一般性问题，如道德价值与一般价值的关系问题。同时他们的理论注重价值存在的主观性和价值判断的相对性是应当肯定的，也是值得我们借鉴的。但现代西方价值理论将价值的主观性绝对化，所表现出来的形式主义、相对主义、主观主义和非理性主义的倾向是不可取的。

2. 对价值含义的科学认识

通过对西方传统价值理论和西方现代价值理论的分析得知，

将价值客观化、绝对化，或将其主观化、相对化都是错误的，都不能正确地分析价值及其相关的问题。因此必须运用唯物辩证法从主观与客观、相对与绝对的关系中去把握。因此，在把握价值这一概念时，必须基于这样两方面认识：第一，价值存在于且仅存在于主体与客体的关系之中，这一关系是以作为主体的人的实践活动为“桥梁”，并以人的需要为标准对价值进行选择的。价值反映是主体的态度和评价，离开了主体，客体就无所谓有无价值。第二，事物客观的属性是主体进行价值评价的必要参照，这一点具有绝对性。价值所反映的主体的主观意向，最终是由事物的客观性决定的。

因此，“价值”这一概念表达的是人在社会生活中的一种普遍的主客体关系，它所肯定的内容，是指客体的存在、作用以及它们的变化，对于一定主体的需要及其发展的某种适合、接近或一致①。价值是在人的实践活动中建立的，以主体为尺度的一种客观的主客体关系，因此价值具有客观性，是对客体属性的反映，“是从人们对待满足他们需要的外界物的关系中产生的”②。同时，价值反映的是每个人所需求的东西：目标、爱好、希求的最终地位，或者反映的是人们心中关于美好的和正确事物的观念，以及人们“应该”做什么，而不是“想要”做什么的观念。“价值是内在的主观的概念，它所提出的是道德的、伦理的、美学的和个人喜好的标准。”③ 因此价值又表现为主观性。

当然，对价值的主观性还需进一步的理解，主要体现在：价值存在的前提是人的需要，没有人的需要，价值就不可能产生和

---

① 参见李德顺《价值论》，中国人民大学出版社 1987 年版，第 13 页。

② 《马克斯恩格斯全集》第 19 卷，人民出版社 1963 年版，第 406 页。

③ ［美］杰克·普拉诺等：《政治学分析辞典》，胡杰译，中国社会科学出版社 1986 年版，第 187 页。

得以体现，也就没有价值问题。价值是客体对于主体需要的满足，同时也是主体关于客体的超越绝对指向。价值的超越绝对指向的意义，使价值具有了精神追求和崇高信仰的意义[①]。这里的“主体关于客体的超越绝对指向”是指，作为认识和实践主体的人在实现客体对其需要的过程中由于自身积极能动的作用，使主体对客体的现实选择不仅仅局限于主观预先的指向对象，而往往会使主体在认识客观事物的属性中，不断产生新的需要，而促使主体超越绝对指向，不断满足主体新的需要。

二　立法价值的含义

立法价值作为现代法学的一个概念，在现实的立法中发挥着重要作用。虽然在中国到20世纪末才正式成为学者们研究的对象，特别是近年来，立法价值问题在中国才真正被重视，并引起了研究的热潮。但是作为一种立法价值的思想，却源远流长。同时为了更好地研究立法价值的含义，还要对立法有一个科学的认识，从而对立法价值概念的界定有所依托，进而为科学合理地界定立法价值的概念奠定基础。

1. 对西方立法价值思想的借鉴

自从在人类社会的发展中形成了国家，出现了法律，就有了关于立法价值问题的思考。在西方立法价值思想的发展中有较大贡献的主要是柏拉图、亚里士多德、孟德斯鸠、黑格尔、边沁，以及现代的罗尔斯、德沃金、哈耶克等人。

柏拉图虽然没明确提出立法价值的概念，但他却是最早对立法价值问题进行探讨的思想家。在许多古希腊哲学家的眼中，美德之间按照不同的标准也存在明显的秩序划分，这导致许多城邦

---

① 参见卓泽渊《法律价值》，重庆大学出版社1994年版，第45页。

的立法往往偏居一隅，着重强调某种美德，导致许多国家立法目的的差异和对立。对于这个问题，柏拉图在《法律篇》中特别强调：立法者考虑的美德应当是美德的整体，而不是部分。他非常详尽地列举了一个立法者应当关心的各种情形，比如立法对于人民各个年龄段的具体情况都要具体考虑，要监督公民花钱的方法等等。在柏拉图看来，立法是一个极度需要理性的事业，一部法典的胜利应当是理性的胜利。柏拉图还通过一个懂得航海知识但会晕船的人不适合做船长，以及一个有军事才能但临危而惧的人不适合指挥的例子，证明了仅仅具有专业知识而不具有德性和实践能力的人不适合做立法者。柏拉图的这个观点，实际上是对苏格拉底的一个潜在批判或者纠正，因为苏格拉底的一生就是在为获得纯粹的知识而奋斗，不断与人辩论而最后获罪被处死的。柏拉图通过他老师的教训认识到：认识真理和德性本身并不重要，重要的是实践德性。柏拉图谈到对立法的目的时指出："我们的立法的全部要害，是让公民们在尽可能相互友好的环境中过最幸福的生活。因此，国家的立法应当对于人民生活的各个方面都作出详尽的制度安排，以实现这些目的。"那么，以法律的形式来实现这些神圣的目的，促进人民的福祉，就显得特别重要，对此柏拉图作了总结性的阐述：我们始终在寻找哪些立法有助于美德，哪些立法无助于美德……我希望公民们非常乐意遵循美德的指引，显然这是立法者试图通过立法来取得的效果。[①] 在此，他提出的"美德的整体"的思想对我们今天研究立法的价值是一个重要的启迪。

亚里士多德在评价柏拉图的《法律篇》时提出了有关立法

---

① 参见张海斌《作为知识与德性的法律——评柏拉图〈法律篇〉》，载《法律书评》第三辑，法律出版社 2005 年版，第 262、120 页。

价值的思想。他说："《法律篇》曾说，立法家应注意国境的大小和境内的居民这两个要素。但一个城邦的政治生活既不能同四邻隔离，立法家也不可以遗忘邻邦关系这个问题……这一类（偏重实务和军事的）生活，虽对个人或邦国的一般事业说来，都不足重视，可是一个城邦总该保持足够的力量，才能在进攻和退守的时刻，都能使敌国有所畏惧。"① 进而他认为，财产的数量（以及军备的实际需要）也是立法家应加以考虑的，立法家不应该仅仅以树立均产原则为能事，还须订立一个适当的定额。在订立财产的限额同时，还应当规定各家子女的人数。进而他又指出："人们虽然已被纳入均产体系中，世事仍旧未必从此尽善尽美。人类的欲望比他的财产更须使它平均；这就必须用法律订立有效的教育，人欲没有止境，除了教育，别无节制的方法。"② 因此，亚里士多德认为，理性的德性是最高的德性，国家目的不在发展军事优势，而在于提高科学文化。

亚里士多德认为，我们由于被迫而获得善良的习惯，但是到时候我们也就会在做出善良的行为里面发现快乐。同时他还提出了立法者还应当注意法律的修改，法律必须变革，但变革应慎重"人们倘若习惯于轻率的变革，这不是社会的幸福，要是变革所得的利益不大，则法律和政府的方面所包含的一些缺点还是姑且让它沿袭的好；一经更改，法律和政府的威信总要一度降落……法律所以能见成效，全靠民众的服从，而遵守法律的习惯须长期的养成，如果轻易对这种或那种法规常常作这样或那样的废改，民众守法的习性必然消减，而法律的威严也就跟着削弱了"③。

① ［古希腊］亚里士多德：《政治学》，吴寿彭译，商务印书馆 1965 年版，第 63 页。

② 同上书，第 70 页。

③ 同上书，第 81 页。

可见亚里士多德反复思考了一些对立法可能产生的影响，如政治、经济、道德、文化和人们的习惯等，这些影响在立法时都是必须加以考虑的。虽然亚里士多德并没有明确指出这些因素反映的就是立法的价值问题，但却蕴涵了立法价值的系统性思想，是值得我们汲取的。

18 世纪法国启蒙思想家孟德斯鸠在论证“法的精神”时提出了相关的立法价值的思想。他认为：“在法律制定之先，就已经有了公道关系的可能性。如果说除了人为法所要求或禁止的东西而外，就无所谓公道不公道的话，那就等于说，在人们还没有画圆圈之前一切半径都是长短不齐的。”[①] 这里他说的“公道”，也就是正义，“人为法”也就是实在法。而在实在法之上还有一个自然法，也就是“永恒的正义”，这种永恒的正义是一种任何意识的幻想所无法改变的事物之间本质的联系，所以，体现正义关系的事物之间的联系就是法。在论述了自然条件同政治法律的关系时，他认为，自然地理环境对社会政治法律制度具有重大的制约性，因此是立法者制定法律时应首先加以考虑的。不仅如此，文化、宗教、风俗习惯等各种因素也对立法有重要的影响，这些关系构成“法的精神”。在此，孟德斯鸠所推崇的“法的精神”就是决定法的产生和实施法的内在本质，即自然的法则。同时“法的精神”也体现在法律与政治、地理环境、文化等社会发展不可缺少的诸因素中，这也是立法时所要体现的价值。

对立法价值进行本质性探讨的是黑格尔。黑格尔从哲学的高度，以辩证的思维方法，对法的本质及作为法的外在客观实在进行了系统的论述。黑格尔的论述与古典自然法的观点不同，即不

---

① ［法］孟德斯鸠：《论法的精神》（上），张雁深译，商务印书馆 1961 年版，第 2 页。

仅是对法及法律进行抽象的定性思考，而且是进行具体过程的推演，并涉及立法的价值问题，提出了一些值得我们借鉴的观点，如他提出法律必须是现实的、具体的、明确的，必须具有实在的内容。他反对自然法学派把法律分为自然法和人定法两种，否定历史上存在过不依人的意志为转移的自然法，认为法律作为客观精神的体现，必须通过具体形式表现出来，必须具有客观现实性，是实定的东西。"法的东西要成为法律，不仅首先必须获得它的普遍性的形式，而且必须获得它的真实的规定性。"① 特别是他提出了法律只有真正得到实施，才能实现人的自身自由。立法权的运行导致实定法律的产生，作为普遍物的法也就被人知晓了，有了被遵循的可能性。而普遍物一旦规定和确立，作为规律的法一旦发现和公布，个体的意志也只有与普遍物融为一体，遵循普遍物（作为规律的法），才能实现自身的自由。所以黑格尔说："由于法被制定为法律而被知道了，于是感觉和私见等一切偶然物，以及复仇、同情心等形式都消失了。"② 这样的实定法律，又因为"国家至上"观念的确立而保证得到了执行和遵守。在此黑格尔所主张的法律只有真正得到实施，才能实现人的自身自由，这正是立法最终追求的价值。

对立法价值理论作出突出贡献的是英国功利主义哲学家边沁。边沁是在对立法的目的的阐述中体现他的立法价值思想的。边沁极力推崇功利原则，并将其作为立法科学的宗旨。根据这一宗旨，他认为，立法者的立法行为同样取决于功利主义原则，立法的好坏，应当根据其现在或将来新法对个人和社会产生的后果

---

① ［德］黑格尔：《法哲学原理》，范扬、张企泰译，商务印书馆 1962 年版，第 81 页。

② 同上书，第 220 页。

进行评价，并据此决定是否制定或修改。他认为，追求快乐和避免痛苦是立法者考虑的目的，这就要求他们必须了解他们的值，对一个人来说一项快乐或痛苦本身的值多大多小，将依据下列四种情况来定：（1）其强度；（2）其持续时间；（3）其确定性或非确定性；（4）其邻近或偏遥远。可是为了估计任何行动的苦乐之值时，还要考虑其他两种情况：第一为丰度，指随同这种感觉而来的可能性，即乐有乐随之，苦有苦随之；第二为纯度，指相反感觉不随之而来的可能性，即苦不随乐至，苦不随乐生[①]。为了更加准确，他还把快乐具体化为 14 种，即感官、财富、技能、和睦、名誉、权势、虔诚、仁慈、作恶回忆、想象、期望、基于联系、解脱。把痛苦具体化为 12 种，即匮乏、感官、棘手、敌意、恶名、虔诚、仁慈、作恶、回忆、想象、期望、基于联系。边沁还进一步将这些快乐和痛苦及其关系作了分析。

如何将这些情况应用于立法的技术中，边沁认为，应当从五个方面考虑：一是法律草案中规定的条文（假定行为）对于每个人究竟是苦胜于乐，还是乐多于苦。如果这个法律草案规定的条文是苦胜于乐，那么对人们就不利，就违反了功利原则，是不好的法律；如果这个法律草案的规定的条文是乐多于苦，那么对人们就有利，是符合功利原则的，就是好的法律。二是看法律草案所规定的内容和提出的要求是否遍及所有的关系人，是否关系到整个社会利益。三是看法律草案所规定的内容使受害人的人数多寡来决定。如果这个法律草案所规定的内容使受害人的人数多于受益人，那么这个法律就是坏的，不可取；反之就是好的法律，是可取的。四是看法律草案是符合赏罚原则，尤其是要看对

---

① 参见［英］边沁《道德与立法原理导论》，殷时弘译，商务印书馆 2000 年版，第 57 页。

破坏人类幸福的行为的惩罚是否有力加以衡量。五是看法律的效果，即“为最大多数人谋求最大幸福”[①]。

应当肯定的是，边沁是人类法学发展史上最重视、最倾情于立法价值研究的哲学家和法学家。尽管边沁对功利主义倍加推崇，并将功利原理作为立法绝对基本原则的做法有其片面性。但边沁将功利、利益作为立法价值，特别是把“为最大多数人谋求最大幸福”作为立法宗旨是值得我们借鉴的。同时值得一提的是边沁试图以量化的方法，以计算苦乐所占的比例作为确定法律好坏的标准，其科学性虽然还有待于求证，但却给我们提供了一个重要的研究思路，即量化，才能择优，这正是现代精益管理学理论的基本要求。

在当代，随着社会的不断发展，使政治、经济和文化等社会现象越来越复杂，特别是现代法治国家的建立需要“良法善治”。因此各国统治者对立法极其重视，在这一时期都制定了大量的法律，也使得这一时期的思想家们对立法价值问题的研究从宏观上更加广泛，从微观上更加深入细致。这主要体现在罗尔斯的正义论法学、德沃金的权利论法学和哈耶克的自由法学理论。关于这一方面的内容，本书已在导言部分叙述过，不再赘述。

2. 法律与立法

对立法价值的研究是紧密地依托于立法的，对立法概念的理解又是依托于法律的，而法律与法又是密不可分的，因此有必要对法、法律和立法概念有一个科学的认识。

（1）法与法律。自然法学对法和法律进行了区别，认为法是自然形成的自然现象，自然法就是同自然相一致的生活准则。

---

① 张云：《边沁功利主义立法观新析》，载《云南行政学院学报》2000 年第 4 期。

康德认为：法是“普遍的自由法则”；而“法律就是那些使任何人的有意识的行为按照普遍的自由法则确实能与别人的有意识的行为相协调的全部条件的综合”。黑格尔指出，“法就是作为理念的自由”，这种自由的理念要成为普遍的、现实的、有效的东西，“就必须获得它的普遍的形式”，这就是法律。马克思从历史唯物主义的立场出发，批判了康德、黑格尔法思想的唯心主义观点——认为法是反映经济关系的意志关系。因此，法属于上层建筑范畴，决定于经济基础，并为经济基础服务。法的目的在于维护有利于统治阶级的社会关系和社会秩序，是统治阶级实现其统治的工具。所以，法是阶级社会特有的社会现象。而法律则是法的具体化，是法的表现形式。因此，法是人类的社会规则，是人与人之间关系或行为的规范，是以正义为其存在前提的，以国家的强制力保障其实施的，其最主要的功能就是调整社会关系，使其能够共处于社会之中。法律是一种特殊的社会规范，由国家制定或认可，并由国家强制力保证实施的，反映统治阶级意志的规范体系。这一意志的内容是由统治阶级的物质生活条件所决定的。法律通过规定人们在社会关系中的权利和义务，确认、保护和发展有利于统治阶级的社会关系与社会秩序。可见，法与法律有相同和相通之处，但也有一定的区别，如学者们在对法理问题进行探讨时，即从“应然”的意义上，一般多使用“法”；而在研究具体的法时，即从“实然”意义上，对制定法的一些问题进行探讨时，多使用“法律”。但有时也会通用，而不作严格的区别。

（2）立法的含义。将“立法”一词作为科学的概念加以定义和诠释，是在立法学作为一门独立学科从萌芽到成长起来之后的事。近年来，随着中国立法活动的不断完善，特别是2000年3月15日九届人大三次会议通过的《中华人民共和国立法法》，对立法活动进行了规范，也使得法学界对有关立法概念的界说逐渐清晰和一致起来。一般认为，立法是指一定的国家机关依照法定职权和程序，制定、修改和废止法律与其他规范性法律文件及认可法律的活动，是将一定阶级的意志上升为国家意志的活动，是对社会资源、社会利益进行第一次分配的活动。立法有广义、狭义两种理解：广义上的立法概念与法律制定的含义是相同的，泛指一切有权的国家机关依法制定各种规范性法律文件的活动，既包括国家最高权力机关及其常设机关制定宪法和法律的活动，也包括有权的地方权力机关制定其他规范性法律文件的活动，还包括国务院和有权的地方行政机关制定行政法规和其他规范性法律文件的活动。狭义上的立法是国家立法权意义上的概念，仅指享有国家的最高权力机关的国家机关的立法活动，即国家的最高权力机关及其常设机关依法制定、修改和废止宪法与法律的活动。本书所称的立法采用广义的理解，立法有以下特点：

第一，立法是以国家的名义进行的活动；

第二，立法是一项国家职能活动，其目的是为了实现国家和社会生活的有效调控；

第三，立法是以一定的客观经济关系为基础的人们的主观意志活动，并且受社会因素的影响；

第四，立法是产生具有规范性、国家强制性的普遍行为规则的活动；

第五，立法是依照法定职权和程序进行的专门活动；

第六，立法是对有限的社会资源进行制度性的分配，是对社会资源的第一次分配，反映了社会的利益倾向性①。

事实上，立法是一种比较复杂的政治、法律和文化现象，每

---

① 参见高其才《法理学》，清华大学出版社 2007 年版，第 275 页。

一具体立法的概念只能揭示立法现象的主要内容，而不可能是所有内容。所以，我们对立法的概念的界定还要在社会的发展中不断完善。

3. 对立法价值概念的科学认识

对一个概念进行科学的界定，必须既能反映概念的本质特征，又能表现概念的外在形态，同时还能体现时代发展的内涵。基于这样一种理论的认识，并通过对立法价值思想发展的历史和现状的考究，以及对价值和立法含义的理解，本书对立法价值概念的理解是：立法价值是指在立法的活动中存在的立法主体（有立法权的立法机关）与立法客体（法律调整的对象）之间的关系，体现着全体社会成员对“良法善治”追求的愿望，并使这种愿望能够与不断变化、发展的立法客体具有某种适合、接近或一致，以满足其对道德准则、习惯要求、科学规则等行为规范实现的需要。对于这一概念的内涵应从以下几个方面来理解：

（1）立法价值是一种评价性概念。第一，立法价值的评价性是以人的需要为尺度，对立法客体的正确与否进行判断的。价值判断是理性的判断，是人们在实践活动中对价值关系的反映，是以人的需要为尺度所进行的评价。对于判断主体来说，价值判断这种行为是一种以价值的优先选择为媒介的、具有高度主观性的活动。价值判断内容的客观性与以相同的社会价值获得行为动机的人们之范围大小相当——只在社会中的一定范围内的人们之间通用[①]。立法价值就是立法主体的需要与立法客体之间的相互关系，在起草法律的构思中、在审议法律的评判中，立法主体以其自身的需要为尺度，对立法客体进行分析、量化和择优。因此

---

① 参见［日］川岛武宜《现代化与法》，王志安等译，中国政法大学出版社2004年版，第246、252页。

没有立法主体对立法客体的需要，就不会有立法价值。

第二，立法价值的评价是一种规范性的判断。立法价值判断中的主体所关心的是立法的“应然”状态，立法应当是什么样的，是立法主体对立法的理想状态的追求，体现了立法主体的积极性和创造性，是立法主体事先依据自身的需要设计好的样式或范式，因此是规范性的判断，与立法的事实判断不同。事实判断是一种描绘性判断，是立法的“实然”状态，事实判断是以客体为取向的，目的是要达到对事物、事件及其过程的客观化认识，所关心的是世界的本来面目。因此事实判断会尽量排除主体的道德、情感、利益和态度等主观因素的干扰，做到“感情中立”或“价值中立”以达到对客体本来面目的认识[①]，如立法的合法性，就是能够通过规范立法的法律得到证实的，也就是立法的事实判断。

（2）立法价值是一个系统性概念。

第一，立法价值系统的结构性。立法价值反映的是立法主体的需要与立法客体之间的相互关系。而人的需要总会是丰富多彩的，这就决定了立法价值的内容也是多样的、复杂的。笔者认为，立法系统的结构分为道德、习惯和科学三个层次，而每一层次里面又是由若干个部分组成的。道德作为规范人们行为的准则处于立法价值的核心地位，是立法价值最基本的和必不可少的部分，即是立法价值的底线。在道德这一层次上，主要是由正义、公平、平等、人权和自由等组成。习惯作为人们的日常要求处于立法价值外在的边缘地位，是立法价值应当具有的，但也不是必不可少的要求。在习惯这一层次里主要由商事交易、民族文化、地域风俗、历史传统及个人日常行为过程等组成。科学作为一种

① 参见高其才《法理学》，清华大学出版社 2007 年版，第 162 页。

规则，在立法价值系统中处于中立的地位，从法律作为上层建筑的组成部分来说，法律是对经济基础的反映，最终都是对客观规律的反映。但是在具体的法律中，由于其反映客观规律的程度不同，并不是所有法律的立法价值都必须完全充分地体现科学价值，对于有些法律的立法，特别是一些需要客观标准化的法律，在体现科学的立法价值方面要求较高，而对于一些较倾向伦理道德的法律，其科学的立法价值要求则较低。在科学这一层次里主要由科学理论、科学技术等因素组成，此外还应当包括科学标准和科学管理等因素。

第二，立法价值系统的有机性。立法价值是一个有机的系统，它是由道德、习惯和科学三个相对独立的子系统组成，每一个子系统又是由若干个子子系统所组成。各个子系统之间，各个子子系统都是排列有序的，都有自己固定的位置和管辖的“权限”，同时他们之间又都是相互联系、相互促进的。其中道德子系统起着主导的统帅作用，其他子系统则发挥着充分、有效、补充和辅助的作用。

第三，立法价值系统的开放性。立法价值系统是开放的，也必须是开放的。这是因为人类的实践活动从绝对性上来说是无止境的，并且是不断地丰富和发展的，人的需要也会随着人类立法活动的深入而更加多样和复杂。自从有了国家产生了法律，将道德作为立法价值取向一直是众望所归，特别是自然法学家们，从自身所处的社会历史地位出发，将公平、正义、平等、人权、自由等道德方面的准则作为立法价值。在立法的适用中，习惯的影响力也是不容忽视的，它会是一种缓慢的、但却是深远的影响。科学技术的发展，使人们认识到科学发展在立法价值中所发挥的作用。随着社会的发展，时代的更新，人们会认识到更多的立法价值所包括的内容或因素。

（3）立法价值是一个功能性概念。

第一，道德准则——立法的正当性。立法只有以道德为基础才能维护其正当性。康德认为，法律是最低限度的道德，唯有遵循“道德法则”的行为才能称为良善。行为的举止是将人类看作是目的而永远不能看作是手段。一切行为必须把每个理性动物的意志视为一个普遍立法的意志[①]。而要做到这一点，只有遵循“道德法则”才能做到。因为道德体现的是人类作为理性动物的崇高一面，是人类由野蛮进入文明的重要标志，因此“无论是从历史还是从现实进行考察，社会伦理（道德）文化都是构筑法律价值的基础”[②]。由此立法是否符合伦理道德，即合伦理性是构筑立法价值正当性的基础。“所谓立法价值的合伦理性，是指立法过程所涉及的价值问题，包括价值判断、价值权衡、价值选择以及价值期待等，都能够经受得住社会普遍伦理的拷问，即没有违背伦理的价值涉项。它不仅要求立法的内容要符合正当性的要求，立法的程序也必须具备正当性要件，而且还要求立法在整体上满足社会普遍的道德伦理的文化要求”[③]。

第二，习惯要求——立法的实效性。立法本身不是目的，立法的目的是能够制定“良法”，实施和实现立法的价值。要做到这一点，首先必须能够被全体社会成员接受和认同，并在此基础上遵守法律，使法律得到实施。而如果立法的价值能够符合民族文化、地域风俗以及人们的生活习惯，那么不仅能促成人们的自觉守法行为，又因为是人们行为的需要，从而使外在强制性的法

① 参见张宏生主编《西方法律思想史》，北京大学出版社 1983 年版，第 325 页。

② 江国华：《论立法价值——从“禁鞭尴尬”说起》，载《法学评论》2005 第 6 期。

③ 同上。

律规范能够融入人们的文化和风俗中，特别是能够融入人们的日常生活中，成为自然而然的事，也就收到了立法实效——法律被真正地适用了。这是最能节约法律成本的法律价值，也就是立法的精益价值的体现。当然某一具体的习惯内容能够成为立法价值，还必须合伦理性，即以是否符合道德准则为“准入证”，因此立法者要尽量考虑认可具有正当性的习惯作为立法价值，这对于整个社会的稳定发展都会有促进作用。

第三，科学规则——立法的客观性。科学作为人类对客观事物及其规律的反映，是人类在实践中形成的理性认识。科学的客观性和真理性，是人类在经过无数次的失败和教训中才确信的。科学使人类认识到：人类只有在尊重客观规律的前提下，才能向大自然索取，人类只能利用它，而绝不能改变它。作为体现主体的需要和客观对象关系的价值，也必须是在遵从科学规则的前提下，选择主体对客体所需要的属性。立法价值虽然是以立法为依托的，但同样需要科学，以期体现立法价值的真理性，从而使法律的实施能够给人们带来更多的实效、权利和利益，也使人们的行为更加自由自主。这对于树立法律在人们心中的权威地位，理性地运用法律维护自己的合法权益有重要的意义。

（4）立法价值是一个适用性概念。

第一，动机立法价值——对“良法善治”的追求。在立法价值的概念中，把对“良法善治”的追求作为逻辑的切入点，以解决人们动机价值问题。这是人们在选择立法价值时之最初的、最直接的原动力。人们立法的直接目的就是通过制定法律形成“良法”为法治国家的执政者治理国家提供依据，并达到善治。21 世纪人类政治文明的重要特征是善治。善治（good governance）就是有效治理，就是能够实现最大限度地增进社会公共利益的治理。善治的本质特征，就在于它是政府与公民对公共生活的合作管理，是政治国家与市民社会的一种新颖关系，是两者的最佳状态[①]。善治显然也是现代法治的重要特征，由此便成了产生动机立法价值。

第二，目标立法价值——满足人的需要。在立法价值的概念中把满足人的需要作为立法价值的最终目标，符合立法价值的本质属性，即立法主体的需要和立法客体之间的关系。人作为实践的主体，具有自主性和能动性，体现为崇尚自由、渴望自由，而对自由的崇尚和渴望是在不断满足自身的需求中获得的。在这一过程中，通过理性思维，运用科学理论在对事物的认识和改造中，不断地得到检验，从而满足了人们更多的需要，获得了更大的自由。立法主体的需要体现在制定法律的过程中，即对立法客体具有某种适合、接近或一致，以满足其对道德准则、习惯要求、科学规则等行为规范实现的需要。

三　立法价值与法律价值

立法价值与法律价值密切相关。正确把握二者的关系，对于在理论上认识立法价值的属性和特征，在适用法律中明确立法价值的地位和作用都具有重要意义。

1. 立法价值与法律价值的一致

立法价值和法律价值都体现的是主体的需要和客体对象之间的价值关系，因此二者表现了诸多一致的地方：

（1）二者都是主观性和客观性的统一。立法价值体现的是在立法的活动中存在的立法主体（有立法权的立法机关）与立法客体（法律调整的对象）之间的关系。体现着全体社会成员

---

① 参见俞可平《权利政治与公益政治》，社会科学文献出版社 2005 年版，第 148 页。

对“良法善治”追求的愿望，并使这种愿望能够与不断变化、发展的立法客体具有某种适合、接近或一致，以满足其对道德准则、习惯要求、科学规则等行为规范实现的需要。法律价值是标志着法律与人关系的一个范畴，这种关系就是法律对人的意义、作用或效用，和人对这种效用的评价。因此法律的价值是指作为主体的人对客体和法律的需要与主体对客体的判断标准，是法律作为客体对于主体——人的意义，是法律作为客体对于人的需要的满足[①]。法律价值的本质在于法律的存在、变化和作用的效果，是以满足主体的内在尺度——利益、需要、效益为实质内容的[②]。因此也是主观性和客观性的统一。

第一，二者在表现形式上都具有主观性。首先是因为人的需要及其满足途径具有主观性。人的需要并不是物质生活条件本身，它是社会物质生活条件经过人脑思考而得出的结论。对于满足需要途径的选择，除了人类个体各自的社会物质生活条件、历史地位等因素外，一定主体的主观愿望和道德水准也同样是不可忽视的重要因素[③]。其次是无论是作为法律规范，还是作为立法活动都是属于社会意识的范畴，都是上层建筑的组成部分，都是对其经济基础的反映。最后二者的价值目标的选择具有主观性。立法价值和法律价值各自都是由诸多具体的价值构成的，人们如何确定其地位和作用，并如何进行选择都具有主观性。

第二，二者在内容上都具有客观性。首先，人的需要在本质上是客观的。人类对法律和立法的需求是以其社会的物质生活条件为基础的。马克思说：“无论是政治的立法还是市民的立法，

① 参见乔克裕、黎晓平《法律价值论》，中国政法大学出版社 1991 年版，第 40 页。

② 参见高其才《法理学》，清华大学出版社 2007 年版，第 160 页。

③ 参见葛洪义主编《法理学》，中国政法大学出版社 1999 年版，第 53 页。

都只是标明和记载经济关系而已。”[①] 因此立法价值和法律价值都是由一定的社会物质生活条件决定的，其中最主要的是生产关系。其次，法律的产生和存在是客观的，立法的行为过程和立法的结果也是客观的。

（2）二者都是规范性的判断。规范性的判断也就是价值判断，表现为“应然”性，与事实判断相对应。事实判断是描绘性的判断，表现为“实然”性。二者的区别是：第一，判断的取向不同。价值判断是以人的需要为尺度，而事实判断则是以立法活动的行为过程和法律制度本身作为取向的。第二，判断的维度不同。价值判断明显地带有个人的印记，具有较强的主观性。而事实判断的目的在于达到对现实法律和立法行为过程进行客观的认识。第三，判断的真伪方法不同。价值判断的真伪取决于主客体之间的价值关系的契合程度；而事实判断的真伪主要取决于其与客体的真实情况是否符合[②]。

2. 立法价值和法律价值的界限

立法价值和法律价值虽然有诸多一致的地方，但二者的存在状态、基本属性和表现特征等方面却有明显的不同。

（1）二者的存在状态和作用不同。法律价值是作为主体的人与作为客体的法律之间的关系，而立法价值体现的是在立法的活动中存在的立法主体与立法客体之间的关系。因此相对而言，虽然二者都是评价性的概念，都具有“应然”性，都是规范性的判断，但二者具体的存在状态是不同的。

第一，法律价值的“应然”性是以静态的方式存在的，它是人们运用理性思维对业已存在的法律进行价值判断和选择认

---

① 《马克思恩格斯全集》第 4 卷，人民出版社 1963 年版，第 121—122 页。

② 参见高其才《法理学》，清华大学出版社 2007 年版，第 162 页。

识，以期对以后形成的法律有一个较好的借鉴。法律价值主要是法学家们研究的对象，是人类对法律的共同追求，是法律精神的体现，更具有普世价值的意义。因此法律价值是人们对法律的信仰，一旦形成则会根深蒂固，不会轻易改变，对于法律的制定、实施和实现具有重要的指导作用。

第二，立法价值的"应然"性是以动态的方式存在的，是立法主体在立法的活动中，对法律的起草、审议、表决和通过等一系列的具体行为中，从立法主体的需要出发，对立法的客体属性所进行的选择和舍取，这种选择和舍取是以立法者所处的一定的社会历史发展客观情况为转移的，使立法价值始终处于一个动态的变化之中。立法价值应该是立法学研究的领域。由此形成的认识更易更新、更具体、更具有时代的现实意义。同时由于立法主体的多元化导致了立法价值更多的时候体现的是不同主体的利益之间的"博弈"，如不同部门的利益、中央和地方的利益、各阶层的利益、各群体的利益。为了协调与平衡这些利益，"任何一项立法，都意味着对多重价值的权衡和选择。只要存在着不同的价值主体、不同的价值诉求、不同的价值理念，就必然存在着价值冲突……就必然要进行价值的权衡和选择"①。因此立法价值是对立法过程中的法律"应然"性的价值反思。

（2）二者研究的方法不同。法律价值和立法价值虽然都是理性的规范性判断，但由于它们的存在状态不同，因而对其研究的方法也不同。

第一，法律价值主要是运用定性方法，从本质的意义上认识。对法律价值的认识往往重在对其性质的分析，如古典自然法

① 江国华：《论立法价值——从"禁鞭尴尬"说起》，载《法学评论》2005 第 6 期。

学派是将法律价值绝对化，以哲学视角，研究法律价值的本质，他们往往把对法律价值的分析归于某一具体概念，并将其抽象化、绝对化。柏拉图认为，法律价值在于法律是维护正义的手段。亚里士多德始终将正义视为法律的核心价值，并赋予其道德的特征①。现代自然法学派则更多地从法律价值的整体进行内在的分析，如新康德主义法学认为，法律价值即是法律的理想境界。社会法学家庞德认为，法律价值是一个社会制定和评价法律所依据的标准。博登海默则认为，法律价值是指法律的合理性和道德性，是法律中理想因素和法律所追求的目标。可见自然法学家把法律价值理想化、普遍化、共同化，形成了对法律的本质认识。

第二，立法价值侧重运用量化的方法，在现象的层面上分析。对立法价值，一般注重对其结构的差异性及其对立法影响的分析。如柏拉图在《法律篇》中提出的立法价值的“美德的整体”思想；亚里士多德对正义的分类和对平等的分类②；孟德斯鸠在论证“法的精神”时，主张的立法者制定法律时应考虑对社会政治法律制度具有重大的制约的自然地理环境、文化、宗教、风俗习惯等因素的观点；罗尔斯对“作为公平正义”原则的精细分析；哈耶克对社会的内部规则和外部规则及其相互关系的阐述，都是量化方法的运用。特别是边沁，他试图运用统计和运算，在更广泛的意义上进行量化分析。为实现大多数人的最大

① 参见张宏生主编《西方法律思想史》，北京大学出版社 1983 年版，第 29、42 页。

② 亚里士多德将正义分为“普遍的正义”和“个别的正义”，又将“个别的正义”分为“分配的正义”和“平均的正义”。亚里士多德将平等分为两类：一类是“数量平等”；一类是“比值平等”。参见亚里士多德《政治学》，吴寿彭译，商务印书馆 1965 年版，第 234—235 页。

幸福的立法价值，他以快乐和痛苦所占比例的多少来确定人们获得幸福的量值。对立法价值进行量化分析，符合现代立法价值评价的客观要求。在人类对立法价值的认识过程中，已经从对道德单一层面的认识，形成了对道德的正当性、习惯的实效性及科学的客观性的系统性认识。而认识立法价值的系统性，只有运用量化分析方法才能做到。因此笔者将运用精益的量化方法对其进行分析，这一理论方法的具体内容将在本章的第三节作进一步说明。

（3）二者的主体范围的表现形式不同。法律价值和立法价值尽管都是体现主体的需要和客体对象之间的关系，都是体现全体社会成员的价值观，但二者的主体范围的表现形式却是不同的。

第一，法律价值主体范围是直接的、平等的。法律价值体现的是人类对法律共同的追求，不存在具体利益的冲突，这样法律价值是直接以全体社会成员的需要为尺度对法律客体进行评价的。作为客体的法律具有普遍性，“法律的对象永远是普遍的……法律只考虑臣民的共同体。以及抽象的行为，而绝不考虑个别的人及个别的行为”①。法的本质是统治阶级意志的体现，但这种意志却被“奉为”国家的意志，要求全体社会成员“一体遵守”，因此全体社会成员都是法律价值判断的直接参与者。其主体之间也是普遍的、平等的。

第二，立法价值的主体范围是间接的、相对的。立法价值体现的也是全体社会成员，即公民对立法价值的评价。但这种评价并不是全体公民都能够直接参与的，在地位上也是相对不平等的。从立法活动过程分析，立法价值首先是作为一种观念形态存

① ［法］卢梭：《社会契约论》，何兆武译，商务印书馆1996年版，第50页。

在于全体公民的意识之中，公民的价值观直接影响着立法权的产生。公民将立法权赋予立法者，立法者在立法时，要将这种价值观转化为价值取向；在立法成果中，即法律规范中能够体现公民的价值观，即通过立法体现立法活动的价值取向，表达全体公民的意愿。同时立法的主体在形式上并不是全体公民，而是代议机构，即是由立法机关具体行使的，而立法的主体是分阶位和权限的，相对来说是不平等的，如国家立法主体和地方立法主体在阶位和权限上都是不同的，国家立法主体要比地方立法主体的阶位要高，权限的范围当然也更广泛。

3. 立法价值和法律价值的统一

立法价值与法律价值有着密切的关系，这种关系是辩证统一的关系，是由它们的一致性决定的。

（1）法律价值决定并指导着立法价值。立法价值的取向是由法律价值决定的，因为立法的目的就是要通过立法行为制定“良法”，并通过“良法”实施达到“善治”的，因此立法价值只有“受命”于法律价值时才能完成这一历史重任。同时由于法律价值决定法律存在的合理性，而法律又是人选择的，法律价值决定了法律的目的，抽掉法律价值的法律是盲目的。因此，法律价值决定法律的善与恶，能对恶法进行纠正和补救；法律价值决定影响法律的权威；法律价值可以弥补法律对现实社会变化的灵活性与适应性上的缺陷；法律价值有助于限制国家权力的滥用；法律价值引导人们的法律行为①。所以法律价值对立法价值有着重大的指导作用。

（2）立法价值是法律价值的运用和体现。立法是产生和塑

---

① 参见［美］彼得·斯坦、约翰·香德《西方社会的法律价值》，王献平译，中国人民公安大学出版社 1990 年版，第 315 页。

造法律的过程，毫无疑问，立法理应、也必须体现法律的价值，也就是要把人们对法律价值的认识运用到立法活动中去。在立法过程中人们对价值的追求和选择，都会不同程度地融入法律价值的观念和评价之中。因此立法价值必须、也应当体现法律价值。当然立法价值对法律价值的运用和体现不是直接的，如“正义”始终被自然法学作为法律的重要价值。亚里士多德认为，正义是指人们在社会关系中所产生的一种美德，而法律则是正义的体现。法律的好坏完全是以正义为标准的，服从法律就是服从正义，立法的根本目的就在于促进公平正义的实现。……立法家的任务在于参考历史，斟酌现状，制定出合乎正义的法律，并拥有执行这种法律的权威①。立法者在制定法律的过程中并不是直接将正义等法律价值加以规定，而是具体量化以义务、责任、赔偿、处罚等为对价，实现保护合法权利、公平分配利益、提高效率、确保安全、维护秩序的立法价值。

四 立法价值与立法目的

立法价值反映的是立法主体的需要与立法客体之间的相互关系，是立法过程中立法主体的精神追求，是人的思维理性的规范性判断，因此它必须通过一种外在的形式才能体现在法律之中，这就是立法的目的。

1. 立法目的

要达到对立法目的的全面认识必须借鉴思想家们的理论，特别是西方法学家们的思想，同时还必须建立在对人的有意识活动认识的基础之上。

（1）西方法学对立法目的的认识。在西方法学的历史发展

① 参见张宏生主编《西方法律思想史》，北京大学出版社1983年版，第42页。

中，对于有无立法目的，其认识是极其鲜明的。近代的一些法学家，如历史法学派代表萨维尼认为，法律只是偶然的、无意识的、非理性的历史力量，所谓的民族精神是自发产物，因此无自觉的立法目的可言。实证主义法学派的代表凯尔逊则根本排斥对法律目的的哲学思考与价值判断，而只注重对法律的形式和结构的技术分析。

自然法学家则极力主张法的目的性，如亚里士多德强调立法的根本目的是在于促进正义的实现。西塞罗认为，自然法具有高于一切人类社会立法的权威，而且具有普遍的和永恒的性质。因此自然法是衡量一切人定法的唯一标准。因为法律的目的，是为了维护国家的统一和人民的安全及幸福，所以凡是各国制定的法律，符合这种目的才是具有“真正的法律”性质。同时他也将正义视为衡量良法与恶法的标准，认为“真正的法律”与正义是同一语[①]。边沁从功利主义的原则出发，确立了“保证最大多数人的最大幸福”的立法目的。他认为，一切法律所具有或通常应具有的一般目的，是增长社会幸福的总和，因而首先要尽可能排除每一种趋于减损这种幸福的东西，亦即排除损害。但是所有的惩罚本身都是恶。根据功利原理，如果它应当被允许，那是因为它有可能排除某种更大的恶。只有排除这些“恶”，才能实现法律的宗旨，实现大多数人的最大幸福[②]。同时他还提出了为保护公民的生计（口粮）、富裕、平等和安全等具体的立法目标。

现代的一些思想家们，如法国社会学家庞德认为，法律的主

---

① 参见张宏生主编《西方法律思想史》，北京大学出版社 1983 年版，第 42、59 页

② 参见［英］边沁《道德与立法原理导论》，殷时弘译，商务印书馆 2000 年版，第 216 页。

要目的是进行社会控制，达到最大限度地保护所有的社会利益，并维护它们之间的平衡与协调。新自然法学家德沃金主张法律的目的是依靠并维护一系列个人的基本权利。经济分析法学家波斯纳则认为，经济效益是法律所追求的基本目标，法律的目的是使行为的社会成本缩减到最低限度，以实现最佳社会效益。可见确认立法的目的始终是大多数学者们的共识，但他们大多提出了单一的立法目的，而且对实现这一目的之具体途径或手段的研究还不够具体。

（2）立法目的的含义。立法主体在实现立法价值的过程中，以人的需要为尺度，对立法客体进行选择或取舍，这种选择或取舍是一个有目的的行为过程。为了避免行为的盲目性和被动性给人类自身带来不必要的伤害，必须确定具体的行为目的，同时人作为主体具有能动性和自觉性，能够事先设定行为计划，实施有目的的行为。

基于以上的认识，对立法目的含义的理解应当是：立法主体为自身的需要，针对法律所调整的对象，采用科学的立法方法和立法技术，制定和选择相应的或最佳的立法方案，事先设定立法所要实现的具体目标。

立法目的是立法的方向，是立法价值、立法原则和立法精神的体现。因此对立法活动和行为过程具有统一意志的作用。因为人的需要是多样而复杂的，在立法中不同的立法主体会有不同的利益要求，当现有的立法资源空间不足以容纳所有的利益要求时，就会导致利益的冲突，从而引发矛盾，影响社会的稳定。因此通过立法目的的设定，就可以平衡利益，统一意志。同时在适用法律中可以起到规范自由裁量权的作用，只要执法部门和司法部门的行使自由裁量权没有违背法律的目的，就是正当的行为。

立法目的可从不同的角度分为不同的类型。从立法的层次可分为国家立法总体目的、部门立法目的和单行立法目的。从立法内容可分为政治目的、社会目的和道德目的。

2. 立法价值与立法目的的关系

立法价值与立法目的的关系是辩证的关系，他们相互区别，各有自身存在的范围和发展的领域，同时又是相互联系和相互促进的。

（1）立法价值与立法目的的区别。二者虽然都是理性的规范性判断，都是以“应然”的状态存在的，但二者的出发点却是不同的。立法价值是以人的需要为取向，从主观出发，对立法的客体进行评价的，它关注的是人的主观需要是不是得到了满足。而立法目的是立法主体为满足自身需要而设定的目标，是从立法客体出发，它重视的是立法目的能不能实现。同时二者在表现方式上也是不同的。相对来说，立法价值是内在的、模糊的、宏观的，它体现的是立法精神和人们对立法期待的理想状态，因此它并不由法律具体规定，而是内涵于具体的法律规范之中的。立法目的则是外在的、明确的和细微的，它是通过法律条款具体规定的，如《中华人民共和国物权法》的目的是为了维护国家基本经济制度，维护社会主义市场经济秩序，明确物的归属，发挥物的效用，保护权利人的物权（第1条）。《中华人民共和国劳动合同法》的目的是为了完善劳动合同制度，明确劳动合同双方当事人的权利和义务，保护劳动者的合法权益，构建与发展和谐稳定的劳动关系（第1条）。《中华人民共和国行政处罚法》的目的是为了规范行政处罚的设定和实施，保障和监督行政机关有效实施行政管理，维护公共利益和社会秩序，保护公民、法人或者其他组织的合法权益（第1条）。《中华人民共和国社会保险法（草案）》的目的是为了规范社会保险关系，维护社会保险参加人的合法权益，使公民共享发展成果，促进社会和谐稳定

(第1条)。

(2) 立法价值与立法目的的统一。一方面，立法价值决定立法目的。立法目的是立法主体事先设定立法所要实现的具体目标，是为了实现立法主体自身的需要而设定的，因此必须依据立法价值的具体要求，设定立法目的。另一方面，立法目的是衡量立法价值的基本标准。通过法律规定的立法目的能够判断立法价值，判断立法是否具有正当性，是否能够取得实效，是否能够经得起实践的检验。

第二节　立法的精益价值方法论

精益方法论是精益理论在企业管理中运用的方法，是现代发达国家企业及社会管理较普遍和较先进的管理方法。长期以来，中国的经济发展一直是以“高投入，高消耗，高排放，难循环，低效率”的粗放型经济增长方式进行，与此相适应，作为上层建筑的政治、法律、文化的发展也具有相当的粗放性。近年来，中国在社会的发展中以科学发展观为指导，对经济发展进行了有益的调整，使经济发展已开始向“低投入，低消耗，低排放，高效率的全面、协调和可持续发展”的精益型经济增长方式发展，作为对其具有反作用的法律也要全面贯彻和实施科学发展观。因此，为达到“良法善治”的目的，杜绝或改变粗放型的法律，就要以精益理论分析立法价值，将立法价值确立为精益的立法价值，将立法价值的过程设定为精益的立法过程。

一　精益理论内容概述

对立法价值范式的精益性分析是建立在对精益学基本理论充分理解的基础之上的，因此要对精益理论内容作一个简要的概述后，将其运用到立法价值中去。作为一个完整的精益学理论的内容十分丰富，既有理论原理部分，也有理论适用部分。本书只是为了对立法价值分析的需要，仅对基本概念、基本原则及基本原理作简要介绍①。

1. 精益管理的内容及其意义

精，原意为纯净的好米，引申为精制，含有精粹（精华）、精密（严密）、精通（深入）、精诚（纯一）等内涵。益，是"溢"的古文字，含有利益（好处、益处）、增加、上进、更加等内涵。我们通常说的精益求精，就是力求更加精工美好（精工，精致工巧）。精益，是在"精"和"益"的基础上，又取精益求精的内涵所形成的新概念②。精益的核心思想就是"办事要少投入资源、多产出效益"，"少投入资源"就是"精"（节约）、"多产出效益"就是"益"。达成精益的行事原则就是要将所做的每一件事情都对目标的实现有贡献、有价值，否则就不去做。随着环境的变化，原来那些有价值的事情就有可能变成没有价值了，但是由于思想的传承、体制的刚性、行为的惯性，人们一般还会继续地去做那些原来有价值但现在已无价值的事情。这就造成了对自身利益的损害，造成了系统生命力、竞争力的衰退。识别那些原来有价值但现在已无价值的事情，并把它加以消除或转化为有价值的活动是变化环境中的个体和组织所面临的挑战性任务，而完成这一挑战性任务的关键是把握环境的系统性变

① 本书精益学理论的内容均参考了吕建中等《精益管理——21世纪的标准管理模式》，中国海洋大学出版社2003年版的相关内容，在此深表谢意！

② "精益"一词来源于沈希瑾等人翻译的由詹姆斯·P. 沃麦克等人所著的《改变世界的机器》一书，译者将英文的Lean，其意思是指人或动物很瘦，没有脂肪，译为中文的"精益"，"一是取'精'字中的完美、周密、高品质，与'益'字中的利和增加，以及精益求精的词意"。

化方向。只有把握了环境的系统性变化方向才能据此进行自身以及所处生态链的成功再造。

精益管理一般是指企业精益管理，精益管理就是通过以人为本、以团队为组织细胞，由顾客确定产品价值结构，实施 JIT（适时、适量、适物）生产运营，采用并行工程进行产品开发，并通过持续改进、追求尽善尽美来实现“杜绝无价值活动”的战略思想，结果是使企业能够满足用户快速变化的、多样化的、个性化的需求并在产业竞争中占据优势地位。最终实现“杜绝 muda”的战略思想，并获得丰厚的利润。因为环境在不断地变化之中，实施精益管理的企业也就在不断地进行再造，以消除原有的价值活动转变形成的无价值活动，或把它再转化为有价值的活动。企业精益化是一件持续的工作，只要环境在不断变化，企业的精益化就要不断进行。根据现有的实践成果，持续精益化的企业基本上可以做到在同样产出的情况下，每年以 5%—10% 的速度降低资源的投入。

muda 源于日语，即是指无价值的活动，其含义是耗用了资源但却没有产生价值的活动。muda 创造的价值为零，但耗费了一定的资源，其实就是创造了负价值。杜绝 muda，就是在追求负价值的最小化，结果是镜像对称的创造价值最大化，这与企业的本质目的（创造最大价值）是完全一致的。企业中最大的 muda 是生产出来的产品销不出去，也就是产销不适应；产销不适应的实质是产品的价值构造与顾客价值的背离。产品价值构造即价值的组成、比例及其价值流程，产品价值构造历经了生产者确定阶段、市场导向确定阶段和顾客确定阶段。精益管理的出发点是产品价值构造，产品价值构造只能最终由顾客来确定，才能杜绝市场营销过程中的 muda。

精益管理起源于 20 世纪 50 年代日本丰田汽车公司设立的及

时生产方式，及时生产方式是对20世纪初以美国福特制为代表的大量生产方式的一场革命。大量生产方式的最大特点在于以单一品种的规模生产来降低成本。这与当时美国的经济相吻合。在当时的时代背景下，只要生产得出来就可以销售出去，生产越多，成本就越低，也就越能销售出去。但到20世纪后半期，不仅是美国，不只是汽车市场，整个时代进入了一个市场需求多样化的新时代，而且对质量的要求也越来越提高，随之而给制造业提出的新课题是，如何有效地组织多品种、小批量生产以满足顾客快速变化的多样性需求。他们决定要走一条适合日本实际情况的新路，并最终取得了成功，于是产生了及时生产方式，即根据顾客购买品种和购买量，及时发现货架上商品数量的变化，并通过及时补充商品可以确保“非常及时”地满足顾客对商品的需要，企业从而进行了有价值的活动，实现了“杜绝 muda”的行为。

起源于日本丰田公司的及时生产方式渐渐演变成了精益原则和精益管理，再到形成精益人力。在这两部分的基础上，提出建立绩效管理的精益模式。并试图建立新的一些模式和体系，如JIT精益绩效考评体系、5S精益绩效培训等①。精益管理为汽车工业带来一场革命，也为其他制造业带来新的生机。如果说20

① JIT精益绩效考评体系和5S精益绩效培训都是精益管理具体的适用模式系统。JIT是Just In Time的缩写，原意是“恰好及时”，在精益生产中引申为“只在需要的时候，按需要的量，生产所需的产品”。现在中国大部分学者使用“准时生产方式”来表达JIT，也有用“适时适量生产”或“准确及时供补”来表示JIT的中文意思。而根据精益理论，使用“及时生产”表达JIT的中文含义更为合适。5S是日语“整理（Seiri）、整顿（Seiton）、清扫（Seiso）、清洁（Seikeetsu）和素养（Shitsuke）”5个词的缩写，这5个日语词的罗马拼音的第一个字母都是“S”，所以简称为“5S”。开展以整理、整顿、清扫、清洁和素养为内容的活动，称为“5S”活动。参见吕建中等《精益管理——21世纪的标准管理模式》，中国海洋大学出版社2003年版，第73、114页。

世纪初的福特流水线生产方式拉开了现代化大生产的序幕，把制造业从手工生产推进到大规模生产的新时代。那么，精益管理则是一架“改变世界的机器”，它在社会进入到需求多样化的新阶段时应运而生，它是一种既具有大批量流水生产的高效率、低成本优点，又具有单件、小批量生产、灵活多变优点的新的生产方式。经过几十年的发展演变，精益管理已经形成一整套完整的管理理论和方法体系，包括从企业的经营理念、管理思想，到生产的组织、计划与控制，以及人力资源的开发利用等。精益管理虽然产生于汽车业，但对于一切重复性程度高的生产类型是普遍适用的。它的消除一切 muda、不产生价值的活动就是浪费的观念、及时化生产的思想，对所有类型的生产活动也都是适用的。这种生产方式使人类可以更有效地利用生产资源，制造出更多更好更便宜的产品，更好地满足消费者的需求。

2. 精益原则

要实现精益管理战略，即消除一切 muda——耗费了资源而不创造价值的活动，就要遵循一定的原则。muda 包括很多，如：残次品、超过需求的超量生产、闲置的商品库存、不必要的工序、人员的不必要调动、商品的不必要运输、各种等待等。精益原则是和 muda 直接对立的，它反对和致力于消除任何形式的 muda，只有所有的活动和行为在致力于为顾客创造价值时，这才是符合精益原则，否则就是和精益相对立的。精益原则是由顾客确定产品价值构造、消除产业价值链的 muda、变成批与排队为连续流动、由顾客需求拉动价值链以及追求尽善尽美。

（1）由顾客确定产品价值构造。产品价值构造历经了生产者确定阶段、市场导向阶段和顾客确定阶段。精益管理的出发点是产品价值构造。价值构造只能由最终顾客来确定，而价值构造也只有由具有特定价格、能在特定时间内满足顾客需求的特定产品（商品或服务，而经常是既是商品又是服务的产品）来表达时才有意义。

（2）变“成批移动”为“单件流动”。成批移动就是在制品成批地在各工作地加工，并按工艺流程成批地经过各工作地移动。单件流动就是在制品一件一件的按照工艺流程经过各工作地进行加工、并连续移动。成批生产的在制品必须等到每一批都生产完，才能搬运到下一个工序去，所以各个工位所加工出来的产品堆积在设备旁，产生大量的在制品，并且使工序间的生产联系和管理工作复杂化。在前工序的整个批量加工尚未结束之前，后工序无法得到所需要的零部件，必定造成等待，以致生产周期拉长。同时为了充分使用设备，前工序完成的在制品，只要下一工序的某一台机器设备有空的话，就先安排进去，造成每一批产品都有可能在每一台相同功能的机器设备中生产，而形成乱流的生产现象。工序越多，对不良品的控制与现场管理的工序越多，乱流的程度也就越高，这种现象增加了对不良品的控制与现场管理的难度。在单件流动中，因为在每个工段中各工序衔接在一起，前工序做完一个在制品，就可立即“流”到下一工序继续加工，所以工序间几乎没有搬运距离，也没有在制品，因此在制品数量可以大幅度降低，生产空间也跟着减少了。不良品一旦发生，就可立即发现，很容易地确认出是由哪一台机器、哪一个作业者做出来的，这有助于消除不良品。更重要的是生产周期大幅度缩短，更能满足市场多变的需求。因此要避免“成批移动”的弊端，就必须想尽一切办法让企业的全部生产经营活动流动起来，一个停滞的企业价值链是僵硬和没有活力的，必须打破组织界限、部门分割、心理障碍，改变工作作风、工作习惯还有工作工具和工作方法，以便让价值链真正流动起来，不然，这种价值链必然是浪费的、低效的价值链。

（3）生产由顾客拉动。生产分为推动式生产和拉动式生产。推动式生产就是计划部门根据市场需求，按产品构成清单对所需的零部件规格和数量进行计算，确定每个零部件的投入产出计划，按计划发出生产和订货的指令。拉动式生产是从市场需求出发，由市场需求信息决定产品组装，再由产品组装拉动零部件加工。每道工序、每个车间都按照当时的需要向前一道工序、上游车间提出需求，发出工作指令；上游工序、车间完全按这些指令进行生产。物流和信息流是结合在一起的。整个过程相当于从后（后工序）向前（前工序）拉动，故这种方式被称为拉动式（Pull）方法。采用拉动式系统可以真正实现按需生产。如果每道工序都按下道工序的要求，在适当的时间，按需要的品种与数量生产，就不会发生不需要的零部件生产出来的情况。一旦有了顾客需要的时候，就能设计、安排生产和制造出顾客真正需要的产品，就意味着企业可以抛开销售预测，直接按顾客的实际要求生产，即企业可以让顾客按需求拉动产品生产，而不是把顾客常常不想要的产品硬推给顾客。

（4）消除产业价值链的 muda。产业价值链是产业中从原材料到销售围绕某种（或某类）产品的所有企业所形成的增值链，即从原材料的供应开始，经过价值链中不同企业的制造加工、组装、分销等过程直到最终用户的一条价值链。物料在价值链上因加工、包装、运输等过程而增加其价值，给相关企业都带来收益。实际上，产业价值链的 muda 是非常多的，如由于上游和下游企业之间没有形成信息的共享，以及生产计划的相对独立，导致上游企业的产品不能够及时地销售出去，造成库存的 muda；过量加工余量的 muda ；“成批”模式造成的过早、过量生产；流通中的 muda。由于企业之间没有形成良好的组合，造成流通环节的效率不高所带来流通的 muda。要实现精益管理就必须消除产业价值链中的 muda。

（5）求尽善尽美。尽善尽美追求的是一种完美的境界，在工作中一丝不苟，不达到完美绝不罢休。完美可以说是人类追求的永恒主题之一，没有对完美的追求，人类的进步、社会发展就是一句空话。在企业管理中。它表现为：通过不断制定并达到更高的目标，从而提供给顾客一个比以往都更接近真正需要的产品价值构造时，企业以及员工也在无止境地不断减少付出的努力、时间、场地、成本和错误，在持续改进中实现尽善尽美。尽善尽美的概念是和社会的不断进步同步进行的，追求尽善尽美的最重要的驱动力是透明，在精益体系中的每个人，从分包商、第一层供应商、组装厂、批发商、顾客到员工，都可以看到所有的事，因而易于发现创造价值、杜绝 muda，作出的改进也可以迅速得到积极的反馈。尽善尽美是通过持续改进来实现的。

二 对立法的精益价值范式的分析

将立法价值视为一个有机的系统，将其组成部分量化为对其现有认识的最小单位，在确定其多样性、独特性的同时，也要注重其相互的联系，尤其是相互作用和影响所产生的效力，并将实现立法价值的活动确立为有价值的行为过程，以人为本，杜绝无价值的行为。

1. 对精益理论中价值范式的分析

价值也是现代管理学中常出现的概念。作为精益学中的价值概念是在某一具体的经营活动中进行评价的。

某一件事物的价值就是该件事物为系统所带来的收益与为获得该项事物所耗费的资源之差，而一项活动的价值就是该项活动对系统带来的收益与完成该项活动所消耗的资源之差，或者价值也可理解为活动对实现系统目标的贡献与其所耗费的资源之差。

一项活动为系统带来的收益大、其耗费的资源少，意味着该项活动具有较高的价值；一项活动带来的收益小、其耗费的资源多，意味着该项活动具有较低的价值。一项活动带来的收益小于其所耗费的资源，意味着该项活动带来了负价值；一项活动没有产生任何收益，但因其履行活动必然要有资源的耗费，因此也是负价值活动。

如果一个主体的系列活动主要由正价值活动构成，则该主体在不断地增强其所处系统的竞争力和生命力，并不断地提高其所处系统在更大生态食物链中的位置，因此该主体就会被其所处的系统所接纳、培养，且赋予其更多的资源、更高的地位和更大的权力。若一个主体（系统中的个人或组织）的系列活动主要由负价值活动构成，由于负价值活动侵蚀系统的肌体、降低系统的竞争力和减弱系统的生命力，该主体就是所处系统的“杀手”，意即该主体在不断地减弱其所处系统的竞争力和生命力，在不断地降低其所处系统在更大生态食物链中的位置，如果一个系统的正价值主体的比例不断上升，则该系统在生态食物链中的位置便会上移。如果一个系统的负价值主体的比例不断上升，并不可逆转，则该系统在生态食物链中的位置下移便不可避免。

2. 立法的精益价值范式的适用

根据精益理论对价值的理解，将其运用到立法价值中去，就是通过一项立法活动制定了良法，并得到了较好的实施，达到了善治，实现了法律的正当性，为国家、为人民带来的收益大，其耗费的成本小，则意味着该项立法活动具有较高的价值；反之，通过一项立法活动所制定的法律，没有得到较好的实施，所产生的收益小，其耗费的成本高，则意味着该项立法活动具有较低的价值。一项立法活动带来的收益小于其所耗费的成本，意味着该项立法活动带来了负价值。一项立法活动没有产生任何实效，但因其履行活动必然要有成本的耗费，因此也是负价值立法活动。如果立法机关系列立法活动主要由正价值立法活动构成，那么立法机关及其制定的法律就会在民众意识中不断树立威望，人们就会认同法律的效力，就会自觉地遵法、守法，就会减少纠纷和诉讼成本，节约资源，从而使社会在整体上就会有更多的资源和财富提高人们的生活水平、增强国家的综合国力。因此立法机关所代表的掌握国家权力的执政党就会被人民所拥护，就会获得更稳定、和谐的执政基础。如果立法机关的立法活动主要由负价值的立法活动构成，那么立法机关及其制定的法律就会失信于民，人们就会排斥法律的效力，就会进行违法和非法的活动，从而造成和激化社会矛盾，增加纠纷和诉讼成本，浪费资源。使社会在整体上失去一定资源和财富，这不利于提高人们的生活水平、也会削弱国家的综合国力。这样立法机关所代表的掌握国家权力的执政党就不会被人民所拥戴，也就不会获得稳定、和谐的执政基础。

立法的精益价值，是指立法活动能够满足作为主体的人的需要所实现的道德准则、习惯要求及科学规则，给社会全体成员带来的收益与立法活动所耗费的资源之差。因此也可以把立法价值理解为立法活动对实现立法的价值目标的贡献与立法成本之差。中国是社会主义民主制度的国家，其立法的价值取向是：

以人民的根本利益为本位，
体现人民意志，由人民的意愿拉动立法权力的行使，
以科学发展观为指导，杜绝无价值的立法行为，
实现民主立法的科学发展，
达到“良法善治”的价值目标。

三　立法的精益价值系统形式

立法的精益价值是指在立法价值的系统中，各个要素或组成部分都有其自身的独特功能，他们各就各位，不仅仅坚守着自己的“岗位”，而且还能“兼顾”其他“岗位”，作为有益的补充，使其相互促进，成为满足人们对立法客体需要的价值。

1. 立法的精益价值系统形式——网链

网的原意是用绳线等结成的捕鱼捉鸟的器具，其含义一般是指“网状物”。链，多指用金属环节连套而成的索子，如表链、铁链。网链是由若干链组成环环相扣的一张具有特定功能的网。也比喻某些事物内在各要素之间的关系。立法价值的系统网链是由若干立法链的有机连接所形成的一张具有特定价值即实现特定目标的“网”，在网链的各个环之间紧密地相扣在一起，表明环环相间交叉与相融的关系，见图1—1。

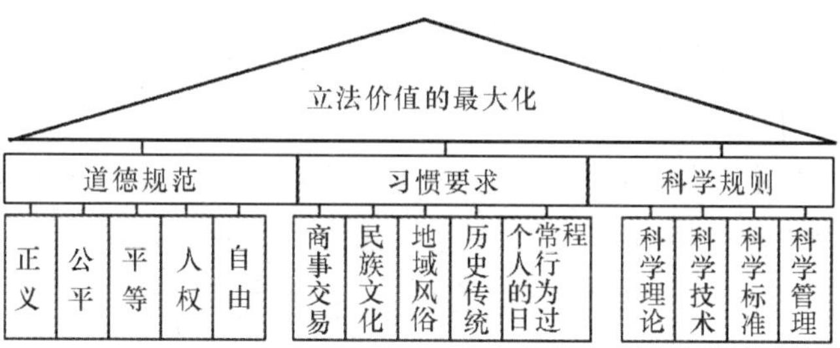

图1—1　立法的精益价值系统——网链

立法的精益价值系统——网链存在的基本要求是：①若干链条，不可或缺。②每个链条是完整的。③链条是有机联系的。④网是“无缝隙”的。⑤系统是开放的、动态变化的。

立法的价值系统——网链是由三个单元的“环”，即道德规范、习惯要求、科学规则组成的，其中道德规范是由正义、公平、平等、人权和自由等组成；习惯要求是由商事交易、民族文化、地域风俗、历史传统及个人的日常行为过程等组成；科学规则由科学理论、科学技术、科学标准和科学管理等组成。这样每一个单元的环内又都由在排列顺序或阶位上联系较接近的若干个相对小的子环所组成，而每个子环内又都由一系列的子子环所组成，直至使立法价值的内容无论在性质上、还是在量的实证上都是较科学的和适用的。同时这些立法价值的存在状态应当是：宏观整体是网链；相互促进有制约；相互关系是交叉；内容特质有冲突；妥协让渡共存体、和谐依存显相融。在立法价值的系统中，道德规范处于核心地位，统领整个立法的价值系统。

2. 以人为本立法的精益价值

精益理论始终贯彻以人为本的思想，把开发人力资源，满足和保障员工们的物质权利与民主权利，把激发每个员工的工作热情放在首位。丰田是在比美国对手落后十倍的基础上与之竞争的，他们技术落后、资金匮乏，唯一具有的就是员工。因此公司想通过提高员工的地位，使他们由机器的附庸变为主人，通过在企业中培植起彼此信任、相互尊重、团结协作的精神，充分发挥员工们的智慧和创造才能，克服技术与资金上的劣势，创造竞争优势而获得了成功。企业的成功所获得的利润应当取之于民、还之于民，积极创造条件，不断满足员工们的合理需求，才能永葆企业的生命力。

立法的精益价值也要由始至终以人为本，以人的全面发展为最终的价值取向。以人为本，就是以满足人的需要为核心。马克思主义认为，人性是自然属性和社会属性的统一，而人的本性则是一切社会关系的总和。从法律层面上认识以人为本就是尊重和保护公民作为法律关系主体的资格和地位。公民的权利、自由和利益非经正当的法律秩序和充足理由不受剥夺，一切非法的侵害（不管是来自个人或国家）都能得到公正、合理、及时的补偿。在中国现阶段，坚持以人为本的立法精益价值就是要以科学发展观为指导，始终以最广大的人民群众为立法的主体。在立法权力的实际实施中，虽然人民群众并不就是立法的直接主体，但是他们却是立法主体的源泉和后盾。中共十七大报告指出，尊重人民主体地位，发挥人民首创精神，保障人民各项权益，走共同富裕道路，促进人的全面发展，做到发展为了人民、发展依靠人民、发展成果由人民共享。可见，以人为本，以人民的利益为最高利益正是社会主义立法的精益价值本质所在。

四　立法的精益行为过程

立法的精益行为过程是指“由上而下”的立法民主和“由下而上”的民主立法所共同进行的行为过程，其目的是在其进行的过程中能够相互促进、相互制约，进行有价值的行为，以满足体现立法的精益价值需求。

1. 精益立法价值的行为过程——有序“阶梯”

阶梯的原意是台阶和梯子的合称。台阶是用砖、石或混凝土等筑成的一阶一阶的供人上下的建筑物。梯子是便利人能上下的用具或设备，一般用两根长的竹子或木头并排做邦，间横穿若干短的竹子或木头制成。后来何逊《七召》：“九层郁律以阶梯。”引申为向上或前进的凭借或途径。韩愈《南内朝贺归呈同官》诗：“法吏多少年，磨淬出角圭，将举汝愆尤，以为己阶梯。”①。

① 辞海编辑委员会：《辞海》，上海辞书出版社 1979 年版缩印本，第 411 页。

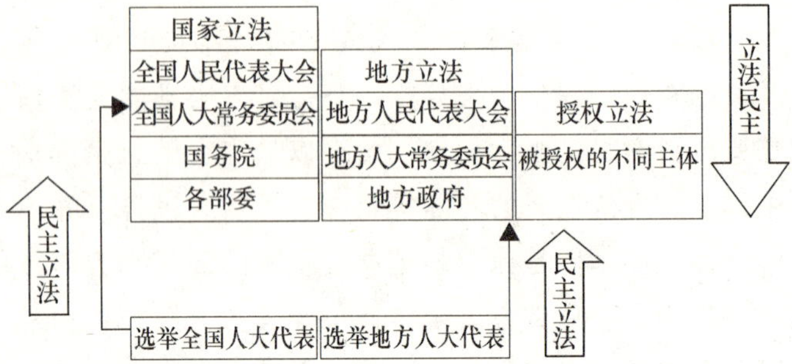

图 1—2　立法的精益行为过程的有序“阶梯”

立法的精益行为的有序“阶梯”的基本要求是：①由若干阶位组成，阶位依法设定，不可乱设。②每个阶位都有自己的位置轨道，不可越位。③每个阶位都有自己的权限度量，不可越权。④“阶梯”是有机的整体。⑤“阶梯”由“由上而下”和“由下而上”的两个单向“阶梯”组成，在实际的运作中，他们是互动、互通的。

立法的精益行为过程中的阶梯，是“由上而下”的立法民主和“由下而上”的民主立法组成的，而在立法民主中又是由国家立法、地方立法和授权立法的三个阶位构成，其中国家立法处于最高位阶的位置，它又是由全国人民代表大会及其常务委员会、国务院及各部委等阶位组成；地方立法处于次级阶位的位置，它又是由地方人民代表大会及其地方常务委员会和地方政府等阶位组成；授权立法又是由被授权的不同主体组成。这样每一阶位都是由若干个不同的子阶位构成，每一个阶位都有自己的固定的位置和相应的权限。其中作为立法主体的最高立法机关的活动是最基本的立法活动，其他为补充和支持活动。在民主立法中，是通过公民根据宪法和法律规定，行使其公民参与立法权利的行为实现的。在中国一般是通过选举人大代表间接进行的。因此，立法价值的行为过程是“由上而下”和“由下而上”这两个方向互动的行为组成的，前者是立法民主的程序，体现的是立法权威；后者民主立法的程序，体现的是立法内容的正当性，即是否反映了人民的意志和利益。见图1—2。

2. 立法的精益行为是立法民主和民主立法

精益理论将团队工作（Team Work）作为企业的工作方式，倡导以人为中心，大力推行更有市场竞争力的团队合作精神。团队工作方式是指由企业各部门专业人员组成的面向项目的综合工作小组。对产品的开发和生产具有指导和集成能力。一个团队全面负责一个产品型号的开发和生产，包括设计、编制预算、材料购置，生产准备及投产等工作，并及时根据实际情况调整原有的设计和计划。企业对职工素质的提高将不断进行投资，提高职工的技能，充分发挥他们的积极性与创造性。此外，企业一方面为职工创造工作条件和晋升途径；另一方面又给予一定的工作压力和自主权，以同时满足人们学习新知识和实现自我价值的愿望，从而形成独特的、有竞争意识的企业文化。立法的精益行为过程是：

以科学发展观为指导，
以人的需要为本，
进行有价值的立法价值的行为过程，
杜绝无价值的立法的活动。

这一过程是“由上而下”的立法民主和“由下而上”的民主立法两个“阶梯”组成，在具体的运行中他们是互动互通的。民主立法是立法民主的必要的条件，而立法民主则是民主立法的充分的条件。没有民主立法就没有立法民主，而有了民主立法，也就有立法民主；没有立法民主就没有民主立法，而有了立法民主，不一定有民主立法。只有具备必要条件，又同时具备充分条件才能进行有价值的精益立法的行为过程，才能实现立法的精益价值。

第三节　立法的精益价值原则

立法的精益价值原则是指导立法主体进行有价值的立法活动。实现立法价值的基本准则，是立法过程进行有价值的立法活动应当遵循的指导思想。立法的精益价值原则应以立法原则为依据，是立法原则在精益立法活动中的具体体现。《中华人民共和国立法法》的第 3、4、5、6 条规定的立法原则是：立法应当遵循宪法的基本原则、立法应当依照法定的权限和程序、立法应当体现人民的意志和立法应当从实际出发，科学合理地规定权利与义务、权力与责任的原则。以此为依据，以精益原则为依托，立法的精益价值原则表现为：由人民的意志决定立法的价值取向；从立法数量到立法质量；立法价值的内容由全体社会成员的需求拉动、且能够拉动；消除立法价值链中的无价值活动和渐进立法；追求“良法善治”。

一　由人民的意志决定立法的价值取向

精益理论遵循由顾客最终确定产品价值构造。其原因是产品最终是由顾客消费的，其价值构造虽然是由生产者确定并形成，但必须根据顾客对产品价值的需求确定才能被顾客接受并使用。而只有被顾客使用并不断产生连续的消费需求，才表明生产经营活动是有价值的。同样，立法价值必须由人民的意志来确定，在现代法治社会中法律是人民意志的体现，国家在立法活动中遵循民主原则是各国通用的作法，也是立法的价值本质所在。《中华人民共和国立法法》第5条规定：“立法应当体现人民的意志，发扬社会主义民主，保障人民通过多种途径参与立法活动。”

1. 是由民主政治决定的

立法的价值由人民的意志确定，这是由民主政治决定的。狭义的民主是指与此相对应的政治制度，其基本含义就是由人民掌握政权，通过多数人的统治保障公民权利得到平等实现的国家形式，其理念是：人民是国家的主人，政府是接受人民的委任，按照人民的意志行事并服务于人民；人民有权参与国家政治，国家的一切权力来源于人民，一切权力属于人民，权力的运作在于保护人民的根本利益；人民并不是被国家统治的对象，而是统治国家的主人。基于这样一种理念而形成的政治制度被称为民主政治。因此民主政治是一种主权在民的政治，是保障公民自由、平等地参与政治行为的制度。民主作为一种政治制度，反映了社会政治文明的发展要求。“这样一种政治制度的目的就是作为政治家的人们和作为公民的人们之间建立社会关系，因此人们的行为准则不是服从，而是积极参与，因为公民拥有平等的权利和义务。”① 正因为如此，法律应体现人民的意志，保障人民当家做主的权利。制定的法律最终要由人民及全体社会成员遵守，而遵守的前提必须是社会成员能够接受法律，获得主观意志的认可，才能使立法价值得以实现，而对法律认可的过程即是立法价值的民意评价过程。因此立法价

① 胡仙芝：《政务公开与政治发展研究》，中国经济出版社2005年版，第62页。

值的确立应尽可能顺应人民的意志，由人民的意志决定立法的价值取向。

2. 是由宪政民主决定的

宪法是国家的根本大法，在法律体系中处于核心地位，是万法之法的“母法”，是具有最高等级效力的法律。宪法规定了国家基本的经济和政治制度、国家的政权组织形式和任务、公民的基本权利和义务、国家机构的组成和权限等带有根本性的内容。当代政治学给宪法的定义是：权威性的文辞，具有法律效力，且规定“有限政府”（limited government，即受限政府）有结构和原则。人们借用“政府”的“受限”，来解决政府的“专断”与人民保障自我“生命、自由和财产”的企图之间所存在的矛盾。如何使政府的权力受限呢？宪法的规范（保障人民的权利）、法治的推进（包括司法审查等）、政府权力的分立与制衡（包括司法独立等）是现代民主法治国家所诉求的主要途径。宪政民主也就是根据宪法来安排和行使权力的民主。宪法保证民主制度的运转安定、理性，而且可以预测。法治政府实施宪政民主，意味着人民参与这个国家的宪法、法律的制定和修订。人们按照本身制定的、合乎法治理念的规范来管理自己，也以这个规范来界定政府行为的疆界①。可见，现代法治国家是通过宪法保证民主政治实现的，这其中也包括人民以法律监督政府的守法和执法，防止权力的滥用和横行。同时人民的意志通过宪法最高效力得到了充分的体现，也由此确定了立法的精益价值之本质所在。

---

① 参见周天玮《法治理想国——苏格拉底与孟子的虚拟对话》，商务印书馆1999年版，第162—163页。

二　从立法数量到立法质量

精益理论遵循变“成批移动”为“单件流动”的原则。“成批移动”生产意味着大量地同时生产同样产品，而且必须在所有的工序完成以后才能对产品的质量进行检验，而一旦有质量问题，则是批量质量、而不是单个质量的问题，其损失是较大的，同时由于是批量生产，因此所用的周期较长；而“单件流动”生产一旦发现质量问题，可及时纠正，则不会殃及整个批次，更重要的是生产所用的时间较短，能及时满足市场的需求。这样能使生产活动创造更多的价值。立法虽然不能像生产产品那样短时间内就要制定大量的法律，但一个完善的法律体系首先要由一定数量的法律构成，同时一定要由“良法”构成才能达到“善治”的作用。因此立法本身就存在着数量与质量的矛盾问题。在与粗放型经济发展相适应的立法行为中，就是通过制定大量的法律，在短时期内实施。至于实施的效果则不是首先要考虑的问题。而与精益经济发展相适应的立法，则更应注重立法的质量，即是否满足了全体社会成员对立法客体的需要，因为这关系到法律最终是否能实施和实现的根本性问题。

1．根据不同性质的法律差别对待

法学家对法律属性的一种最重要的划分即是“公法”和“私法”。关于划分二者的标准，在罗马法时就相当清晰，尤其是乌尔比安认为，公法是与国家的公务有关的法律，而私法则是与个人利益有关的法律。由于现代社会关系的复杂和多样，使人们对公法、私法的认识更深刻、更精致。如德国社会学家韦伯认为：“当法律事件是发生于法律意义上‘同位格的’多数当事人的相互对立的情况下时，就属于‘私法的’法律事件……当拥有权威性命令权的优势权力保有者，与在规范的法律意义下

‘服属于’他的人发生对峙时，即属‘公法的’范畴。”[1] 可见乌尔比安是从内容上确定二者的界限，而韦伯则更注重二者的实施效果。在此，我们必须纠正一种不恰当的认识，即我们在划分某一法律时，绝不能断然确认就是公法或私法。事实上，随着社会发展和人类文明进步，个人利益和国家公务或“同位格的”多数人与权力保有者之间越来越呈现出共生和相融的一面。因此相应的法律形成了“私法公法化”和“公法私法化”的倾向。也就是说，我们把法律划分为“公法”和“私法”是在“应然”的意义上，而在“实然”法中，没有纯粹的“公法”或“私法”，也就是说，一部具体的法律会同时兼有公法和私法的性质。其区别是如果公法的性质占主要地位，该法律就是“公法”，相反即是“私法”。民法一般被认为是私法的典型代表，但这并不意味着排斥公法，如合法性原则就是公法性质在民法中的体现；经济法则是公法的性质占主导地位；而在商法中公法和私法的性质则相对平衡些，而20世纪以后出现的社会法则更是公法和私法相融的结果。因此在体现立法价值时一定要精细地认识到这一点，有差别地认识法律的这些性质，从而满足社会成员的不同需求。

2. 增强法律适用性的规定

法律是国家制定和认可的，以权利义务为内容，以国家强制力保障实施的，调节人们行为的规范。因此法律与同样是调整人们行为规范的道德不同，由于法律是由国家的有权机关的立法行为按照法定的、严格的程序所制定的，其内容较具体、明确、严谨，通常以权利义务的一致性为条件，而且其实施必须借助国家

---

① ［德］马克斯·韦伯：《韦伯作品集——法律社会学》，康乐、简惠美译，广西师范大学出版社2005年版，第3页。

的强制力保证，以国家机器为后盾，通过外在的强制（法律制裁）来强迫人们遵守，即法律的实现主要通过他律[①]。因此法律特别强调其适用性，即制定的法律应当或必须能够得到实施和实现。从精益理论分析就是国家为此投入了一定的资源和人力，耗费了一定的经济成本和社会成本，就应当有相应的"回报"，而如果渴望相应的回报就应当进行有价值的行为，杜绝无价值的行为。立法主体在进行立法行为时，要重视法律的操作性、科学性及合理性，特别是对公法性质相对较强的法律，如金融、环保、产品质量等经济法和部门法，还需要有相应的标准法，科学地认定这些标准才能更公正地调整其一定的社会关系，使其能够得到实施，并实现该法的立法价值。

三　立法价值的内容由全体社会成员的需求拉动、且能够拉动

精益理论遵守生产由顾客拉动的原则，就是根据市场的信息，即顾客需求决定产品组装，再由产品组装拉动零部件加工。这就表明生产者不能先入为主和想当然，而应当充分地了解市场的实际需求，由顾客拉动所有的生产程序，使每一个环节都能真正满足顾客的需要。这种拉动是引导，生产者必须主动介入，并根据市场需求创造性地进行设计。确切地说，市场需求只是一种信号，而且往往是无序的和茫然的，而智慧的生产者应当善于捕捉，并将之"发扬光大"。立法价值的实现也必须根据社会需要来设定，由"民意"拉动立法程序的启动，避免"精英"立法的无价值行为。

---

① 参见高其才《法理学》，清华大学出版社 2007 年版，第 425—426 页。

1. 顺应时代的需要

时代的需要最能及时地、直接地反映全体社会成员的需求，也最能成为拉动立法者获得立法价值的动力。因此作为立法主体应善于洞察时代气息、感悟时代的脉搏、关注民意、体恤民情，及时吸纳民意中对立法有价值的成分。为了实现立法价值还要建立相应的实施制度和监督制度而获得实效，使民众需求能够真正拉动立法价值的实现。改革开放以来，中国共产党顺应时代的需要，确立了社会主义市场经济，将依法治国作为中国的治国方略，加大了立法强度，特别是在加入世贸组织的过程中，修改和颁布了大量的法律，这主要表现为诸多的经济法和商法。虽然有些法律其产生的客观条件还不尽成熟，并存在着相当“粗放”的迹象，但在宏观上还是满足了当时社会发展的需求。近年来，中国在立法方面采取了谨慎的态度，对一些重要法律，特别是基本法的制定从议案的提出、起草到最后的通过及实施都重视了民意，如《中华人民共和国物权法》、《中华人民共和国劳动合同法》等法律就是通过多种渠道和手段，在广泛征求民众意见的基础上进行多次修改而通过颁布的，同时也出台了与之相配套的实施措施，从实施后的具体情况来分析，已初步显示了立法价值的作用。在加入国际公约方面，也是理性地根据中国的客观实情，稳妥地进行。

2. 正确处理“民意立法”和“精英立法”的关系

“民意立法”和“精英立法”的关系实质上是立法程序中民主和集中关系的具体体现。近年来，中国“民意立法”的热情高涨，许多平民百姓都有直接参与立法的强烈愿望，由此也出现了诸多省市制定和建立了旁听人大会议的规定和机制。这是广大人民群众民主意识的觉醒，立法者应当给予充分的重视。但“民意立法”还不等于民主立法，由于其本身存在的自发性和盲目性，还需要对其进行理性的引导，使其能够成为立法价值所需要的内容。同时立法本身具有的科学性和技术性，需要立法者具备专门的或一定的相关知识才能完成，因此要由精英学者最终依据科学理论的运用才能得以完成。当然“精英立法”一定要以“民意立法”为根基，才能稳固并充满生命力。由社会成员的需求拉动立法价值内容的形成，应当或能够满足这一“拉动”的需求，以保证这一“拉动”的实际意义。

四　消除立法价值网链中的无价值活动和渐进立法

精益理论遵循消除产业价值链的 muda（无价值的活动）原则，体现了确保产业价值链中无 muda 先进理念。企业在形成产业价值链，获得收益的同时，由于一些客观事由的出现，会经常出现 muda，如没有及时掌握市场信息，就易出现过量生产、库存积压，销售受阻等。因此“要开始关注生产具体产品所需要的所有具体活动，看看它们相互之间如何相互作用；然后开始向那些单独的或结合起来后不能给用户创造价值或者带来最优从优的行为挑战。”① 因此精益管理建立了相关的模式和体系，如 JIT 精益绩效考评体系、5S 精益绩效培训等。在立法活动中同样会出现一些无价值的行为。这些无价值的行为造成了极大的立法资源的浪费。因此精益立法活动要遵循消除立法价值网链中的无价值活动和渐进立法的原则。

1. 消除立法价值网链中的无价值活动

无价值的立法活动主要表现为：第一，国家立法和地方立法的重复立法。地方立法是依据宪法和法律根据本地区的相关情况进行的立法，如无地方具体情况则以国家所立法律为准，而没必

---

① ［美］詹姆斯·P. 沃麦克、［英］丹尼尔·T. 琼斯：《精益思想》，沈希瑾、张文杰等译，商务印书馆 2006 年版，第 61 页。

要同义反复。第二，越权立法。不同阶位的立法主体其权限都由法律严格限定。根据《中华人民共和国立法法》第 7 条的规定，涉及国家主权、犯罪和刑罚、公民的政治权利和人身权利及基本的民事和经济制度只能由全国人民代表大会及常务委员会制定。因此地方立法机关不能制定以此为内容的法规。第三，下阶位的立法与上阶位立法相抵触。一些地方性或部门的法律和行政规章有明显违反宪法及法律的现象，如户籍身份差异、就业歧视、“同命不同价”等就侵犯了公民的平等权。第四，部门之间立法的利益保护及强者强权现象。一些部门在制定行政规章时，往往进行自身利益的保护，作出不利于相对方的规定。这些无价值的立法行为所造成的后果，与无价值的经济行为不同，它不仅是经济、物质的，而且是无形性和非经济性的，如立法机关公信力的丧失、法律权威的降低。因此必须建立科学而有效的运行机制，消除无价值的立法活动。

2. 渐进立法

立法虽然是基于社会需要而产生的，但立法不是企业生产的产品，将生产效率和及时性放在首位，而且要具备立法的条件和时机，特别是社会认可的接受程度是否成熟。这关系到一部法律的命运走向，因此立法要渐进，而不能激进。长期以来，中国的精英人士呼吁立法的热情高涨，对法律的期望值过高，这种热情和期望确实推动了中国一段时期立法的高产，但其结果并不尽如人意。“立法不仅是高超的法律技术和经验的结晶，也是各方利益博弈的过程，立法也不是一方的强烈或良好愿望就能轻松实现的游戏。盲目的立法呼吁，反而难以实现立法的初衷。”① 因此

① 欧阳晨雨：《立法呼吁应保持理性》，载《民主与法制》2008 年第 18 期（9 月下半月）。

应渐进立法。在立法条件、立法时机和立法技术都成熟的情况下，特别是要协调好各方利益和冲突与矛盾。此外还必须认识到，法律不是万能的，法律的作用要在其他社会规范，特别是在道德规范有益补充的前提下，才能获得实效。

五　追求“良法善治”

精益理论以追求尽善尽美为原则，倡导的是一种理想境界和对美好社会的追求。这种理想境界落实在生产中就是严肃认真的工作态度，不断创新、永不满足、积极努力的进取精神。这就必须使企业的所有人都行动起来，通过培养企业的每一位员工持续改进的能力，完善建议机制、利用团队合力，才能实现“尽善尽美”。立法的精益价值达到“良法善治”目的，这是立法价值的精神体现和对其理想的追求。因为只有“良法”才能为现代法治国家提供依据，只有“善治”才能满足全体社会成员对立法客体的需求，才能推动人类社会的文明进步。这一原则运用到立法的实践活动中，就是要理性地审视形成立法的各种主客观条件，勇于承担起实现立法价值的历史重任。通过提高社会成员的法律意识，培养其整体的良好的法律素质，依据宪法和法律赋予的权利，积极参与立法，使立法价值的确立和民众对立法客体的需求相适合、接近或一致。

第二章 立法的精益价值系统

正义是社会制度的首要价值，正像真理是思想体系的首要价值一样。某些法律和制度，不管它们如何有效率和条理，只要它们不正义，就必须加以改造和废除。在一个正义的社会里，平等的公民自由是确定不移的，由正义所保障的权利绝不受制于政治交易或社会利益的权衡。作为人类活动的首要价值，真理和正义是绝不能妥协的。

——［美］约翰·罗尔斯

立法的精益价值是一个有着内在结构的有机系统网链，它是由道德、习惯和科学三个相对独立的子系统链组成。同时这一系统是开放的，是随着社会发展的需要不断得到充实和完善的。本章将从对构成立法的精益价值系统的道德、习惯和科学三个子系统链的静态展现开始，运用理性思维，对将要展现的内容进行定性分析，在一定的范围内，一一道出其自身的规定性，并明确其在立法的精益价值中各自的位置及功效，以精益理论对其提出相应的要求，使构成立法的精益价值的各个组成部分更明确、更精致、更完善、更具生命力，为立法价值的实现奠定基础。

第一节　道德

道德作为立法价值系统的子系统，有其质的规定性和内在的结构性，它是由一系列相对独立的元素组成，每一元素都是道德“链”中不可缺少的一环，对实现立法的精益价值系统需求的满足有重要意义。道德具有正当性功效，在立法的精益价值系统中处于统领地位。

一　对道德的定性分析

对道德的定性分析就是对道德的内涵从不同维度进行透析，使我们对这一概念有着更明确的认识，并就此对其提出精益性的要求，使其在整个立法精益价值系统中的地位更加稳固和清晰，其功效更加积极主动。

1. 道德的内涵

道德是人类社会的一个复杂的和特有的现象，道德是涉及人们对自然、社会的认识和内化，是一个融规范、政治、信仰、策略为一体的综合概念[①]。因此对道德内涵的认识也应当是多维度的。

（1）从语义分析。“道德”由“道”和“德”组成。“道”有法则、规律的含义，表示事物运动变化的规则，也表示宇宙万物的本质和本体。“德”的本义为得，从“德”的字形结构分析是：心得正直，于是“德”便引申为“品德”、“德性”等意思。在中国古代哲学中也指事物的属性或具体事物，是从“道”所得的特殊规律（特殊性质）。德也表示对“道”认识之后，按

① 参见高其才《法理学》，清华大学出版社2007年版，第423页。

照它的规则把人与人之间的关系处理得当。可是一个人的心如何才能得到正直的品德？只有长期按照道德规范行事才能做到，于是“道”便因为与“德”相结合，而受到“德”的限定：“只是指行为应当如何规范，而不是指事实如何的规律。因为一个人按事实如何的规律行事。并不能得到正直的品德；只有按照应该如何的规范行事，才能得到正直的品德。”[①] 因此“道德”一词从词源的含义分析就是指应该如何的行为规范。

（2）从内容分析。道德是关于善与恶、正义与非正义、公正与偏私等观念、原则和规范的总和。道德总是扬善抑恶的，因此，道德是以善恶为标准，调节人们之间和个人与社会之间关系的行为规范，“也就是关于有利或有害社会与他人以及自己的行为之应该如何的规范”[②]。道德与法律是不同的，其根本的不同在于法律是权力规范，是由外在的力量迫使人们服从的应该且必须进行某一行为的规范，它是依靠国家的权力机器，如警察、法院、监狱所产生的强权强制实施的；道德则是非权力规范，是由人们内心认同的应该而非必须的进行某一行为的规范，它是依据社会舆论、传统文化和生活习惯来判断一个人的品质，主要依靠人们自觉的内心观念来维持。马克思主义认为，道德作为社会上层建筑的意识形态，是对社会存在的反映，是由一定社会和物质生活条件决定的。恩格斯指出：“一切以往的道德论归根到底都是当时的社会经济状况的产物。”[③]

（3）从道德与伦理的关系分析。道德和伦理是关系极其密切的，一般的教科书上都认为，道德是伦理学研究的对象。所以

---

① 王海明：《伦理学原理》，北京大学出版社 2001 年版，第 80 页。

② 同上书，第 82 页。

③ 《马克思恩格斯选集》第 3 卷，人民出版社 1999 年版，第 435 页。

"道德"与"伦理"在语词上有时并不作严格的区分，它们都是关乎人们行为品质的善恶正邪，乃至生活方式、生命意义和终极关切。因此在现实中经常可以互换使用，但无论是在日常用法、语源及历史的用法中，还是有一些变化和差别的，观察这些变化和差别将有助于我们深入和全面地理解伦理学研究的对象。在日常用法中"道德"更多地或更有可能用于人，更含主观、主体、个人和个体的意味；而"伦理"更具客观、客体、社会、团体的意味。这两个词的历史用法大致也是如此，即使在儒家那里，传统"道德"概念本身也含有较浓厚的自我主义和强调主体观点的痕迹。在现代西方伦理学中，"伦理"往往是指善和价值，而"道德"则一般指义务、正义。在现实中当表示规范、理论的时候我们较倾向于用"伦理"；而当指现象问题时，我们较倾向于使用"道德"一词①。

（4）从产生分析。道德的历史发展研究表明，道德体系的建立，源于有组织的群体希望创造社会生活基础条件的强烈愿望。制定社会的道德原则，是为了约束群体间的过分行为、减少掠夺性行为和违背良心的行为，培养对他人的关心，从而增强和谐相处的可能性②。道德是一个历史的范畴，是随着社会的发展而不断变化的，它与法律一样，起源于社会的存在和发展的需要。

（5）从学说历史的发展分析。道德是伦理学研究的范畴。伦理学源于古希腊时期的至善论，经历了从苏格拉底、柏拉图和亚里士多德师生三代人的不断推进的过程。但是苏格拉底、柏拉图那时对伦理学认识还处于感性的认识。使伦理学真正成为一门学

---

① 参见何怀宏《伦理学是什么?》，北京大学出版社2002年版，第9页。

② 参见张晨、王家宝《道德法律和法律道德化》，载《政治与法律》1997年第5期。

科的是亚里士多德，《尼各马可伦理学》是其代表著作，对后世的伦理学产生了深刻的影响，亚里士多德系统地阐述了一种高尚的目的论、完善论和德性论的伦理学。他认为，人类的所有活动和技术都抱有某种目的，这种目的就是他们被称作善的东西，实现这些目的也就意味着去达到幸福，而善或幸福也就是合于人的德性的现实活动。人类要努力通过实行这些德性去追求至善的目的和最大的幸福，人虽然是有死的存在，却应当去力求不朽[①]。以亚里士多德至善论为代表的伦理学被后人称为规范伦理学，它所解决的是伦理学的目的问题，主要研究优良道德的制定和实现的问题。20 世纪初，摩尔发表了《伦理学原理》，宣告了“元伦理学（Metaethics）”的诞生。元伦理学是关于伦理学术语的意义和道德判断的确证的科学，因而也就是分析道德语言的科学，它所要解决的问题，是“应该”或“价值”的来源、依据问题，主要研究应该如何与事实如何的关系，是关于优良道德制定方法的科学。

（6）从现实分析。道德是发展先进文化，构筑人类文明，特别是精神文明的重要内容。因此道德状况的好坏直接影响着一个国家、一个民族的长治久安。改革开放以来，为推进依法治国和以德治国的治国方略，中国共产党一直致力于社会主义的道德建设，制定了《公民道德建设纲要》，特别是胡锦涛提出的“八荣八耻”的社会主义荣辱观，不仅体现了中华民族的传统美德，体现了社会主义的核心价值观，同时也体现了新时期对社会主义基本道德规范的本质要求，是现阶段建设和谐社会思想道德内容的具体体现。加强社会主义的道德建设对于帮助人们树立正确的世界观、人生观和价值观，坚定社会主义的理想信念，弘扬和培育民族精神具有十分重大的现实意义和深远的历史意义。因此，中国

---

① 参见何怀宏《伦理学是什么?》，北京大学出版社 2002 年版，第 31—32 页。

现阶段的立法价值无疑应体现社会主义道德建设的内容。

2. 对道德定性分析的精益要求

在立法价值系统中，必须对道德提出精益要求，才能使道德在立法价值系统中能够担当起其统领地位的重任。对道德的精益性要求就是对道德规范进行量化分析，选择能够适应立法价值要求的道德规范，对道德的精益要求是：

（1）必须是“应该”的，同时也是“规范”的。“应该”是伦理学的重要概念。“应该”是行为所具有的能够达到目的、满足需要、实现欲望的效用性。元伦理学的概念系统也就是“应该”的概念系统。这一系统是由“价值”、体现价值的“善和正当”以及善的行为“应该”等构成。

价值是客体所具有的利于、害于或无利无害于所达成主体目的、实现主体欲望、满足主体需要的属性。在此，如是“利于”便是正价值，如是“害于”便是负价值，如是“无利无害”就是无价值，而无论是何种情况都是客体对主体的效用性①。作为体现立法价值的道德价值一定要选择能够实现正价值或精益理论要求的有利价值，即有利于主体的需要，符合主体目的的属性。而实现这一属性的行为必须是一种社会规范的“应该”行为，即是一种能够被社会普遍认可的、人们对于社会有利的与有效用的行为应该如何的规范。这种行为规范是以善为追求目标，“一切技术、一切规划以及一切实践和选择，都是以某种善为目标的”②。一个人能够达到其目的，从而能够满足其所需要和欲望的行为，与他所追求的善一样也属于善的范畴，即善的行为；反之，即是恶的

---

① 参见王海明《伦理学原理》，北京大学出版社 2001 年版，第 21 页。

② ［古希腊］亚里士多德：《尼各马可伦理学》，苗力田译，中国社会科学出版 1999 年版，第 1 页。

行为。行为所能够实现其目的的属性就是善，也就是“能够达到目的、满足需要、实现欲望的效用性”，即是所谓的“应该”，也就是正价值。当主体在进行某种行为时，都会对其行为本身进行认识和评价：如果该行为能够达到目的，具有正价值或善，主体便会坚持该行为；否则，便会放弃该行为①。因此立法的精益价值必然是能够体现“善”的正价值的行为，才能取得有利于社会的有效性。

如《中华人民共和国物权法》第 4 条规定的“国家、集体、私人的物权和其他权利人的物权受法律保护，任何单位和个人不得侵犯”；第 7 条规定的“物权的取得和行使，应当遵守法律，尊重社会公德，不得损害公共利益和他人合法权益”。这些规定如能够被社会成员普遍认可，便可得到遵守，其遵守的行为本身也会是有价值的行为过程，实现其对社会有利的效用性，便能维护国家基本经济制度和社会主义市场经济秩序，明确物的归属，发挥物的效用，保护权利人的物权。从而使物权法立法的精益价值得以实现。

（2）必须是最基本的，同时也是最广泛的。如前所述，道德是关于有利或有害社会与他人以及自己的行为应该如何规范。作为立法的精益价值道德规范必须是能够“有利于”，而且这种“有利于”的道德规范的内容是最基本的，且其行为的范围也应当是最广泛的。能够体现立法价值的道德规范应当是低水准或最起码的道德，如正义、平等、公正、诚信、自由等能够被人们普遍接受和认可的道德规范。而那些崇高的道德行为，如无私奉献、见义勇为、舍己救人等在法律规范中，则不适合将其作为体现立法价值的道德内容。因为法律的遵守必须具有普遍性，这是

① 参见王海明《伦理学原理》，北京大学出版社 2001 年版，第 30、32 页。

由法律的本质和特点决定的。因此不被人们普遍接受的道德规范，即使纳入法律规范之中，也不会被人们自觉地遵守，反而会丧失体现立法价值道德的社会效用。与此相适应，进行立法的精益价值之“应该”行为也是最广泛的，宏观上包括有利于社会的行为、有利于他人的行为和有利于自己的行为；从微观上包括政治、经济、文化、社会及家庭等各个方面。作为立法的精益价值道德规范必须具有最基本和最广泛的特征，才能使其体现法律的普遍性，正如席勒所认为的“法律不是对针对特定的人，这就意味着它为人们的行为提供了一个行为的基本界限，在这一范围内他们可以自由行动，而不是一举一动都要受人指挥。同时也就意味着同样的情况应受到同样的待遇，因而这也就包括了通常所说的法律面前人人平等的原则”①。以保障法律能够有利于社会、他人和自己，使其产生全体社会成员“一体遵守”的社会效用。

（3）必须是具体的，同时也是明确的。一般来说，道德规范则较抽象和含糊，而法律规范则较具体和明确。从内容上来说，法律是规定权利和义务的社会规范，是通过权利义务的机制，指引人们的行为，调节社会关系的②。因此，法律必须是具体而明确的，才能使人们自己或要求他人据此为一定的行为，不为一定行为或禁止一定行为，较之道德更有针对性。否则立法机关“制定一个模糊不清、支离破碎的立法也危害法制”③。与此相适应，作为立法的精益价值道德规范也必须是具体的和明确

---

① 沈宗灵：《现代西方法理学》（法学丛书），北京大学出版社 1992 年版，第 52 页。

② 参见张文显《法哲学范畴研究》，中国政法大学出版社 2001 年版，第 43 页。

③ 沈宗灵：《现代西方法理学》（法学丛书），北京大学出版社 1992 年版，第 53 页。

的。如十届全国人大常委会二十九次会议于2007年8月30日通过，自2008年1月1日起施行的《中华人民共和国就业促进法》提出了促进就业、促进经济发展与扩大就业相协调、促进社会和谐稳定的立法目的（第1条），体现了保护劳动者公平就业权的立法价值。因此在该法中除规定了国家政府政策支持外，同时还着重具体明确地规定用人单位不得实施就业歧视（第26条）。规定了保护妇女、少数民族、残疾人、排除传染嫌疑的传染病病原携带者及农村劳动者等弱势群体的平等就业权（第27、28、29、30、31条）；规定了违反本法规定，实施就业歧视的，劳动者可以向人民法院提起诉讼（第62条）。可见，《中华人民共和国就业促进法》正是将公平就业或"不得实施就业歧视"这样抽象的道德规范具体明确化，从而获得"应该"行为的社会效用。

（4）必须是量化的，同时也是可比的。能够作为立法的精益价值道德规范必须是能够量化的，因为量化才能对比，才能择优，才能科学合理地评判哪些道德规范能够更好地体现立法的精益价值。根据道德在人类文明进步所发挥重要作用过程中所体现的具体内容及其法律价值的要求，对立法的精益价值可量化为正义和利益、公平与效率、自由和秩序、民主与权利等。同时这些量化的结果也能满足可比性的要求。如正义和利益的可比性就在于正义是立法的精益价值道德规范的核心，它是内在的、本质的和稳定的；而利益则是外在的、非本质的和不稳定的。二者是相对而存在的，因此是可比的。再比如自由和秩序的可比性就在于自由是立法的精益价值道德规范的最高价值，也是人的最起码的价值，它是立法主体追求和向往的，但现实的自由从来都不是绝对的，法律所体现的自由是法律所允许的自由，是在保证稳定社会秩序的前提下的自由。二者是相互依存的，因而也是可比的。

（5）必须是正当的，同时也是客观的。能够作为立法的精益价值道德必须能够满足其正当性的要求，才能被人们认可、遵守，并得到实现。同时道德的正当性必须建立在客观的基础之上。道德的正当性从根本上来说是来源于客观事物自身的。人们对某一客观事物的认识程度决定了这一事物对于主体有利的目的效用性，如《中华人民共和国物权法》对公有财产和私有财产进行平等的保护，是由于中国已实行了社会主义市场经济，因此要保障一切市场主体的平等法律地位和发展权利。正是这一客观事实的存在决定了所有市场主体的物权都能够受到法律保护，也使其主体在保护自己物权时，所进行的“应该”行为能够体现对社会有利的效用性，从而体现立法价值的正当性。

二　对道德的量化分析

对道德的量化分析就是对组成道德系统的各个子系统，即具体的网链环进行分析。对社会现象进行量化分析与对自然现象进行量化分析是不同的。对自然现象的量化分析更多地使用数字和公式。而对社会现象进行量化分析则极少使用公式，使用数字也是有限的，更多的情况是采用分化方法，就是对某一现象进行不断地分化，直至其在现有的认识水平上所达到的相对最小的单位为止。对作为立法的精益价值道德的量化分析的同时将运用矛盾分析的方法。矛盾运动是事物发展的根本动力。采用这一方法能够深刻地揭示道德系统的内在本质。

1．正义和利益

正义和利益是立法的道德系统之主要矛盾。在道德系统中处于主导地位，代表着道德系统的发展方向，因此指引着整个立法的精益价值之取向。

（1）正义。人们对正义本身的认识是一种“应然”的道德价值判断，是人们对人类社会美德和崇高理想的追求。自从人类社会发展历史上出现了国家，产生了法律，法律就一直被认为是维护正义的手段和工具，而正义也就成为了法律所追求的首要的和基本的价值。因此，在立法价值的道德取向中，正义就成为了其核心的重要价值。在众多的西方的理论中，正义、公正、公平具有同等含义，而正义的英文“justice”也有正义、公正、公平及正当等意思。“从正义的起源来看，它与公平交易和正当的行为相关。在法律上，正义是应当遵循的原则和法规的总和。法律体系也被称为是正义的体系。在道德和政治哲学中，正义大体上相当于公平或平等。公正就是依据人们相应的差异来分别对待他们，正义是涉及个人之间及个人与社会之间关系的一种美德。作为给予个人以应得利益的一条社会秩序原则，正义要求个人的权利不被社会其他成员或国家侵犯。”① 可见，对正义的认识，人们寄予了太多的厚望，其理解也是全方位的。

国内有学者从一般的意义上对正义概念进行了界定：所谓正义就是对社会权利和社会义务的公平分配或安排，以及与此种分配或秩序安排相宜的道义品质。这一定义兼顾了个人正义和制度正义，或兼顾了作为“个人美德品质”的正义和“社会制度安排”的正义②。

第一，道德的正义。道德的正义是古代思想家们所追求的，用来评价个人品行的规范。柏拉图认为，正义就是“绝对善”，

---

① ［美］尼古拉斯·布宁、余纪元编著：《西方哲学英汉对照辞典》，人民出版社 2001 年版，第 531 页。

② 万俊人：《道德之维——现代经济伦理导论》，广东人民出版社 2000 年版，第 113 页。

是按照社会的分工，各司其事的一种圆满的美德。这种美德是超越人类的一切合理认识之外，当一个人的理性支配其志气和欲望时，便获得了正义的德性。亚里士多德认为，正义是指人们在社会关系中所产生的一种美德①。孔子所主张的："己所不欲，勿施于人"，"己之所欲，仍施之于人"，指的就是一种道德的正义态度。中世纪时期，奥古斯丁提出了包括正义在内的基督教七主德（信仰、希望、仁爱、节制、审慎、公正和坚毅）。托马斯·阿奎那对正义进行了较完备的建构，强调了正义的德性对维系世界和社会秩序的重要性。在近现代中，道德正义的作用更加重要。亚当·斯密认为，正义是对他人利益或幸福的最低限度的关心，即利己不损人，它由社会规定，对个人具有强制性，是个人所必备的道德品质。

第二，体制的正义。体制的正义就是社会基本结构正义，是指通过社会的政治、经济、法律等各项制度保障合理地分配社会资源。亚里士多德将正义分为"普遍的正义"和"个别的正义"。其中"个别的正义"又可分为"分配的正义"和"平均的正义"："分配的正义"就是求得比例的相称，这种正义是从人的不平等性出发的，而这种不平等性是自然造成的，是固定不变的；"平均正义"就是人们之间的平等关系。这种正义是以人的等价性为依据，使相互利益等同②。托马斯·阿奎那把正义分为"自然的正义"和"实在的正义"，"自然的正义"是当然的道理，它由自然法决定；"实在的正义"是通过协议和共同的同意而达成的适当比例，它由实在法规定。人们以各自拥有事物进行等量或等价的交

① 参见张宏生主编《西方法律思想史》，北京大学出版社 1983 年版，第 32、41 页。

② 参见［古希腊］亚里士多德《政治学》，吴寿彭译，商务印书馆 1965 年版，第 41 页。

换，这是实在的正义。实在的正义应从属于自然的正义[1]。在此，无论是“分配正义”，还是“实在的正义”都是在一定的体制下获得的。在此，美国社会法学家庞德认为，正义意味着一种体制，意味着对关系的调整和对行为的安排，以使人们生活得更好，满足人类对享有某些东西或实现各种主张的手段，使大家尽可能地在最少阻碍或浪费的条件下得到满足[2]。

第三，法律的正义。法律的正义就是指正义的法治或合法性，就是指对立法、执法和司法在法治或合法性方面的一切要求。美国现实主义法学家罗斯认为，正义观念结果变成了这样一种要求，即一个判决应当是适用一条一般规则的结果。同专制相反，正义乃是对法律的正确适用[3]。英国法学家金斯伯格认为，正义观念的核心是消除任意性，特别是消除任意权，因此，合法性的发展就具有巨大的重要性，人是受法的统治而不是受人的统治的观念就涌现出来。正义的历史大部分是反对法的迟误，反对任意适用法律规范，反对法律本身不法的这些运动。这种意义的正义通常被法学家们称为“法律正义”[4]。

但无论是从何种视角去理解正义，就正义本身来说，是对社会权利和社会义务的公平分配或安排，以及与此种分配或秩序安排相宜的道义品质[5]。因此，正义首先体现的是道德正义，即正

---

① 参见唐凯麟等《西方伦理学流派概论》，湖南师范大学出版社 2006 年版，第 173 页。

② 参见［美］庞德《通过法律的社会控制——法律的任务》，沈宗灵等译，商务印书馆 1984 年版，第 73 页。

③ 转引自高其才《法理学》，清华大学出版社 2007 年版，第 187 页。

④ 参见张文显《法哲学范畴研究》，中国政法大学出版社 2001 年版，第 203 页。

⑤ 参见万俊人《道德之维——现代经济伦理导论》，广东人民出版社 2000 年版，第 113 页。

义是“道义品质”，其次是体制正义。对社会权利和社会义务的公平分配或安排的机制必须依靠一定的社会体制才能实现。而法律正义则使道德正义和体制正义能够得到良好的保障，使权利和义务的分配或秩序安排相宜。依此定义，正义是通过权利和义务这一内在矛盾得以实现的。这一矛盾也被视为法学的基本矛盾。

从法律实践看，全部法律行为和活动都是围绕权利义务而进行的，其贯穿于法律运行和操作的全过程。在此，法律权利是规定在法律规范中，实现于法律关系中的，主体以相对自由的作为或不作为的方式获得利益的一种手段。法律义务设定于法律规范中，主体以相对抑制的作为或不作为的方式，保障权利主体获得者利益的一种约束手段。权利和义务的关系表现为①：

第一，结构上的相关关系。权利和义务是对立统一的关系。权利的表征是利益，义务的表征是负担；权利的行使是主动的，义务的履行是被动的。因此他们是相互对立的。同时它们又是相互依赖、共同存在于法这一客观事物之中，权利和义务，一方如果不存在，另一方也不能存在。

第二，数量上的等值关系。首先，一个社会的权利和义务之总量是相等的。在一个社会中，无论权利义务如何分配，无论每个社会成员具体享有权利和承担义务如何不等，也无论规定的法律中的权利和义务的数量是否相等，在数量关系上，权利和义务的关系总是等值的。其次，在具体的法律顾问关系中，权利和义务总是相互包含的。权利的范围就是义务的界限，反之亦然。因而权利主体超越义务范围，要求义务主体去从事“法外义务”就是非法的，义务主体有权拒绝。同时，权利主体有权要求义务

---

① 关于权利与义务的关系主要参考了张文显《法哲学范畴研究》，中国政法大学出版社 2001 年版，第 309、325、338、340、341 页中的相关内容，在此深表谢意！

主体代表从事法定的义务，以保障其权利的实现。当然，数量上的等值关系，并不意味着每一个法律主体所享有的权利和承担的义务都是等值的。

第三，功能上的互补关系。法是以权利和义务的双重机制引导人的行为，调整社会关系的，并且是在二者的互动中运行的。首先，法律总是以确认和维护某种利益为其价值目标的，并且以权利的宣告直接体现其价值目标。当价值目标得以确立并且由权利加以体现之后，义务的设定就是必不可少的。就某些价值目标，如社会秩序的实现，义务的设定可能更重要，如维护交通秩序，就是以人们遵守交通法规的义务设定为前提的。其次，权利总是与某种有利的、至少一般来说不是人们不希望出现的后果相连。义务总是和某种不利，或一般来说是人们不希望发生的后果相联系。如行政处罚和刑法上的惩处。再次，权利以其特有的利益导向和激励机制而更有助于实现自由；义务以其防范某些消极义务的发生的约束机制更有助于社会秩序的建立。自由和秩序是法律的基本价值之一，因此权利和义务对一个社会来说都是不可缺少的。

那么，在权利和义务的矛盾关系中，何者为第一性，何者为第二性？西方法哲学界存在两种根本对立的观点。一种观点认为，权利是第一性的，是更为根本的；另一种观点认为，义务是第一性的，是更为根本的。中国在改革开放的过程中，特别是建立社会主义市场经济体制以来，法制建设不断得到完善，权利和义务的矛盾更加突出和复杂，由此也导致了法学界关于“权利本位”和“义务本位”的大讨论[①]。中国著名法学家张文显主张

---

① 参见张文显《法哲学范畴研究》，中国政法大学出版社 2001 年版，第 345 页。

权利是第一性，是更为根本的，其理由，他认为：一是权利更准确地反映了法的主体。作为法的实践主体和价值主体的人具有自主性、自觉性、自为性和自律性，具有某种主导和主动的地位。因此人是按照自己的意愿，选择其有利于或能够满足自身需要的客体而进行的行为。在这一行为中突出地体现了权利的主体性。二是权利更能真实地反映法律的价值属性。因为权利更能直接体现社会的利益关系[①]。由此，他主张“权利本位”，对“权利本位”的语义进行了系统地分析，并从哲学、伦理学（道德哲学）和经济学等不同的学科视角对其进行了深入的论证，有较强的说服力。

公平或公正在现实中既可以是个人的品质，也可以是社会制度的品质。在人类的历史发展中，公正首先是作为个人的美德（品质）而存在的。在现代社会中，正义、公平或公正的社会价值的重要性日益凸显，如罗尔斯在《正义论》的开篇中就强调了，正义是各种社会制度的第一美德，正如真理是思想体系的第一美德。因此，公正或公平即是指社会制度的合理适当和个人的正当无私。正义就是权利和义务的矛盾运动而体现的社会制度和个人的公平或公正的品质。正义在立法中的价值功能主要是：

第一，正义表现为一种重要的立法价值目标。追求正义，实现正义的价值目标是立法主体的理想，而且是首要的和最高的理想。在西方法学思想的发展史中，正义始终被视为自然法的最高原则，也应该成为实在法存在和产生的有效依据，而且制定法律最终目的就是保障正义理想的实现。亚里士多德始终将正义视为法律的核心价值，并赋予其道德的特征。他认为，正义是指人们

---

① 参见张文显《法哲学范畴研究》，中国政法大学出版社 2001 年版，第 342、356 页。

在一定的社会关系中所产生的一种美德。并指出，法律是正义的体现，法律的好坏完全是以是否符合正义为标准的，服从法律就是服从正义。立法的根本目的在于促进正义的实现，用法律的手段培养人民正义的观念和美德。强调立法家的任务在于参考历史、斟酌现状，制定出合乎正义的法律，并拥有执行这种法律的权威[①]。

罗尔斯强调，正义是社会制度的首要价值，正像真理是思想体系的首要价值一样，社会正义的对象首先就是社会基本结构，即各种主要的社会制度、政治制度、法律制度、经济制度。这些社会基本结构对个人的生活前途有着最密切、最持久的和自始至终的影响，是个人和团体行为的环境条件[②]。现代德国著名的新康德主义法哲学家拉德布鲁赫也抛弃了他坚持多年的法律相对主义立场，将注意力集中转向以正义和人的尊严为内容的人类终极价值的自然法[③]。拉德布鲁赫在 1946 年发表的著名论文《法律的不法和超法律的法》中提出的：凡是正义根本不被追求的地方，凡是构成正义的核心——平等在实在法制定过程中有意不被承认的地方，法律不仅仅是不正确的法，甚至根本就缺乏法的性质。此曾被称为“拉德布鲁赫公式”。在中国的儒家文化中，正义是以“仁”为核心的道德法则，“仁者爱人”主张的就是善治，它追求的是一种理想的道德秩序，而实在法，即刑律则是道德规范的补充。

---

① 参见［古希腊］亚里士多德《政治学》，吴寿彭译，商务印书馆 1981 年版，141、138 页。

② 参见［美］约翰·罗尔斯《正义论》，何怀宏、何包钢等译，中国社会科学出版 1988 年版，前言第 5—6 页。

③ 参见陈根发《论东亚的拉德布鲁赫法哲学思想研究》，载《云南大学学报》（法学版）2002 年第 4 期。

因此，实在法（制定法）必须顺应自然法要求，即必须符合正义的价值，才是“良法”，而良法才能善治。

第二，正义在现代法治国家得以实现的重要标志是制约政府的专断和尊重个人尊严。英国宪法学家戴雪指出，法治的建立首先要解决专断。政府专断的源头，可能来自政府的善意和父权的意志，也可能来自政府的过度自卫，是基于落伍的家长制思想还是现代化的管理需要，只要在行政、立法和司法工作中出现志愿专断的面貌，就必须仰赖法治给予制约，以此实现社会体制的正义。法律是规范人们行为的准则，法律对个人生活的自由选择会构成限制和干预，因此法律可能会侵犯个人的尊严。但反过来，蓄意违背法治却必然导致个人尊严受到侵犯，因为法治所带给社会和个人的是确定性和合理性的期望，使人们作为理性而自主的个体可以顺利地有所作为。法律含糊不清和政府官员自由裁量权过大，必然使人们无法预见事态的可能发展，不能建立较为明确的期望，便不能有所作为，从而打击了人的自主性，侵犯了个人的自由和尊严①。这样人们的权利无法实现，自然也就不能使社会权利和社会义务得到公平的分配或安排。因此，尊重个人尊严也是现代法治国家实现正义的重要体现。

（2）利益。在自然法学那里，一般来说，利益并没有被确定为直接的立法价值。人们对利益的价值判断往往是“实然”性的，因为利益总是具体而现实的。在日常用法中，“利益”有“当下实现的权益”等内涵。“利益”一词在中国古代最早展开论述的是春秋时期的管仲，他认为：“夫凡人之情，见利莫能勿就，见害莫能勿避。”此后，诸家都把利益问题作为自己研究的

---

① 参见周天玮《法治理想国——苏格拉底与孟子的虚拟对话》，商务印书馆1999年版，第143—146页。

重要内容。在西方，利益（intecest）一词来源于拉丁文 intecesse，原意是夹在中间，后来引申为在非报酬性的东西和事件中包含着某些报酬性的成分。

人们对利益的重视古而有之，如在古希腊的智者普罗塔哥拉的学说中，具有明显的功利主义原则。幸福派的伊壁鸠鲁明确地把正义与利益联系在一起。到了近现代，众多的思想家普遍对利益问题予以充分的重视，并进行了相应的论述。对此有重要贡献的是现代美国社会法学家庞德。在他的社会利益学说中认为，利益是人们个别地或通过集团、联合或关系，企图满足一种要求、愿望或期待，因此，利益就是通过政治组织社会的武力对人们的关系进行调整，和对人们的行为加以安排时所必须考虑到的东西。由此他指出，法律或法律秩序的任务或作用，并不是创造利益，而只是承认、确定、实现和保障利益，或者说是以最小限度的阻碍和浪费来尽量满足各种相互冲突的利益。同时他还对利益进行了分类，将利益分为三大类：个人利益、公共利益和社会利益。其中，个人利益可分为人格利益、家庭关系利益和物质利益三类；公共利益可分为国家作为法人的利益和国家作为捍卫者的利益；社会利益可分为一般安全利益、社会组织安全利益、一般道德利益、保护社会资源利益、一般进步利益和个人生活方面的利益①。应该肯定庞德对利益的理解具有一定的科学性，特别是他对利益的分类被认为是对法律哲学最重要的贡献。但由于其世界观的缘故，他没有、也不可能从人的社会实践活动中理解利益的本质，因而他的学说具有历史的局限性。

利益是法学中的一个基本范畴。其本意为“利息”，原被用

① 参见沈宗灵《现代西方法理学》（法学丛书），北京大学出版社 1992 年版，第 258、259 页。

来表示债权人对利息要求的正当性。所谓利益，就是作为实践主体的人为了满足生存和发展，而形成的对于一定对象的各种客观的需要。利益意识的觉醒，利益观念的形成，无疑是人类思想史上的重大进步。首先，利益是人的生存和发展的需要。利益是人们在一定的生产基础上获得的社会内容和特定的需要。马克思主义认为，法的本质是统治阶级意志的体现，其“意志”的内容是由一定的物质生活条件决定的，是一定的经济关系的体现，因为“每一个社会的经济关系首先是作为利益表现出来”[①]。其次，利益反映着特定历史阶段上人与人之间的社会关系。利益是人们需要的社会转化，反映着一定的社会关系。同时社会关系也必须体现各种不同的利益。由于社会的物质生产在社会发展中的决定性作用，以物质利益为主要内容的经济利益也成了其他利益的基础，影响着其他利益的形成和发展。在社会主义社会中，人民内部的各种关系成为社会关系的主体，经济利益在这些关系中以不同于阶级社会的形态继续发挥着主导作用。利益在立法中的价值功能主要是：

第一，利益对立法价值有着深刻的影响和制约作用。马克思主义认为，在一定的物质生产中，占统治地位的个人除了必须以国家的形式组织自己的力量外，他们还必须以国家意志即法律的表现形式巩固自己的力量，“由他们的共同利益所决定的这种意志的表现，就是法律”[②]。法律所体现的由统治阶级意志上升为国家的意志是由其共同的利益决定的。因此立法者在进行立法行为时必然要从满足其自身利益的需要出发，使立法者的自身利益对立法的价值产生影响和制约作用。如中国社会主义的法是人民

---

① 《马克思恩格斯全集》第2卷，人民出版社1958年版，第537页。

② 同上书，第75页。

意志的体现，因此就决定了中国的立法主体在进行立法行为时必须要从满足广大人民群众切身利益的需要出发，以实现社会主义的立法价值。

第二，利益引导着人们对立法价值的判断与选择。既然利益是人们的生存和发展的需要，因此作为保障人们获得这种需要的法律就必须符合其利益的要求，并引导人们对立法的价值从有利于自身利益方向进行判断和选择。

（3）正义和利益的矛盾运动。作为立法价值道德系统的主要矛盾正义和利益是对立统一的关系。正义是处于立法价值道德系统的内在价值地位，因而是立法本质的、核心的价值，也是最崇高的道德准则，决定着立法的本质属性。正义虽然具有一定的阶级性，受一定社会历史条件的限制，但正义应当有“普世价值”的一面，因为“伸张正义、鞭挞邪恶是人的自然本性在人类共同体中的必然要求”[①]，因此正义是人类社会的共同美德，是人类共同追求的理想，它具有抽象性和共同性。利益是作为正义的外在表现形式而存在的，是人们直接追求的立法价值，是现实而具体的，因而会随着社会的发展变化而不断的进步和完善。正义和利益在其矛盾运动中是相互促进和相互制约的。

第一，正义和利益的相互促进。正义价值决定利益关系，利益反作用于正义的内在要求。由于正义在立法价值中的崇高地位和人类对其的追求与厚望，因此正义在立法主体的立法价值判断和取向中是第一性的，它决定立法的利益价值。相对来说，利益是人们现实的、直接的需求以及对这种需求的满足，在所有的利益需求中，经济利益的需求是最基本的和最主要的，但是随着社会的发展和人类文明的进步，人们对正义品质的追求更加强烈，

---

① 李林：《试论立法价值及其选择》，载《天津社会科学》1996 年第 3 期。

精神方面的利益或权利的保护就越来越重要。因此正义对利益的决定作用也就更显示了其坚定性的一面。同时人们对利益的追求在一定条件下会反作用于正义的立法价值，使正义在立法价值评判中呈现相对性。正义的这种相对性是其绝对性在适应现实中人们利益需求的真实再现，它会使正义的价值评判在这些特殊的“利益”中有所“偏差”，使利益对正义价值的反作用的“力量”发挥作用。因此，立法者应尽可能穷尽其所能认识到的现实和近期就可能出现的利益需求，只要这种利益的需求是符合其正义要求的。从而为适用法律不仅能够“生产”良法，而且还要保障“良法”能够达到“善治”。

第二，正义和利益的相互制约。正义是平衡利益关系的“坐标”，利益会影响正义的稳定和永恒。相对来说，人们对正义品质的体现是较稳定的，这是由正义价值在整个道德价值系统中的地位决定的。而利益由于是立法的外在表现形式。“在立法所确认、保护或限制的各种社会行为和社会关系的背后，都有利益的存在。不同的利益反映了社会中的阶级关系、社会关系、人际关系的种种差异。立法的功能正在于通过对利益的调整，来控制和协调各种不同的关系，把这些关系规范在立法者所希冀的坐标上。”① 过去中国在计划经济体制下，法律关系的调整中较强调法律的强制作用，以纵向的隶属关系的调整为主，在利益的保护上也较单一和绝对，而且相对来说更注重促使公民履行义务。随着中国社会主义市场主体平等地位的确立，中国立法在价值的选择上更加注重协调各方利益的和谐一致，并融入科学性和可行性，特别是对私权的保护方面，设定了更多的客观情形，增加了更多的任意因素，拓宽了当事人选择相应法律规范规制自己和他

---

① 李林：《试论立法价值及其选择》，载《天津社会科学》1996 年第 3 期。

人行为的空间，也由此增强了当事人依法进行自身利益保护而作出一定行为的信心。这对于人们遵法守法，树立法律的权威有着重要的意义。当然这也在一定程度上影响了正义的绝对性一面，如民事诉讼法的立法价值会更加注重调解的功能，而调解是在双方当事人相互让渡自己的合法利益的前提下所进行的，虽然会使正义的崇高地位在一定程度上有所下降，但能够得到双方都愿意接受的结果，不失为一种“良策”，也会使正义更加鲜活，更具有时代性，并增强了正义实现的可能性。

（4）对正义和利益的精益要求。对正义和利益进行精益要求就是对其进行量化分析，选择有价值的、能够适应立法道德精益价值要求的内容，并通过其实现立法对道德精益价值的要求，体现正义和利益的精益价值。

第一，对正义的精益要求。如前所述正义是一个综合性的概念，是由道德、体制、法律及权利和义务等多种元素构成的。在实现正义立法的精益价值时要从一定的社会历史条件出发，从人的需要出发，选择有利于其自身发展和完善的有价值的客体成分，进行有价值的行为，杜绝无价值的行为过程。既然正义是一种“道义品质”，并体现体制正义和法律正义。因此对正义立法的精益要求是，以道德正义为根基，以体制正义为目的，以法律正义为保障。

道德的正义是人们出于对正义的信念和始终不渝的意志而表现出来的一种道德品质。马丁·路德认为，自由、正义和充满爱的心灵能够自发地促使肉体从事善的事功，而被奴役的、不义的、仇恨的心灵则会使肉体陷入各种恶习之中。大卫·休谟把正义视为人类自觉建构的人为德性中最为重要的德性，在此，他依据社会契约论认为，正义是维护社会的力量，如果非正义不能得到遏制，则会招致社会的迅速沉沦。正义不是自然的，而是契约的结果[①]。体制的正义是通过合理地分配社会资源，使社会成员之间相互负担和获得利益，起到调整社会关系的作用，是正义社会的意义和目的。体制正义必须以道德正义为根基才能实现。因为在社会资源的分配和其成员获取利益时，由于其社会资源的有限性和社会成员在获取利益时其欲望的无限性的矛盾冲突的存在，因此需要在一定程度上以道德正义来调整、克制自己的欲望，进行既利于自己，也有利于他人和社会的有价值的行为，使矛盾冲突得以缓和或解决。而法律的正义是指法律适用时对全体社会成员所体现的普遍的公正与平等，如法律面前人人平等、立法的公开、公正的民主程序及法律的不偏不倚等都是法律正义的体现。因此法律的正义是正义得以最终实现的保障。

第二，对利益的精益要求。利益是人们为了满足生存和发展，而形成的对于一定对象的各种现实需要。在需要的所有内容中：主要表现为物质利益的需要是第一性的，决定政治、精神等方面的需要；而在需要的主体方面，个人、集体和国家利益都要平等兼顾。在现代法治国家中，人们对法律给予保护利益（权益）的意识不断提高，对其利益的需要已不是单一的，而是系统的和全面的。因此立法主体在立法过程中，在保护法律关系主体的物质利益时，也要注意保护其政治、精神等方面的利益，而且随着社会的发展和进步，出现了一些新的、更加复杂的社会关系，人们对自身各方面的合法权益的保护意识不断提高，因此立法者要注意对比、分析、辨别，选择出适合人们需要的利益，只要这些利益的需要是符合道德正当性的要求，就应当适时地将其作为立法的价值加以保护。在一个稳定的社会中，个人、集体和

---

① 参见唐凯麟等《西方伦理学流派概论》，湖南师范大学出版社 2006 年版，第 127、177 页。

国家利益应当是一致的。法律是调整社会关系的一般性规范，因此要平等兼顾三方利益。而特殊情况下所发生的利益冲突，则应当根据不同的情况有所偏重，且不宜在立法价值中体现，而应以权威机关制定的政策加以调整，如：国家经济繁荣、社会稳定，在立法时就应当多偏重集体和个人的利益；而当国库空亏，社会动荡则应当考虑提高国家的综合实力，并以政策进行调整。

第三，对正义和利益矛盾运动的精益要求。在一个相对稳定的社会中，特别是在某一确定的利益关系中，利益的矛盾冲突是时时存在的，立法者必须适用正义价值评判对其矛盾进行协调，由于不同的法律其立法宗旨的不同，其体现的立法价值也会有所不同。因此在协调利益关系的过程中，不可能对利益关系的所有方面的利益保护都是实质性的，而只能是形式的或粗略的，在某些情况下还可能会牺牲某一方的利益而保全另一方的利益。在不同的法律部门中，由于其立法的价值取向不同，其标准和具体的做法也会有所不同，因此立法者对保全和牺牲的利益进行量化对比分析时，要符合该部门的法律价值取向，其具体的做法将在本书的第四章中作进一步的分析。

同时在现代市场经济中，主体的多元化导致了利益的多元化，特别是在中国社会经济发展的转型过程中，存在着国家、集体和个人的利益冲突；发达地区和欠发达地区的利益冲突；长远利益和眼前利益、整体利益和局部利益的矛盾冲突以及强者和弱者之间的矛盾冲突。在这一过程中，立法者要通过遵循正义原则，在各种利益矛盾的冲突中确定一个矛盾各方都能接受和认可的平衡点，以保持各方利益整体的和谐稳定。同时由于利益关系在被正义价值协调的过程中，正义价值的标准也会随着社会发展的要求而得到一定程度的调整。因此要适度调整，既不能丧失正义的绝对立场，也不能扼杀正义的鲜活“生命”，要根据不同的法律部门立法价值的要求，制定出具体的调整标准，使正义和利益的矛盾运动向着有利于社会、有利于人民的方向发展，体现立法的精益价值。

2．公平与效率

公平和效率的矛盾也是立法价值系统网链中的一个重要的链环，是正义和利益矛盾的必要补充。

（1）公平。公平与正义有相同的内涵，但公平比正义要具体、要现实，它更能直接地体现立法者对正义立法价值的追求。公平就是不偏袒。公平概念是对社会关系的一种度量，属于规范范畴。定义公平逻辑上乃是一种价值陈述，其实质是一种价值选择。在现代社会中，由于社会体制，即社会制度对公平实现的重要性，因此，现代意义的公平不仅指个人的德性品质，也指社会的公平，因此，公平就是指社会制度的合理适当和个人的正当无私[①]。二者在实际的运作中其过程是互动的。

公平既包括机会公平，也包括程序公平和结果公平。

机会公平是社会制度在合理适当中赋予社会成员的权利，是指在各种社会资源有限的情况下，提供一种平等占有的可能性。因而机会公平对社会成员来说还不具有现实性。机会公平能够培养人们的自信心，提高其竞争意识，调动人们工作的积极性和创造性。

程序公平是能力相当，并且意愿一致的人都能参加与其能力和意愿相适应的活动而表现出的一种平等状态，是为保证机会公平的实现而设计的行为过程，因为机会如果仅仅是权利，那它只能是抽象的，而不是现实的，而只有现实的机会对社会成员的各种需求的满足才有意义。因此机会在现实的层面上还包括行使这

---

① 参见李林《试论立法价值及其选择》，载《天津社会科学》1996 年第 3 期。

一权利所需要的基本条件，这些条件的满足即形成了程序公平。

结果公平通常是指分配公平，即在分配社会财富时所表现的公平，是机会公平和程序公平的目的，因此有了结果公平才是完整意义上的公平。由于社会个体在其资质、能力、机遇及主观能动性等方面的差异，或因其社会制度等客观因素的干预的影响，则可能会出现要么两极分化，要么平均化的结果。因此根据何种标准进行公平（正义）的分配是极其重要的问题。比利时分析法学家佩雷尔曼认为，分配的正义有六种观念：（1）对每个人同样对待；（2）对每个人根据优点对待；（3）对每个人根据工作对待；（4）对每个人根据需要对待；（5）对每个人根据身份对待；（6）对每个人根据法的权利对待①。除第一种是指理想化的平均分配标准外，其他如第二种是依据道德标准分配的，第三种是按劳分配，第四种是按需分配，第五种是按资分配，第六种是法律意义，即形式的分配都是有差别的分配。在市场经济条件下按劳分配是最能体现结果分配的标准，它能使人们获得在付出等量劳动取得等量报酬的过程中对追求公平的满足感。

机会公平、程序公平和结果公平构成了完整意义上的公平，立法者在设定正义和利益价值时，是以正义的尺度来评价利益分配的，因此立法者在设计、考虑不同利益的倾斜或平衡时，必须符合公平的价值要求②。从立法价值现实性而言，机会公平是首要的，也是立法者能够做到的，而过程公平和结果公平，则是行为的和实质的公平，需要建立相应的社会制度，有切实的行为及行为的落实。因此不是立法价值本身所能够解决和完成的。公平

---

① 参见吕世伦主编《西方法律思想思潮源流论》，中国人民公安大学出版社1993年版，第232—233页。

② 参见李林《试论立法价值及其选择》，载《天津社会科学》1996年第3期。

立法价值主要是指机会公平，而机会公平在法律上的体现就是平等。因此平等也理应成为立法的基本的和重要的价值。

平等就其本身的含义来说，通常是指在同样的条件下，同样的人应当受到同样的对待，它体现的是人与人相互对等的社会关系。平等是一种超越不平等事实的本质上的平等观念。事实上，人与人之间在出身、种族、社会地位、智力水平、行为能力等方面在事实上是不平等的，但在本质上，都是作为人而存在的。18世纪法国启蒙思想家提出，人生而平等。马克思主义认为，平等是人在实践领域中对自身的意识，它表明人对人的社会关系或人的关系①。“平等观念表达了人们对人的基本信念，即每个人都有作为人的同样的尊严、权利和价值。”② 因此都应当以同样是人的标准而受到对待。平等不是平均，平均意味着没有差别，没有差别的平等是不现实的。同时平等反对特权和歧视。特权是指社会中的某些人以其一定的出身或一定的社会地位的优势有超出其他人优待的权利；歧视是一种社会人际关系的现象，是人对人的一种不应有的、不平等的对待。平等是对特权和歧视的否定。

获得平等是人类共同追求的理想。平等首先是作为一种观念而存在的。平等观从历史的发展来看，主要有平均主义和权利主义。平均主义是一种结果平等观，要求分配的数量均等，强调人与人之间的一致性，因此平等如果仅仅是要求量上的平等，否认人与人之间的差异性，就会陷入平均主义。平均主义是人类追求的古老而朴素的具有空想性质的理想而绝对的平等观。权利平等观是近代资产阶级在反对封建专制的特权中提出的。权利平等观是在承认人与人之间存在着差异的前提下的平等，注重每一个人

① 参见《马克思恩格斯全集》第2卷，人民出版社1958年版，第48页。

② 高其才：《法理学》，清华大学出版社2007年版，第172页。

在社会中的地位和发展，因此权利平等观注重的是机会平等。平等观念的形成是一个历史的过程，无论是以哪一种观念的形式的出现都是如此。在现实中平等还没真正的实现，不平等的现象还相当普遍，因此必须有法律的肯定和保护才能为形成事实平等提供条件。法律上的平等，追求的是权利的平等，法律通过各种规范保障人们在社会中处于同等地位，在政治、经济、文化等各方面享有同等权利。

平等和正义、自由一样都是法律的重要价值，在法律的价值体系中有重要的意义。平等指引着法律对利益需求的公正分配，协调着权利和义务的和谐关系。“法律面前人人平等”已经成为现代法治国家依法治国的重要原则。因此，法国思想家卢梭认为，平等和自由一样应构成一切立法体系中最终目的的全体最大幸福的两个主要目标。

可见，从法律意义上公平体现的是一种平等的观念，并通过具体的法律规范得以适用。但就公平本身而言，它是人们的一种道德观念，“公平系来自道德的观念，提倡公平谴责偏私是社会公德的要求。在我国目前由于受限于生产力的发展水平和人们的认识程度，公平的道德准则还不能为一切人自觉遵守，故需要借助于法律的强制力使之实现”①。

（2）效率。效率，原本是经济学的概念，一般是指投入和产出、成本和收益的关系，即：以较少的投入获得较多的产出；以尽可能小的成本付出取得足够大的成效。在现实中效率通常被用作资源配置的原则，以达到优化资源配置的效果。随着社会的发展，经济与其基础相适应的政治、法律等社会因素之间的关系

---

① 徐国栋：《民法基本原则解释——成文法局限性之克服》，中国政法大学出版社 1992 年版，第 66 页。

更加密切，效率的适用范围越来越广泛，已经成为现代法治国家普遍的价值取向之一。因此效率就成了立法价值体系中不可缺少的基本的和重要的价值。

立法的效率价值就是指通过立法保障全体社会成员以较少的付出获得较多的效益，使自然和社会资源能够被有效的利用，为公平分配、体现利益平等奠定坚实的基础。立法的效率价值体现为对法律资源合理配置的有价值的行为过程。法律资源是由法律界定的、具有法律和社会意义的价值物，如权利、义务、权力、责任等。其中最重要的是权利和权力。提高效率可以给人们以实际利益，合理的权利和权力的资源配置在经济活动中可以节省费用，正如制度经济学的代表科斯所言，合法权利的初始界定会对经济制度运行的效率产生影响。权利的一种调整会比其他安排产生更多的产值①。

效率也是社会的重要品质，体现着社会成员的美好道德。效率能创造出更多的社会财富，能激励人们辛勤劳动，不断进取，对培养人们树立尊重劳动、尊重知识的品德有重要意义。因此在现代市场经济中，没有效率，就会缺少激情和动力，在某种程度上会阻碍社会的发展和进步。同时，效率的价值可以成为正义价值的补充。因为在现代市场经济活动中，关于资源优化和配置的经济活动，是不能以正义价值来衡量的，而首先考虑的是效率问题，如诉讼法中的财产保全、先行给付等。而某些活动既可以用正义，也可以用效率价值评价时，对正义的衡量，往往需要以效率作为度量，如对资源破坏行为的否定性评价，就是以这种破坏行为所造成的危害性所带来的负效率来度量其正义性的。在现代

① 参见张文显《法哲学范畴研究》，中国政法大学出版社 2001 年版，第 217 页。

社会中，只有法律才能从根本上保障效率本身价值的实现[①]。

（3）公平和效率的矛盾运动。公平和效率是立法价值体系中不可缺少的一对矛盾，是实现正义和公平有效地进行利益分配的必要途径。就其二者的地位而言，它们都是立法的重要价值，体现了社会的道德品质，因此立法者在处理这一矛盾时“既不能无视社会公平的要求，为了效率而舍弃公平；也不能忽略效率，为了公平而牺牲效率。在进行价值选择时不能把二者中的任何一个绝对化”[②]。二者的关系是相互促进和相互制约的。

第一，公平和效率是相互促进的。促进社会的全面发展，不断满足人们日益增长的物质和文化的需要始终是现代市场经济和法治国家的内在需求。因此，在法律资源配置上所体现的立法价值中，效率优先，是第一位的。这是因为权利、权力等法律资源的配置是以效率优先的价值决定的，没有效率，法律资源将会处于消极被动的状态，而失去自身存在的价值。权利和权力在法律中的设定不是绝对的，而是有条件的，法律允许法律资源的合理让渡和流通，是从低效率或负效率利用转向高效率或正效率利用，否则法律资源就会殆尽。当效率和公平相冲突时，为了效率的实现，公平可以退居第二位，直到暂时作出必要的自我牺牲。同时公平对提高效率有重大影响。公平会指引和激励人们树立理想信念，培养人的自信心。因为公平体现着正义、诠释着平等，而一个社会如果缺乏了正义的价值，丧失了平等的尊严，就不会是一个和谐理想的社会，人类就不会有文明和进步。

第二，公平和效率的相互制约。公平和效率的冲突在现实中时常发生，他们是相互制约和相互影响的。因此立法者在处理二

---

① 参见高其才《法理学》，清华大学出版社 2007 年版，第 219 页。

② 张文显：《法哲学范畴研究》，中国政法大学出版社 2001 年版，第 216 页。

者的关系时，要辩证分析，不能有所偏废。在社会资源的配置中，以效率优先为原则和标准，才能促进经济发展，不断增加社会财富，为公平的实现提供条件。同时也不能把效率绝对化，而忽视、甚至舍去公平。如在中国改革开放前，曾长期实行公平优先原则，甚至以牺牲效率为代价，其结果是公平本身也无法实现。因为在不能保证生产出基本社会财富的情况下，去促使公平的利益分配是不可能的，如高校近年来不断扩大招生，形式上体现了教育的平等权，但也使整个社会被大学生就业难的问题所困扰，就业歧视现象较严重，而导致了现实的效率低下和事实的不平等。因此不能把公平绝对化。

（4）对公平和效率的精益要求。对公平和效率的精益要求就是对其进行量化分析，选择有价值的、能够适应道德立法的精益价值要求的内容，并使公平和效率立法的精益价值得以实现。

第一，对公平的精益要求。公平是指社会制度的合理适当和个人的正当无私。因此就公平这一品质本身而言，既包括社会的因素，也包括个人的因素。因此要真正实现公平，必须从形成社会的政治、经济、文化等各项制度的品质入手，对比择优，为公平的实现提供一个良好的环境，使其各个“链扣”的相互作用和运行机制处于最有价值的、最理想的状态。同时，在体现法律的公平价值时，立法者要对其构成的要素时时地进行有价值的分析比较，并对其择优。因为随着社会的发展，人们的价值观不断呈现多元化，对公平的要求在质上会不断地提升，立法者在进行公平价值的设定时，要依据一定社会的客观现实，尽量列举出满足人们对公平的价值需求，但这种满足一定要以社会制度的保障和人们在道德准则的认可为限度。因为法律的实施和实现，最终是要物化为制度和在全体社会成员的实际行动里。

第二，对效率的精益要求。效率的精益要求主要是指以较少的投入和较小成本的付出获得较多和较大的效益。在效率立法的精益的价值中就是要对权利、权力等法律资源进行有效的分配。以相对自由的作为或不作为的方式，获得利益权利主体一般是指处于平等地位的主体。在一个和谐理想的社会中，权利的享有必须得到充分的保障，而这一过程必须是积极的、有效率的、有价值的过程，才能调动全体社会成员自觉自主的行为。而权力则是自上而下，源自于国家的管理职能，并由立法机构通过一定的法律规范授权于政府而形成的。在一个稳定的社会中，权力的存在是必要的，因为缺乏这样的权力政府，社会的义务就不能得到较好的履行，社会的合作就缺乏了稳定的基础，例如，即使国家的税法体系十分完善，也不能保证人人都从内心愿意交纳税款，因此才需要税务机关的监督管理。立法的效率精益价值就是界定权力的职能范围，保障权利的享有。

第三，对公平和效率矛盾的精益要求。由于在现实中时常发生冲突，立法者在处理公平和效率这一矛盾时，要注意分析“冲突”的各种主客观条件，并采取积极而有效的预防措施，进行有价值的活动，这就“需要运用各种机制来平衡价值，尽可能缓和它们之间的张力。扩大它们之间的互补性。在效率和公平之间，我们尽量扩大它们之间的适应性，缩小它们之间的矛盾性”①。以杜绝或减缓“冲突”的各种可能性。在现阶段中国坚持科学发展观，构建和谐社会的过程中是能够逐步做到的，因为在中国社会主义市场经济体制中，效率和公平在本质上是一致的，由于生产资料公有制占主导地位，因此立法者可以通过效率和公平的立法价值的选择，扩充弱者的权利，限制强者的权利，使利益得到公正的分配，有效地配置法律资源，保障权利行使。

---

① 张文显：《法哲学范畴研究》，中国政法大学出版社 2001 年版，第 218 页。

3. 民主和人权

民主和人权是现代法治国家所追求的价值，而且随着社会的进步，社会成员民主意识的提高以及对人权保障强烈的要求，使民主和人权在立法价值系统中所占的地位越来越重要。

(1) 民主。民主的内涵十分丰富，在现代社会中被广泛运用，在具体使用中有广义和狭义之分。广义的民主除了指政治的民主外，还指意识的民主、权利的民主、原则的民主、生活的民主、作风的民主及方法的民主等。狭义的民主是指与此相对应的政治制度。其基本含义就是由人民掌握政权，通过多数人的统治保障公民权利得到平等实现的国家形式。其理念是，人民是国家的主人，政府是接受人民的委任，按照人民的意志行事并服务于人民，人民有权参与国家政治，国家的一切权力来源于人民，一切权力属于人民，权力的运作在于保护人民的根本利益。人民并不是被国家统治的对象，而是统治国家的主人。基于这样一种理念而形成的政治制度被称为民主政治。民主作为一种政治制度，反映了社会政治文明的发展要求。

由于各国的国家制度、国情和传统文化的差异，在现实中对民主的立法价值在内容和具体的表现方式也会有所不同。因此应从现代立法民主的普遍性和本国的特殊性相结合的角度来把握，在中国，立法的民主价值表现为：

第一，立法主体的民主性，即人民是立法的主人，立法权从根本上属于人民，由人民行使。当然人民行使立法权不是直接的，而是由人民选举的代表行使的。

第二，立法内容的民主性。立法以体现人民的意志为根本，以反映最广大的人民群众的根本利益为出发点，杜绝政府部门的利益和少数精英的意愿强加于立法内容之中。

第三，立法过程和程序的民主性。必须完善相关的法律和相关的制度，使立法过程和程序的民主得到落实。否则，人民行使立法权和制定反映人民意志为内容的法律则不可能得到实现。

中共十七大报告指出，人民民主是社会主义的生命。社会主义愈发展，民主也愈发展。民主能增强主体意识，尊重个体尊严，有利于人的积极性和创造性的发挥，因此民主能培养人们遵法守法的精神，对立法质量有重大影响，对实现正义、公平、自由等其他立法价值大有益处。孟德斯鸠认为，在一个自由的国家里，每个人都被认为具有自由的精神，都应该自己统治自己，所以立法权应该由人民集体掌握①。现代法治国家的立法正是通过民主价值体现人民意志的。在中国设立立法的民主价值是因为：

首先，是实现人民主权所必需的。社会主义民主就是在广大劳动人民的范围内，按照少数服从多数的原则与平等原则共同管理国家和管理社会的一种政治制度②。中国是人民民主国家，国家的根本任务之一就是保障人民的民主权利，特别是当家做主管理国家的权利。在立法中体现民主价值，用立法的形式充分保障人民的民主权利，使人民成为立法的主人，这正是实现人民当家做主管理国家的民主权利③。

其次，是反映人民意志的客观规律所必需。立法反映人民的意愿和客观规律在本质上是一致的。作为上层建筑的法律制度是对一定历史时期经济基础的反映，从根本上来说，都是对客观规律的反映，而反映客观规律所形成的法律认识是通过社会实践的“桥梁”实现的，而人民群众永远是社会实践的主体。“让最有

---

① 参见［法］孟德斯鸠《论法的精神》（上），张雁深译，商务印书馆 1961 年版，第 158 页。

② 参见徐鸿武《社会主义民主建设与政治体制改革》，人民出版社 2003 年版，第 11 页。

③ 参见周旺生《立法学》，法律出版社 2004 年版，第 83 页。

社会实践经验的人民群众成为立法的主体参与立法，便能有效地反映客观规律。如果只由少数人闭门造法，这种法即使‘很完备’也难以体现人民的意志和客观规律。”[①]

再次，是对立法实行有效的监督和制约、防止滥用立法职权、个人独断或不尽立法职守所必需[②]。因为人民群众对立法的监督，和法律监督、政党监督相比，是最广泛、最普遍、最有说服力的监督。

（2）人权。人类对人权的界定是极其多维的，因此也是极其艰难的，这可以从人权的历史分析中得到证明。人权的历史分析是由法国学者瓦萨克完成的。瓦萨克提出了三代人权理论。第一代人权是资产阶级的古典人权，即各项个人反对国家干预的自由权利，如人身、财产等权。这一代人权的特征是国家对这些权利的实现负有消极不作为义务，故被称为“消极人权”。第二代人权始现于20世纪初叶，即要求国家积极参与的社会权利，如经济、社会和文化的权利。这一代人权的特征是国家对这些权利的实现负有积极作为义务，故称为“积极人权”。第三代人权是关涉人类生存条件的集体性“连带关系权利”，如生存权、发展权、卫生环境权和共同遗产权等。所以，从历史的维度理解人权，就会发现人权本身是一个动态的范畴，随着时间推进，其内容体系会不断地更新与丰富。但这并不意味着新的一代人权会取代前一代人权。在任何时代，生命、自由、财产等权利都是不可或缺的[③]。因此我们从人权的本意理解，人权就是指人的权利，是人应当按其本质和尊严享有或应该享有的并能够被社会保障的

---

① 周旺生：《立法学》，北京大学出版社1988年版，第233页。

② 参见周旺生《立法学》，法律出版社2004年版，第83、279页。

③ 参见焦洪昌《“国家尊重和保障人权”的宪法分析》，载《中国法学》2004年第3期。

基本权利。

人权从性质上可分为应有权利、法定权利和实有权利。应有权利是指人应当享有的权利，表明人权的应然性，它强调了人权与道德的密切关系，凸显了人权的价值性。法定权利是由法律确认和由国家保障实施的权利，是应有权利的法定化形态，表明权利的法定性。法律对何种人权予以确认和保障则是特定国家在某一个历史时期受历史传统、政治状态等多种因素综合影响而成。实有权利是指人们在现实社会中享有的权利状态，是应有权利的实现程度和权利的实然状态，表明权利的实然性。应有权利只有转化为实有权利，人权才会由观念状态进入现实状态。在应有权利向实有权利转化的过程中，法定权利是媒介。所以，权利三种形态之间的基本关系是：应有权利为法定权利提供了价值源泉和判断标准，法定权利为应有权利的实现创造了条件，实有权利是应有权利和法定权利存在的根本取向①。可见人权只有法律化才能保障应有的权利转化为实有的权利。但并不是所有的应有权利都能转化为法律权利，而是要掌握一定的度量，并要具备一定的条件才能完成。法律意义的人权从内容上可分为人身权、政治权、经济权和文化权等方面的权利，这些权利体现在不同的法律部门中。

当今世界，保护人权不仅是一国的事，也是国际社会普遍关注的事，并通过相关的国际公约加以规定。近年来，中国政府重视国际人权公约在促进人权方面的积极作用，到目前为止，中国已批准和参加了包括《世界人权宣言》在内的 22 项国际人权公约，除了《公民权利和政治权利国际公约》外都已批准实施。从中国加入这些公约来看，可分为六大类，包括国际人权宪章、

---

① 参见焦洪昌《“国家尊重和保障人权”的宪法分析》，载《中国法学》2004 年第 3 期。

保护社会弱势群体、反对种族主义、反对酷刑、难民地位问题、国际人道主义法。它们基本上能够涵盖中国人民所享受的基本人权和自由。目前，中国正采取有效措施认真履行公约义务，及时提交履行公约情况的报告，接受联合国条约机构的审议。中国政府正在加快进程，积极推进研究批准《公民权利和政治权利国际公约》的工作[①]。

（3）民主和人权的矛盾运动。民主和人权是现代法治国家所追求的重要立法价值，就其地位而言是同等重要的，在其发展过程中它们是相辅相成，相互促进，共同发展的。

第一，民主和人权是相互促进的。在民主和人权这一矛盾中，人权是根本，是目的，而民主则是手段和过程。当然，民主本身也是人权的一项重要的权利，从这一意义上来说，民主既是手段，也是目的。资产阶级在反对封建特权时，正是为了争取人权，而要求民主，反对专制的，也正是通过代议制而争得了本阶级的权利，并掌握了政权。在中国社会主义民主政治制度下，正是通过立法体现民主价值，保障广大人民享有参政议政的权利，从而争取人权的制度化和法律化，因为只有法律化的人权，才能得到国家的保护，并为人权的实现提供保障。同时人权的法律化，特别是人权的实现，会激励和促使社会成员要求更广泛的民主，为争取和保障人权的实现提供更充分的条件。

第二，民主和人权的相互制约。在现代法治社会中，人权所涵盖的内容及人权所体现的权利的层次性会制约民主的发展。如果人权所涵盖的内容较少，所体现的层次较低；民主的水平就会较低；反之就会较高。同时民主越完善，特别是民主制度较健

---

① 参见董云虎《中国人权取得突破性进展的五年》，载《人权》2008 年第 1 期。

全，民主权利能得到较好的行使，就能为争取和保障人权提供充分的条件。中共十七大报告指出，要尊重人民主体地位，发挥人民首创精神，保障人民各项权益，走共同富裕道路，促进人的全面发展。因此立法者在体现民主和人权的立法价值时，要注意二者相互制约的关系。

(4) 对民主和人权的精益要求。通过对民主和人权的内在结构及其实现的各种条件进行分析对比，选择适合时代发展要求的民主和人权的立法价值。

第一，对民主的精益要求。民主在立法中的精益价值表现为在立法的本质、内容和目的上。所立的法要集中反映人民的共同意志，即立法不是反映人民的所有意志，而是要反映经过选择的有必要上升为国家意志的人民的共同意志，以体现最广大人民的意志和愿望，并确认和保障其根本利益。同时在立法的过程中要考虑不同利益集团和群体的利益要求。因为在现代社会中，人们主要通过利益集团表达利益诉求，在利益追求过程中，当个人的利益表达遇到困难时，往往希望借助集团的力量来使自己的利益得到更充分的表达。利益集团主要包括工会、工商联及各种专业社团。除了利益集团外，在社会中还存在一些弱势群体。由于他们在物质生活方面处于相对贫困的状态以及受其本身的能力所限，因此也使得他们在行使民主权利时处于相对较弱的地位。因此，立法者要特别注重在立法中体现对弱势群体的利益要求。同时要采取各项科学合理的措施，健全民主制度，拓宽多种民主渠道，搭建互动平台，保障他们的话语权及参政议政的各项民主权利，以确保公民参与立法的实效，以立法的民主性保证立法决策的科学性。

第二，对人权的精益性要求。人权由“应然”状态转化为“实然”状态，必须经过法律化的过程。因为在现代法治社会中，只有将人权法律化，才能实现人权的应然价值。为此要对人权进行量化分析，进行有价值的选择。因为并不是所有的人权都需要和能够法律化，人权法律化的范畴要有一定的维度，不能过宽，也不能过窄，否则人权法律化的范围过于广泛，而又不具备实现的条件，就会成为“空想”，不仅会导致诸多的社会矛盾，还会挫伤民众的情感，降低法律的权威。如中国目前还没有迁徙权的规定，就是因为中国目前还不具备相应的条件满足这一需求。人权法律化的范围也不能过窄，否则不能满足主体对权利的要求，如关于公民身份的平等权，近年来已经成为社会成员普遍要求的一项权利，但中国目前的法律还没有相关的规定，而导致了事实上该权利被侵犯不能得到有效的法律保护的现象。而对有些人权是否法律化，并无实际意义，如生育权、悼念权、安葬权及亲吻权等都是近年来中国司法实践中出现的一些诉求。由于这些权利在实际中并不具有普遍性，而且也不是人的基本权利，因此不宜规定。同时人权法律化必须符合一定的物质条件，因为任何人权的要求都具有时代性，“权利永远也不能超出社会的经济结构以及由经济结构所制约的社会文化发展”①。而且人权法律化还必须符合一定的社会精神条件，特别是人们的道德思想文化程度。另外，法律化的人权还必须是能够表现为法律上的权利，并能在法律适用中能实现的权利，如民事侵权中的精神赔偿问题。目前，中国的相关法律中虽然没有明确的规定，但在适用法律中，法官依据民法的基本原则和法律精神，多年以来已经成为法官自由裁量权的重要内容之一。法官在具体的案件中，是否支持权利人的这一请求或支持的具体数额多少为宜，要根据侵权人的主观心态、给受害人造成的伤害程度及侵权人本身的偿付能力

---

① 《马克思恩格斯全集》第1卷，人民出版社1958年版，第12页。

而定。正在审议中的“国家赔偿法”和“侵权责任法”都明确列入了精神赔偿的相关规定，使其能够形成具有法律普遍性的规定，从而使权利的平等实现成为可能。

第三，对民主和人权关系的精益性要求。民主和人权的关系表明，在现代法治社会中，人们对权利要求会随着社会的发展而不断地提高，人的任何权利的实现，都必须通过法律的保障，而立法必须通过民主程序才能制定出保障公民民主权利的法律。在中国现阶段，由于民主制度还有不尽完善的地方，如，民主的普遍性，民主的形式、程序、主体等方面的规定都有待于加强。在某种程度上民主的弊端已经制约了中国人权的保护，因此就目前中国的实际情况，畅通民主渠道，提高民主意识，树立法律权威，培养法律至上的观念，可能比提出保护人权的口号或者法律对权利保护规定的本身还要重要和现实。

4. 自由和秩序

自由和秩序同样是立法所追求的重要价值，是立法的价值系统网链中不可缺少的链扣，并且在整个立法的精益价值系统中起着重要的作用。

（1）自由。“自由”（Liberta）的古拉丁语含义是从束缚中解放出来。而英语（Freedom）同样包含着不受任何羁束的自然生活和获得解放等意思。人类对自由的认识有其必然性。人类的生存并非能完全的自由，但唯有自由才能使人获得其存在的意义。从一定的意义上说，人类的历史就是不断探索和争取自由的历史。自由是遵循社会规律的结果，是在社会活动中实现的。自由是人的最高价值，也是人的起码价值①。自由已经成为多学科研究的对象。

---

① 参见高其才《法理学》，清华大学出版社2007年版，第178页。

自由从其本义来说，是指自主、自立、摆脱强制，意味着人身依附关系的解除和人格上的独立。但是作为科学研究的对象，我们可以从不同的维度去认识。哲学自由是人的自我意识的现实化，是对必然的认识。人都有生存和发展的自我意识，这种自我意识决定了人的活动是自由的，人的自由在于满足人自身的需要，自由也就成了人的自我意识的现实化。同时，自由不是盲目的，必须是在对必然的客观规律认识前提下所为的行为才是自由的。法律自由是指一定社会中人们受到法律保障或得到法律认可的、按照自己的意志进行活动的人的权利。是被法律保障或认可，即法律化了的自由，是行为自由的范畴①。

自由的理论最早是由亚里士多德提出的，他在《形而上学》一书中从哲学的角度，提出“人本自由”的命题。古罗马时期的法学家是从与法律的关系中解释自由的。西塞罗提出：“为了得到自由，我们才是法律的臣仆。”由此他还提出，在依照正义的自然法则组织的国家中，无论统治者、还是被统治者都以“服从法律为美德”。洛克是近代资产阶级自由理论的奠基人，他也是从与法律的关系中提出了较系统的自由学说。他认为，在“自然状态”下，人的自由是受自然法的支配，而在政治社会中的自由，要受立法机关制定的明文法的约束。但这种约束不是废除或限制自由，而是保护和扩大自由。自由不是随心所欲，而是法律许可范围内的自由。这是因为在一切能够接受法律支配的人类状态中，哪里没有法律，哪里就没自由。这是因为自由意味着不受他人的束缚和强暴，而哪里没有法律，哪里就不能有这种自由②。为了保证人

① 参见葛洪义主编《法理学》，中国政法大学出版社 1999 年版，第 66 页。

② 参见［英］约翰·洛克《政府论》下篇，叶启芳、瞿菊农译，商务印书馆 1964 年版，第 36 页。

的自由不被政府所侵犯，洛克提出了分权学说，强调国家权利的分立与制衡。孟德斯鸠认为，一个国家没有法治就没有自由，主张建立法治国家。而政治自由是最根本的自由，政治自由是实现法治的手段和表现形式。在一个有法律的社会里，自由仅仅是一个人能够做他应该做的事情，而不被强迫去做他不应该做的事情。如果一个公民能够做法律所禁止的事情，他就不再自由了。因为其他的人也同样会有这个权利。同时他还将政治自由分为公共自由和公民自由，认为每个公民的自由都是公共自由的一部分，公民自由又包括人身、信仰、思想、言论、出版及财产等方面的自由[①]。可见孟德斯鸠所说的自由是指在法律限度内的自由。

现代西方理论对自由的研究范围更广泛，更注重自由与诸多社会现象的关系及对自由的内在结构和限度的分析。如哈耶克对自由概念的界定是将其与外在的强制对立起来，而界定为“独立于别人专断的意志之外”，自由与不自由的区别在于其独立程度的差别。自由表示能根据自己的决定与计划行事，不自由则表示必须隶属于别人专断的意志之下。在此，哈耶克是从不受外在强制的观点来界定自由，而认为，自由是能够独立地根据自己的意志行事。但是所谓不受外在强制是指不受别人专断的意志之强制，而不是否定一切的外在限制[②]。英国学者伯林在《两种自由概念》一文中所提出的两种自由的概念能给我们一定的启发。伯林认为，自由分为消极自由和积极自由。消极自由（Negative Freedom）指主体不受别人的干涉。他认为，一般我们会说，如果没有其他人干涉我的活动，就那个程度而言，我是自由的；如

---

① 参见［法］孟德斯鸠《论法的精神》上册，张雁深译，商务印书馆 1961 年版，第 154 页。

② 参见何信全《哈耶克自由理论研究》，北京大学出版社 2004 年版，第 42—43 页。

果某人或某些人对我的活动加以干涉……干涉到某一程度，我们就会说我是受到了强制（coercion）而不能做我想做的事情，当我们处在这种状态时，我们就失去了自由[①]。这种消极自由最早起源于中世纪的各个社会等级（尤其是贵族）在其自身的范围内按照其自身的生活方式生活的权利。这种自由传统在以后的发展中逐渐形成了以下三个命题。其一，自由就是不受他人的干预；其二，限制自由是因为存在着与自由的价值同等或比自由的价值更高的价值；其三，必须保留一种任何权威以任何借口都不能侵犯的最小限度的自由，如宗教信仰自由、发表意见的自由、拥有财产的自由等。在现代，这种消极自由，实际上其目的在于，保护处于弱者地位的公民不受他人尤其是国家或其他权利组织的侵犯，使每个人都能获得相对独立自由的生存和发展的空间，正是从这个意义上，有人又将消极自由称为保护性自由[②]。积极自由（Positive Freedom）是一种以做自己主人为要旨的自由。“自由一词的积极意义，源于个人想要成为自己的主人。我希望我的生命及我决定是依靠我自己的，而不是依靠任何外在的力量。我希望成为自己的工具，而不是受别人的意志行为所支配的。”[③] 积极自由主要来自希望成为自己主人的愿望，源于法国启蒙思想的主张。它所强调的是人们在进行一定行为时的积极状态，体现着人们在社会实践中的自主性和自觉性，这对于个体人格的自我实现有重要意义。

自由体现着人的天性，是人类的固有本性，是政治、伦理及法律所追求的价值。因此也自然成为立法的价值选择。在社会发

---

① 参见石元康《当代西方自由主义理论》，上海三联书店 2000 年版，第 7 页。

② 参见高其才《法理学》，清华大学出版社 2007 年版，第 178 页。

③ 石元康：《当代西方自由主义理论》，上海三联书店 2000 年版，第 11 页。

展中，由于主体间行为的自由选择会时常发生冲突，甚至被相互侵犯，因此自由从来都不是绝对的，自由在社会中的实现过程始终离不开规则，无规则，则无自由，在法是社会主要规则的时代，自由需要通过法律来表达，并通过法律来保护和实现①。洛克指出："法律按其真正的含义而言，与其说是限制还不如说是指导一个自由而有智慧之人去追求他的正当利益……自由固然要受法律的约束，法律的目的却又不是废除或限制自由，而是保护和扩大自由。"② 法能够为自由提供选择的机会，增加自由选择的效能；法能为自由意志的外化排除人为的不正当的障碍；法能把自由法律化为权利，使之具有合法性；法能把责任和自由联结，为平等的自由提供保护机制③。

（2）秩序。秩序是指自然界和人类社会运动、发展、变化的规律性现象。秩序就是差异的各个部分得到最恰当的安排，每一部分都安置在最合适的地方④。秩序表现为两种形式。一种是自然秩序，如季节变化、日月星辰运转。自然秩序由自然规律或自然法则构成，使自然界的客观事物的存在和发展都处于相对稳定和有序的状态，具有重复性的特点，也由此能够被人类在实践活动中认知，并在一定程度上加以利用。另一种是社会秩序，如民主秩序、公共秩序、生产秩序、教育秩序等。社会秩序表明"在社会中存在着一定的社会的组织制度、结构体系和社会关系

① 参见张文显《法哲学范畴研究》，中国政法大学出版社 2001 年版，第 210 页。

② ［英］约翰·洛克：《政府论》下篇，叶启芳、瞿菊农译，商务印书馆 1964 年版，第 35—36 页。

③ 参见张文显《法哲学范畴研究》，中国政法大学出版社 2001 年版，第 210—211 页。

④ 参见［古罗马］奥古斯丁《论上帝之城》，载《西方法律思想史资料选编》，北京大学出版社 1983 年版，第 91 页。

的稳定性、有规则性和连续性，秩序为人们在社会生活中相互作用的正常结构、过程或变化模式化，它是作为主体的人互动的状态和结果”。①

秩序是各种行为规范的实践过程，即行为活动是对社会规范的贯彻、实施和维护的过程，因而亦是制度化和规范化了的社会过程和社会结构②。秩序是社会组织化的存在和活动方式，体现了社会组织和社会生活的安定团结、和谐稳定。如果一个社会处于无秩序的状态，那么就会是不测的、危险的，甚至侵害的因素就会发生，人们就会缺乏安全感，对社会和当权者失去信心，而处于惶恐之中，那么整个社会就会动荡不安。因此为了防止社会处于无秩序的状态，执政者必须采取有效措施加以防范。在文明社会中，法律是防止无秩序状态的较好的途径和手段。因此，秩序是法律价值，也是立法的价值。秩序在整个立法系统中处于基本的和较低层次的地位。秩序立法价值的选择对执政者实施依法治国，巩固国家政权，促进社会的和谐发展至关重要。

（3）自由和秩序的矛盾运动。可以说，人类社会从产生以来就要面对与处理自由和秩序的矛盾。自由是人类的本性，是人类所追求的理想和重要的价值。但自由从来都是相对的，而秩序则具有绝对性和必然性，二者是互相促进和相互制约的。

第一，自由和秩序是相互促进的。人类要获得自由就必须认同和屈服于客观规律，并依其进行一定的实践行为，才能取得预期的效果，以满足人类自身的各种需求。在社会生活中人们除了要遵守自然的客观规律外，还必须遵从社会秩序，其社会的发展才能是有组织的、和谐稳定的。良好的秩序会促进自由的存在和

① 高其才：《法理学》，清华大学出版社 2007 年版，第 164 页。

② 参见邢建国等《秩序论》，人民出版社 1993 年版，第 5 页。

发展。在现代法治社会中，法律秩序是首要的社会秩序。立法者总是要通过制定法律、建立法律秩序来确定和保护公民的自由。同时，人们在遵守法律获得自由时，会促使法律不断地得到完善，不断地得到有效的实施。可见，二者是相互促进和共同发展的。

第二，自由和秩序是相互制约的。自由永远是相对的。现实生活中的人不可能彻底摆脱拘束，只能以容忍某些拘束为代价而换取另一些相对不受拘束的生活。因此自由总会受到秩序的限制，如公民都有进行一定行为和不进行一定行为的自由，也有要求他人进行一定行为和不进行一定行为的权利，但这一切行为都要受到法律秩序的限制。同时立法者对法律秩序价值的设立必须符合人对现实的自由价值追求的需要，必须从有利于保障公民的权利出发，否则所谓的“法律秩序”就会成为自由的桎梏，就会扼杀人的自主性和创造性，显然，这样的“秩序”是绝对不能保障公民权利的。

（4）对自由和秩序的精益要求。由于自由和秩序都有其内在的多种规定性和外在的多样表征性。因此必须对其进行量化择优，以满足对自由和秩序立法的精益价值要求。

第一，对自由的精益要求。既然法律的自由是人们按照自己的意志进行活动的权利。那么立法者在对自由的价值取向时，就要从人的自身需要的权利出发，而不是“先入为主”的“为民作主”。在此要注意人的任何自身需要都不是绝对的、抽象的，而是具体的和现实的，都是处于一定社会历史条件下的人们自身需要。当前，为适应中国经济建设的科学发展，构建社会主义和谐社会，在立法的过程中也要以科学发展观作为指导，实现民主立法。因此现阶段中国的立法主体在价值选择时要凸显以人为本的宗旨，尊重和保障人权，注意保护弱势群体，从体现民心、民意，确保民生、民权出发，建立良好的法律秩序，保障公民的自由和权利。这是现实的、有价值的行为过程，也是符合精益理论的要求的。

第二，对秩序的精益要求。随着社会的发展和文明的进步，社会现象日趋多样化和复杂化，人与人的矛盾、人与自然的矛盾不断加深加剧。因此现阶段人们对自由的追求要注意，既要受限于社会秩序，也要受限于自然秩序。而且从根本上来说，自然秩序是第一性的，人类的所有活动都要首先尊重自然界的客观规律。正是基于如此的理念，中国共产党提出建立社会主义物质文明、精神文明、政治文明，又在中共十六大提出要建立社会主义的生态文明。因此立法者在进行秩序价值的选择时，一定要体现自然秩序和社会秩序的双重作用，从而使法律的秩序价值在中国的现实中能够真正发挥实效。

第三，对自由和秩序矛盾的精益要求。任何自由都是相对的，都要受到秩序的限制。而秩序对自由限制在什么样的维度内才是合适的，对这种合适维度的确定就是对自由和秩序矛盾的精益性要求，也是正确处理二者矛盾的关键。立法者对法律自由限制维度的确立首先要符合道德的正当性要求，体现正义、公平等其他立法的价值。同时要注意法律秩序对自由的限制既有强制性的限制，也有任意性的限制，它们在不同性质的法律中所占据的地位是不同的。一般来说，在公法性质的法律中，如刑法，其强制性的限制是主要的；而在私法性质的法律中，如民商法，其任意性限制是主要的。另外，还要考虑自由主体的范围。一般来说，个人的自由需要必须和他人及社会的需要相一致，才是现实的、和谐的和安定的。如果不一致，则会出现矛盾和冲突。立法者就要辩证地分析，不能一概地否定那些与他人及社会的需要不相一致的个人自由需要。不管是个人的、他人的、还是社会的自由需要，谁的需求是合法合理的，谁的需求就应该被选择、被保护。因为在现代法治社会中，尊重个体尊严，保护公民个人的合法权益和保护国家利益、社会公共利益一样都是“良法善治”的重要内容。

5. 对道德量化的精益要求

通过对以上道德系统各个子链矛盾的分析表明，要真正发挥道德系统在整个立法价值中的作用，不仅要维护构成这一系统中每一矛盾内在的和谐的一面，解决在一定条件下可能出现的相冲突问题，而且还要维护和解决各个矛盾之间的和谐和可能出现的冲突问题。对道德量化的精益要求，就是分析各个矛盾之间可能产生的冲突，寻找解决的原则和方法，对其进行选择。

(1) 对道德价值冲突的分析。由于人们需求的多元化和复杂化，使得利益之间的冲突会时有发生，加之政治、经济和文化等各种条件的影响，而导致了各个具体价值之间的冲突。由于道德立法价值结构的复杂性和多样性，因此其要素之间的冲突也是复杂的、多样的，主要表现为“二元冲突”和“多元冲突”。

第一，“二元冲突”。道德价值的冲突至少是二元的，除如前所常见的、直接的冲突外，在一定的条件下也可能会发生非常见的、间接的冲突，如正义与秩序、民主与秩序、民主与自由、自由与人权等之间的冲突。如正义与秩序的冲突可能会导致为维护秩序，而使正义的伸张锋芒受到挫伤。如“严打”期间，为维护秩序，相关部门会出台一些准立法性质的规定，对法定的、必要的诉讼程序给予舍弃，对一些危害性严重的刑事案件采取“从重从快”的原则，从而使正义与程序不能得到较好地协调。正义与秩序的冲突也可能会导致为维护正义而破坏法律秩序，在经济法的立法中如过多地强调公平、正义，就会不利于保护竞争，人们就不会有积极性和创造性，就不会自觉地遵守法律，而不利于法律秩序的建立。“二元冲突”的形式包括两类。一是排他冲突，是一种不相融的冲突，二者必取其一。二是列位冲突，是一种相融的冲突，二者是主次关系。排他冲突和列位冲突在一定的条件下是可以相互转化的。为调整和适应现实中不断复杂的社会关系，立法者在立法时应当尽量体现完整的道德价值系统，尽量使冲突局限于列位冲突的范围，如果是排他冲突，也要附着一定的条件，使排他冲突转化为列位冲突，体现道德价值相融的状态，维护其和谐的一面，如在民主与自由的关系中，充分的民主会保障自由的形成。英国历史学家阿克顿指出，民主意味着让人民大众享有自由。哪里不存在强有力的民主制度，哪里就不存在强有力的自由[①]。而自由的获得又会激励人们的民主热情和民主的参与意识。

第二，“多元冲突”。多元价值冲突的情形远比“二元冲突”复杂得多。自由、民主、秩序三者的冲突，正义、自由、民主、秩序四者的冲突，等等。在多元价值的冲突中，首先要对其进行排列。因为在道德立法的精益价值系统中存在不同的阶位，在现代法治国家中，是把人的生命或人的尊严置于较高的地位，因而自由被置于最高的阶位，是立法价值最终的目的。其次是正义、公平、民主、人权、效益和秩序。秩序处于最低的阶位，当然也是最基本和最起码的立法价值。

（2）解决冲突的方法。有关解决立法（法律）价值冲突的方法问题一直是困扰学者们的一个难题。学者们也试图提出相应的原则[②]，通过借鉴，笔者认为，应采取以下原则进行解决：

---

① 参见［英］阿克顿《自由与权力》，侯健、范亚峰译，商务印书馆2001年版，第373页。

② 关于这方面的问题可参见高其才《法理学》，清华大学出版社2007年版，第194—195页；葛洪义主编《法理学》，中国政法大学出版社1999年版，第82—84页。

第一，择优原则。择优原则要求立法者在价值选择时要考虑代价承担的问题，因为任何立法价值的选择都是有代价的，要对所涉及的价值进行对比分析，对某一具体的代价所占的比例进行量化择优，“为了保护某种较为优越的法价值须侵及一种法益时，不得逾越经目的所必要的程度”①，也就是说，价值的选择和取舍都要与该法律所追求的目的相一致，如果出现不一致的情况，也要使某种伤害降低到最低的限度。人类的任何选择者要符合目的性，都要按其本性和需要进行价值选择。因此一般来说，立法者在价值选择时应当首先满足阶位较高的价值，将实现人的自由作为立法的最高目的，但同时要附着尽可能多的限制和条件，这些限制和条件的设定，以满足处于较低阶位价值的实现为准。也就是说，在设定较高阶位立法价值时，要给其他阶位的立法价值留有一定的余地和空间，因为其他阶位的立法价值都是实现自由价值的必要手段和有效途径，因此要尽量兼顾更多的道德价值，使自由价值的实现更充分，其可能性也会越大。这样，一方面可以保持道德立法价值整个和谐的一面；另一方面也能给予当事人以更多的选择，从而认可和遵守相关的法律规范。

第二，平衡原则。平衡原则要求立法者在“发生法律价值冲突时，需要综合考虑社会的特定情况、法律主体的具体需要和利益，兼顾各种要求，处理各种关系，进行慎重选择以取得个案平衡，即进行全面性选择”②。由于组成法律体系的各部分具体法律都有自身的特殊性，在立法价值选择上也会有所不同，因此要根据不同法律的特点分析，如公法可能会更加注重

① ［德］卡尔·拉伦茨：《法学方法论》，陈爱娥译，商务印书馆 2003 年版，第 285 页。

② 高其才：《法理学》，清华大学出版社 2007 年版，第 195 页。

正义、秩序、公平、人权、民主等价值，而私法则可能更注重自由、平等、效率等价值。因此公法可能会更注意保护社会整体利益或社会公共利益；私法可能会更侧重对公民个人权利的保护。而同属于私法领域的民法和商法在价值取向上也会有所不同，民法更注重静态的权利保护，更注重自由、平等价值；而商法则更注重动态的权利保护，因此更注重效率、利益等价值。

第三，补偿原则。由于在一定的条件下，立法价值冲突的情况极其复杂，有时因选择了某一种价值而在一定程度上舍弃或伤害了另外的价值，这时就必须考虑补偿。如平等自愿是民法的基本原则，因此民法将意志自治、独立、自由视为民法的精神，也是民事立法所追求的重要价值，但意志自治如果不加以限制可能会导致权利滥用，因此民法又普遍设定了禁止权利滥用原则。禁止权利滥用原则就是“民事活动应当尊重社会公德，不得损害社会公共利益……”[①] 就是要遵守社会秩序，因此这一原则是对平等自愿原则的补偿。

三　道德的正当性

道德在整个立法的精益价值系统中处于主导地位，统领整个系统的运行，之所以能担当如此重任，是由于道德的正当性所致。正当性也是人类对立法价值追求的动力所在。

1. 道德的正当性内涵

立法价值以道德为基础，将道德作为法律正当性标准，并以此作为鉴别“良法”与“恶法”的标准。

正当性就是所谓的道德善。善是一切事物所具有的能够满

---

① 《中华人民共和国民法通则》第6条。

足任何主体需要、欲望和目的的属性。正当性是人的行为及品德所具有的能够满足社会创造道德的需要、欲望、目的的属性。也就是说，善是一切事物对于主体的目的效用性：符合目的者即为善，违背者即为恶。同样，正当性也是他人的行为及品德对于道德目的的效用性：符合道德目的者即是正当，也就是道德善；违背道德目的者即是不正当，也就是道德恶[①]。人的行为、活动和选择都是有目的的，这种目的就是道德的正当性，就是善，它是人们在具体的实践活动中通过对其进行价值判断所确定的，体现为人们按照自身需要所进行的价值选择。法律是国家制定和认可的，体现国家的意志，由国家强制力保障实施来调整人们行为的规范，是通过立法者遵循严格的法定程序进行立法活动的结果。显然，这样的行为是有明确目的性的，并一定会通过相应的价值得以体现的。因此立法的价值就是反映了人们在立法过程中对道德正当性的追求，也就是对道德善成为现实的渴望。

追求道德的善始终是自然法学的理想和价值取向。亚里士多德认为，人的一切活动、计划都是以某种善的事物为目的。善的事物可以分为三个部分。一部分称为外在的善；另外两部分称为灵魂的善和身体的善。其中灵魂的善是主要的，是最高的善，是作为最后目的和目的本身的善。也就是“至善”。一个人只有达到了至善才能是幸福的[②]。康德指出，法律是最低限度的道德，只有遵守法律才能实现道德，因为宇宙间除了有一个良善意志外，我们再不能想象其他任何事物能够无条件的称为良善了。他

---

① 参见王海明《伦理学原理》，北京大学出版社 2001 年版，第 28 页。

② 参见［古希腊］亚里士多德《尼各马科伦理学》，苗力田译，中国社会科学出版社 1999 年版，第 15 页。

认为，良善不在事物的结果，而在于事物的本身，因此，人唯有遵守“道德法则”的行为，才是“良善”的[①]。自然法学将道德的善置于崇高的地位，并将其作为立法正当性的标准，并以此作为鉴别“良法”与“恶法”的标准。

可见，一个法的好与坏，与其所信奉的原则有密切关系，特别是那些反映人类共同价值观的普世道德，如人人渴望生而平等、对生命的拯救、对弱者的同情和关爱、尊重他人的合法权益、避免伤害他人、保护生态环境和维护世界和平等体现了人们共同的善良愿望和对美好事物的追求。这些也正是立法的价值所在，如各国民事法律都规定了作为自然人的权利能力和行为能力。这种能力人人平等，生而俱有，直至死亡。但在行使权利时既享有权利，也要承担义务，在承担义务方面也是平等的，《中华人民共和国民法通则》第 7 条对此作了规定。而在刑事法律规定中，一般对故意伤害、故意杀人等残害生命的犯罪行为要较之过失犯罪处以较重的刑罚，甚至极刑。甚至一些经济法规也都体现了道德的价值。如在《中华人民共和国反不正当竞争法》和《中华人民共和国消费者权益保护法》中，对严重违反商业道德和侵害消费者合法权益的行为给予严格限制，并规定了具体的制裁措施。“这样法律把道德原则具体化，把遵守某些道德规范确定为公民的法律义务，国家由此可以对公民的道德行为进行直接的法律监督，赋予法律的强制性，以便产生快速的、明确的效果。”[②]

---

① 参见张宏生主编《西方法律思想史》，北京大学出版社 1983 年版，第 325 页。

② 陈雪平：《法治融德是实现社会主义法治的有效途径》，载《福建论坛》2002 年第 9 期。

2. 对道德正当性的精益要求

对道德正当性的精益要求，就是要对行为及品德所具有的能够满足社会创造道德的需要、欲望、目的的属性进行量化分析，使其能够成就道德的正当性。

（1）需要。需要是人的心理过程，因而是心理学研究的对象。需要一般是指有机体感到某种缺乏而力求获得满足的心理倾向，它是有机体自身和外部生活条件的要求在头脑中的反映，是一种持久的、稳定的要求，对于人的生存、生活和发展有重要的作用。需要从性质上可分为物质需要和精神需要；从主体的范围可分为个人需要和社会需要。物质需要是为了满足人们生存而产生的生理需要，如吃、穿、住就是为了满足人的饿、冷、累的生理需要，是人的最原始的和最基本的需要，但人还有除此之外的需要，德国伦理学家包尔生认为："人希望过一种人的生活，在这种生活里包含着人的一切，也就是说一种精神的、历史的生活，在这种生活里为所有属人的精神力量和性格留有空间。"① 因此精神需要也是人的需要中必不可少的。人的存在和发展不仅是自然的，同时也是社会的，如人要通过劳动和与他人交往，这都是满足人的需要的必要环节。美国心理学家马斯洛在他的《人类激励理论》的一书中，提出了著名的"需要层次理论"认为，人的需要包括生理、安全、社交、尊重、自我实现即抱负等五个层次，是反映不同的人的不同要求，他把前两种需要称为保健因素，后三种需要称为激励因素。马斯洛认为，需要的产生由低级向高级发展是波浪式地推进的，在低一级需要没有完全满足时，高一级的需要就产生了；而当低一级需要的高峰过去了但没有完全消失时，高一级的需要就逐步增强，直到占绝对优势。在

① 转引自何怀宏《伦理学是什么?》，北京大学出版社 2002 年版，第 166 页。

此，他所提出的“社交”，就是指社会需要；“尊重”和“自我实现”则是指人的精神需要。而且随着社会的发展，人们在满足了物质需要的前提下，对精神需要更加渴望。同时，社会越发展其社会结构就越复杂，其整体的需要就越重要。因此立法者在立法价值的选择上要全面体现人的需要，而且要特别重视人的精神需要和社会需要。在民法中规定精神赔偿，在环境与资源保护法中加大对破坏自然资源、污染环境处罚力度方面的规定，就是为了满足人的精神需要和社会需求。

（2）欲望。欲望是人的本能力量，是人类行为原始的和最基本的动力。在欲望的推动下，不断占有客观对象，获取满足自身需要的东西。在这一过程中会产生积极的倾向和意志的努力，因此欲望是比需要更强烈的心理倾向。人的欲望从其本性而言是无止境的，是不断产生的。但人作为自然属性和社会属性的统一体，其欲望的形成会受到一定社会历史条件的限制，而形成了其无限和有限的矛盾，过度的欲望会形成对社会的破坏力量。解决这种矛盾的正确方法就是要适度。满足欲望不可超越当下社会所能提供的物质条件和精神条件。要运用法律手段规制和防范人的欲望所造成的危害后果，并同时以道德加以评价和适当地“限制”，使个人在满足自身欲望时，具有合法性和道德的正当性，以不妨碍或侵犯他人和社会行为或权利为限。

（3）目的。目的则是人的意志和行为所最终要达到的地步或境界，是比需要和欲望更为深刻，更能体现人作为人所心依的愿望。康德在他的伦理学中提出人所以必须服从超越人性的绝对命令，是由于人作为目的与道德律令有一种必然的先天综合关系的缘故。人作为感性血肉的动物，只有相对的价值；但作为理性者，人是客观的目的，他的存在即是目的自身，没有什么其他只用作工具的东西可以代替它，否则，宇宙间绝不会有绝对价值的事物了。“人是目的”就是这样一种普遍而有效适用于任何经验条件的先验原理即道德律令。绝对命令所要求的普遍立法所以可能，正在于人作为目的是一律平等的，因而才具有普遍的有效性。针对统治阶级把具有理性的人当成自己欲望的工具的事实，康德提出人不是工具，而是目的[①]。康德的这一思想是人本主义的重要体现，给了我们重要的启示：人的行为目的就是人作为自身的存在，因此要重视人的存在。立法者就是要一切从人的本身出发，舍弃一切不利用于人发展的属性，选择一切有利于人全面发展的属性作为立法的价值。

需要、欲望和目的都是人们在立法价值的选择中追求道德正当性时所体现的具体的满足条件，立法者要运用理性思维对其进行全面的价值判断，选择的立法价值取向，应能体现全体社会成员共同的需要、欲望和目的。

第二节　习惯

社会所共同具有的价值观、其物质形态的文化以及在人们日常生活中不自觉形成的、长年积累、反复影响着我们行为的习惯，也应当是立法价值中不可忽视的因素。特别是那些已经成为规范人们行为的、并由国家认可的、具有法律效力的习惯法，更应成现代法治国家立法价值不可缺少的因素。社会的和谐、发展与进步不仅使人们能够对法律在意识上认可和接受，还要求人们的遵法守法成为自发自觉的行为，而如果这一过程能够成为人们的习惯，就会为实现立法的价值形成潜在的、稳固的、长久的、

① 参见李泽厚《批判哲学的批判——康德评述》，人民出版社 1979 年版，第 281 页。

不可替代的力量。

一　习惯与习惯法

由于习惯的含义包括着极其广泛的内容，因此必须对习惯这一概念的自身属性有一个起码的定性分析，同时也要对由习惯而渐成的经国家认可的习惯法进行理性的认识。习惯与习惯法都是调整人们行为的社会性规范，但二者又有本质区别。

1. 习惯的内涵

从语义上分析，习惯是由于重复或多次练习而巩固下来的并变成需要的行动方式[①]。由于习惯是伴随人们日常行为始终的，它具有明显的感性和经验性的表征，如学习习惯、工作习惯、遵守纪律的习惯，在公共场所保持安静的习惯。因此人们对习惯这一概念的理解向来都是多元的。

（1）从生理学上来说，习惯是神经刺激的自动化的反应链接系统，当大脑在外部刺激信号的作用下，就会与大脑已往“存储”的信息产生链接，自动反应生成。

（2）从心理学的视角，习惯是一种条件反射的链接系统，在一定外在环境条件下通过反复多次的行为过程，不断使某一行为得到强化，在大脑皮层形成条件反射，产生了刺激与反应之间的稳固链接。

（3）从社会学的意义中理解，习惯一般是指人们在长期的日常生活和劳动中，逐渐养成的、不容易改变的共同的行为模式或规范，它是人类社会发展中最为稳定、坚固和最持久的那部分。

（4）从性质来说，习惯属于社会心理，是人们行为中反复

---

① 参见辞海编辑委员会《辞海》，上海辞书出版社1979年版，第96页。

出现的、自动的那部分行为，它往往处于一种潜意识的状态之中。对于每一个社会的个体来说，从理性上判断，有些习惯并非主体所愿。从整个社会来说，良好的习惯才能被社会普遍地认可，这部分习惯由于是全社会共同倾向和认可的行为，通常会以社会风气表现出来。社会风气是指在社会发展的一定时期，在一定的社会和群体的范围内，广泛流行传播的、相互效仿的行为，包括共同的观念、兴趣、爱好等。这部分习惯由历史的沉淀形成了一种习俗甚至一种文化，代表着一个国家和民族的价值观念。

2. 习惯法的内涵

习惯法和制定法是相对应的。对于习惯法的理解，历来是众说纷纭，争议颇多，但梳理之后，可以肯定的是对习惯法概念争议的焦点在于是否承认习惯法是“法”，具体地说，就是习惯法是否是国家的法律。主张习惯法是法律的观点认为，习惯法是不成文法，其效力来自于国家的认可，如英美法系的判例法。在中国的一些词典和法理学书籍中普遍持这一观点，认为习惯法是经国家认可并赋以国家强制力的、完全意义上的法，或统治阶级对有利于本阶级统治的习惯，通过国家机关加以确认，并赋予法律效力的，叫习惯法①。近年来，随着中国法制进程的深入发展，学者们把对法的研究范围从国家制定法扩展到习惯法，并对习惯法的内涵、地位及作用在理论的深层次上进行了思考，并形成了习惯法乃民间法，而否定了其国家法律的属性。如有的学者从社会学的角度认为，习惯法乃是乡民在长期的生活与劳作过程中逐渐形成，它被用来分配乡民之间的权利、义务，调整和解决他们之间的利益冲突，并且主要在一套关系网络中被予以实施。就其

① 参见陈金钊主编《法理学》，北京大学出版社 2002 年版，第 98 页；辞海编辑委员会：《辞海》，上海辞书出版社 1979 年版，第 96 页。

性质而言，习惯法乃是不同于国家法的另一种知识传统[1]。因此持这一观点的学者认为，习惯法并不是通常意义的法，而只是那些能够成为调整行为规范的习惯而已。所谓成文法和不成文法、习惯法和制定法只是法学理论对法律的分类而已。

笔者赞同习惯法是国家法的观点。因为现实中一个国家只能有一个法，即使是对习惯“认可”的法律，也是与制定法一样依照法定程序，由享有权力的立法主体“制定”的。在“认可”的具体方式上，英美法系和大陆法系是不同的，在英美法系的国家，由于成文法隶属于不成文法，因而只要制定法条文中没有明确表示反对的条款，习惯法就可以成立，这是一种消极认可。在大陆法系国家，成文法支配着不成文法，所以习惯法要成为法律，必须经过国家的积极认可[2]，这种认可不是简单认可，而是对现实中的习惯以某一具体法的立法价值为取向，进行有目的的选择，使其升华为法律，并和已经作为整体的法律融为一体。

现代法律不再是秘密法，而是明文公布的成文法。公布法律的主要原因有三：文字之普及、善政之实施、民权之发达[3]。制定法也称成文法，是指由特定国家机关制定和颁布的，以书面的法条形式表现的法律原则和法律规则的总和。成文法的产生伴随着近代西方资本主义的兴起和民族国家的形成，是以哲学上的理性主义为基础，以政治学上的国家主权与三权分立学说为依据，在国家与市民社会分离的过程中形成的理性法。法典是这种理性法的典型代表。制定法是大陆法系的主要渊源。而在英美法系

① 参见梁治平《乡土社会的法律与秩序》，载《乡土社会的秩序、公正与权威》，中国政法大学出版社 1997 年版，第 417 页。

② 参见潘念之主编《法学总论》，知识出版社 1987 年版，第 22 页。

③ 参见［日］穗积陈重《法律进化论》，黄尊三等译，中国政法大学出版社 2003 年版，第 163 页。

中，制定法是一种区别于判例法（普通法）的形式，而且制定法所包含的规范只有经过法院实施和解释之后，才最终被接纳为这些国家法的一部分。

恩格斯说："在社会发展某个很早的阶段，产生了这样一种需要，把每天重复着的产品生产、分配和交换用一个共同规则约束起来，借以使个人服从生产和交换的共同条件，这个规则首先表现为习惯，不久便成了法律，随着法律的产生，就必然产生出以维护法律为职责的机关公共权力，即国家。"① 随着法律的发展，制定法日益增多，习惯法则逐渐减少。因此，习惯法会随着制定法强势"扩张"，而失去作为"法"的作用，还习惯法本来面目于自身。从人类历史的发展来看，正是遵循着这样的规律：在国家制定法产生之前，习惯的确是作为"法"而名副其实地发挥着作用；制定法产生后，习惯法的地位便被削弱，但由于其自身的能力所在，使人类早期的法律中都或多或少地保留了原始社会同态复仇的习惯。在古巴比伦的《汉穆拉比法典》中规定：如果自由民损毁任何自由民之眼，则应毁其眼。如果折断自由民之骨，则应折其骨。如果自由民击落与之同等之自由民之齿，则应击落其齿（第196、197、200条）。而随着社会进步，国家的立法制度也在不断在完善，对习惯法的内容不是保留，而是为适应社会发展需求对其进行了改造。因此被改造的这部分习惯法的内容已经被法律化了，具有了法律的一切表征和功能。而那些能够成为社会共识的习惯法则自发地保留下来，形成了民间法，发挥着持久的、稳固的作用。其实质仍然属于习惯的范畴，而非法律的范畴。

---

① 《马克思恩格斯选集》第3卷，人民出版社1995年版，第211页。

3. 习惯和习惯法的关系

习惯与习惯法都有着共同的历史渊源和社会基础，都有调整人们行为规范的作用，并且在现实的运行中都有依赖传统文化力量、社会舆论监督和社会成员自身的自觉自律行为得以实现的情况，但二者在质的规定性上又有不同。因此，习惯和习惯法是对立统一的关系，既相互区别，又相互联系。

（1）习惯与习惯法的区别主要表现为：

第一，在规范的范围上，习惯调整的范围要更广泛，除日常生活、商业交易等涉及利益的关系外，还包括一些纯仪式性的行为，主要是来自宗教信仰、禁忌、民族地域风俗等，与利益分配无关。习惯是伴随人们行为始终的、经常出现的，是社会生活常规化的行为模式，这一行为模式会渗透到社会生活的各个方面。而习惯法则是对社会关系中由调整利益冲突所及的有关权利与义务的习惯进行规范的总和。因此它调整的范围仅限于与利益有关的权利和义务。

第二，在性质上，习惯属于社会心理，是社会意识的低级阶段，在遵循习惯的过程中，具有明显的盲目性、自发性和不确定性，其自觉性和主动性较低。而习惯法已经具有了法律的表征，属于社会意识的高级阶段，是人们在社会实践中，在理性的引导下，经过反复多次的利益冲突的调整而形成的较确定的规范，一旦被社会成员认可，会表现为较强的自觉性。

第三，在规范的效力上，由于习惯的不确定性，因此其效力相对来说，在程度上较弱，在时间上也会表现得比较缓慢。而习惯法则显示了较强的效力，由于习惯法具有法律的确定性，因此可通过诉讼方式被适用，并且有相应的强制性措施保障其实施，这种强制性措施除国家的强制措施外，还可能是凭借民间力量，如民族、宗族、家庭或村民会议的“权力”和商业行会的威信，所体现的强制性的措施。

(2) 习惯和习惯法又是相互联系和相互促进的，主要表现为：

第一，习惯是习惯法形成的基础和前提。习惯法是由习惯发展而来的，当一些习惯或惯例被全体社会成员所公认和接受，并由此在一定的范围内形成了具有一定强制性特征的规范就成为了习惯法。就此，马克斯·韦伯对这一过程的描绘更为深刻："①最初是习性上纯粹事实的习惯，经由心理对此习惯的'拟向'，而让人感到是具有'拘束性的'；②由于得知此一习惯已广布于众人之中继而形成一种'共识'，令人在有意无意之中越来越赋予'期待'他人也做出意义上相对应的行为；③以此，共识行为遂被赋予法规范的特征，亦即获得强制机构的保障，而不再只是'习律'而已。"[①] 而从法律产生的规律来看，也是先有习惯，后有习惯法。"原始社会的规范主要是习惯，如禁忌是人类早期即蒙昧时期存在的准宗教性质的习惯，是原始群体生活中的唯一约束力，它通过制止和抑制的方式对人的心理产生影响，从而实际体现某种社会凝聚力，起着社会控制、调整和社会整合的作用。"[②] 图腾崇拜和复仇是原始禁忌演进过程中产生的氏族习惯，此外，还包括氏族内成员禁止通婚、氏族成员的财产相互继承等，而父系时期的有些习惯已经具有了法的雏形，如土地个人占有的习惯、财产由父系子女继承的习惯等，当私有制确立后，政治国家趋于成熟，其法的雏形的习惯被国家认可而成为习惯法。

第二，习惯法对习惯有着规范性的作用。人们的习惯行为由

---

① ［德］马克斯·韦伯：《韦伯作品集——社会法律学》，康乐等、简惠美译，广西师范大学出版社 2005 年版，第 145 页。

② 葛洪义主编：《法理学》，中国政法大学出版社 1999 年版，第 181 页。

于其主观个体原因和客观的偶然因素，而会出现“坏”的或不良的习惯，因此需要习惯法对其加以指引、评价、教育、预测和强制，如在中国民间，特别是边远的山村及少数民族地区仍存在着对“大义灭亲”、“杀人者偿命”等习惯认同，并且也常常发生由宗族或家族的族长对那些被族民们认定是犯“罪”的人以肉体严惩。对此一定要加以引导，因为依据中国相关法律的规定，对犯罪成立的认定及处罚必须由有权的国家机关进行，任何个人、团体和其他国家机关都不能行使这一权力。而依据《中华人民共和国刑法》第 323 条的规定，故意杀人的，处死刑、无期徒刑或者 10 年以上有期徒刑；情节较轻的，处 3 年以上 10 年以下有期徒刑。因此，根据具体情节，如果犯罪情节较轻则杀人者未必偿命。

二　习惯对社会发展的意义

习惯的形成有其历史的渊源，在世代传承和个体意识构建的行为过程中，始终左右着人们的行为，起着规范性的作用，对社会秩序的形成及对个人品德、能力的影响都是深刻的和不可忽视的。

1. 习惯对社会秩序有重要的作用

习惯是人们为了适应环境的需要，而自发形成的行为规范，它对社会的作用表现为：

（1）是社会秩序的形成基础。习惯具有自发性和稳固性，由此形成的社会秩序应当能够长治久安。哈耶克认为，每个社会都必须拥有一种秩序，而且这种秩序往往是在未经刻意创造的情况下存在的。他将这种秩序称之为“自生自发秩序”，它与那种“刻意安排”的人造秩序是相对应的。一种秩序之所以最初是以自生自发的方式形成的，就是因为个人所遵循的不是刻意制定的产物，而是自生自发形成的结果[①]。而与自生自发秩序相对应的是“人造秩序”，这种秩序一般具有外生秩序的特点。哈耶克认为，这一秩序体现了建构理性主义。建构理性主义贬低非理性的或未能被充分理解的事物，它假定人生具有智慧和道德禀赋，因而人能够根据理性原则对社会作精心规划，并尽可能抑制一切非理性的现象。哈耶克重视自发秩序，坚持进化理性主义，对建构理性主义给予了猛烈的批评，认为进化理性主义意味着自由，而建构理性主义则意味着集权[②]。波普也认为，人不能对社会进行整体上有意识的设计，现实的社会秩序经常是超乎人的理性的预期的[③]。而正是因为人们有了自发的习惯规范，才使得自生自发的秩序得以形成。

（2）习惯对维护社会秩序有深刻的影响。社会秩序一旦形成则有了约束或限制人们行为的作用，因此每一个人都必须养成遵守社会秩序的良好习惯，以维护秩序的稳定。哈耶克指出：“在一个社会秩序中，每个人所应对的特定情势乃是那些为他所知道的情势。但是，只有当人们所遵循的是那些会产生一种整体秩序的规则的时候，个人对特定情势所作的应对才会产生一种整体秩序……为了确使某种明确的整体秩序得以形成，个人对他们周边的各种事件所作的调适或应对就必须具有相似性，当然只须在某些抽象的方面有这种相似性就足够了。”[④] 这种“相似性”就是指某些道德规则或习惯要求，如果人人都能做到遵循某些社

---

① 参见［英］弗里德利希·冯·哈耶克《法律、立法与自由》第一卷，邓正来、张守东等译，中国大百科全书出版社 2000 年版，第 54、67 页。

② 参见高其才《法理学》，清华大学出版社 2007 年版，第 168 页。

③ 参见［英］卡尔·波普《历史决定论的贫困》，杜汝娟、邱仁宗译，华夏出版社 1987 年版，第 51 页。

④ ［英］弗里德利希·冯·哈耶克：《法律、立法与自由》第一卷，邓正来、张守东等译，中国大百科全书出版社 2000 年版，第 65 页。

会认同的习惯，就能形成良好的社会风气，对人们的思想、心理和情感起到潜移默化的作用，这种作用会影响群体意识，提高团队凝聚力和工作效率，促进个人与集体、国家之间的和谐，从而推动社会的进步与发展。

2. 习惯对培养个人的素质有重要的影响

主要表现为：

（1）有利于提高人的道德修养。好的习惯是提高人的道德修养的最佳途径。从个人的成长来说，从小形成的良好习惯对他的一生都是受益的。1978 年，75 位诺贝尔奖获得者在巴黎聚会。有人问其中一位："你在哪所大学、哪所实验室里学到了你认为最重要的东西呢？"出人意料，这位白发苍苍的学者回答说："是在幼儿园。"又问："在幼儿园里学到了什么呢？"学者答："把自己的东西分一半给小伙伴们；不是自己的东西不要拿；东西要放整齐，饭前要洗手，午饭后要休息；做了错事要表示歉意；学习要多思考，要仔细观察大自然。从根本上说，我学到的全部东西就是这些。"这位学者的回答，代表了与会科学家的普遍看法。把科学家们的普遍看法概括起来，就是他们认为，终生所学到的最主要的东西，是幼儿园老师给他们培养的良好习惯。

（2）有利于培养人的意志力和思维方式。处于社会实践中的人在适应环境时不能消极被动而是积极主动，要有战胜困难的意志力。而人的意志力如果经过反复地、持续不断地进行磨炼，就会在人的心理形成某种暗示，而成为习惯，如运动员在训练和竞技比赛中需要顽强的意志品德，某一动作在意志力的作用下，经上百次，甚至上千次的重复就会形成习惯，而已经形成习惯的意志力则更容易约束人的行为，并产生积极向上的力量。同时习惯对培养人的思维方式也是大有益处的，习惯以什么样的方式思考和分析问题，就会在人的思维中形成定式而不易改变，并影响其行为。因此要培养理性的、辩证的思维方式，摈弃固封、偏执的教条主义和主观主义，防止过激或情绪化的行为，培养意志品德和良好的思维方式。

三　习惯的实效性

由于习惯对社会秩序及人的品行的深刻影响，因此良好习惯对现代法治建设也会产生不可忽视的巨大力量，对人们遵法、认法和用法都有着不可低估的作用。因此习惯要求对立法价值的实现具有实效性，而实效的取得必须建立在对习惯立法的精益性价值分析的基础之上。

1. 对习惯立法的精益价值要求

习惯在整个立法价值的系统"网链"中处于次要地位，由于其"自生自发"性而形成的盲目性和消极性，以及受一定社会历史条件的影响会产生不良的习惯，因此必须对习惯进行量化分析，选择适合于社会文明进步的善良习俗，形成有价值的、适合于立法精益的价值要求的行为规范。

（1）道德引领，形成善良风俗。所谓善良风俗是指"某一特定社会所尊重之起码的伦理要求，它强调法律或社会秩序之起码的'伦理性'，从而应将这种伦理性要求补充地予以规范化，禁止逾越"①。习惯有着积极和消极的双重属性。习惯对社会秩序及对作为个体人的发展的积极作用是应当肯定的，但由于某一地域、某一民族在发展过程中会受到落后的思想观念和生活方式的影响，因此会产生不良的丑习、陋习，甚至恶习，如在中国落后的乡村和山区，仍存在男尊女卑的观念，媒妁之言、买卖婚

① 黄茂荣：《民法总则》，载《民商法论丛》，法律出版社1994年版，第50页。

姻、包办婚姻、交换婚姻（换亲）仍有一定的市场；有的地方赌博成风、封建迷信猖獗；而有的地方仍视勤劳致富为耻辱，“笑贫不笑娼”靠卖淫乞讨为生。因此某一具体的习惯内容是否能够成为立法价值，要以是否符合伦理性，即要以道德的正当性作为评价标准，区分哪些是有价值的，哪些是无价值的，哪些是负价值的。立法者应选择具有正当性习惯作为立法的内容，而对于无价值的不良习俗，由于其对社会虽然不会有益处，但也不会危害社会，如：家庭或亲属间为娱乐进行的赌博；没有劳动能力又无其他生活着落的老弱病残人员的求生乞讨行为，我们的社会应采取认可、宽容的态度，在立法中以不规定为佳。而那些丑习、陋习、恶习，由于其对社会不仅是无价值的，而且还会产生负价值的，对社会产生危害性的，对于这样的不良习惯，立法中应禁止，但应当以情节严重、社会危害性较大的为限。

（2）法律规制的认可。对于那些能够成为规范人们行为，并符合道德正当性的习惯要求，通过法律规制的认可，将其作为法律规范发挥作用。德国近代历史法学的代表人物萨维尼认为，法并不是立法者有意创制的，而是世代相传的“民族的共同意识”的体现，“一切法均源于行为方式，在行为方式中，用习常使用但却并非十分准确的语言来说，习惯法渐次形成；也就是说，法律首先产生于习俗和人民的信仰”[①]，而现代奥地利社会法学家埃利希则认为，无论现在或者是其他任何时候，法律发展的中心不在立法、不在法学，也不在司法判决，而在社会本身。他将这种来源于社会的法称为“活法”。“活法”不仅比国家法出现得要早，而且比国家法的作用也比以前扩大了。他说，一个

① ［德］冯·萨维尼：《论立法与当代法学的使命》，许章润译，中国法制出版社 2001 年版，第 15 页。

人显然生活在无数法律关系中，除了少数例外，他很愿意履行这些关系所加予他的义务，如履行作为父亲或子女、丈夫或妻子的义务，不干预邻居对财产的享有，清偿自己的债务，等等。如果不履行这些义务就会违反习惯，就会得到一个好争吵的人、不老实的人、不负责的人的坏名声[①]。显然，习惯对社会及个人的行为都是十分重要的。在现代文明国家，自觉的成文立法成为进行法律秩序和社会秩序创设的重要手段。但一般而言，自觉的成文法必须以人们自发形成的法秩序、社会秩序中的规则体系为其来源的基础，而不能随心所欲地立法[②]。通过相应的立法程序所认可的习惯就具了法律的效力，这些法律规范也就体现了习惯的立法价值。

2. 习惯立法价值实效性的内容

立法价值实效性就是指实施和实现立法的价值，要做到这一点，就必须使其得到社会的认同，而认同的基础是立法价值能够反映那些较普遍的习惯，这部分习惯就是习惯法。而一旦被国家的立法机关所认可，便成了国家法，它能使自发的行为，变成自觉的行为，并取得习惯立法价值的实效性。

（1）通过守法实现。守法就是遵守法律，是指一切国家机关、武装力量、政党、社会团体、企事业单位及全体社会成员服从法律的行为。立法本身不是目的，立法的目的就是寄希望全体社会成员的“一体遵守”，以实现立法的价值，因此守法是实现立法价值最重要和最基本的方式。任何法律都不能首先以外在的强制手段保障实施，而应首先以人内在的主观意愿遵守法律，这

---

① 参见沈宗灵《现代西方法理学》，北京大学出版社 1992 年版，第 241、243、244 页。

② 参见高其才《法理学》，清华大学出版社 2007 年版，第 168 页。

是实现法治的根基。亚里士多德强调："我们应当注意到邦国虽有良法，要是人民不能完全遵循，仍然不能实现法治。"[①] 任何法律都不可能自发地实现立法价值，产生良好的社会效果，因此守法的较好方式应当是公民的自觉遵守。美国当代学者赞恩认为，不管法律是以什么方式创造的，法律只有被社会上的大众愉悦地认可并欣然遵守时才是实际意义的法律[②]。而公民能否自觉守法是与其对法律的认可程度有关。因此守法与对法律的可接受性密切相关。而使法律具有可接受性除了满足人们的利益需要，渴望自己的权利受到法律的保护，使人们能积极、主动地守法外，还应符合人们的习惯要求，这是守法实现的心理基础。因为习惯是一种本能的力量，会时时刻刻地影响着人们的情绪、思维方式，甚至判断力。通过世代相传和潜移默化作用，使守法成为日常生活需要的行为，是人们必须、也是愿意做的事情，这样才能深入人心，长治久安。

（2）通过执法实现。执法有广义和狭义之分。广义的执法是指除行政机关的执法行为外，还包括司法机关的法律适用。本书采用狭义的执法概念，仅指行政机关的执法，即国家行政机关、法律授权组织、行政机关委托组织在行使行政管理权的过程中，依法定职权和法定程序，贯彻实施法律的活动。执法是法律实施的重要组成部分，通过执法可以使国家的社会秩序得以维护和稳定，是立法价值实现的主要途径。为了使行政执法能够得以有效进行，中国行政法规定了行政执法应当遵循合法性原则、合理性原则和效率原则。其中合理性原则是对行政主体行使自由裁

---

① ［古希腊］亚里士多德：《政治学》，吴寿彭译，商务印书馆 1965 年版，第 199 页。

② 参见［美］约翰·麦·赞恩：《法律的故事》，刘昕、胡凝等译，江苏人民出版社 1998 年版，第 245 页。

量权的限制，“对于法律只有原则规定或没有规定的，就应以客观、充分的事实根据为基础，依据法律的基本精神和目的，遵循与社会生活公理相一致的原则，公平合理地处理，法律执行要符合当地的善良风俗……”① 在具体的执法过程中，是否能够符合当地的善良风俗意义重大，因为这不仅关系到执法的实效问题，而且还关系到政府与人民的关系，特别是执政党的威信问题。因此一定要注意地域性和民族性的风俗习惯，特别是少数民族的宗教诫规和祭祀性的风俗，一定要“入乡随俗”，否则就有可能伤害民族情感，这样工作起来就会很被动，不利于社会的和谐。而如果能够既不违反法律，又符合当地的风土人情，就能深入人心，取得民众的信任，执法工作就能得以顺利进行，也使得立法的价值通过执法得以实现。

（3）通过司法得以实现。司法即法律适用，是指国家司法机关根据法定职权和法定程序，具体应用法律处理案件的专门活动。一般来说，只要公民和社会组织都能守法，国家机关也能依法执政，法律就能够得以实施，立法价值也能够得以实现。但是由于主客观的复杂原因，由利益的冲突引发的纠纷在所难免，而且也常常出现矛盾，而自身无法解决的情况。这样就需要一个中立的、公正的第三方进行裁决，而这正是司法机关的职责。通过适用法律，解决争端，制裁违法犯罪行为，限制强者的权力，对弱者进行权利救济，以实现司法正义。要做到这一点，除了依法裁决，还要给予法官以一定范围的自由裁量权，而自由裁量权的行使必须合情合理，符合社会公认的善良风俗，美国现代法学家博登海默曾意味深长地指出：“习惯在当今文明社会中作为法律渊源的作用已日益减小。然而这并

① 高其才：《法理学》，清华大学出版社 2007 年版，第 301 页。

不意味着习惯所具有的那种产生法律的力量已耗尽枯竭了。我们会发现，职业或商业习惯，甚至更为一般性的习惯，仍在非诉讼的基础上调整着人们的行为，而且这种习惯在法庭审判活动中起着某种作用。”[①] 这主要体现在民商法的案件中，由于此类案件的当事人的法律地位是平等的，并且他们都曾是关系密切的人，如经济交易伙伴或家庭亲友关系，因此如果法官丝毫不顾及这一点的话，就会不利于案件的最终解决，会给裁决的执行带来一定的困难，更为严重的还可能会伤及彼此的情感，而不利于今后和睦相处和继续交易的活动，这对整个社会的发展也是不利。因此作为法官应注意民商案件的调解，并善于运用善良风俗解决诉讼，以实现司法公正的要求。

第三节　科学技术

科学技术[②]极大地推动了人类社会文明的发展与进步，深刻地影响着社会的变革，并正在或已经渗透到了上层建筑的各个方面，因此科学技术就成为了立法价值的选择，成为了立法价值系统中的子系统，它通过自身质的规定性和内在的结构在立法价值系统的网链中产生着重要的作用。科学具有真理性，技术具有操作性，因此对科学技术的价值选择能使立法价值建立在对客观规律认识的基础上，使法律更具适用性和现实性。

---

① ［美］博登海默：《法理学、法哲学及其方法》，邓正来、姬敬武译，华夏出版社 1987 年版，第 459 页。

② 本书所使用的“科学”一词作扩大理解，即包含技术在内，为“科学技术”，但除本节之外的其他场合，为了简洁、明了，与同样作为立法价值的道德、习惯相对应，一律使用“科学”一词。本节使用“科学技术”一词旨在与其所阐述的内容一致。由此引起读者的误解敬请原谅！

一　对科学技术的定性分析

对科学技术的定性分析就是对其概念进行科学的界定，使我们对这一概念自身规定性有着更具体、更明确的认识。并由此对作为立法价值的科学技术提出精益要求，使其在整个立法的精益价值系统中发挥应有的作用。

1. 科学技术的内涵

科学技术是“科学”和“技术”的统称，对科学技术概念的认识在学术界从来都是缺乏其统一性的，在此只从通说或一般的意义上对其进行分析。

（1）从语意义上，“科学”的英文“Science”，清末时，“Science”曾被译为“格致”。明治维新时期，日本学者把“Science”译为“科学”。康有为首先把日文汉字“科学”直接引入中文。严复翻译《天演论》和《原富》两本书时，也把“Science”译为“科学”，20世纪初开始在中国流行起来。“技术”一词的希腊文词根是“Tech”，原意是指个人的技能或技艺。早期，指个人的手艺、技巧，是家庭世代相传的制作方法和配方，后随着科学的不断发展，技术的涵盖力大大增强。

（2）从本质上，科学是人类所积累的关于自然、社会、思维的知识体系。科学是人类在一定的历史条件下，在改造世界的过程中对现实世界各种规律的认识和总结。技术是指人类根据生产实践经验和应用科学原理而发展成的各种工艺操作方法和技能，以及物化的各种生产手段和物质装备。科学技术就其生产和发展过程而言，是一种社会活动，是由生产决定的；就其内容属性而言，科学技术是一种生产实践经验和社会意识的结晶。

（3）从范围上，科学技术有广义和狭义之分。从广义来说，是指科学技术整体，就是既包括自然科学、工程设计、生产技术，也包括管理科学以及人文和社会科学的完整体系。从狭义来说是指自然科学、工程设计和生产技术手段而言，一般不包括人文和社会科学。

（4）从内在结构上，科学技术是由科学和技术两方面构成。科学活动主要是一种认识或精神活动；技术活动主要是一种生产、实践性活动。科学和技术是辩证的统一体。科学是技术的理论指导，技术是科学的实际运用，是科学和生产的中介，没有技术，科学对生产就没有实际意义。技术对科学也有巨大的反作用，在技术开发过程中所出现的新的现象和提出新问题，可以扩展科学研究的领域，技术能为科学研究提供必要的仪器设备。近代以来，科学技术取得了巨大的进步，科学和技术的关系日益密切，并融为一体。

2. 科学技术对社会的作用

科学技术作为第一生产力，对整个社会的发展无疑起着重要的作用，这当然也包括对立法发展的作用，而对立法发展的作用必然要体现在对科学技术的价值取向上。但是当我们庆幸科技带给人类“福音”时，绝不能忘了因人类自身的原因而伴随其中的“灾难”。

（1）科学技术对社会的消极作用。科学技术对社会的发展和促进作用已被人类的文明发展史所证明。但是科学技术在应用过程中所产生的消极作用也是不容忽视的。因此当前人们在评价科学技术的作用时都认为科学技术是一把“双刃剑”。但要注意的是，所谓“双刃剑”不是绝对的，而是相对的、有条件的。其实科学技术本身的价值是中立的，并无积极和消极、正面与负面之分，这在理论科学即纯科学那里表现得更为明显。对社会产生消极或负面的影响主要是应用技术，即科学技术在生产的应用过程中由于人为因素导致的。

第一，在现代工业生产中，因违反自然规律，破坏生态平衡，造成了严重的环境污染，如工业生产在排废过程中，有毒有害物质对人体健康的危害、自然资源的破坏造成了大量动植物物种的锐减和濒临灭绝、滥砍滥伐植被导致了土地沙漠化、滥用农药化肥使土壤板结和粮食减产，以及利用开发原子能对和平的威胁等消极后果。这主要是由于人类对人与自然的内在关系认识不够，在价值选择方面存在着片面性，主张“人类中心论”的人为因素而导致的。

第二，在当代，科学技术发展的“全球问题”，如人口增长过快、粮食短缺、能源和资源枯竭、洲域性或全球的环境污染和生态破坏等问题日益凸显，反映了人类和自然的矛盾，对社会产生了极大的危害性。其原因在于人类缺乏对科学技术生产消极后果有效的控制手段。这是社会制度在运行过程中，没有发挥好良性管理的机制造成的。解决这些问题的关键在于要有良好的社会制度，政府要有对解决问题的政策效力和措施效能，要以科学发展观为指导思想，在全社会倡导树立全球观念和危机意识，克服只顾经济利益的狭隘观念，合理利用自然资源，尊重自然，善待生命。同时要通过制定法规和建立相应的制度和具体措施以及监督机制，以保障其法律法规的贯彻执行。

（2）科学技术对社会的积极作用。科学技术是人类文明的标志，是社会发展的重要动力。马克思对科学技术的科学作用进行了精辟的概括，认为科学是“历史的有力的杠杆”，是“最高意义上的革命力量”①。科学技术的进步，特别是每一次的科学技术革命，都不同程度地引起了生产方式、生活方式和思维方式的深刻变化和社会的巨大进步。

---

① 《马克思恩格斯全集》第19卷，人民出版社1963年，第372页。

第一，从经济上看，科学技术是第一生产力。马克思明确提出了“科学技术是生产力”的观点，认为科学技术是以知识形态为特征的“一般社会生产力”和“直接生产力”。邓小平进一步提出，科学技术是第一的和首要的生产力的理论，并指出，现代科学为生产技术的进步开辟道路，决定了它的发展方向。许多新的生产工具和新的工艺，首先在科学实验室里被创造出来。历史事实已经证明：理论研究一旦被人类所掌握，迟早会给生产和技术带来巨大的进步。

第二，从政治上看，科学技术能促进民主和自由的发展。科学技术的产生和发展必须具备一定的社会条件，因此它从来都是社会性的、组织性的、合作性的。“技术设计是许多参与者之间共同协调的结果，并不完全是天才或某个纯粹实验室的合理的灵感。设计过程是这样一种空间，在其中，对发展技术感兴趣的各种社会行动者一开始就获得了发言的机会。”① 在这一过程中会积极地发挥人们的创造性，使人的思想和行为体现着民主、自由的精神，这种精神会随着科学技术的应用，而影响和促进社会民主和自由的发展。

第三，从思想观念上看，科学技术是破除迷信、克服教条主义思维的有力武器。“科学技术通过它的思想力量，直接地或间接地对社会产生作用。人们接受了科学思想就等于是对人类现状的一种储蓄批判，而且还会开辟无止境地改善现状的可能性。”② 科学技术具有创新性，其发展有其内在的规律，即通过人们对以往知识体系的批判、修正和选择，不断地冲破旧体系的桎梏，重

---

① ［美］安德鲁·芬伯格：《可选择的现代性》，陆俊、严耕等译，中国社会科学出版社 2003 年版，第 4 页。

② ［英］J. D. 贝尔纳：《科学的社会功能》，陈体芳译，广西师范大学出版社 2003 年版，第 449 页。

建新的知识体系，它是建立在观察实验的基础之上，同时也是运用理性思维演绎推理的过程。因此它是遵循着具体到抽象、再由抽象到具体的逻辑过程。在这一过程中，人们不断实践，坚持真理，运用辩证思维分析问题，破除了迷信，敢于打破学术权威，克服教条主义僵化思维，发挥人的主动性和创造性，使科学技术不断创新，不断发展。

3. 对科学技术的精益要求

对科学技术的精益要求就是要思考科学技术在应用过程中的合理性，以使作为立法价值的科学技术本身必须是有价值的，杜绝负价值或无价值的产生，促进其对社会的有利、积极和进步方面的作用。对科学技术合理性的认识，是人类以自身的需要为基点对其进行价值选择的反思，是“应然”性的理性评判，这种反思和评判定会为人类走出生存危机、摆脱发展困境寻找一条现实而有效的途径。同时科学技术的合理性也决定了它的社会意义。

第一，科学技术合理性的依据。科学是人类特有的活动，其本身是以知识体系存在的，体现为理论的形态知识体系，科学活动是整个社会活动的一部分，而技术则是科学的延伸，是科学原理、特别是自然科学理论在生产实践中的应用而形成的操作方法和技能。因此其合理性的依据首先是，科学是以符合客观事物本身的发展规律，而呈现的真理性价值为其必然存在的“正当”理由，而技术是尊重客观规律和顺应了事物本身的属性，而得以进行的实践活动。同时，科学技术的合理性还在于它的合规律性和合目的性的协调一致，是科学精神与人文精神的统一。科学技术的目的性在于它所体现和实现的是，与自然处于和谐关系中人的价值与全面发展。在自由社会，为社会所提供必需品的技术实践将发挥作用，“这种作用不是伴随普通技术的实践，或者像今天边缘化的艺术生产领域那样，在普通技术实践之外和之上，而是在改造自然使之为人类需要服务的实践之中。结果将是人类和自然的和解，不是回到自然状态，而是一种在轻松合适的技术框架内人的和谐共存”①。这是人类探索自然，发现真理，提高技能，改造世界的强大动力。

第二，科学技术的社会意义。在现代社会中科学技术的应用必然要融入广泛的社会关系中，其意义体现在科学技术对社会发展的各个方面。“科学意味着要统一而协调地，特别是自觉地管理整个社会生活，它消除了人类对物质世界的依赖性，或者为此提供可能性。我们必须明白，我们正处于人类历史上的一个重要过渡时期。我们最紧迫的问题是保证这个过渡尽可能迅速完成，把物质、生命和文化的破坏减少到最小限度。”② 科学是一种自觉的力量，它所体现的自由探索精神会使人类在认识世界和改造世界的实践中执著地奋进，实现从必然王国向自由王国的飞跃。因此“科学可以既是通过说明某些人类目的的虚假和不可能，又通过满足其他人类的目的，而带来力量和人类的解放。”③

二　科学技术立法价值的内容

现阶段，科学理论、科学技术和科学管理的普及和应用，特别是对人类社会文明进步的重要作用以及对人们日常生活所产生的巨大作用，使科学理应成为立法价值的取向。因为这关系到通过立法所制定的法律是否能够得到真正实施，取得预期的成效，

---

① ［美］安德鲁·芬伯格：《可选择的现代性》，陆俊、严耕等译，中国社会科学出版社2003年版，第37—38页。

② ［英］J. D. 贝尔纳：《科学的社会功能》，陈体芳译，广西师范大学出版社2003年版，第477页。

③ 同上书，第478页。

能否与其所反映、调整的社会关系相符合的真理性问题，以及具体法律规范的适用性等问题。社会越发展、越进步，科学技术在立法价值中所呈现的作用就越明显、越深刻。

1. 间接性的立法价值

调整人们行为规范的法律，是对一定历史阶段条件下社会关系的反映，具有客观性。科学技术的进步不断形成的真理性知识体系，为立法活动能够正确反映客观规律提供了有益的理论指导，从而间接体现了科学的立法价值。科学技术间接的立法价值是宏观的，主要体现在法律的基本原则中。

基本原则是法律具有模糊性的根本规则，是进行法律推理的权威性的出发点。它没有预先假定任何确定的、具体的事实状态，也没有赋予确定的、具体的法律后果。基本原则出现于立法，是人类思维能力进步和立法技术高度发展的结晶。古代法律的概念多为单独性的，外延只反映某一个特定的对象，抽象性极低，由此形成的规范具有较强的具体针对性和刚性，基本是判例的汇集。随着社会发展和人类思维能力的进步，立法者开始广泛使用普遍概念，其外延是某一类事物的一切对象，并具有一定的抽象性。法律的抽象性意味着立法者力图尽量扩大法律的涵盖范围，增加其适用性。但普通的概念其外延是封闭的，其适用的范围仍然是有限的。为了进一步扩大法律的涵盖范围，近代立法者开始使用模糊概念。模糊概念是对抽象概念的超越，它打破了概念外延的封闭状态，由于其内涵极为稀薄，其外延成为不确定的或开放的，它只有经过法官审时度势的权衡后才能确定，以此进一步扩大了法律的涵盖面①。模糊概念的出现为法律基本原则的

① 参见徐国栋《民法基本原则解释——成文法局限性之克服》，中国政法大学出版社 1992 年版，第 352、354 页。

最终形成提供了条件。基本原则是 20 世纪后才出现在立法活动中的。“通过基本原则在法律运作中引入了人的因素，形成了一种不同于以往的规则模式的新的法的模范，使法律成为由人操作、调适的一套规则体系。”[①] 法律基本原则体现了科学技术的立法价值，是间接性的，因为它不能直接适用于现实之中，它必须通过具体的法律规范的适用才能得以实现。

2. 直接性的立法价值

随着科学技术的进步、推广和普及，对法律规范也产生了重要的影响，使某些法律规范直接体现了科学技术的价值，特别是那些直接调整因科学技术研究和应用而形成的社会关系的科技法规，更是直接体现了某一具体法的科技立法价值。它一般是以具体的、明确的法律规范得以体现的。“法律规范是对一个事实状态赋予一种确定的具体后果的各种指示和规定，它完整地规定了立法者向人们提供的行为模式以及遵循这些行为模式与否的法律效果。”[②] 法律规范是由法条构成的，立法的价值就是通过法律规范得以表达的，主要有两种情况。

（1）一般法律规范的直接性。通常立法价值更集中地体现的是处于主导地位和核心内容的道德价值，具有中立性的科学技术价值是处于次要的地位和补充性的价值而存在的。

物权法中对物的法律规范确定就体现了科学技术的立法价值。物是物权的客体，一般认为，法律上的物，是指存在于人身之外可以满足人们的社会生活需要并且能够被人们所实际控制或支配的物质实体和自然力。古罗马法对物的理解停留在“有体

---

① 徐国栋：《民法基本原则解释——成文法局限性之克服》，中国政法大学出版社 1992 年版，第 354 页。

② 同上书，第 351 页。

物”的水平上，是源于当时人们对物的认识仅限于感性认识的具体实物的阶段，如奴隶、谷子、牛羊。后来由于物理学发展，产生了物质的存在形态有固体、液体或气体等概念，如人们对天然气、电能等能源的认识，被纳入到法的物的概念中，并称“自然力”。如《瑞士民法典》第713条规定：“性质上可移动的有体物以及法律上可支配的不属于土地的自然力，为动产所有权的标的物。”鉴于科学技术的发展及高层建筑和地下建筑的出现，特定空间可成为物权客体，因此空间被视为物。随着网络科学和技术的渗透，虚拟财产在有的国家也进入到物权法的调整范围。而现代医学科学技术的快速发展，特别是人体器官移植技术的普及，脱离人体的器官和组织以及人体演绎物——死胎、尸体、人体医疗废物和胎盘等，在特定情况下也成为了物权客体，但以不违反法律和不违背公共道德及善良风俗为限。中国卫生部已作出的于2006年7月1日实施的《人体器官移植技术临床应用管理暂行规定》，其中：第27条规定，人体器官不得买卖。医疗机构用于移植的人体器官必须经捐赠者书面同意。捐赠者有权在人体器官移植前拒绝捐赠器官。第28条规定，医疗机构摘取尸体器官的，应当对尸体进行必要的、符合社会伦理道德的处理。第29条规定，医疗机构进行活体器官摘取前，应当由本医疗机构人体器官移植技术临床应用与伦理委员会主持听证，邀请医学、法学、伦理学、社会学等方面的专家和活体器官捐赠者本人及其家属参加，确认符合法律、法规和医学伦理学原则、是活体器官捐赠者本人真实意愿、无买卖人体器官或者变相买卖人体器官后，方可进行活体器官移植。第30条规定，医疗机构在摘取活体器官捐赠者所同意捐赠的器官前，应当充分告知捐赠者及其家属摘取器官手术风险、术后注意事项、可能发生的并发症及预防措施等，并签署知情同意书。这些规定为中国今后顺利实施器官移植、死后人体组织、尸体等物的客体捐赠和相关立法，提供了充分的依据。

可见，现代民事立法，物之概念已不限于有体、有形，凡是存在于人身之外的、能够满足人们一定的社会需要而又能为人所控制和支配的自然物及人类创造物，都能成为民法上的物[①]，同时民法上物的涵盖面将随着人类科学技术的进步而不断扩充。

（2）具体法律规范的直接性。在一定的条件下，就某一具体的法律规范，特别是专门的科技法规，科学的立法价值也会处于主导地位，成为其核心内容。

《中华人民共和国大气污染防治法》第15条规定："国务院和省、自治区、直辖市人民政府对尚未达到规定的大气环境质量标准的区域和国务院批准划定的酸雨控制区、二氧化硫污染控制区，可以划定为主要大气污染物排放总量控制区。主要大气污染物排放总量控制的具体办法由国务院规定。"而"酸雨控制区"和"二氧化硫污染控制区"的确定就是人们根据对气象、地形、土壤自然条件认识的基础上所形成的科学理论完成的。而划定的"大气污染物排放总量控制区"所要求的总量控制必须通过排放单位一定的技术设计和总体的技术监测才能完成。

随着现代科学技术的进步所形成的大量新的社会关系的产生，近几十年，各国的科技立法蓬勃发展，科技法规大量涌现。这类法规除具有一般法律规范性、强制性等特点外，还具有较强的技术性特点，如中国的环境标准法规就是通过系列化的环境技术指标为环境立法及其实施提供依据的。

根据《中华人民共和国环境标准管理办法》的规定，中国

---

① 参见周林彬《物权法新论》（法学论丛——民商法系列），北京大学出版社2002年版，第101页。

的环境标准由五类二级组成。即环境质量标准、污染物排放标准、环境监测方法标准、环境标准样品标准和环境基础标准五类。中国环境标准分国家和地方二级。以环境质量标准为例，它要解决的问题是，为了使人群健康，社会财产和生态系统不受损害，环境质量应维持在一个什么水平上？为此，首先要以科学实验和调查取得科学数据即“环境基准”作为确定环境质量标准的客观依据。环境基准是指，在一定的环境中，污染物对人体或生物没有任何不良影响的最大剂量（无作用大剂量），或是对人体和生物产生不良影响的最小剂量（阈剂量）。经科学实验和调查研究表明，大气中二氧化硫含量，年平均浓度超过 0.115 毫米/立方米时，对人体健康就会产生有害影响，该浓度值就是大气中二氧化硫的环境基准。环境基准表明某一污染物的剂量和它所引起的客观效应之间的关系，即在一定条件和时间内污染物的含量达到一定数值时，受污染的对象所引起的客观反映。因此它是环境质量标准立法的科学依据。同时考查国家在经济上和技术上的可能性，即经济上的合理性和技术上的可行性①。可见环境质量标准立法必须尊重客观规律，体现科学技术的立法价值才能完成。

三 科学技术的真理性和适用性

要发挥科学技术在整个立法价值系统中积极的、重大的作用，必须使科学技术本身具有精益性，必须使其具有价值性、合理性，必须对社会产生积极有利的影响。要做到这一点，还必须对科学技术的真理性和适用性作进一步地分析。

---

① 参见金端林主编《环境与资源保护法》，北京大学出版社 2006 年版，第 176、177 页。

1. 科学理论的真理性

马克思主义以“实践是检验真理的唯一标准”的认识论观点为我们理解科学理论真理性问题提供了重要依据。在此，仅以奥地利哲学家波普尔的“可否证性”理论对科学的真理性作进一步地分析，并以此为依据对法律规范的真理性进行论证。

（1）波普尔的“可否证性”（证伪性）理论。按逻辑实证主义的理论，对科学真伪的分类是以有意义的可证实性为依据的，即有可能处于科学领域的陈述是可被观察陈述证实的陈述。波普尔对逻辑实证主义的“可证实性”进行了批判，认为可证实性标准并未解决科学与非科学的分界问题，而且不利于科学的发展。逻辑实证主义认为，科学理论是从观察陈述中推演出来的，可证实性就是观察陈述的可推进性。波普尔认为，科学理论都是全称陈述，它不只是无数单称的观察陈述的相加。或如爱因斯坦所说的，从单称陈述到全称陈述没有“逻辑通路”。因此科学理论是不可能从观察陈述中推导出来的。

与逻辑实证主义相对，波普尔提出“可否证性”（证伪性）作为科学真伪的分界标准。“可否证性”就是指在逻辑上可以用经验来证明为假。一个理论的“可否证性”就是指该理论推导出的结论（解释、预见）在逻辑上或原则上有可能与一个或一组观察发生抵触。凡可以否证、可以证明为假的，是科学的；凡不可否证，不可以证明为假的，就是非科学的（其中包括不科学的、假科学的）。在科学的可否证的基础上，波普尔提出了科学进步的标准。他认为，“可否证度”就是理论潜在的进步标准，而确认度就是理论的实际进步标准。可否证度就是具有更多的经验内容（或信息内容），具有更大的解释力和预见力，因而更可以用它的预见同观察实验比较，进行更严格的检验。也就是说，这个理论告诉我们：世界的知识更多。因此科学的目的就是高度的信息内容，即高度的“可否证性”或可检验性。具有高度可否性理论如果经住了严格的检验，它就不仅是潜在的进步，而且是实际的进步。波普尔指出，正是这种科学的进步体现了科学的真理性。他反对认为真理是一种特殊信仰的主观真理观，认为有客观的绝对真理，真理就是符合事实。那么，我们如何获得真理？

波普尔认为，在科学进步和知识的成长中，科学理论会越来越接近真理，在此，他以量化的方法对检验真理的过程进行了设定，他认为有六种情况可以说一个理论（B），在更好地符合事实的意义上代替另一个理论（A）。

① B做出了比A更精确的预见，这些预见经受住了更严格的检验；

② B说明和解释的事实比A更多；

③ B说明的事实比A更加详细；

④ B通过了A没有通过的检验；

⑤ B提示了A没有考虑过的新的实践检验，并且通过了这些检验；

⑥ B把迄今没有关联的问题统一或联系起来。

这些情况表明：内容在其中起着重要的作用。B的逻辑内容（从理论中推导出的一切陈述）和经验内容（与理论相矛盾的一切陈述）都超过了A，因此B比A更具有逼真性，更接近真理[①]。

---

① 波普尔的以上观点是参照邱仁宗编著《科学方法和科学动力学——现代科学哲学概述》，高等教育出版社2006年版，第34、35、37、56、57页的内容整理概括的，在此对邱仁宗先生深表谢意！

在此，波普尔否认归纳的存在是错误的。由于观察渗透着理论，因此当观察与理论不一致时，不一定是理论有谬误，而可能是观察本身的问题，这种不一致对理论没有否证作用。但他对实证主义的批判是有力的，使得科学哲学中对意义问题的追问变成了对实验问题的求证，可否性标准在逻辑上也是牢靠的，有积极的意义。同时他的理论改变了人们以往对科学理论的迷信认识，科学不再是颠扑不破的真理，而是一种有条件的、可以被反驳的假说[①]。他提出的科学真理性是通过科学进步体现的观点则是客观辩证法的体现，对我们证实或证伪法律规范的真理性有重要的借鉴意义。

（2）法律规范的真理性。作为立法的精益价值所体现的科学性也同样需要运用科学的方法检验其真理性，即立法价值是否与所反映的事实相一致。在此不仅要以归纳方法，从诸多执法、司法的法律适用中的大量事实来证实立法价值的正确与否，而且要特别注意运用演绎方法，对其进行“可否证性”（证伪性）检验。这是因为法律的适用有其特殊性，法律是对全体社会成员普遍适用的行为规范，包括掌握政权的立法者自身，就这一点来说是绝对的，是没有例外的。“普遍性的法律规范对社会关系实行类的调整，即将同类社会关系舍弃其构成分子的个性而取其共性，适用一体的法律。”[②] 现实中法律适用的不平等是要通过制度的建立和实施而不断消除的。因此检验立法者所选择的立法价值是否与事实相符合，即是否具有真理性，就是要遵循“法律面前人人平等”，摈弃任何相对的、有条件的特权，也就是说要

① 参见韩震主编《西方哲学概论》，北京师范大学出版社 2006 年版，第 440 页。

② 徐国栋：《民法基本原则解释——成文法局限性之克服》，中国政法大学出版社 1992 年版，第 326 页。

对整个的法律体系，包括各个部门、各个阶位的法律法规都要进行理性的判断和推理，以便能够确认其是否具有与事实不符的、假的或伪的“规范”，而一旦发现应及时修正，以保持法律体系内在逻辑的统一。而在不断完善中确定法律规范的真理性，也可借鉴波普尔设定的六种情况，说明一项法律规范（B）在适用法律的意义上代替另一项法律规范（A）。

① B做出了比A更完善的规定，这些规定更有利于保护公民的合法权益；

② B适用的范围比A更广泛，更具有普遍性。

③ B说明的法律事实比A更加有利于维护公民的个体的尊严；

④ B比A更有利于社会整体的和谐与发展；

⑤ B在立法价值的选择上比A更理想，更能体现现代法治国家的价值取向；

⑥ B的实施比A实现“良法善治”的可能性更大。

这些情况表明某一法律规范的不断完善的过程。B的逻辑内容（对A的修订而作出的一切陈述）和适用法律的内容（与法律规范相矛盾的一切陈述）都超过了A，因此B比A更具有逼真性，更接近真理，也就更能使立法的价值得以实现。

2. 科学技术的适用性

科学技术的适用性是指科学技术在社会实践的应用中所呈现的物质价值和精神价值。适用性就是指可操作性，即是指科学技术在运用过程中的切实可行。作为立法价值，科学技术的适用性从广义来说既指立法过程中程序的适用性，也指立法的结果，即法律的适用性；狭义的适用性仅指法律的适用性，即法律本身的适用性。由于本章是从静态对立法的精益价值的结构进行分析，因而在此仅分析法律规范的适用性，而立法过程的适用性将在下一章作进一步分析。

法律适用就是法律的实践，其意义就是通过在法律适用中检验法律规范的真理性，使其可否证的方面得以废除、纠正或修改，并使法律的技术性更加完善，进而能够在一定程度上克服法律自身的局限性，使立法的精益价值得以真正实施和实现。

(1) 法律的技术性特点。法律的技术性特点是指立法者运用一定的技术手段制定法律所呈现的特点。制定的法律也被称为成文法，成文法是不仅规制守法者，而且规制立法者自身和司法者的一体尺度。因此，法律的技术特点就是法律是具有普遍性、确定性的行为规范。马克思认为："法律是肯定的、明确的、普遍的规范，在这些规范中自由的存在具有普遍的、理论的、不取决于个别人的任性的性质，法典就是人民自由的圣经。"[①]

法律的普遍性就是指在现实的社会关系中抽取出同类的或一般的共性，在立法上，它所设定的是抽象的，而不是具体的人和事，它要求赋予全体社会成员享有同等的权利，履行平等的义务，排斥特权和不平等的待遇；在司法上，法律的普遍性要求法官对一切违法者同等对待，相同或类似案件的审理，要做到程序公正，以保证判决结果的公正。法律普遍性使其保障最低限度的自由、平等、安全，并使公平竞争和法律的可预见性成为可能。因为只有在去掉受规范客体独有的特征而实现普遍化之后，才可能对公民平等适用一体的法律，使在竞争中受平等规则的约束，才能保障竞争安全[②]。《世界人权宣言》中倡导的"在尊严和权

① 《马克思恩格斯全集》第1卷，人民出版社1964年版，第71页。

② 参见吕荣海《从批判的可能性看法律的客观性》，蔚理法律出版社1987年版，第63—64页。

利上一律平等”的原则，《公民权利和政治权利国际公约》中所作的“尊重和保证一切个人权利和政治权利”的规定，普通法系的遵循先例原则，美国宪法的同等保护原则，法国宪法的“法律之前人人平等原则”以及中国宪法“法律面前人人平等”的原则，均显示了法律的普遍性的重要性。

法律的确定性意味着法律规定了一定行为与一定后果之间稳定的因果关系，将人类一定行为模式固定化、法律化了。法律因为有了其确定性而有了可预见性，人们在行为之前即可预料法律对自己的行为态度，从而根据法律趋利避害地设计自己的行为。法律若失去确定性，人们将不能预见自己的行为后果而无所适从①。为了实现法律的确定性，立法者应尽量将社会中的各种行为与其后果之间的必然联系进行认定和规范，而且必须是明确的，无论是内涵上，还是文字的表达上，以便人们能自觉地运用法律。同时法律的确定性还关系到法律的权威性。法律必须能够保持其相对的确定性，倘若法律是变幻无常的，就会缺少公信力，并丧失法律在人们心中的权威，这种后果是对法律本身的根本性的破坏。

如何使法律的普遍性和确定性尽可能最大限度地保护每一个体的正当权利，维护所确立的社会现实中的自由、平等呢？这就是法律的适用性问题，也就是程序法的意义所在。广义的法律适用除司法外，还包括执法、守法和法律监督。司法实践是法律实践的重要体现，如作为实体法的刑法，确定的是什么样的行为要受到什么样的刑罚；而作为程序法的刑事诉讼法，确定的是要使当事人受到处罚必须经过的程序，其目的是以正当的程序保证法

---

① 参见徐国栋《民法基本原则解释——成文法局限性之克服》，中国政法大学出版社 1992 年版，第 136 页。

律公正地予以应当受到惩罚的人。如果说实体法是为了让法律适当地处罚犯罪，那么程序法就是为了让法律准确地处罚犯罪。应该说，程序法更多地是对办案人员提出的要求。所以从某种程度上讲，程序法对维护公民的权利，保障法律的公正实施有着特殊的意义。

（2）法律的局限性。“所谓法律的局限性，指法律基于其防范人性弱点工具的特质在取得其积极价值之同时不可避免地要付出的代价，是法律由于其技术特点不能完善地实现其目的的情况。”[①] 可见，法律的局限性就是由于技术上的缺陷而导致的。由于法律是理性的，一旦形成则具有相对的稳定性，因此其普遍性和确定性还不能完全、随时地将现实中经常出现的新情形容纳其中并确定下来，由此便产生了法律的局限性，主要表现为不合目的性、不周延性、模糊性和滞后性。

不合目的性是指由于法律的普遍性在适用于个案时，可能会违背自身的目的，导致非目的的情况，如妻子长期受丈夫虐待，妻子不堪忍受，杀害了丈夫，妻子犯故意杀人罪，被刑事惩罚，彰显了法律的普遍性，然而妻子的行为却符合道德的价值，致使这一刑罚违背了立法的道德价值。

不周延性是指应受法律调整的社会关系没有能够完全被法律调整。法律的普遍性要求尽可能更多地涵盖现实中的社会关系，但这在某一特定的历史阶段中是不可能的。因为从本质上来说，立法也是人类的认识活动，而人的认识能力的有限性，在一定的历史时期，不可能达到对某一事物绝对真理性的认识，从而使法律出现了不周延性。

---

① 徐国栋：《民法基本原则解释——成文法局限性之克服》，中国政法大学出版社 1992 年版，第 137 页。

模糊性的形成是由于法律的确定性，要求法律的语言表达尽可能明确、清晰，但由于人的主观意识的差异，对语言的理解往往会产生歧义，为了力图避免这一现象的产生，立法者只能通过左右逢源、模棱两可的模糊语言技术手段加以弥补。同时以抽象的、概括的术语所表达的法律规范，去处理解决各种特殊的社会关系，去调整各种具体的行为，显然会有些“力不从心”，因为当我们把现实中不确定的某一特殊的社会关系或某一具体的行为纳入普遍的、一般的确定性法律规范时，就产生了这种确定性和非确定性的矛盾，就会出现犹豫和摇摆，因此，法律的普遍性本身就内含了法的模糊性。

滞后性是指法律形成后所表现的稳固性往往会使它落后于不断发展的现实社会现象。英国古代法律史学家梅因认为：“社会的需要和社会的意见常常是或多或少地走在法律前面……因为法律是稳定的，而我们谈到的社会是前进的。人民幸福的或大或小，完全取决于缺口缩小的快慢程度。”[①] 在此，梅因将法律滞后性的真实原因进行了令人信服的分析。

（3）克服法律局限性的方法[②]。相对来说，法律的普遍性和确定性是一种价值选择，而法律的特殊性和不确定性则是一种客观实在。由于这一矛盾存在的客观必然性，使立法者在价值选择时是极为艰难的，“法律基于作为防范人性弱点的工具之特性必须警惕人，同时又不得不依靠人；一方面必须追求安全，另一方面又不得不部分地牺牲安全以换取灵活，这就是法律局限性和法律价值选择的二律背反背景。解决法律局限性在于怎样防范人以

---

① ［英］梅因：《古代法》，沈景一译，商务印书馆1959年版，第15页。

② 克服法律局限性的方法主要参考了徐国栋先生的研究成果，参见其《民法基本原则解释——成文法局限性之克服》，中国政法大学出版社1992年版，第三章内容，在此对徐国栋先生深表谢意！

及在多大程度上引导人？以完成法律的安全、正义、灵活诸价值的协调”①。

在人类法律思想发展史中，人们提出的克服法律局限性的方法主要有两类。一类是极端性的，即绝对的自由裁量主义和绝对的严格规则主义。另一类是综合性的，即将以上两种做法结合起来。绝对的自由裁量主义就是将立法仅仅作为工具，贬低立法的价值，抬高司法的作用，实行绝对自由裁量，授予法官以绝对的权力，其实质就是无法司法，就是人治，且易产生腐败，而且若完全取决于法官的个性，则难以实现统一的法治。绝对严格主义是力图从司法过程中完全排除法官的自由裁量因素的立法方式。根据立法的一般原理，法律所规定的详略与法官的自由裁量权成反比。法律规定的越详备，法律留给法官的自由裁量就越小；法律规定越简略，法官的自由裁量权也就越大。19 世纪的欧洲大陆基本是处于绝对严格规则主义的时代，各国相继制定了一批法典，目的是为法官提供详尽的法律规定，以限制其自由裁量的权力。但是绝对的严格主义会使法律陷入僵化而不能满足社会生活的需要，并可能会牺牲个别的正义，因此人们力图寻求克服两种极端主张而寻求二者相结合之路。在此，英美法系和大陆法系都做了有益的尝试，如英国衡平法的产生，对克服法律不合目的性有重要的意义。

衡平法（equity）：英国自 14 世纪末开始与普通法平行发展的、适用于民事案件的一种法律，是英美法系法律的渊源之一。14 世纪以前，按照英国的普通法制度，当事人在普通法法院提起诉讼，须先向大法官申请以国王的名义发出的令状。令状载明

① 徐国栋：《民法基本原则解释——成文法局限性之克服》，中国政法大学出版社 1992 年版，第 144 页。

诉讼的条件和类别，法官只能在令状的范围内进行审判。但是令状的种类和范围都有限，因此，许多争议往往由于无适当令状可供依据，而无法在普通法法院提起诉讼。同时，有的讼案即使在普通法法院审理，也由于普通法规定的刻板和救济方式的有限而难以获得“公允”的解决。同时，普通法对于违反契约或侵权行为的诉讼，只能判处损害赔偿或准予回复动产与不动产，不能颁发执行令，强制履行契约，也不能颁布禁止令，防止重大不法行为的发生等。遇到上述情况，当事人为保护自己的权益，根据古老的习惯，便向国王提出请愿。国王被看成是“正义的源泉”、“公正的化身”，而国王本人也想借机表示自己的“恩典和仁爱”，于是便通过王权进行直接干预。开始通常是委托大法官根据国王的“公平正义”原则来审理。1349 年起，允许原告人直接向大法官提出申请，由大法官审理。15 世纪末，又进一步设立衡平法法院，专门负责审理衡平案件，大法官在处理这类案件时，不是依据严格的规则，而是依据案件的具体正义性，即以良心道德为主要的衡量尺度，采用“遵循先例”原则，其判例逐渐形成一整套独特的衡平法的基本原则或准则，如“衡平法绝不许可过失者得以逍遥法外”、“求助于衡平者须自身清白”等。同普通法相比较，衡平法的诉讼程序比较简单，不设陪审团，一般采用书面形式审理，判决由衡平法法院直接负责执行，违抗者以蔑视法庭论处，重者可下狱。这样，在民事案件中便形成了两种法律、两种法院、两种诉讼程序。尽管“衡平法遵从法律”，不得有意推翻普通法，只是补充普通法，但衡平法法院毕竟拥有干预普通法法院审判的手段，特别是执行令和禁止令。如原告在普通法法院控诉被告，被告可以以这种控诉违背衡平原则为由向衡平法法院请愿。衡平法法院可以借此向原告发出禁止令，使原告放弃起诉，结果往往引起两种法院之间的对立。到

19 世纪，随着工商业经济的发展，社会矛盾的加剧，这种繁琐复杂而又不时发生对立的双轨法制已明显地不能适应统治的需要。为简化司法制度，议会于 1873 年通过《最高法院审判法》，1875 年生效，对英国的司法机构作了重大改革，废除了普通法法院和衡平法法院之分，建立起单一的法院体系，统一适用普通法和衡平法，并明确在普通法规则和衡平法规则发生抵触或不一致时，以衡平法规则为准。衡平法以“正义、良心和公正”为基本原则，以实现和体现自然正义为主要任务。同时，衡平法也是为了弥补普通法的一些不足之处而产生的。因此，衡平法也只能像普通法一样，主要是判例法，是大法官的判例形成的调整商品经济下财产关系的规范。但是，衡平法的形式更加灵活，在审判中更加注重实际，而不固守僵化的形式。

但是，在现代英美法的模式理论中，庞德的律令—技术—理想模式论和德沃金的规则—原则—政策模式论，都反映了英美法对演绎法的吸收。19 世纪末 20 世纪初在大陆法系的理论中，产生了自由裁量主义的诸流派，如耶林为代表的目的法学、萨维尼为代表的历史法学、达维德为代表自由法学，赫德为代表的利益法学和以韦伯代表的新康德主义法学，都从不同的角度强调了自由裁量的重要性。特别是自由法学所主张的“超越民法典，但通过民法典”或“通过民法典，超越民法典”表明了法官适用法律的主观能动性。作为自由法学的另一代表人物法国的惹尼认为，在所有那些当事人间没有足够的有效协议的案件中，必须以有关利益平衡的原则引导法院，以便建立行为的权威规则。

而真正将克服法律局限性付之立法实践的是 20 世纪第一部民法典——1907 年由瑞士国会通过，并于 1912 年正式生效的《瑞士民法典》，它所作出的有关民法基本原则的规定，使人类终于在这场攻坚战中取得了突破性的进展。该法典的第 1 条第 2

款规定：如本法没相应规定时，法官应依据惯例；如无惯例时，依据自己作为立法人所提出的规则裁判，在前款之情形，法官应遵循公认的学理和惯例。该规定的本意在于由法官作为立法人引入外国立法体例补充法律漏洞。第2条规定：任何人都必须诚实、信用地行使权利并履行义务。该条款第一次明确地将"诚实信用"这一道德规范作为民法的基本原则在法律中加以规定。

《瑞士民法典》的以上规定的理论意义在于，在大陆法系的历史发展中第一次将人的因素引入到了司法实践中来，并以民法基本原则的形式，以模糊的语言艺术处理和开放的内容技术设计，给法官适用法律以足够的空间，从而打破了大陆法系立法中严格规则的僵局，给过于教条、刻板的适用法律注入了生机，使解决法律局限这一长期困扰人们的难题终于被立法者所认识，并找到了较好的解决方法，更为重要的是这意味着大陆法系吸纳了英美法系的合理因素，公开承认法官立法的效力，使引入人的因素更加具体和现实。德国学者格尔曼和凯勒认为，法律明文规定一般条款……可以说是立法者预见到法律规范之不圆满状态，而以模糊、概括性概念、一般条款给予一外围圈框，它们是法律明文授权法官予以补充的法内漏洞或明白授权的漏洞[①]。同时，也使得立法者终于认识到了法律仅仅是实现一定目的的手段而不是目的本身。绝对严格主义以维护法律规则的至上权威为唯一考虑，把法律作为目的，以维护法律的普遍性和确定性。由于坚持实证主义的立场，将"应然"性道德的价值判断从法律的适用中排除了，造成了司法中的削足或抻足适履的现象，个别正义成

① 转引自徐国栋《民法基本原则解释——成文法局限性之克服》，中国政法大学出版社1992年版，第301页；黄建辉：《法律漏洞，类推适用》，蔚理法律出版社1988年版，第44—45页。

了牺牲品，因此形成了严格法。诚信原则的确立在法律中引入了人的因素，当法律不能实现个别正义或过时之际，授权法官以调整。将作为道德规范的诚信上升为民法的基本原则全体社会成员一体遵守，意味着道德向法律的渗透。人的因素的引入和道德因素的引入必须相伴随，法律运作中人的使命在于发现法外存在的客观法，而道德正是这样的客观法。当人们认识到规则适用中个别正义的价值之时，人就成了法律的目的①。

立法正是以不断创新的精神寻求以人的自身发展为目的，实现不断被精益化了的价值。在这一过程中，人们以道德的价值作为衡量的标准，在固守法律普遍性和确定性的同时，不断地对现实中特殊的、不确定性因素，进行过滤、揣摩，提取其新的普遍的和确定性的因素，以不断修正、完善法律。立法体现了人的理性、意志和精神，具有主观性，但立法在价值的选择过程中，必须能够反映社会发展的客观规律，这正是科学形成的根基。马克思认为："事物的法的本质不应该去迁就法律，恰恰相反，法律倒应去适应事物的法的本质。"② 因此"立法者应该把自己当作一个自然科学家，他不是在制造法律，不是在发明法律，而仅仅是在表述法律，他用有意识的实在法把精神关系的内在规律表现出来。如果一个立法者用自己的臆想来代替事情的本质，那么我们就应该责备他极端任性"③。从而使法律成为了科学，也使得立法技术实际应用成为了可能，正如博登海默所说的："我们必须永远牢记，创制这些规则与概念乃是为了符合生活的需要，而且必须谨慎，以免毫无制度和故弄玄虚的逻辑。尽管法律的规范

---

① 参见徐国栋《民法基本原则解释——成文法局限性之克服》，中国政法大学出版社 1992 年版，第 304 页。

② 《马克思恩格斯全集》第 1 卷，人民出版社 1964 年版，第 139 页。

③ 同上书，第 183 页。

标准与概括会防止法律变得过于不确定或短暂即变，但是它的安排却要受根据人类社会生活的需要和公平正义的要求所作的定期性评价的制约。因此法律自治只能是一种部分自治。试图把法律完全同外部社会力量——这些社会力量冲击着法律力图保护其内部结构所依赖的防护服——相隔开来的企图，必须而且注定是要失败的。”①

可见，立法的价值是一个有着内在结构的系统，是由多种因素组成的相互作用、相互影响的有机“网链”系统。要确立、实施和实现立法的精益价值取向，必须使其构成其整个系统网链的每一个“链扣”，都必须满足其精益性要求才是可行的。

从一般的、普遍的意义来说，在人类法制历史的发展中，立法者对立法价值的取向并不局限于某一单一的价值，而是多层次和系统性的，只是由于社会历史发展的局限性，科学认识水平的低下，使这种取向的多层次和系统性并不明显，其主动性也不强烈。如在奴隶社会和封建社会中，由于商品经济并不是占主导地位的社会经济基础，因此立法的价值只能在“应然”的，即在理想的状态下存在。在商品社会得到充分发展的现代法治社会，由于国家意识的提高、执政权力的加强，制定法的不断完善，使立法的价值不仅存在于“应然”的状态，也存于“实然”状态，物质文明和精神文明的全面发展，为立法价值的“实然”存在也提供了可能性。而在某一特定的历史时期，由于其政治、经济、文化的不同，其对立法的价值取向也会有所不同。一般有三种情况：一是在人类法制史的发展中，立法的价值取向是由一定

① ［德］博登海默：《法理学、法哲学与法律方法》，邓正来、姬敬武译，华夏出版社 1987 年版，第 259 页。

时期政治、经济、文化等诸多社会因素决定的。在国家的形成过程和产生的初期，统治者为了维护其统治地位，道德的立法价值会作为统治阶级立法首要的和直接的价值取向。二是在某一特定的社会中，为了加强统治、使社会稳定发展，立法者会在确定道德整体立法价值的同时，会侧重其中某一或几项立法价值的取向，特别是正义、公平、自由这些普世价值的道德标准，更具有相通性，能够被人们所共同接受和遵守。三是在现代法治社会中，由于市场经济的发展和完善，国家机关、特别是执法机关——政府的职能发生了转型，由原来的集权型政府转为服务型政府，而司法机关的司法独立性得到了加强。因此要求立法机关的价值取向必须是系统的和全方位的。

由于人类社会文明的进步，使作为上层建筑的立法行为从关注和体现社会整体的公共的立法价值，转向追求和展现公民个体私权的立法价值，以人为本的人文要素越来越多地渗透到立法的价值中，立法价值的内容也越来越丰富，越来越具体。如：在自由的立法价值中，体现着民主、人权等具体的价值；在正义的立法价值中，体现着权利、利益、快乐、幸福等具体的立法价值。因此现代法治国家所追求的立法价值内容应当是不断完善和发展的。

现代法治国家立法的价值追求，越来越多地从作为主体的人与作为客体的法的本质关系中入手，并以满足人自身需要的价值为根本，制定和颁布法律，以确保法律能够满足人们的需求，能够使人们不仅能在法律强制力的约束下守法，而且还能够从道德的层面上遵法、认法和用法。同时，由于社会所共同具有的价值观其物质形态的文化，以及在人们日常生生活中不自觉形成的、长年积累、反复影响着我们的行为的习惯，也成为了立法价值中不可忽视的因素。因为习惯的形成有其历史的渊源，在世代传承和个体意识构建的行为过程中，会始终左右着人们的行为，对人们遵法、认法和用法，有着弥散式的、背景式的和混浊式的影响，这种影响虽然不明显、不深刻，更不具有决定性，但却能够长治久安、深入人心。另外，由于现阶段科学理论、科学技术和科学管理的普及和应用，对人类社会文明进步的重要作用以及对人们日常生活所产生的巨大影响，科学也应当成为立法价值的因素。因为这关系到通过立法所制定的法律是否能够得到真正的实施，取得预期的成效，能否与其所反映、调整的社会关系相符合的真理性问题。因此就现代法治国家的现实性而言，建立的立法的精益价值要求是：

道德的正当性—习惯的实效性—科学的真理性。

在整个立法价值系统中，道德处于统领地位，构成了立法的精益价值之主要内容，是立法价值的“内在价值”；习惯是最经常、普遍的行为要求，是“外在价值”，科学是中立的，是“中间价值”，其具体的划分是以人为主体，以人的主观认识需求的视角，由对立法外在价值的认识深入其内在，并通过理性辩证分析确立立法的内在价值。在这一过程中必须伴随或通过立法的程序价值，从而体现在漫长的、曲折的人类法制历史对立法所进行的终级的价值追求。而如果是从立法价值本身客观事物进行分析，立法的价值是一个由低向高排列的系统。当然在这一系统中立法中各个价值的排列应当是精益的，即有机的、相互联系、促进和制约的，其中也会有矛盾，有包容和冲突。正因为立法价值矛盾的存在，才使人类不断地寻求解决矛盾的方法，不断地进取，并最终为实现立法的价值创造条件。因此立法的外在价值也就是处于立法的最低层次的价值。由于其处于整个立法价值的外围，相对而言较之更容易受到社会的其他因素的影响，是最敏感、最脆弱的，对立法外在价值的体现和实现也最容易出现无价值的行为过程。因此更应当借助社会的其他力量，如运用政治权力、社会制度、法治的力量，提升道德水准及公共管理等综合实施加以调整。

一部法的精神和价值取向既是一个常量，也是一个变量。说它是常量，是指法律在政治、经济和文化等特定情况下，其精神和价值取向基本上是确定的；说它是一个变量，是指一部法律所强调社会关系处于不断变化之中，其精神和价值取向会不断在发生变化，这样立法者或司法者在追求某一主导法律目标时，必然要不同程度地抑制甚至牺牲其他法律价值的目标；或者在追求多元的法律价值目标时，各种法律价值目标不可能同时同等实现，往往有一个先后次序格局问题。现实中这种价值体系的冲突，分裂和对立融合在定法的内容之中。[①] 在立法的精益价值系统中，除道德、习惯、科学的子系统，还应当囊括政治、经济、文化等因素。因为从更加广泛的意义上来说，这些因素都会对立法产生或大或小的影响，而且随着社会的发展，这种影响的因素会越来越多，越来越复杂。这就要求立法价值的结构系统是开放的，而非封闭的，只有体现立法价值的这种辩证的品格，才能是精益的，才能制定“良法”，达到善治。

---

① 参见［日］岛武宜《现代化与法》，王治安、渠涛等译，中国政法大学出版社 2004 年版，第 249 页。

第三章　立法的精益行为过程

法律很可以规定各种特权，但是它绝不能指名把特权赋予某个人；法律可以把公民划分为若干等级，基于规定取得该等级的权利种种资格，但是它却不能指名把某某列入某个等级之中；它可以确立一个王朝政府和一种继承的世袭制，但是它却不能选定一个国王，也不能指定一家王室。总之一切有关个别对象的职能都丝毫不属于立法权。

——［法］让·雅克·卢梭

立法的精益行为过程是实现立法的精益价值之必由之路。人们从自身的需要出发，以理性思维对立法的精益价值所进行的“应然”评价，必须根植于现实，必须通过一定的主体，实施一定的行为，按照一定的程序和技术手段，制定法律，使理想的追求有了稳固的坚实基础。在这样的基础上，人的行为会有所依托，自尊、权益、快乐和幸福也就有了受保护的可能性，为了使这种可能性达到最大化，立法的行为过程必须是精益的，必须是有价值的行为过程。当有了理想的追求，却不能实现时，其行为过程的功能就具有了绝对的意义。本章将对这一过程的主体、过程本身及必要条件进行科学合理的确定和选择。

第一节　立法主体的界定和立法权限的量度

立法的精益价值之确定和选择，是由具有一定立法权的主体完成的，因此既要对立法主体进行科学的界定，又要对立法权限进行量度，使享有立法主体的行为过程能够适当、准确和不容置疑。在此，我们可以坚信的是国家拥有不可雄辩的立法权，但国家立法权只是一个“理论命题”，这一命题必然以众多具体的国家“分子”来承担，因此对立法权确认和权限度量的范围应当是广义的，不仅是国家立法机关的立法，也包括某些国家行政机关的立法以及授权立法和委托立法。

一　立法主体的界定

对立法主体的界定应当建立在形式和内容的辩证关系的理念之上，既要强调立法主体法定的形式，也要注重对立法主体的实质内容的理解，这对于实现立法价值有着重要的意义。

1. 立法主体的内涵

从理论上来说，立法主体就是立法活动的参与者，因此只要进行了立法活动都是立法主体。但在现实中并不是所有的立法活动的参与者都是立法主体，特别是在现代法治社会中，是注重对立法主体的身份资格的确认，还是强调立法主体所实际进行立法的行为过程，存在两种不同的定义，主张前者的为“法治说”，主张后者的是“功能说”。

“法治说”认为，立法主体是依法有权进行或参与法的制定、认可和变动活动的国家机关的总称。“法治说”强调依法具有立法权和依法作为立法主体的存在和运作，是立法主体必备的条件，因此国家机关才具备这一条件，而其他的社会组织和个人并不具备这一条件，社会组织和个人不是也不应当是立法主体。尽管某一社会组织或个人在立法活动中也可能起到重要的作用，但这只是以某一组织或个人的身份参与立法活动，而不是立法活动本身。只有国家机关才能是立法主体，原因是立法表现国家意志和国家利益最重要的活动，只有国家机关才能更适合并能更准确、更公正地表达国家的意志，其他社会组织或个人由于其所处的地位，使其不能或不适合表达国家的意志和利益，而抽象的国家又无法自行表达其意志和利益，只有国家机关才能做到这一点。同时并不是所有的国家机关都能成为立法主体，只有依法能够行使立法权，并具有立法职能的国家机关和依法授权的国家机关才是立法主体。另外也是极其重要的是，立法主体必须是在依法规定的权限内行使立法权的国家机关和被授权的国家机关，也就是说是否具有法定立法权或授权立法权，是区分一个主体是否属于立法主体的重要标准。因此有法定立法权或根据合法授权而获得的立法权，便是立法主体，无论这种主体事实上或实质上对立法起什么样的作用，如一些国家的法律都规定国家元首是立法主体，在立法过程中可以行使公布权或认可、批准权，但实际上这只是以法的形式表现出来的立法权，并不能对立法起到实质性的作用。而事实上对立法起作用的但并不具有法定立法权或授权立法权的主体，如执政党等则不是立法主体。

“功能说”强调衡量一个主体是否是立法主体，不仅要看它是否依法具有立法权，还要看它是否具有立法功能。事实上具有立法功能的，即使没有法定的立法权或授权立法权，也是立法的主体。在立法实践中确实普遍存在着这种不可否定的事实，有些机关或组织和个人没有立法权，也没有获得法定的授权立法权，但他们都参与了立法，并在立法过程中起着重要的、甚至是实质性的作用，如国家的执政党、某些与某一法律具有相关利益的国家机关或某一社会组织及个人，也是立法主体。因此，立法主体不仅是国家机关，一切有权参与或事实上参与立法活动的国家机关、组织及个人，只要进行了具有立法性质的活动所依附、所赖以运行的实体，都是立法主体。能对立法起实质作用的即使不具有法定立法权或授权立法权，也属于立法主体的范围。当然事实上参与立法活动的主体范围的大小，还不是界定立法主体的关键，界定立法主体的关键实际是这些立法主体是否实际进行了立法的活动，是否真正对立法起到了重要的、甚至是实质性的作用①。

可见，“法治说”界定的立法主体注重的是法律的规定，具有确定性和稳定性的特点，对于树立立法主体的权威性具有重要的意义，但这种对立法主体的理解具有形式性和自上而下的“官方”性的特点，如果在其立法的过程中无视社会成员对法律保护其合法权益的客观需求，就不能被其接受和遵守，法律就不能得到较好的实施，立法价值就难以实现。而且从其范围而言，仅限于国家机关，过于单一，很难适应复杂多变的社会。“功能说”注重立法主体的行为过程和实际效果，强调立法主体的功能作用，并且在确定主体的范围上是开放的和宽松的，其包容性和广泛性是值得提倡的，但是这种确定立法主体的方法在实际中可能会导致一定的盲目性，在实效中也会缺乏权威性。

因此在界定立法主体时要进行辩证的理性判断，既要强调法律规范的确定性，又要注重立法主体的实际行为过程所形成的功能性作用，并且在范围的确定上应在确立立法机关作为立法活动主要的、核心地位的同时，也要给予其他社会组织和个人以应有的立法主体的地位，特别是在现代法治社会中，为了适应不断复

---

① 参见周旺生《立法学》，法律出版社 2004 年版，第 86—87 页。

杂化和多变化的社会，为了满足不同群体、不同阶层社会成员的多元化的利益需求，为了更大限度地实现立法价值，立法主体也应当是多元的。而为了保障所有立法主体参与立法行为的合法性，除对立法机关立法主体的地位给予确认外，也应对其他立法主体的地位给予法律确认。在此，要明确的是作为国家机关所行使的是立法的权力，而其他社会组织和个人是参与立法过程，他们是享有立法的权利，而不是行使立法权。这是对客观事实的尊重，以利于人们明了立法主体事实上不限于法定的立法权的行使者，“从而注意保留和发展其中有助于立法健康发展的立法主体，抑制不利于立法沿着法治轨道健康发展的因素。据此，现代法治国家的立法主体应当包括：作为立法机关的议会；行使立法权或参与立法的政府；解释法律和法规、创制判例法、监督议会立法和其他主体立法的司法机关；对立法起实际作用或产生实质性影响的政党及其他社会团体；作为主权享有者因而也享有立法权，如复决权的整体意义上的人民或公民；作为立法者的个人”①。随着现代法治国家法律体系的不断完善，对立法主体的规定应更加细微和周全，并建立与之相适应的制度和机制，使所有的立法主体都能“在其位谋其政”。

2. 确认立法主体的意义

确认立法主体对实现立法的精益价值有十分重要的意义，这不仅是因为立法主体是立法权的载体和立法活动的运行者，还因为立法主体是立法价值的践行者。

(1) 立法主体是立法权的载体和立法活动的运行者。首先，立法权的归属、立法权的范围和行使都离不开一定主体的依托，作为载体的立法主体的使命是极其重要的，这可以说是立法活动

---

① 周旺生：《立法学》，法律出版社2004年版，第88页。

首要的和基本的条件，也是整个立法的精益行为过程的关键。因为没有立法主体，就不会有其所进行的立法行为的过程，自然也就不会形成立法的物质形式——法律，在此，要注意不同立法主体所行使立法权的阶位和权限问题，从而更加具体地明确立法权所归属的主体范围，在国家行使立法权力的范围内，从横向上分主要有国家立法机关、行政机关及司法机关三大部门；从纵向上又分全国的和地方两个级别，每一部门或每一级别都有各自特定的权限。同时其他社会组织和个人所进行的立法行为仅仅是参与立法活动，而不是行使立法权。确认好各自不同的立法主体，对明确自己在立法活动中的地位和作用有重要的意义。其次，立法主体是整个立法活动的运行者。立法活动是一个由立法准备阶段，由法案到法的阶段即草案的提出、审议、通过、颁布阶段和立法的完善阶段等各个不同阶段组成的有机秩序过程。每一个阶段都必须通过一定的立法主体所实施的行为来完成，在此，国家作为主要的和核心的立法主体，始终起着实质性的作用，但也要重视其他社会组织及个人参与立法及对立法所产生的一定的影响。鉴于这部分立法主体自身的立法地位，因此国家相关法律和有关部门应当制定完整的法律规定，并建立相应的机制，以切实保障这部分弱势立法主体其立法权利的实现。

（2）立法主体是立法价值的践行者。在现代法治社会中，由于立法主体除国家机关外，还包括极其广泛的其他社会组织和个人，因此立法主体既是立法价值的创造者，同时也是立法价值的践行者，两个不同的行为角色的阶段必然逻辑地存在于立法主体一身，形成内在的本质的统一的有机的整体过程，以实现立法价值“良法善治”的目标。而作为立法主体又怎样才能成为立法价值的践行者呢？

英国现代功利主义法学家边沁指出：“立法者不是洞悉人类

心灵气质的大师，他只是它们的阐释者和大臣。法律的善在于立法者遵守普遍的期待。立法者应该对这种期待的进步了如指掌，以便与之一致行动。这就是目的……”① 为了实现这一目的边沁提出了七个条件：

第一个条件是法律应该走在期望的前面。这是这些条件的首要条件，也是最难实现的条件。当法律出现时，人们发现有一种期望业已形成。因为在法律之前先已经存在着一种微弱的所有权，即保存业已获得的东西的一种期望。法律从这些在先的期望那里接受了它们最初的决定因素，它们创造了新的希望，并逐渐形成了我们的欲望和希望的航道。然而，由于在古代法律或古代习俗基础上形成的众多期望在所有民族中的已然存在，立法者只能按照一套调和迁就的体系蹒跚而行。

第二个条件是法律应该被人了解。无人了解的法律对人们的期望毫无作用，它甚至不能用来防止相反的期望。因为如果所有的人都不熟悉法律，在人们头脑中没有根基，总是不可避免地从一个仅仅是勉强地粘在上面的地方脱落下来，另外的制度安排就会不失时机地推销自己。

第三个条件是法律应当始终一致。当法律在一个广为接受的原则之上建立起一定的制度安排，任何一个与该原则相一致的更新的制度安排将被证实是跟普遍的期望符合的。当制定新的法律与根据旧的法律而确立的原则相违背时，这个原则越强大，这种不一致就显得越让人难以忍受。抵触情绪由此产生，落空的期望会诅咒专制的立法者。

第四个条件是法律应该与功利原则一致。因为功利是人的一

---

① ［英］吉米·边沁：《立法理论》，丁露、王丽等译，中国人民公安大学出版社 2004 年版，第 181 页。

切期望自然指向的方向。与功利一致的法律有时会与公众舆论相反；但这只是偶然性的、暂时的情况。一旦掩盖在它上面的面纱被揭去，期望就会得到满足，公众舆论就会被说服。因此法律越是与功利性相一致，它们的功利性就会变的越明显。

第五个条件是法律的方法。法律的文风和方法应该简单明了，法律应该是每个人的指导手册，每个人在不确定时都应该有能力咨询它，无须法律解释者的帮助。法律越是与功利原则相结合，它们就变得越简单，使法律体系能以自然的方法和让人熟悉的术语命名。

第六个条件是，要成为人们期望的控制者。法律自身应该出现在人们头脑里时让人确信会被执行；起码没理由假设会发生相反的情况。法律的力量在于惩罚，而不起作用的惩罚乃是对法律的一种附加的谴责。法律的软弱让人轻视，法律的力量让人憎恨，这样，不论是抓到了罪犯还是让他逃掉，法律都是糟糕的。

第七个条件是要求法律应该被逐字逐句地遵守。这个条件部分取决于法律，部分取决于法官。假如法律与人民的观念不协调，假如野蛮时期的法典在文明时代仍然盛行；法庭会一点一点地丢弃旧原则，让人难以觉察地替代以新原则。因此将在过时的法律和取而代之的法律之间产生一种角逐；法律对人们期望的影响的衰弱将是这种不确定性所带来的一个后果①。

可见，边沁致力于实现立法价值，给立法主体（立法者）践行法律提出的要求（条件）有一定的现实意义：法律必须抛弃其神秘的、矛盾的、复杂的、晦涩的一面，法律应该是社会的、一致的、简单的、明晰的，法律必须是适用的，必须是立法

---

① 对于边沁所提出的“七个条件”，请参见其《立法理论》，中国人民公安大学出版社 2004 年版，第 181—189 页。

主体的践行所实现的立法价值，能够给人以信心和力量的期望。这就是边沁所说的法律的善，也就是法治的善。

二 立法权限的量度

立法权，当然也必然是由立法主体行使的，但立法权有其特定的内涵，并不是所有的立法主体都能行使，在此要申明的是，通常所说的立法权是指立法的权力，而非立法的权利，不对此进行严格的区分，就无法对这一问题进行科学认识。对立法权的理性分析主要是对立法权的内涵和性质进行分析，以其对这一问题的理解能够建立在一个科学认识的基础上。立法权决不是绝对的和无限的，而是相对的和有限的，因此必须对其进行权限的量度。

1. 立法权的概念

近年来，随着立法主体意识的提高，中国学术界对立法权问题已有所重视，如戚渊先生在《论立法权》专著中认为：“从广义上理解，立法权是指所有的行使立法的权力，即所有制定、认可、修改、废止法律规范和法律规则的权力。这样，立法主体就不仅仅是作为立法机关的议会和其他代议机关，而且还包括某些有立法权的国家行政机关及英美法系国家创制的判例法的司法机关。”“从狭义理解，立法权是指立法机关（议会或其他代议机构）行使的创制、认可、修改或废止法律规范的权力。”① 周旺生先生在其《立法学》专著对立法权进行了界定：“立法权是由特定国家机关行使的，在国家权力体系中占据特殊地位，用来制定、认可和变动法的综合性权力体系。”② 前者其着眼点在于注

① 戚渊：《论立法权》，中国法制出版社 2002 年版，第 19、21 页。

② 周旺生：《立法学》，法律出版社 2004 年版，第 121 页。

重立法权主体的多元化及立法内容的广泛性，而后者则更强调了立法权行使的特定性，即权力体系，这一点是极其重要的，因为这是对立法权本质特性的界定，是正确认识立法权的逻辑切入点，但行使立法权主体自身的类别和层次及他们各自的职能也是不可缺少的，这是一个不可分割的整体，无视于这一点，就不能科学地认识立法权的完整性。

借鉴以上专家们的观点，笔者认为，对立法权的科学界定应当建立在定性和定量的完整性理念上，既要强调立法权的权力本位，又要注重立法权行使的量的过程，因此立法权是指由特定国家机关行使的，在制定、认可、修改、废止法律规范和法律规则的过程中所行使的国家权力。对这一概念应作如下理解：

（1）立法权是国家权力。“作为一种权力，它是一种资格的象征，是一种强制力量，运用它可以达到一定的目的，达到目的的过程体现着特殊的权威性和强制性。”[①] 国家权力其实质就是国家的政治权力，是通过国家政权体制的运行机制所体现的权力关系和职能。其权力的形成来自于国家各机构，国家权力所表现的是国家主权是最高统治形式，是一切国家权力的源泉。其他的国家权力都是通过国家主权以法律形式赋予其合法性。国家权力是由不同的部分或因素组成的有机整体，按其职能不同可分为立法权、行政权和司法权。因此立法权是国家权力体系的重要组成部分，从广义来说，既包括立法机关行使的立法权，也包括经授权的行政部门行使的立法权及司法部门创制判例法时行使的立法权，狭义的立法权则仅指立法机关行使的立法权。在现代法治国家，由于法律治理的全面性和深刻性，能够制定出良好的法律是至关重要的，因此立法权就成为了国家的最高权力。

---

① 周旺生：《立法学》，法律出版社2004年版，第121页。

（2）立法权是国家的立法机关行使的国家权力。立法权是特定的国家机关，即立法机关行使的国家权力。在现代法治国家立法权应当是多元的，而非一元的，这主要是由于时至今日，社会发展的复杂性及多样性已经体现在所有方面，其中也包括立法权的行使。虽然从本质上讲，法律是国家意志的体现，但人类在早期对立法权的行使常常是某些特定的立法者的权力，只是由于个人立法权威性的弱势局面，可能也会引起人们的质疑，于是由众人集体行使立法权就成为了必然，如在罗马共和国的极盛时期，当贵族和平民进行火热争议时，平民要求制定固定的法律，人民任命了十大法官来制定法律，于是十大法官具有了执政官的权力和护民官的权力，当然也就独掌了立法权。但是这一权力真正行使时，却独占了全部的立法权、行政权和司法权，并最终导致了暴政，招致了人民的反对而归于失败[①]。因此，如果混淆了立法权行使主体的特定性，其缺陷是显而易见的，但是随着社会的发展，为了适应社会的复杂性和多样性，立法权的主体不应仅限于掌握制定法权力的议会，也应包括行政主体和司法主体行使的行政权和司法权。根据宪法和法律的规定，中国的立法权是统一的、不可分割的，仅属于全国人大及其常委会。因此，严格科学意义上的立法权就是指全国人大及其常委会制定、认可、修改、废止法律的权力。

（3）立法权内容的广泛性。在一般教材中均认为，立法“是指一定国家机关依照法定职权和法定程序制定、修改或废止法律和其他规范性法律文件的一种专门性活动”[②]。在这里立法

① 参见［法］孟德斯鸠《论法的精神》（上），张雁深译，商务印书馆1995年版，第175页。

② 葛洪义主编：《法理学》，中国政法大学版社1999年版，第277页。

权就是指国家机关制定、修改或废止法律的权力。显然这种对立法的理解在外延上是不够周延的。在中国，认可法律也是一项重要的立法活动，我们必须对此给予足够的重视。立法不仅仅制定、修改或废止法律，还包括“一定的立法主体在特定方面被长期公认的习惯的认可，人类的立法史表明，习惯是法的一个重要渊源之一，对习惯的认可，使其成为具有普遍效力的专门规则是立法的重要组成部分，当然也是立法权的行为方式之一”①。确认立法权这一方面的内容十分重要，因为习惯在人类长期以来的日常生活和生产实践中，早已成为人们默许的行为规范，如果立法机关能以法律的形式认可，使之成为具有强制性的法律规范，就能克服习惯自身的自发性和盲目性，而成为人们能够遵守或愿意遵守的法律规范。因此对习惯认可的立法权的行使，对法律的适用有重要的意义。

2. 立法权限的量度及范围

立法权是由不同的级别和层次组成的有机的权力体系，每一级别和层次的立法权都有法定权限的量度及其范围，每一级别或每一层次的立法权只能在法律允许的范围行使立法权。

（1）立法权限的量度与范围的含义。立法权限的量度就是指立法主体行使立法权的权限范围，即某一立法主体能在多大的范围内行使属于自身的立法权。因此立法权限的量度包括两层含义：一是指立法权可以和应当达到何种界限；二是指立法权不能超过何种界限。从时限上说，立法权范围是指立法权能在多大的时间跨度上有效或可以行使。从空间上说，立法权限范围是指立法权可以和应当对哪些领域、方面、事项加以调整，不能对哪些领域、方面和事项发挥作用。从表现形式上说，立法权的范围是

① 戚渊：《论立法权》，中国法制出版社 2002 年版，第 19 页。

指通过立法权的行使，可以制定、认可、修改哪些法律和法规。从运作过程说，立法权的范围是指能否就某项事项或某种法的形式行使提案、审议、表决、公布权或是能行使其中哪一方面的立法权①。确定立法权限量度对实现立法价值有特别重要的意义。其一，有助于立法主体明确立法的价值，特别是明确自身权限内的立法价值，从而为立法活动提供了具体目标和方向。因为立法虽然有其一般的、普遍的价值，但是在每一具体的法律中所侧重的价值是不同的，如在宪法、行政法等公法中，可能会更侧重体现自由和秩序的立法价值；而在民商法等私法中则会更注意体现公平和利益等的立法价值。明确这一点就会使立法主体在行使立法权时能较准确地体现某一具体法律的立法价值。其二，是有利于立法主体恪尽职守，培养其良好的职业道德。卢梭曾这样描绘立法者，他认为："敢于为一国人民进行创制的人——可以这样说——必须自己觉得有把握能够改变人性，能够把每个自身都是一个完整而孤立的整体的个人转化为一个更大的整体的一部分，这个个人就以一定的方式从整体里获得自己的生命与存在；能够改变人的素质，使之得到加强；能够以作为全体一部分的有道德的生命来代替我们人人得之于自然界的生理上的独立的生命。"②也就是说，立法主体必须是理性的评判者，必须是一个明确自己责任的有道德的生命体。

（2）中央立法权。中央立法权是相对于地方立法权而言的，是指特定的中央国家政权机关，通常是指议会，也包括被授予立法权的中央行政机关和其他立法主体，依法制定、认可、修改、

---

① 参见周旺生《立法学》，法律出版社 2004 年版，第 129 页。

② ［法］让·雅克·卢梭：《社会契约论》，何兆武译，商务印书馆 1980 年版，第 54 页。

废止法律规范和法律规则的权力。他们行使的是国家立法权。与地方立法权相比具有更高效力等级，具有更大的调整范围，具有更重要的内容和形式。因为它产生的宪法和法律的效力等级一般高于地方立法权产生的法律，它调整的范围除地方法律也调整的政治、经济、文化等领域的社会关系外，还调整军事和外交方面的社会关系，同时它所调整的事项，一般都是涉及一国全局范围的重要的事项[①]。在中国中央立法机关和中央行政机关在立法的权限上主要表现为：

第一，中国中央立法权主体是由全国人民代表大会及其常务委员会依法行使中国的国家立法权。其中全国人民代表大会的立法权限为：修改宪法；制定和修改刑事、民事、国家机构和其他的基本法律；改变或者撤销全国人民代表大会常务委员会不适当的法律和决定及其批准的违背宪法和立法有关规定的自治条例和单行条例。全国人大常务委员会行使的立法权限为：解释宪法和法律，即立法解释；制定和修改应当由全国人民代表大会制定的法律以外的其他法律；在全国人民代表大会闭会期间，对全国人民代表大会制定的法律进行部分补充和修改，但是不得同该法律的基本原则抵触[②]。

第二，中国中央行政机关的立法主体是中国的最高行政机关国务院，其立法权限为：为执行法律的规定需要制定行政法规的事项；宪法第 89 条规定的国务院行政管理职权的事项；可以根据授权制定属于全国人大的立法事项。也就是说，除了法律保留给全国人大的专有立法权之外的其他事项都自主可以制定行政法规，即使是法律保留内的事项，除犯罪和刑罚、对公民政治权利

---

① 参见周旺生《立法学》，法律出版社 2004 年版，第 187、188 页。

② 参见《中华人民共和国立法法》第 7、8、42 条。

的剥夺和限制人身自由的强制措施和处罚、司法制度之外，也可以通过授权而获得立法权①。可见，由于国务院事关全国的行政管理事物，会针对更繁杂、更多变的具体事物，因此，依法规定了国务院较抽象和笼统的立法权限，从而使中国最高行政机关的立法权限比较广泛。但国务院作为中国最高立法权力机关的执行机关，其立法权是从属于全国人大及其常委会的立法权的，它所制定的行政法规不能与最高立法权力机关制定的法律相抵触。

可见，中央立法权的地位和作用是极其重要的，由于它所制定、认可和修改的法律，都是效力最高、调整范围更大的国家的基本法和行政法规，在体现立法价值方面处于核心的、统领的地位，具有整体的、一般性的引导作用。

（3）地方立法权。地方立法权是指特定的地方国家机关，在中国，通常是指可以制定规范性法律文件的地方国家机关，以及根据授权可以立法的地方国家机关，依法制定、认可、修改、废止不超出本行政区域范围的规范性法律文件活动的权力。地方立法权是相对于中央立法权而言的，是国家立法权力体系的重要组成部分，同时地方立法权自身也是由不同类别、不同层次的立法权构成的。目前，中国地方立法权由一般的立法权、民族自治地方的立法和特区地方立法权组成。相对于中央立法权而言，地方立法权具有地方性、复杂性、从属性和自主性等特征。因为地方立法权所行使的是某一地方的立法权，是有行政区域限制的，而且地方性的社会关系更加复杂、多样。同时地方立法权是从属于中央立法权的，其所制定的地方法律、法规在效力的阶位上是相对较低一级的。当然地方立法权也有相对的自主权，可以在不超出自己的行政区域内，根据本地区的实际情况行使自主立法

① 参见《中华人民共和国立法法》第56条。

权。目前，中国地方立法权限是：

第一，一般的地方立法权限为：为执行法律、行政法规的规定，需要根据本行政区域的实际情况作具体规定的事项；属于地方性事务需要制定地方性法规的事项。除只能规定为法律的事项外，其他事项国家尚未制定法律或者行政法规的，省、自治区、直辖市和较大的市根据本地方的具体情况和实际需要，可以先制定地方性法规。在国家制定的法律或者行政法规生效后，地方性法规同法律或者行政法规相抵触的规定无效，制定机关应当及时予以修改或者废止[①]。与其他地方立法权相比，其立法权行使的范围更广泛，其所制定的地方法规更具有普遍性。

第二，民族自治地方的立法权限为：有权依照当地民族的政治、经济和文化的特点，制定自治条例和单行条例。自治区的自治条例和单行条例，报全国人民代表大会常务委员会批准后生效。自治州、自治县的自治条例和单行条例，报省、自治区、直辖市的人民代表大会常务委员会批准后生效。自治条例和单行条例可以依照当地民族的特点，对法律和行政法规的规定作出变通规定，但不得违背法律或者行政法规的基本原则，不得对宪法和民族区域自治法的规定以及其他有关法律、行政法规专门就民族自治地方所作的规定作出变通规定[②]。民族自治地方的立法权与其他地方立法权相比其行使的权限只限于特定的区域，即只能是民族自治地方，其立法的主体是自治地方的人民代表大会，其行使的权限范围仅限于制定和变动自治条例和单行条例，同时中国相关法律赋予了民族自治地方的立法权更大的自主权，即可以在其行使权限时根据地方民族特点、风俗习惯进行。

---

① 参见《中华人民共和国立法法》第 64 条。

② 参见《中华人民共和国立法法》第 66 条。

第三，特区地方立法权分为经济特区和特别行政区立法权两部分。其中：经济特区的立法权限为，经济特区所在地的省、市的人民代表大会及其常务委员会根据全国人民代表大会的授权决定，制定法规，在经济特区范围内实施①。特别行政区立法权包括香港和澳门特别行政区的立法权，以香港为例，香港特别行政区的立法权限为：根据本法规定并依照法定程序制定、修改和废除法律；根据政府的提案，审核、通过财政预算；批准税收和公共开支；听取行政长官的施政报告并进行辩论；对政府的工作提出质疑；就任何有关公共利益问题进行辩论；同意终审法院法官和高等法院首席法官的任免；接受香港居民申诉并作出处理；如行政长官有严重违法或渎职行为而不辞职，经法定程序可提出弹劾案，报请中央人民政府决定；在行使上述各项职权时，如有需要，可传召有关人士出席作证和提供证据②。与其他地方立法权相比，特区地方立法权的行使范围更具特定性，尤其是特别行政区的立法权更是单一的区域，也更具地域地方特色，并具有更加大的自主权。

可见，地方立法权的地位和作用也十分重要，由于它所制定、认可和修改的法律、法规是调整一定区域范围内的社会关系，更具地方和民族特色，其内容更能直接满足一方人民群体对立法客体的需求，特别是在认可习惯，尤其是少数民族的风俗习惯方面会更有成效，也更能体现地域性和民族性具体的立法价值。

（4）授权立法权。一般来说，授权立法权是指由于立法机关的授权或委托使有关国家机关获得的一定的立法权，也称委托

---

① 参见《中华人民共和国立法法》第65条。

② 参见《中华人民共和国香港特别行政区基本法》第73条。

立法权。最常见的是立法机关委托行政机关立法使行政机关具有了立法权。因为行政部门其主要的职责是管理行政事物，在性质上是不同于立法机关和司法机关的，但在现代社会中，由于其社会关系的复杂性和多样性，立法机关难以独立完成全部的立法，而行政机关如没有一定范围和一定级别的立法权又难以管理行政事物，因此就产生了授权立法权。如前所述的《中华人民共和国立法法》第 8 条作了相应的规定。与一般的立法权相比，授权立法权更具有从属性和更具有受制性，因为该立法权不是由宪法和法律规定而直接享有的，而是派生性的立法权，受权主体行使的立法权中只能是阶位低于授权机关的立法权①，因此受权主体的权限要接受监督，如受权主体所制定的法律文件应报授权机关批准，或报授权机关备案。可见，授权立法权的设定一方面是依法给予行政机关一定权限内的立法权，更重要的是为防止行政机关利用行政权力滥用立法权，从而对实现立法价值进行无价值的行为，甚至负价值的行为。

三　对立法主体和立法权限的精益要求

对立法主体和立法权限提出精益要求就是要对其量度进行分析，使立法主体与其行使的立法权限在阶位和量度上是一致的，这种一致应当是法定的、普遍的、确定的，不可以有越位，更不可以有特权。

1．对立法主体的精益要求

在现代法治国家，立法主体的多元化已成为或正在成为一种趋势，但并不是所有的立法主体都能行使立法权，只有国家机关才能行使立法权，而其他社会组织和个人参与立法并不是、也不

---

① 参见周旺生《立法学》，法律出版社 2004 年版，第 243 页。

可能是行使立法权，而是依法享受有立法的参与权利。对此，英国当代政治学家戴维·赫尔德进行了合理的说明，他认为，立法权不能属于一个人，因为个人会更多地寻求自己的利益而不是共同利益，出于同样的原因，立法权也不能属于少数人，因为他们非常可能像以上所说的那样，错误地为某些少数人的利益而不是为公共利益制定法律……出于相反的原因，法律的权力属于全体公民，或其中的一部分，因为，既然所有公民都必须接受法律的公正衡量，没有人会故意伤害自己或故意希望自己获得不公平，那么，所有人或大多数人所希望的是一种按照公民的公共利益行使的法律①。在此要明确行使立法权力主体和享有立法权利主体的范围，但更重要的是要处理好二者的关系。洛克认为："立法权是指享有权利来指导如何运用国家的力量以保障这个社会及其成员的权力。"② 因此充分肯定除国家机关行使立法权外，在整个的立法活动中，还必须有其他社会组织和公民个人的合法参与，才更有可能反映所有阶层和群体的意志和利益，才能体现民主而被人民所拥护。目前，中国社会正处于转型期，这虽然是一种渐进的社会变革，但在权力的结构方面"自上而下"的"强权"统治已越来越多地渗入了"由下而上"民主权利的可贵元素，从而使强制性的权力有了更加牢固的根基，也就有了不断壮大的生命力。

2. 对立法权限的精益要求

主要体现在对立法权限合法性与合理性的要求上。就合法性而言，在现代法治国家，所有的立法权限都是依据法律设立的，

---

① 参见［英］戴维·赫尔德《民主的模式》，燕继荣、方向勤等译，中央编译出版社 2004 年版，第 60—61 页。

② ［英］约翰·洛克：《论政府》（下篇），叶启芳译，商务印书馆 1983 年版，第 175 页。

中国也不例外，因为法律作为制约人们的行为规范，是普遍而广泛的，即使作为国家的立法机关其行为也必须依据法律，如《中华人民共和国立法法》第4条规定："立法应当依照法定的权限和秩序，从国家的整体利益出发，维护社会主义法制的统一和尊严。"第7条规定："全国人民代表大会和全国人民代表大会常务委员会行使国家的立法权。"这充分表明在中国作为行使国家立法权的全国人民代表大会及其常务委员会在行使立法权的过程中，也同样要依据法律的规定，不能有任何超越法律的特权。当然其他社会组织和个人在参与立法活动时，也要依据法律的有关规定进行相应的立法行为。就合理性而言，表现在立法活动的方方面面，立法的内容要切实体现人民的意志，解决民众普遍关心的民生、民权问题。因为以经济建设为中心，以人为本，保护公民的合法权益不仅是过去、现在、将来都是中国各项工作的中心。立法不仅要立足于现实，也要展望未来，以广大人民群众的长远利益为出发点。特别是行政立法不能滥用立法权，制定以牺牲人民的切身利益为代价换取暂时地方经济利益的法规。同时立法的技术也要体现合理性，要立足于现实，要与中国的国情、地情、民情、道德习惯相吻合，这样才能更好地实现立法的价值，充分满足全体社会成员对立法客体的实际需求。

第二节　立法行为过程的必要条件和准备阶段

对立法主体的界定和立法权限的量度是立法的精益行为过程所必须具备的实质要件，没有这些要件任何立法的过程都是不能发生的，而立法过程是沉重而艰辛的。立法主体的存在和立法权的行使，必须占有和经历一定的时空，必须依托于一定的平台、具备一定的必要条件，如立法方法、策略和要求，同时还要经过充分的准备阶段，如立法预测、规划和决策等环节，他们对实现精益的立法价值同样起着极其重要的作用。

一 立法方法、策略和要求

立法的行为过程是在立法主体的立法实践活动中呈现的，而人类的实践活动是有目的的理性活动，必须运用一定思维方法，选择良好的策略，提出切合实际的要求，为立法——这一人类的高级行为，提供智慧的工具。

1. 立法方法、策略和要求的内容

（1）立法方法。立法方法是指为了能够解决立法活动存在的问题思路及所采取的途径和手段等。从所运用的范围而言，立法方法可分为适用于任何一项立法活动的一般的立法方法和只适用于某一具体的立法活动的方法。在此，仅就一般的立法方法的内容进行分析，并不涉及特殊的立法方法。一般的立法方法主要是：

第一，民主和集中的统一。民主就其内涵来说有广义和狭义之分。广义的民主除了政治的民主外，还指意识民主、权利民主、原则民主、生活民主、作风民主及方法民主等。狭义的民主仅指政治民主，是现代法治国家的政治制度，其基本含义就是由人民掌握政权，通过多数人的统治保障公民权利得以平等实现的国家形式。立法中的民主是指政治民主，是公民依法享有的参与立法的政治权利。国家的法律和制度能在多大程度上保障其公民的这一权利，也就能在多大程度上行使自己的执政权力，因此在进行立法行为过程中要始终将民主立法放在首位，这既是立法的原则，也是立法的方法。但在遵循民主立法的原则时，还要注意集中，这是理性立法的体现，法是国家的意志，也是人民的意志。在民主政治国家，国家意志和人民意志应当统一，这种统一必须依靠集中的方法，将个体的民主意志升华为统一的法的意志。这样行使立法权的立法主体所要立的法，是经过集中了的人民的共同意志的结果，即立法不是反映人民的所有意志，而是要反映经过选择的、有必要上升为国家意志的人民共同意志。因此要实现立法的价值就要处理好民主和集中的关系，一方面要通过法律规定，保障人民通过各种途径参与立法活动，并确保立法过程和程序公开、开放和透明。重视人民参与立法活动的实际作用，重视公开、开放和透明的具体效果。另一方面还要在现代法治社会国家的立法活动中遵循民主集中原则，这是各国立法行为的通用做法，也是立法价值的本质所在。

第二，科学性与合理性相统一。进行立法活动要运用严谨的理性思维，要以立法学的理论为依据，“立法学的精髓，在于条理分明地组合事实，准确严密地分析事实，这些事实是已知的，但对他们的理解有缺陷，因为它们被那些用来描绘已知事实的粗糙含糊的专门名词搞混淆了，而普通语言又全然缺乏所需要的术语来明确显示对于立法者至关紧要的种种相似和相异之处”①。这就需要运用科学的方法对这些事实进行分析，以便能够被立法所汲取。就中国的现实而言，在立法的内容上要吸纳两大法系立法的科学成分，体现大陆法系刻意追求的法律规范的严谨性、准确性和系统性，倡导英美法系适用法律的精细性和开放性。并且要在内容上反映社会发展的客观规律，体现人民的意愿，符合民众的合理要求，解决社会普遍关心的民生、民权问题。同时立法的技术也要吸收国外先进的立法技术，尤其是在法律体例、体系、法律规范的编排及文字的表达上要规范化和符合国际惯例，

---

① ［英］边沁：《道德与立法原理导论》，殷弘译，商务印书馆2000年版，第7页。

法律规范的设计要恰到好处，合乎情理，宽严适度，能为一般人所接受和遵守。而且立法活动一定要建立在现实的基础上，立足于时代的发展，与一国的国情、地情、民情相吻合。

第三，稳定性和变动性的统一。法律作为社会意识形态是对社会存在的反映，是享有立法权的国家机关依法定程序和一定的技术手段制定的，并通过语言形成的规范固定下来，因此法律一旦形成则表现为相对的稳定性。而社会存在，由于作为最活跃的因素——生产力的发展，不断突破原有的体制和法律，处于不断地变化之中。因此在立法中要及时把社会发展的成果和经验以法律的形式固定下来。特别是在中国当前深化政治改革的过程中，要对原有法律中不适合中国国情和客观实际需要的法律条款及时作出修改和调整，为中国社会的发展提供及时、可靠的法律保障。对于在实践中较成熟的做法，可规定得具体些，以增强其适用性。对于实践经验尚不成熟，而现实生活中迫切需要的，法律的制定可以抽象些，体现立法超前意识和预见性，既确保法律的稳定性，又能较好地应对复杂多变的社会关系。

（2）立法策略。立法的策略是指根据形势的发展而制定立法行为的方针、政策，是引导立法活动的方向和目标。立法是国家重大的政治活动，是调整或处理社会关系的稳压器，在进行这一活动的过程中，立法不会也不可能是独立的，深受处于外在环境的影响，不接受这种影响的挑战，不把这种影响的因素融入立法的整个过程，就会影响到立法价值的实现。而形势就是时局，就是多变，立法机关要根据某一阶段形势制定立法的方针政策，因而立法策略会随着形势的发展而变化，但我们可以从理论上对立法的基本策略进行分析。

第一，立法的超前、滞后和同步的策略。这是从立法与形势的时间关系上制定的策略，并从根本上反映立法主体对立法积极意识的程度。超前立法主要是根据制定法律当时的客观条件，预测将来一定阶段的社会条件，制定出能反映将来社会关系的法律规定，使将要出现的新的社会关系提前被纳入法律规范中。在此，能否对将来的社会状况进行准确的预测就成了超前立法的关键。但由于社会存在和自然界有着本质的不同，始终渗透着人为的因素，其预测的"准确性"并不总是准确的，往往会出现法律和现实脱节的情况。因此超前立法在现代西方国家并不被认为是常规做法。

近年来，中国学术界对超前立法给予了高度的重视，并进行过热烈讨论。2002 年，中国理论法学研究信息网曾进行过超前立法的论坛讨论，代表性的观点如张斌在《对超前立法的法理学思考》（吉林大学理论法学研究中心）① 一文中，从法理的角度对超前立法进行了反思，并指出，人类的理性是有限的。由于超前立法的调整对象多属于非现实的或尚未充分展现的社会关系，立法者是在预测调整对象发展趋势的基础上进行立法，因此，不可避免地存在着局限性。继而提出了超前立法局限性之克服的方法，认为从立法技术的层面看，超前立法应把握以下的立法技巧：一是超前立法的前瞻性不宜过分超前，在没有立法需求的条件下，不要轻易采用超前立法。二是超前立法要"宜粗不宜细"，要多采用法律原则性的规定。三是及时地进行"立、改、废"，以保证超前立法更贴近现实，使立法具有时代性和超前性。四是搞好立法预测，准确地揭示对象的发展趋势是超前立法的首要前提。五是加强比较法的研究，"外来资源"对于超前立法至关重要。这些观点具有科学性，因而也是有现实意义的。目前，在中国的一些地方立法活动中，出现了地方立法超前于国

① http：//www. legaltheory. com. cn/asp/info. asp？ id = 338 2002—11—29.

家立法的情况，因为“地方性法规具有主动性、灵活性的特点，积极探索，先行一步是地方立法的一项重要职责，所以地方立法机关充分发挥积极性和创造性，敢于超前立法是十分必要和重要的”[①]。对地方立法的这种超前性应当肯定，因为这确实发挥了地方立法主体的积极性，并在一定程度上对国家法律起到了补充作用。但是，必须防止出现由于地方的立法的特殊性而导致的对法律普遍适用性形成危机的倾向。事实上，这种倾向在某些地方已经成为了现实，如目前中国还没有“户籍法”，因此外来人口的城市户口问题，各个城市规定的条件相差较大。还有各地在对“移民高考”、“同命不同价”等问题进行规范时也都体现了事实上的不平等。因此对于地方超前于国家立法的做法应当慎重。

滞后立法是指立法落后于它所调整的社会关系。在现实中滞后立法的情况是常常发生的，如中国的证券法、银行法、保险法等金融法的制定，以及近年来《中华人民共和国物权法》、《中华人民共和国劳动合同法》的制定在一定程度上都可以说是滞后立法策略的选择。

同步立法是指所调整的社会关系同步而行的立法，是一种常规的立法方法。也是在立法活动中运用最多的一种立法策略。

第二，立法的调协策略。立法的协调就是通过立法，更好地发挥法规在表达、平衡、调整社会利益中的作用。立法的协调主要是指法律效力的一致性和法律内容的统一性。

法律效力的一致性，是指在宪法、法律、行政法规、地方法规、规章之间的效力要协调一致，下一阶位的立法不得与上一阶位的立法相抵触，所有的法律都不得和宪法相抵触，否则应撤销

---

① 岳进：《经济全球化与超前立法》，http：//www. xslx. com/htm/mzfz/fxtt/2002 - 2 - 24 - 12179. htm.

或修改。因为宪法是国家的根本大法，在法律体系中处于根本法地位，是万法之法的“母法”，是具有最高等级效力的法律。法律效力的一致性是立法的一个根本性的问题，法律效力如果出现不一致将导致法律体系的混乱和适用法律的不公。目前，在中国的现实中，由于监督立法的措施不力，立法效力不一致的现象仍然存在，如在人口户籍管理上仍实行“二元制”（城乡分管）、人身损害赔偿标准仍城乡有别，就业歧视普遍存在，一些政府部门的规章制度有明显的利益倾向，从而在某种程度上反映了法律效力的不一致。

法律内容的统一性。立法内容的统一性是指要正确处理立法过程中可能出现的各种关系，使其协调一致，共同发展。要实现立法内容的统一性，首先要处理好权利和权力的关系。在中国一切权力属于人民，一切权力来源于人民，因此国家的权力和人民的权利是一致的。近年来，尽管中国已经制定和实施了行政许可法和处罚法，但某些地方有法不依，违法执法的现象依然存在。而且行政权力部门化、部门权力利益化、部门利益法制化的现象仍然十分严重，由此也成了近年来“两会”代表们热议的话题。“中国的立法必须走出泛行政化的误区，实现由传统的官僚型立法模式向回应型立法模式的转轨。”① 回应型立法是指，立法应当积极主动地回应公众的立法期待和市场的立法需求，将公众和市场的立法需要通过制度化的机制置换为源源不断的立法“增长点”②。因此，一定要坚持立法为民的宗旨，正确处理权力和权利的关系，既要使行政权力有效行使，又要对行政权力进行规

---

① 何勤华等：《法治的追求——理念、路径和模式的比较》，北京大学出版社2005年版，第29页。

② 参见刘武俊《关注人大立法质量的提升》，载《中国党政干部论坛》2003年第6期。

范、制约和有效地监督。具体可采取回避制度，采用国外较通行的“委任立法”模式[①]，由非行政或其他行政部门进行起草相关法规，而对技术较强的部门法规，可聘请同行业的国内外专家起草。当然这些具体的途径都要根据中国的国情作进一步的探讨和研究。其次要处理好实体法和程序法关系。程序法是实现实体法的手段和途径，也是民主立法的载体和法治的保障。程序立法的缺乏在中国仍然不可漠视。目前，中国较完善的程序法主要是民法、刑法和行政法的诉讼法律，涉及法律公开、听证、征集、论证等程序法律尚未制定。而涉及行政调查、行政听证等行政程序法规也有待于进一步完善。

（3）立法要求。这里所说的立法要求，主要是指非技术性的要求，是立法主体主观的因素和思想状况，主要是指立法主体的科学态度、政治觉悟、理想信念、人文精神、道德素质、文化修养和实践理念等。这些要求对立法主体在立法过程中正确行使立法权，恪尽职守，提高立法质量，实现立法价值都有着重要的意义。

第一，科学态度。科学是人类所积累的关于自然、社会、思维的知识体系。科学是包含着人类对客观事物的真理性的认识，科学能促进民主和自由的发展，能破除迷信、克服教条主义认识方法，开拓人的创造性思维，培养人的严谨的理性和严肃、慎重、务实的工作作风。具备科学的态度是立法主体做好立法工作基本要求，防止出现主观臆想、功利平庸、盲目冲动、不计后果等主观主义和非理性主义的倾向。

长期以来，中国的一些立法精英们以高涨的热情不断地呼吁制定新法或修改旧法，如：“专家呼吁加税立法促禁烟”，

---

① 参见戚渊《论立法权》，中国法制出版社200年版，第162页。

“专家呼吁立法确立医改方向”，“学者呼吁立法铲除学术造假”，等等。竟然把立法视为了无所不能的“灵丹妙药”。我们以两百多年前德国制定《德国民法典》的过程来证明这一点。当时随着拿破仑的战败，日耳曼民族主义借机高涨，任教于海德堡大学的学者蒂博在爱国热情的鼓动下，仅用14天时间就写了《论制定一部统一的德国民法典的必要性》呼吁仿照法国民法典，在4年内制定一部综合性的民法典，并借此进而达到德国的统一。蒂博的立法诉求反映了德意志寻求民族统一的政治功利主义，因而切合了当时民族心态和政治世态，获得了民众的狂热追捧。然而年轻的法学家萨维尼却冷静地撰写了《论立法与法学的当代使命》予以反驳，他认为，所谓的立法激情，只是一种漫无边际的孤魂野鬼，罪魁祸首当数那些自命不凡的立法精英。民族情感的近乎神经质的狂热和迷恋，将导致冷静思考和审慎思辨的沦丧。只有洞悉了民族生活演变的历史路途和源头，才可能科学立法。萨维尼的观点给我们敲响了警钟，这就是必须科学立法、理性立法。正是由于萨维尼的异议，才使德国立法机关和民众心态逐渐冷静和理性，德国民法典的出台也推迟了近一百年，经过极其郑重思量才于1900年颁布，与《法国民法典》相似，历经百年，依然魅力不褪，成为大陆法系国家立法的样板。在中国的立法现实中，多年以来，立法呼吁的热情，确实在某种程度上推动了许多法律的制定和修改，但立法的质量、执法的效果却不尽如人意，如“律师法”的修改，就是在立法的呼吁下最终完成的，可是这部于2008年6月1日正式实施的新版律师法，因与刑事诉讼法的有关规定相冲突，已遭遇了执法的困境，甚至引发了行政诉讼，北京律师程海因按修改后的律师法仍然无法会见犯罪嫌疑人，已将海口市第一看守所告上法庭。因此，立法呼吁应更多地回归理性，更多地考虑立法条件，立法时机等深层次问题[1]。

因此，在现阶段，中国的立法必须以理性的思维审慎分析中国社会所处的内外环境和以不断满足社会发展的客观需要，科学预测中国法制建设的方向和趋势，以科学的态度对待立法。

第二，政治觉悟。政治是统治阶级以国家政权问题为中心，处理阶级关系和其他有关社会关系的活动。政治是上层建筑领域中各种权力主体维护自身利益的特定行为及由此结成的特定社会关系。因此政治既是一种权力斗争，也是一种利益关系[2]。法律与政治有着密切的关系。法律对政治有确认、规范和保障的作用，法律确认政治体制，反映政治要求，调整政治运行，维护政治权威。而一定的政治活动会影响法律的产生和运作，并为法律的发展提供条件和环境[3]。政治对法律有重要的影响和制约，法律在内容上反映着统治阶级的政治要求。法律是统治阶级在斗争中取得的胜利成果，是统治阶级意志的体现，这就决定了法律必然要反映和维护其在政治上的利益要求。同时，法律要根据统治阶级的政治要求给社会成员分配权利与义务，从而把统治阶级的要求明确化、具体化，以引导人们的行为。政治也同样会影响和促进立法活动。中共中央政治局委员、全国人大常委会副委员长王兆国在十一届全国人大常委会召开的立法工作会议上就贯彻实施立法规划、进一步做好立法工作时指出，要加强立法工作，必须遵循坚持正确的政治方向，坚持围绕中心、服务大局，坚持以人为本，坚持从我国国情和实际出发等重要原则。因此作为立法主体必须提高政治觉悟，必须以坚持和贯彻党的路线、方针和政

---

① 参见欧阳晨雨《立法呼吁应保持理性》，载《民主与法制》2008 年第 18 期（9 月下半月）。

② 参见高其才《法理学》，清华大学出版社 2007 年版，第 397 页。

③ 参见程燎原、江山《法治与政治权威》，清华大学出版社 2001 年，第 65 页。

策，这是立法主体的政治素质和政治责任的具体体现。

第三，理想信念。理想信念是人的精神力量，没有它，生活就会凝固，社会就会停滞，人类就会退化到原始的“自然状态”。理想信念作为一种高层次社会心理的一个重要特征就是它对目标的高度自觉。这使它能够排除一切杂念和干扰，凝聚起自身的全部意志能力，朝着预定的目标迈进，并赋予这种行动以持之以恒的品德。理想信念是推动人的行为的精神动力。特别是那些需要人们以理性思维、有明确的目标、由强烈意识支配下的高级的、群体的社会行为都是由一定的理想信念激发的①。立法行为就是这样一种群体的社会行为，因此立法者同样需要理想信念作为自己的精神力量。

第四，人文精神。人文精神是人们尊重生命，关爱弱者情怀的自然流露，是人们实施良善行为的道德律令。曾获得 1952 年诺贝尔和平奖的，法兰西科学院院士施韦泽，用整整 8 年时间学医，并获得了主治医生证和医学博士学位，之后去非洲行医，至 1965 年逝世。他以“敬畏生命”践行着作为一名医生的神圣职责和人文精神，“敬畏生命”也成了施韦泽世界观的基石，其基本含义是：不仅对生命，而且对其他一切生物的生命都必须保持敬畏的态度。保持生命，促进生命就是善；毁灭生命，压制生命就是恶。作为立法者也应该具有这样的人文精神，因为人文精神是现代法治社会依法确立保障人权立法价值的体现，因此也应该是立法者所崇尚的。中共十七大提出了加快推进以改善民生为重点的社会建设，并强调：“必须在经济发展的基础上，更加注重社会建设，着力保障和改善民生，推进社会体制改革，扩大公共

① 参见吕建中、陈雪平《和谐社会主义——通向共产主义的科学路径》，经济科学出版社 2006 年版，第 147—148 页。

服务，完善社会管理，促进社会公平正义，努力使全体人民学有所教、劳有所得、病有所医、老有所养、住有所居，推动建设和谐社会。”这正是人文精神的体现。当前中国在立法工作中坚持以人为本的科学发展观为指导思想，就是要提倡人文精神，在立法中体现保障人权、保护弱者合法权益的立法价值。

第五，道德素质。道德作为重要的社会意识形态，在规范人们的行为方面起着重要的作用。在一个文明进步的社会中，自觉地遵守道德，积极地、能动地进行一定的行为是这个社会、这个国家和谐发展的根基。因此在现代社会中道德素质已经成为衡量一个人品行是否端正的重要标准，也是判断一个人对工作是否尽职尽责的主要内容。立法是一项关系到一个国家和民族生存、发展及前途命运的工作，因此要求从事立法工作的国家公职人员一定要提高道德素质，它主要包括民主精神、工作态度、道德责任等方面，其中道德责任意识有重要的意义。因为道德责任是社会发展的良性基础，离开了道德责任社会就无法生存。道德责任的有效践行是社会健康状况发展的内在需要①。而工作态度、道德责任都表明了作为立法工作者起码的道德素质。

第六，文化修养。立法是一项复杂的、理性的活动，它所调整的是各个领域的社会关系，它所涉及的知识也是无所不包的。因此需要具备经过系统学习的、掌握法学及其他专业知识的人从事。同时由于现代科学技术的不断发展，使一些自然科学的研究方法和手段也开始向立法活动中渗透，还有管理学、决策学、未来学等边缘科学和软科学也越来越多地被一些国家的立法方法和技术所采用，并得到学术领域的认同。因此需要从事立法的工作人员要及时更新知识结构，不断学习，提高文化修养。

---

① 参见郭金红《道德责任论》，人民出版社 2008 年版，第 109 页。

第七，实践理念。作为立法工作者要克服教条主义的僵化思维和工作方法，将“精英立法”和“民意立法”[①]结合起来，深入调查，勇于实践。特别是要置身于人民群体之中，从自己的职业范围出发，深入调查研究，了解百姓对立法的诉求，这对于法律的实施，提高公民的守法意识，实现立法的价值有着重要的意义。

2. 对立法方法、策略的精益要求

在现代法治国家，由于法律是调整社会关系最重要的行为规范，因此立法所形成的法律质量至关重要，为了保证能够制定良好的法律，就必须运用科学的方法和选择一定的策略。然而方法的运用和策略的选择不是绝对的、抽象的，而是相对的、具体的。立法主体要根据一定社会历史时期的发展变化而运用和选择相应的方法和策略，这就要有一个量化和比较的过程。在此我们以精益学的理论为依据，对其提出精益要求。

(1) 对立法方法的精益要求。影响立法主体运用何种方法进行立法的因素较多，既有主观方面的，也有客观方面的。尽管在现代法治国家中立法已不可能是个别人的行为了，但其却是通过个人行为完成的，因此主观因素，如立法者的受教育程度、知识结构、理论水平、文化修养、道德素质，以及人生观、价值观等因素都会直接、间接地影响立法行为。立法作为国家的重要活动之一，是和国家的其他活动相互联系的整体，并会受到一国的政治、经济、文化、科技的状况、国内外形势的变化、社会某一历史时期执政党的执政思路、水平，以及人们的道德水准、法律意识程度等诸多客观因素的制约。同时在立法过程中除运用一般

---

① 中国近年来“民意立法”高涨，在某种程度上是对“精英立法”的补充，因此要处理好二者之间的关系。这方面的内容，本书将在最后一章具体阐述。

的立法方法外，还要根据某一具体法律的特殊性，而采取与之相适应的方法，同时还要注意综合方法的运用以及某一具体方法的性质和所能适用的范围。

第一，在民主集中的立法方法的运用时，要强调民主是这一方法的主要方面，决定着这一方法的性质。在现阶段中国的立法过程，民主立法既是方法，也是原则和制度，这是由中国社会主义民主政治的本质决定的，是中国共产党作为执政党执政为民的具体体现。中共十七大报告指出，人民民主是社会主义的生命。立法正是通过人民民主体现人民意志的。在中国民主立法是主要通过人民代表大会间接完成的。近年来，为了能更全面地反映不同群体、不同阶层民意对立法的愿望和要求，也通过向社会公布草案征求修正意见的渠道直接体现民主立法。同时还必须认识到立法是一种复杂的理性活动，需要以一定的科学方式和手段对民主立法的内容进行必要的集中，并从广泛的、宏观的、甚至是零散的和盲目的话语中提炼出能够真正反映绝大多数人民的意愿。并要反复多次使民主和集中达到相互反馈的良性循环和有效的促进。

第二，科学性和合理性统一的方法是现阶段立法的必然要求。过去由于中国立法科学理论的落后，忽视了立法的科学性，特别是在立法的体例、语言的表达及技术的运用方面不够科学或规范，在适用法律中常常引起歧义，这些方面在今后的立法实践中一定要加以克服。当然同时也要注意其合理性，要顺应时代发展的需求，符合社会善良的道德风俗，特别是民族自治条例的制定，更是要注意这一点。其目的就是使法律具有可行性，能被人们所理解和接受。在此边沁的一番叙述会给我们以莫大的启迪，“法律的风格应该和它们的条例一样简单；它应当使用普通语言，它的形式应该没有人为的复杂性。如果说法典的风格与其他著作的风格有什么不同的话，那就是它应该具有更大的清晰性、更大的精确性、更大的常见性；因为它写出来就是让所有的人都理解，尤其是让最低文化水平阶层的人理解的”[①]。

第三，在立法中处理好稳定性和变动性的统一也是十分重要的。在此，我们要坚持立法的稳定性。亚里士多德认为，一般来说，初期的法律都是不很周详而又欠明确的，所以必须根据人类积累的无数经验不断进行日新月异的变革。但是变革需要慎重考虑，不能轻率进行。变革应以增进社会的幸福为宗旨。如果法律的变革社会所得的利益不大，则法律和政府方面所包含的一些缺点，还是姑且让它沿袭的好[②]。富勒认为，频繁变动的法律和溯及既往的法律具有同样的危险性，因为这会使人们感到担忧[③]。因此保持法律的稳定性对于树立法律的权威，确保社会的安定有重要意义，但这绝不意味着法律的一成不变，只是要三思而后行，并充分做好实施法律所需要的主客观条件。

（2）对立法策略的精益要求。在立法活动中选择何种立法的策略十分重要，因为这不仅关系到所立的法能否顺应形势的发展，同时还涉及所立的法能否真正得到实施，发挥法律作为社会规范的作用。

超前、滞后和同步立法三种立法策略反映着立法主体对立法积极意识的程度，立法者究竟确定哪一种立法策略，不能是立法者的主观臆想，而是要根据客观形势的发展而定。相对来说，超

---

① ［英］吉米·边沁：《立法理论》，丁露、王丽等译，中国人民公安大学出版社 2004 年版，第 191 页。

② 参见［古希腊］亚里士多德《政治学》，吴寿彭译，商务印书馆 1965 年版，第 81 页。

③ 参见沈宗灵《现代西方法理学》（法学丛书），北京大学出版社 1992 年版，第 54 页。

前立法其主体的积极意识最强，主动性也最高，也最能体现立法主体的进取精神，对形势的反映最为敏捷，但对超前立法不能有过高的期望值，要有一个科学的认识：首先，超前立法通常只是在常规立法已不敷使用的情况下，才有必要性。其次，超前立法主要是现代科学技术和现代经济发展过程中的产物，是一国开国之初和社会变革之际采用的一种立法方法①。

通常，人们对滞后立法的存在和作用是有误解的，认为滞后立法是由于立法主体的思想保守、缺乏洞察力，使其不能及时制定出反映不断出现新的社会关系的法律。滞后立法缺少积极进取的精神，是消极、被动的，不能满足现代法治国家发展的需要，因此确定在总体上，滞后立法的主要倾向是消极的，一般来说是不宜提倡的，是应当尽量加以克服的②。由此认为滞后立法反应迟钝，立法主体的积极意识弱，主动性也最低，是一种被动的立法行为。这种认识是缺乏科学性的，也不是立法主体所期待的。在立法活动中，由于立法主体的世界观和认识方法方面的错误和偏差，以及思想的保守和怠慢会产生一定滞后现象，但这不是滞后立法，而是立法滞后，如果说，不提倡滞后立法，恰恰应当不提倡的是由于这种人为因素而产生的“立法滞后”，而不是滞后立法。因为一种新的社会关系的成熟有一个过程，当它刚刚产生时，可能还相当不稳定，或者还只是个别的现象，缺乏普遍性，这时如果急于求成，急于立法恐怕不是立法滞后，而是法律滞后了，因为这样的法律由于缺乏适用性，而只能是过去的理想成为了落伍的期待。当社会上所产生这种新的生产关系需要制定一部新的法律去规范时，又没有可参照、可借鉴的经验，这时采用滞

① 参见周旺生《立法学》，法律出版社 2004 年版，第 274 页。

② 同上书，第 275 页。

后立法的策略是可行的。可见滞后立法是不得已而为之，是不以立法主体的意志为转移的，选择滞后立法策略要克服立法主体的消极意识，变被动为主动，要根据形势的发展主动地“滞后”，而不能消极地“滞后”，这是保持法律稳定性和确定性的必然要求。因此是否采取滞后立法的策略要辩证分析，适时而定，绝不能主观臆想。

超前立法和滞后立法相比有明显的优点。超前立法主要规范将来的社会关系，在科技水平较高、社会变革较快的背景下才有一定的作用，滞后立法又是在某些客观因素作用下而被动采取的。同步立法则主要适用于社会稳定发展的情况，其立法主体的积极性程度适中，是较科学的立法策略，应当大力提倡。但是我们必须对同步立法的“同步”有一个清醒的、辩证的认识，因为所谓的“同步”只是理想的，现实中要做到绝对的、精准的“同步”是不可能的，而只能是大致的同步。事实上法律规范本身就是一种对现实社会关系的概括，虽然其中也会有诸多具体的规定，但它绝不能具体到对某一个特定对象进行规定，不具备这一特征，法律就会失去其普遍的适用性，也就会失去法律的本身，而法律规范的概括性就决定了同步立法的相对性。因此不能将同步立法绝对化，而否定超前立法和滞后立法的作用，“以同步立法为主导，以超前立法为辅助，在少数情况下也允许滞后立法在一定程度上得以采用，这应是我们的上佳选择”①。

对立法的协调策略的精益要求。在中国现阶段，就是要在立法活动中坚持以人为本的科学发展观为指导思想，准确把握人民群众的共同愿望，充分体现人民群众的共同利益，统筹兼顾好各阶层各方面的具体利益。

---

① 周旺生：《立法学》，法律出版社 2004 年版，第 276 页。

二　立法预测、规划和决策

立法的预测、规划和决策是处于整个立法过程的准备阶段，这一阶段如果准备的越充分、越扎实，就越能在整个立法过程迈出坚实的步伐[①]。

1. 立法预测、规划和决策的内容

(1) 立法预测。立法预测是采用专门的科学方法和手段，推测有关立法的未来状况和发展的趋势。立法预测是立法准备阶段的一个重要环节，其目的是在收集、整理和分析有关材料的基础上，揭示未来一段时期内社会发展对立法客体的需求，科学地预测立法的发展趋势，考察和测算立法需求的内容、种类、范围，实现这种需求的可能性，现行立法达到的预期效果及立法对社会需求满足的程度等等。为立法规划和法的创制提供科学依据。立法预测是现代科学技术在立法中的运用，也是立法科学价值的体现，对立法的实践活动和实现立法价值有重要的作用，表现为立法预测有助于协调立法与社会发展的关系；有助于协调法治体系的内部关系。法治是一个复杂的系统工程，是一个由立法、执法、司法、守法、法律监督等诸多环节组成的链，而立法则是连接所有环节的重要一环，因为所立之法的质量好坏是通过其他所有的环节得到检验的，这就要求立法必须和其他法治的环节协调一致，而要实现这种一致就必须对其他环节进行科学的预测，使立法行为能够和每一环节相协调。另外，立法预测还有助于使立法实现自身科学化，发挥其最佳的社会效果。

立法预测从时间上，可以分为短期预测、中期预测和长期预

---

① 关于立法预测、规划和决策的内容是主要参照周旺生先生的专著《立法学》中的相关内容进行概括的，参见该书的第 291—314 页。在此对周旺生先生深表谢意！

测。短期预测也称近期预测，一般是对五年以内的立法发展前景和趋势进行考察和测算。短期预测时间较短，覆盖面不大，但预测检验效果较快，因此，预测结果应当尽可能具体、明确和详尽。短期预测是中长期预测的基础和据以修正的重要依据，一般较适用于地方立法和部门立法。中期预测一般是对五年至十年的立法发展前景和趋势进行考察和测算。中期预测介于长、短期预测之间，时间长短适中，覆盖面不大、适度，既能为短期预测提供指导，又能为长期预测奠定基础，因此它的地位极其重要，是联结长、短期预测的桥梁与纽带。从中国的现实情况分析，中期预测更适合国务院的立法，也适用于全国人大及其常务委员会的立法活动。长期预测是对十年、二十年或更长的立法发展前景和趋势进行考察和测算。长期预测时间长，覆盖面大，是粗线条、较笼统、较模糊的预测，是为中、短期预测作指导，一般只适用于立法机关采用。此外，从空间上还可分为全国预测和地方预测；从程度上分为宏观预测和微观预测。

（2）立法规划。立法规划是有权主体在其职权范围内，为达到一定的目的，按照一定原则和程序，所编制的准备用以实施关于立法工作的设想和部署。立法规划具有指导性和指令性的双重属性，经过对立法工作的通盘考察做出总体设计，这是立法规划对立法的指导性作用；通过总体设计对立法工作作出具体的安排和部署，是立法规划的指令性作用。同时立法规划对立法工作所作的设想和部署是立法主体应当遵循的准则，但由于立法规划只为立法主体提供了行为模式，而没有相应的后果模式，与完全意义的法的准则不同，只属于一种准法律性质的规范性文件，与此相适应，编制立法规划的活动就是准立法活动。

另外，立法规划在权力、程序和实施等方面都有其特殊性。其中立法规划权的立法主体既可以是有权立法主体，也可以是授权立法主体，现实中草拟立法规划的立法主体并非是有权立法主体，因此它们并不是有权进行立法规划，他们草拟的立法规划只有经有权主体的批准或通过才能成为正式的立法规划。因此编制立法规划的立法主体行使的并不是完全意义的立法权。编制立法规划的程序与立法程序不同：立法程序都是法定的、公开的；而编制立法规划的程序可以是法定的、公开的，也可以是内定规则，不一定公开。而在实施方面，立法规划是立法主体完成立法工程的施工蓝图，是否能得到实施，还要看其是否能够被采纳。立法规划具有协调立法与它所调整的社会关系、帮助构建完备的法律体系和法治体系、促进立法工作和指明方向，使立法更加科学化。立法规划的类别，可根据不同的标准进行。按主体的不同可分为议会立法规划和政府立法规划。一般而言，议会立法规划比同级政府立法规划更重要、更有全局性，其地位也更高。按立法项目内容的不同，可以将立法规划分为综合立法规划和专门立法规划。按立法规划的时限可将立法规划分为短期、中期和长期三类。

（3）立法决策。立法决策是立法主体在自己的职权范围内，就立法中的实际问题，作出某种决定的行为。当立法的过程出现了某种问题，需要立法主体进行解决，当他们对解决这些问题需要作出决定时，就形成了立法决策。立法决策是由立法主体根据法定职权作出的，目的是为解决立法中出现的实际问题，并对其作出价值判断和进行取舍的行为。立法决策是立法行为的有机组成部分和先决条件之一，没有立法决策就不能及时地解决立法中出现的问题，立法行为就无从进行。因此立法决策正确与否，直接关系立法价值能否实现的问题。立法决策的产生，是 20 世纪 70 年代美国出现的新科学决策学在立法行为中的应用，它使立法主体更能发挥其积极性，特别是体现了立法主体的应变能力和立法的自觉意识。立法决策按立法主体范围可分为集体决策和个人决策；按空间范围可分为宏观决策和微观决策；按规律性质程度可分为常规决策与非常规决策等等。

2. 对立法预测、规划和决策的精益要求

立法行为是一个完整的过程，而这一过程是由诸多的具体立法活动完成的，要保证立法行为的顺利进行，必须对每一个具体的立法活动量化择优，特别是前期的准备活动更应当精益求精。遵循从立法数量到立法质量的原则，对制定不同部门法律，从立法准备的各个阶段开始，就要体现其立法的价值，这样才能为后期的立法活动打下坚实的基础。立法的预测、规划和决策正是要完成好这一神圣使命的有效途径。

（1）对立法预测的精益要求。为了充分发挥立法主体的积极性和主动性，必须有目的地进行立法预测。要使立法预测能够起到应有的作用，必须具备两个条件：一是所占有的材料、掌握的信息必须真实可靠，并具备一定的数量，可供比较和选择；二是必须运用一定的思维方法。因此首先要有一个实事求是的科学态度，进行充分调查研究，收集的信息应当准确、全面而具体，在内容上要涉及政治、经济、文化，特别是中国法制实施的过去、现在及未来发展趋势的状况。要运用定性和定量相结合的方法，在确定其真实性的基础上要对其数据进行统计分析，寻找出数据变化的规律和发展趋势。在具体的预测中要根据预测的类别、性质、特征等情况具体分析，采用不同的方法。在形成预测报告后还要注意与实际情况的符合程度，及时纠正可能出现的误差。同时在预测时要注意其合法性，特别是要遵循宪法至上的原则，因为如果立法预测与宪法的相关内容相抵触，则是无功之举。立法主体在立法中进行什么样的立法预测，完全取决于立法的客观需要，不可以盲从。当然，为了适应复杂多变的社会，保障社会稳定发展，一般来说，立法主体都会进行多种立法预测，以便从不同视角全面反映社会发展对立法的需求。为实现立法价值而进行有价值的行为，特别是作为国家核心的立法机关中央立法机关更是应当从国家和人民的整体利益出发，对立法在时间和空间及其他方面进行全程和全面的预测。因为预测的进程越长，范围越广，越能对未来出现的问题有所准备，也就越能自觉主动地进行立法行为。当然也不排除在特殊情况下对具体情况的预测。

（2）对立法规划的精益要求。为了不断满足社会的需求，适应社会的发展与进步，积极、主动、及时地反映这些社会的需求和进步，客观自觉地对其进行有价值的认识。制定立法规划可以使立法工作突出重点，使立法活动适应改革开放和现代化建设的需要，增强立法工作的主动性，防止立法工作中的重复、分散或遗漏现象，避免不必要的立法活动，并有助于各部门之间的协调和有准备地参加立法活动，提高立法质量，在一定程度上能克服立法中的主观性和盲目性。在进行立法规划的过程中要坚持法治原则、可行性原则和科学原则。在立法规划中立法主体的确定、内容的选择、程序的进行过程都要依法行事。同时还要考虑立法规划的可行性问题，如立法规划必须能够满足实际需要，特别是能够符合人们的价值观念和道德标准，为立法规划的落实奠定基础。另外，在立法规划中还要讲科学、用科学，按照社会的客观发展规律的要求布置立法项目，并注意运用先进的科学理论和方法，特别是要注意将立法预测的积极成果吸收到立法的规划中来，使立法规划的目的更明确。

从 1991 年，七届全国人大常委会制定的第一个正式的立法规划：《全国人大常委会立法规划（1991 年—2003 年）》，此后每五年制定一部立法规划，并成为全国人大立法工作的重要内容。从十届、十一届全国人大常委会制定的立法规则中，可以看到中国近年来立法规划对立法的重要意义。

十届全国人大常委会的立法规划共确定两类立法项目共76件，于2003年12月18日发布。以下是以“法律名称（立法主体：提请审议机关或起草单位）”的形式表述。

第一类项目：任期内提请审议的法律草案59件。

一、宪法及相关法类10件：1. 宪法修正案（全国人大常委会法工委）；2. 紧急状态法（国务院）；3. 军事法院组织法（中央军委）4. 军事检察院组织法（中央军委）；5. 选举法修改（全国人大常委会法工委）；6. 地方组织法修改（全国人大常委会法工委）7. 人民法院组织法修改（最高人民法院）；8. 人民检察院组织法修订（最高人民检察院）；9. 城市居民委员会组织法修改（国务院）；10. 全国人大常委会议事规则修改（全国人大常委会办公厅）。

二、民法商法类10件：1. 物权法（全国人大常委会法工委）；2. 侵权责任法（全国人大常委会法工委）；3. 涉外民事关系的法律适用法（全国人大常委会法工委）；4. 商事登记法（国务院）；5. 企业破产法（全国人大常委会财经委）；6. 证券投资基金法（全国人大常委会财经委，已通过）；7. 公司法修改（国务院）；8. 合伙企业法（修订）（全国人大常委会财经委）；9. 商业银行法修改（国务院）；10. 证券法修改（全国人大常委会财经委）。

三、行政法类16件：1. 行政许可法（国务院，已通过）；2. 行政收费法（国务院）；3. 行政强制法（全国人大常委会法工委）；4. 国防动员法（国务院、中央军委）；5. 公务员法（国务院）6. 居民身份证法（国务院，已通过）；7. 护照法（国务院）；8. 公证法（国务院）；9. 违法行为矫治法（全国人大常委会法工委）；10. 初级卫生保健法（国务院）；11. 治安管理处罚条例修改（国务院）；12. 义务教育法修改（国务院）；13. 科学技术进步法修改（国务院）；14. 传染病防治法修改（国务院）；15. 固体废物污染环境防治法修改（全国人大常委会环资委）；16. 建筑法修改（国务院）。

四、经济法类 14 件：1. 国有资产法（全国人大常委会财经委）；2. 外汇法（全国人大常委会财经委）；3. 反垄断法（国务院）；4. 反倾销和反补贴法（国务院）；5. 保障措施法（国务院）；6. 企业所得税法统一适用各类企业（国务院）；7. 银行业监督管理法（国务院）；8. 中国人民银行法修改（国务院）；9. 预算法修改（全国人大常委会预工委）；10. 个人所得税法修改（国务院）；11. 审计法修改（国务院）；12. 土地管理法修改（国务院）；13. 对外贸易法修改（国务院）；14. 反不正当竞争法修改（国务院）。

五、社会法类（6 件）：1. 社会保险法或者养老、医疗、失业、工伤保险分别立法（国务院）；2. 社会救济法（国务院）；3. 劳动合同法（国务院）；4. 农民权益保护法（全国人大常委会农委）；5. 妇女权益保障法修改（全国妇联）；6. 未成年人保护法修改（全国人大常委会内司委）。

六、诉讼和非诉讼程序法类 3 件：1. 刑事诉讼法修改（全国人大常委会法工委）；2. 民事诉讼法修改（全国人大常委会法工委）；3. 仲裁法修改（国务院）。

七、刑法类：根据情况需要，适时审议刑法修正案草案。

第二类项目：研究起草、条件成熟时安排审议的法律草案（17 件）。

1. 农民合作经济组织法（全国人大常委会全国人大农业和农村委员会）；2. 期货交易法（全国人大常委会财经委）；3. 不

动产登记法（国务院）；4. 融资租赁法（全国人大常委会财经委）；5. 行政程序法（全国人大常委会法工委）6. 政务信息公开法（国务院）；7. 禁毒法（国务院）；8. 税收基本法（全国人大常委会财经委、国务院预工委）；9. 财政转移支付法（全国人大常委会、国务院预工委）；10. 国民经济动员法（国务院）；11. 西部开发促进法（国务院）；12. 反洗钱法（全国人大常委会预工委）；13. 自然保护区法（全国人大常委会环资委）；14. 海岛保护法（全国人大常委会环资委）；15. 国家赔偿法修改（全国人大常委会法工委）；16. 行政诉讼法修订（全国人大常委会法工委）；17. 监督法（全国人大常委会办公厅）。

十届全国人大的立法规划绝大部分已经完成，这些新的法律或被修改的法律目前均已生效，并得到了实施。

十一届全国人大常委会于 2008 年 10 月 29 日召开立法工作会议进行了立法规划部署，共确定两类立法项目共 64 件。以下是以“法律名称（立法主体：提请审议机关或起草单位）”的形式表述。

第一类项目：任期内提请审议的法律草案 49 件。

一、宪法及宪法相关法类 5 件：1. 村民委员会组织法修改（国务院）；2. 城市居民委员会组织法修改（国务院）；3. 全国人民代表大会和地方各级人民代表大会选举法修改（全国人大常委会法工委）；4. 全国人民代表大会组织法修改（全国人大常委会法工委）；5. 国家赔偿法修改（全国人大常委会法工委）。

二、民法商法类 6 件：1. 保险法修改（国务院）；2. 消费者权益保护法修改（国务院）；3. 专利法修改（国务院）；4. 商标法修改（国务院）；5. 侵权责任法（全国人大常委会法工委）；6. 涉外民事关系法律适用法（全国人大常委会法工委）。

三、行政法类 15 件：1. 食品安全法（国务院）；2. 外交人员法（国务院）；3. 非物质文化遗产保护法（国务院）；4. 国防动员法（国务院、中央军委）；5. 人民武装警察法（国务院、中央军委）；6. 兵役法修改（国务院、中央军委）7. 职业教育法修改（国务院）；8. 药品管理法修改（国务院）；9. 大气污染防治法修改（国务院）；10. 森林法修改（国务院）；11. 城市房地产管理法修改（国务院）；12. 防震减灾法修改（国务院）；13. 突发事件应对法修改（国务院）；14. 行政监察法修改（国务院）；15. 行政强制法（全国人大常委会法工委）。

四、经济法类11件：1. 企业国有资产法（全国人大常委会财经委）；2. 循环经济促进法（全国人大常委会环资委）；3. 增值税等若干单行税法（国务院）；4. 电信法（国务院）5. 粮食法（国务院）；6. 税收征收管理法修改（国务院）；7. 广告法修改（国务院）；8. 邮政法修改（国务院）；9. 土地管理法修改（国务院）；10. 矿产资源法修改（国务院）；11. 预算法修改（全国人大常委会预工委、财政部）。

五、社会法类6件：1. 社会保险法（国务院）；2. 基本医疗卫生保健法（国务院）；3. 精神卫生法（国务院）；4. 社会救助法（国务院）；5. 慈善事业法（国务院）；6. 老年人权益保障法修改（国务院）。

六、刑法类1件：1. 刑法修正案，根据情况需要，适时审议刑法修正案草案（全国人大常委会法工委）。

七、诉讼与非诉讼程序法类5件：1. 农村土地承包纠纷仲裁法（国务院）；2. 人民调解法（国务院）；3. 刑事诉讼法修改（全国人大常委会法工委）；4. 民事诉讼法修改（全国人大常委会法工委）；5. 行政诉讼法修改（全国人大常委会法工委）。

第二类项目：研究起草、条件成熟时安排审议的法律草案15件。

1. 行业协会商会法（国务院）；2. 行政收费管理法（国务院）；3. 国民经济动员法（国务院、中央军委）；4. 国防交通法（国务院、中央军委）；5. 陆地边界法（国务院、中央军委）；6. 司法协助法（国务院）；7. 出境入境管理法（国务院）；8. 中（传统）医药法（国务院）；9. 图书馆法（国务院）；10. 住房保障法（国务院）；11. 期货法（全国人大常委会财经委、证监会）；12. 资产评估法（全国人大常委会财经委）；13. 海岛保护法（全国人大常委会环资委）；14. 自然保护区法（全国人大常委会环资委）；15. 违法行为矫治（全国人大常委会法工委）。

有关方面还提出：修改商业银行法、证券投资基金法、环境保护法等；制定能源法、机构编制法、户籍法、志愿服务法等；研究论证建立国家公职人员财产申报、社会信用、个人信息保护等方面的法律制度。这些立法项目由有关方面继续开展研究论证，视情况作出相应安排。

十一届全国人大常委会立法规划项目总数与往届相比有所减少，并且把社会领域立法作为重点以着力解决过去中国社会领域立法相对滞后的实际问题。在指导思想和原则中提出，坚持以人为本，以改善民生为重点加强社会领域立法，在立法项目上，把社会领域立法作为立法规划的重点摆在了突出位置，如制定社会保险法、食品安全法、基本医疗卫生保健法、精神卫生法、社会救助法、慈善事业法等。同时对民商法的相关法律的制定和修改也给予了极大关注，特别是侵权责任法和涉外民事关系法律的制定已提到了日程上来。另外民事、刑事和行政三大诉讼法的修改也已列入该届的立法规划中。当前，中国立法工作面临新的形势是改革开放 30 年，随着经济社会的变革与发展，一些深层次矛盾和问题势必反映到立法工作中，需要在立法过程中妥善解决。在中国特色社会主义法律体系已经基本形成的条件下，立法工作需要着重解决的不是法律的数量，而是法律的质量。因此按照中共十五大、十六大、十七大的要求，以确保全国人大提出的2010年形成中国特色社会主义法律体系并不断加以完善的目标。目前十一届全国立法规划正在实施，我们有理由相信这一立法规划对实现中国立法价值能起到重要的作用。

（3）对立法决策的精益要求。立法决策在立法中所起的作用是十分重要的。因为立法是一项极其庞大的系统工程，不仅会涉及立法自身内部方方面面的问题，也会牵涉到立法与政治、经济、文化、道德等其他社会存在的关系问题，这些问题如果不能得到较好的解决，形成激化，就会影响立法的顺利进行。因此做好立法的决策工作，是保证立法质量的重要举措。在进行立法决策工作时，首先要遵循法治原则，处理好依法决策和以政治为导向的关系。立法决策不能违背政治方向，但绝不能以政治代替法治。在现代法治国家，政治统治也要法治化，政治权威不能高于法律的权威，而应当是法律权威的一部分。同时要发扬民主作风，发挥集体智慧，防止官僚主义作风，才能应对可能出现的重大的、复杂的立法问题。另外，要注意运用综合性方法，针对具体问题采用相应的方法加以妥善处理，不能模式化。特别是要重视对所掌握信息的分析，在确认其真实性的基础上，进行量化比较，并将其分析结果运用到立法决策中。为保证立法决策的实效，应制定多个方案以供选择和备用，旨在充分全面地发挥立法决策的作用。

第三节　立法的精益行为过程

立法是一种动态的、有序的事物，是一种活动或行为过程。作为完整的或者是延伸的立法过程主要是由三个阶段组成：立法的准备阶段、从法案到法的阶段和立法的完善阶段。这里所说的精益立法的过程是指从法案到法的阶段，是指由法案提出直到法公布等一系列的立法活动所构成的[①]。由于这一阶段是立法的正式或实质性的过程，不包括准备阶段和完善阶段，但它却是以立法的准备阶段为前提的，而且从立法的完整性来说，一般都要过渡到立法的完善阶段。但从法案到法阶段又是一个相对独立的阶段，这一阶段的过程也称立法的程序。这一阶段的立法活动所要完成的是立法的专有活动，也就是纯粹的立法活动。从理论的维度分析，立法的整个过程由“由上而下”的立法民主和“由下而上”的民主立法两个程序组成，民主立法是穿插在立法民主的过程中的，因此，在现实中这两个程序以一定的形式交织在一起，相互影响、相互促进，共同为立法的进程发挥作用。在中国，由于其二者在根本利益上是一致的，而且也能够一致，其相互关系更加密切，如果双方能够同心协力，共同呵护，定能和谐发展。这正是立法过程的要求，也是实现立法精益价值的必备。

一　立法民主的程序

立法是由立法主体行使立法权力的行为过程。立法的民主程序是指在立法过程中所必须经过的民主程序。《中华人民共和国立法法》第 5 条规定：“立法应当体现人民的意志，发扬社会主义民主，保障人民通过多种途径参与立法活动。”中共十七大报告中强调，要坚持科学立法、民主立法，完善中国特色社会主义法律体系。立法民主是以民主立法为基础的，是民主立法在立法过程中的具体体现。

---

① 参见周旺生《立法学》，法律出版社 2004 年版，第 152、156 页。

1. 对立法民主的定性分析

对立法民主的定性分析主要从立法民主的内涵和价值两方面分析，为进一步认识立法民主的程序问题作理论铺垫。

(1) 立法民主的内涵。立法是享有相应立法权的国家机关制定法律的专门活动。立法民主就是指依据宪法和法律的规定，在立法活动过程中的各个阶段和每一个环节都要遵循民主原则。立法民主包括两方面的内容：

第一，立法行使的民主性。在中国有立法权的主体是全国及地方各级人民代表大会和有权制定法律的市以上各级人民政府。由人民选举代表，由代表组成的全国人民代表大会和由其被授予立法权的行政机关行使立法权。

第二，立法认识的民主性。为了更好地体现立法民主，要营造一种民主的气氛，发挥每一位进行立法活动者的智慧，使他们能充分表达自己立法意识的思想。为了使与会者充分发表意见展开讨论，明晰观点，与会者在会议上的发言权利受法律保护，在这方面中国现行宪法第 75 条作了规定，即人大代表在全国人大的各种会议上的发言和表决，不受法律的追究。

第三，立法内容的民主性。立法必须反映人民的意志，中国现行宪法第 2 条规定："中华人民共和国的一切权力属于人民。人民行使国家权力的机关是全国人民代表大会和地方各级人民人代表大会。"

(2) 立法民主的价值。立法民主的价值在于：能够制定良法，促进法治的完善；树立法律的权威，实现立法价值。

第一，制定良法，促进法治的完善。要有效地实施法治，不仅要有法，而且必须有良法。主张"良法之治"始终是自然法学派坚守的真理，以亚里士多德为代表的古典自然法学主要是从法的内容，即道德方面阐述，而现代自然法学则更多从程序方面论证，如美国新自然法学的代表富勒在他的名著《法的道德性》中，提出了法的八项内在道德，他认为，要使法律达到管理人民行为的目的，必须避免八个错误，即：不订规则，每件事只好临时个别决定；规则不公开；规则溯及既往；规则无法让人了解；规则互相抵触；受规则影响的人无力做到规则对行为的要求；规则更易频繁，人民莫知所从；规则在实际执行上有出入。避免了这八个错误，就等于符合了八个合法性原则，也就符合了法律的内在道德，法律管理的目的就能达到[①]。可见，自然法学是以道德确认法律的标准，从而实际上否认了“恶法”也是法的分析法学的观点。现代法治社会所要求的良法应当包括内容和程序两个方面。即良法在内容上必须能够符合某一社会、某一时代人们普遍的道德标准，特别是要符合正义、公平等立法价值的标准。同时良法还必须具有普遍性、公开性、明确性、稳定性、一致性、可操作性、执法的合法性以及不溯及既往等特征。通过立法民主，能够提高立法质量，制定“精良之法”。

第二，树立法律权威，实现立法价值。国家权力的存在和行使都应当有法的依据，社会生活的诸多方面都应当接受法的调整，公民实施一定的行为应当以法为规范，享有法规定的权利，履行法所规定的义务。亚里士多德在强调良法对法治的重要性时认为：“谁说应该由法律遂行其统治，这就有如说，唯独神祇和理智可以行使统治；至于谁说让一个个人来统治，这就是在政治中混入了兽性的因素。常人既不能完全消除兽欲，虽最好的人们（贤良）也未免有热忱，这就往往在执政的时候引起偏向。法律

① 参见周天玮《法治理想国——苏格拉底与孟子的虚拟对话》，商务印书馆1999年版，第116页。

恰恰正是免除一切情欲影响神祇和理智的体现。”[①] 因此，通过立法民主树立立法权威，确立立法的公信力，杜绝凌驾于法律之上的特权，任何违法行为都要受到法律的制裁，使全体社会成员“一体”遵法守法，促进立法价值实现。

2. 对立法民主的量化分析

立法民主的量化分析就是对构成立法民主过程的各个环节进行定位疏通，以便将这一动态的阶段一一展现出来。

（1）立法议案（或法案）的提出。立法经过了准备阶段后，立法活动的过程便进入法案到法的阶段。立法议案是指依法享有立法议案提案权的单位或个人，向立法机关提出的有关制定、修改或废止某一法律的正式提案。法案一经提出，就会由立法机关列入议事日程，准备进行正式审议和讨论。提出议案是立法议案到法的产生的基础性程序，在整个立法过程中都彰显了立法的民主性。

第一，对提案权主体的确定。一般来说，享有提案权主要是：议会和议员；国家元首、政府和政府首脑；成员国或下一级政权；司法机关、党政和有关社会团体；一定数量的选民及法定的其他机关。在中国根据宪法和相关法律，中国享有立法权的主体是：①全国人大代表和全国人大常委会的组成人员，可以向全国人大常委会提出法案。②全国人大主席团、全国人大常委会可以向全国人大提出议案。全国人大各专门委员会可以向全国人大或全国人大常委会提出议案。③国务院、最高人民法院和最高人民检察院可以向全国人大或全国人大常委会提出议案。

第二，立法民主还表现在提出议案的法定程序中。一是提案

---

① ［古希腊］亚里士多德：《政治学》，吴寿彭译，商务印书馆 1965 年版，第 168—169 页。

的范围。享有提案权的主体应就自身职权和业务范围内的事项提出属于接受议案机关的职权范围内的议案。目前，中国还没有相关的“业务”范围的规定。现实中，一般来说，议案的主体总是根据所在部门或与自己职业相关而提出有关的议案，在选举人大代表时也考虑了这一点，要求代表的职业、性别、民族、区域等构成要有一定的比例。二是提案的对象。议案主体应当向自己能够提出法案的不同机关提出。各国法律都对此进行了明确的规定，中国相关法律规定，国家机关既可向全国人大也可以向全国人大常委会提出。而人大代表或代表团只能向人大提出；人大常委会委员只能向人大常委会提出。三是提案的形式和方式。一些国家也都作了规定，提案应采取书面形式及提交的程序、时间等①。《中华人民共和国立法法》第 48 条相关的规定：提出法律案，应当同时提出法律草案文本及其说明，并提供必要的资料。法律草案的说明应当包括制定该法律的必要性和主要内容。

第三，议案列入议程制度的民主。一项议案提出后是否能列入议程加以审议，一般由立法机关的有关委员会主持工作。如在美国无论向众议院还是向参议院提出议案都要先交到一个相关的立法委员会，由该会决定是否将提案提交全院大会审议。根据《中华人民共和国立法法》第 12、13 条的规定，国家机关提出的议案，由主席团决定列入会议议程。一个代表团或者三十名以上的代表联名向全国人大提出议案，由主席团决定是否列入会议议程，或者先交有关的专门委员会审议后并提出是否列入会议议程的意见，再决定是否列入会议议程。专门委员会审议的时候，可以邀请提案人列席会议，发表意见。同时在《中华人民共和国立法法》第 15、16 条中还规定，常务委员会决定提请全国人

---

① 参见周旺生《立法学》，法律出版社 2004 年版，第 162、163 页。

民代表大会会议审议的法律案，应当在会议举行的一个月前将法律草案发给代表。列入全国人民代表大会会议议程的法律案，大会全体会议听取提案人的说明后，由各代表团进行审议。各代表团审议法律案时，提案人应当派人听取意见，回答询问。地方立法将参照国家立法的制度进行。

（2）议案的审议。法律议案提出后，立法就进入了审议阶段。议案的审议实际上就是对法律草案的审议，是立法机关对已经列入议事日程的草案进行正式的审查和议论。审议议案是保证立法质量、体现立法民主的重要环节，它可以使法律更加完备和成熟。

第一，审议权的确定。一般来说，各国的全体会议、领导机构和专门委员会，都可以分工、合作和参与成为审议权的主体，但在审议权的大小方面是不同的，有的国家的审议权主要由立法机关的全体会议掌握，有的国家则由领导机构或专门委员会行使。由于审议权归属不同，其行使的程序也会有所不同。如规定由立法机关的大会直接行使，不必交由专门委员会审议。由于这种程序较单一，风险性较大，目前已极少采用。有的规定由议会大会到专门委员会再到议会大会的程序。审议权还主要由大会行使，但却经过了一个中间环节。英国、新西兰等采用这一程序。另一种是由专门委员会再到议会大会的审议程序。其审议权主要掌握在委员会之手。美、法等国主要采用这种程序。在中国，根据宪法和相关法律的规定，审议向全国人大提交的议案的权力，由下述机关人员和会议行使：全国人大常委会和委员长会议，全国人大预备会，全国人大主席团和主席团会议，全国人大代表，由全国人大代表组成的代表团和代表团会议，全国人大专门委员会和委员会议，全国人大开会期间的座谈会议、小组会议、小组联席会议，全国人大全体会议。审议向全国人大常委会提交议案的权力，由委员长会议、常委会组成人员和常委会会议以及专门委员会行使。因此中国议案权的行使程序既不是由大会到委员会再到大会，也不是由专门委员会到大会，更不是由大会直接行使，而是通过履行由它们的领导机构到有关会议再到大会审议的程序。

第二，议案的审议。国外相关法律对议案的大会审议都有严格的规定，特别是对发言的资格、议题、次序、次数，甚至发言的时间、形式、中止和终止都规定得很详细。在中国，对法律议案的审议主要由全国人大在会议期间和常务委员会行使。

由全国人大进行审议的一般要经过两个阶段：一是由全国人大有关专门委员会审议，其中包括对议案的修改、补充；二是全国人大代表全体会议的审议。《中华人民共和国立法法》第 17、18 条规定，列入全国人民代表大会会议议程的法律案，由有关专门委员会进行审议，向主席团提出审议意见，并印发会议。同时由法律委员会根据各代表团和有关专门委员会的审议意见，对法律案进行统一审议，向主席团提出审议结果报告和法律草案修改稿，对重要的不同意见应当在审议结果报告中予以说明，经主席团会议审议通过后，印发会议。为了能有效地解决审议过程提出的一些重大问题，主席团作为领导机构可行使一定的权力，如该法第 19 条规定，列入全国人民代表大会会议议程的法律案，必要时，主席团常务主席可以召开各代表团团长会议，就法律案中的重大问题听取各代表团的审议意见，进行讨论，并将讨论的情况和意见向主席团报告。主席团常务主席也可以就法律案中的重大专门性问题，召集代表团推选的有关代表进行讨论，并将讨论的情况和意见向主席团报告。为了提高立法质量，由全国人大常委会进行审议的程序于 1983 年 3 月开始，全国人大常委会委员长会议决定：对法律案的审议采取两步审议制度，即法律案提出，先由提出草案的个人或组织作说明，并进行讨论，征求意见，然后由委员会委员带回去研究，第二次会议再审议。2002年，《中华人民共和国立法法》规定了“三审制”的审议制度，该法第27条规定，列入常务委员会会议议程的法律案，一般应当经三次常务委员会会议审议后再交付表决。

为了充分发挥立法民主，也为了慎重起见，《中华人民共和国立法法》第37规定，列入常务委员会会议议程的法律案，在交付表决前，提案人要求撤回的，应当说明理由，经委员长会议同意，并向常务委员会报告，对该法律案的审议即行终止。该法第38条规定，法律案经常务委员会三次会议审议后，仍有重大问题需要进一步研究的，由委员长会议提出，经联组会议或者全体会议同意，可以暂不付表决，交法律委员会和有关的专门委员会进一步审议。该法第39条规定，列入常务委员会会议审议的法律案，因各方面对制定该法律的必要性、可行性等重大问题存在较大意见分歧搁置审议满两年的，或者因暂不付表决经过两年没有再次列入常务委员会会议议程审议的，由委员长会议向常务委员会报告，该法律案终止审议。

（3）法案的表决、通过。对议案审议通过后，立法程序就进入到了表决和通过的阶段。这一阶段是立法机关以法定多数对法律草案表示最终的赞同，使法律草案最终成为法律。这是法律制定程序的最有决定性的一步。当然表决时除了通过外，还可能产生另一后果，就是没有获得通过草案的法定人数的赞同，而被否决。

第一，法案的表决。对法案的表决一般有公开和秘密两种基本方式。公开表决的具体方式有：举手、起立、口头（以喊声最高的一方为多数）、行进（依次列队通过指定的门或通道，通过多的为多数）、点名（逐个点名回答是否赞同），此外还有记名和计牌投票。秘密投票方式最主要的方式就是无记名投票，即表决者按大会确定的方式对法案进行表决，自己真实的意思是秘密的，但目前各国家在法案表决时一般采用公开表决方式，秘密表决方式一般用于选举中，中国也是如此。在中国，在向全国人大提出并列入大会议程的法案，其修改稿经各代表团审议后，由法律委员长会根据各代表团的审议意见进行修改，提出法律草案稿，由主席团提请全国人大全体会议表决，采取无记名或举手等方式，宪法一般采用无记名方式。采用某种表决方式的决定权由主席团决定。向人大常委会提出且列入议程的法案，意见较一致的，可经两次审议后交大会审议；部分修改的法案，意见较大的，也可经一次审议交大会表决。人大常委会表决一般也采取无记名或举手等方式。自 1985 年 3 月的第六届全国人大常委会一次会议开始采用了“计算机多功能会议事务信息处理系统”电子表决器，大大提高了统计票数的效率。电子表决器在性质上属于无记名投票。

第二，法案的通过。法案通过最能充分体现立法的民主性，其基本原则是少数服从多数，只有获得了法定的多数才能通过而成为法律。对于法定的通过人数各国一般都是根据特殊法和普通法来确定的。特殊法主要是指宪法，其要求较高，一般都规定 2/3 以上多数通过才有效，个别国家则规定 3/5 以上。在人数的范围方面的规定也不相同，有的国家规定是全体议员人数，也有的规定是法定议员人数①。中国现行宪法第 64 条规定，宪法的修改，由全国人大常务委员会或者 1/5 以上的全国人民代表大会代表提议，并由全国人民代表大会以全体代表的 2/3 以上的多数通过。法律和其他议案由全国人民代表大会以全体代表的过半数

---

① 参见周旺生《立法学》，法律出版社 2004 年版，第 180 页。

通过。《中华人民共和国立法法》第 40 条也规定，法律草案修改稿经常务委员会会议审议由法律委员会根据常务委员会组成人员的审议意见进行修改，提出法律草案表决稿，由委员长会议提请常务委员会全体会议表决，由常务委员会全体组成人员的过半数通过。

（4）法律的公布。法律的公布是指立法机关或国家元首将已通过的法律以一定的形式予以公布，以便全社会遵守执行。法律公布是立法程序的最重要的一个步骤，是法律生效的前提。法律通过后，凡是未经公布的法律，不能为人们所知悉，也就不能为人们所遵守。这样的法律是不能发生法律效力的，因而也就没有普遍的约束力，不具备法律的属性，也就不是法律[①]。《中华人民共和国立法法》第 23、41 条规定，全国人民代表大会通过的法律由国家主席签署主席令予以公布。常务委员会通过的法律由国家主席签署主席令予以公布。该法第 69 条对地方通过的法律的公布情况：省、自治区、直辖市的人民代表大会制定的地方性法规由大会主席团发布公告予以公布；省、自治区、直辖市的人民代表大会常务委员会制定的地方性法规由常务委员会发布公告予以公布；较大的市人民代表大会及其常务委员会制定的地方性法规报经批准后，由较大的市人民代表大会常务委员会发布公告予以公布；自治条例和单行条例报经批准后，分别由自治区、自治州、自治县的人民代表大会常务委员会发布公告予以公布；要特别注意的是法律的制定程序不仅包括法律制定的程序，也包括法律的修改、废止的程序。《中华人民共和国立法法》第 35 条规定，法律的修改和废止程序，适用本章的有关规定。法律部分条文被修改或者废止的，必须公布新的法律文本。

① 参见高其才《法理学》，清华大学出版社 2007 年版，第 288—289 页。

可以说，法律的公布，是整个立法过程的终结性的行为，是立法民主最为集中的体现，也是立法价值的最终展示。

3. 对立法民主程序的精益要求

从法案到法的立法程序是一个有机的过程阶段，其中每一个环节不仅有自己的使命，同时也承担着承前启后的重任。在这一阶段的立法活动中，要严格遵循消除立法价值网链中的无价值行为和渐进立法的原则，进行有价值的立法行为，消除无价值的立法活动。由于立法是法定程序，一方面要求相关的法律规定必须更加完善、具体、科学和合理；另一方面由于这一阶段是整个立法的实质阶段，因此对立法的民主性要求更高，以确保立法的质量。

（1）对立法议案提出的精益要求。在现代法治国家中享有提出法律议案权的主体大多都是多元的，因为只有多元的或多数的主体，才能实行立法民主，防止成为少数人或精英人物权力的“专利”。随着法治社会的进步，应不断扩大立法提案权的范围，因此应更加注重社会团体和选民的立法提案权，使立法民主更加现实，但目前中国还没有相关的法律规定。同时还要注意法律对提案权主体量方面的规定，如全国人大常委会委员 10 人以上可以向全国人大常委会提出法案。许多国家都有议员提案人数的规定，但相差较大，如奥地利至少 8 名、德国至少 26 名、西班牙至少 50 名才能提出议案。在选民方面，索马里规定是 1 万名选民、奥地利规定 20 万名选民可以行使提案权。《中华人民共和国立法法》规定的人大代表 30 人以上或一个代表团可以向全国人大提出法案。关于提案的范围许多国家都有规定，特别是“业务”范围，如一些国家规定，议员不能就财政问题提出议案。这是对议案提出的量的方面规定，能够更好地发挥议案主体的优势，确保议案的科学性和专业性。目前，中国只是规定了职权范围，即某一议案主体是否能够行使某种议案权的规定，这是从质的方面的规定，因此还应从量的方面通过立法加以明确规定，以有利于真正提高立法的质与量。

（2）对议案审议的精益要求。在议案审议的过程中，要注意与各个享有审议权的主体相对应的权限量度范围，要处理好全体会议、领导机构和专门委员会之间的关系。在中国，要处理好全国人大代表（人大全体会议）、全国人大常委会（委员长会议）、全国人大主席团（主席团会议），全国人大各代表团（代表团会议）、全国人大专门委员会（委员会议）之间的关系及各自的权限。要明确全国人大会议和全国人大常委会在审议过程中要注意的事项，同时为慎重起见，特别是对一些较专业的法律，《中华人民共和国立法法》第 21 条还规定，法律案在审议中有重大问题需要进一步研究的，经主席团提出，由大会全体会议决定，可以授权常务委员会根据代表的意见进一步审议，作出决定，并将决定情况向全国人民代表大会下次会议报告；也可以授权常务委员会根据代表的意见进一步审议，提出修改方案，提请全国人民代表大会下次会议审议决定。对由全国人大常委会进行审议的程序要遵循法定的审议次数。为了能够适应社会的需要，当今对立法的质量要求越来越高，其难度也越来越大，而设定的审议次数越多越能表明立法主体科学、谨慎的态度。中国法律规定至少要进行三审，特别要注意各次审议的具体作法，《中华人民共和国立法法》第 27 条规定，常务委员会会议第一次审议法律案，在全体会议上听取提案人的说明，由分组会议进行初步审议。常务委员会会议第二次审议法律案，在全体会议上听取法律委员会关于法律草案修改情况和主要问题的汇报，由分组会议进一步审议。常务委员会会议第三次审议法律案，在全体会议上听取法律委员会关于法律草案审议结果的报告，由分组会议对法律草案修改稿进行审议。常务委员会审议法律案时，根据需要，可以召开联组会议或者全体会议，对法律草案中的主要问题进行讨论。只是在特殊情况下，才可以少于三次。

（3）对法案的表决、通过的精益要求。在法案的表决中要选择一种较为合适的通过方式，并注意发挥公开和秘密各自的优势，如：公开表决时表决者不掩盖其态度，效率也较高，而且一目了然，不足之处是会给表决者以一定的压力，有时不一定是自己真实意思的表示。秘密表决优点是便于表决者的真实态度的表露，比公开表决更加民主、更能保证立法的质量，但技术要求高，经济成本也高。对法案的通过，要注意区分特殊法和普通法在通过的法定人数方面的质的不同，从而认识其法律的效力阶位的重要意义，阶位越高的法律其要求通过的人数越多，其民主程度的要求也就越大。

（4）对法律公布的精益要求。要重视法律公布的具体程序。《中华人民共和国立法法》第 52 条规定，签署公布法律的主席令载明该法律的制定机关、通过和施行日期。法律签署公布后，及时在全国人民代表大会常务委员会公报和在全国范围内发行的报纸上刊登。在常务委员会公报上刊登的法律文本为标准文本。目前，中国公布法律的报刊是《全国人民代表大会常务委员会公报》、《国务院公告》及在全国发行的《人民日报》、《光明日报》等。地方法规主要在地方性的报刊上刊登。同时，全国和地方人大常委会、各级政府和司法机关都要把普法教育作为一项重要工作。特别是对新颁布的法律，更要有组织地加大宣传力度，充分利用媒体，如广播电视网络等，通过专家讲解，以案说法等形式，加大其宣传的具体性和覆盖面。其目的就是要全体社会成员都能知法、懂法、遵法、用法，使法律真正成为自觉遵守的行为规范。

二　民主立法的途径

在此，我们首先要区分立法民主和民主立法的概念。立法民主是指立法过程中的民主，是依法享有立法权力的主体，按照法定的严格程序行使职权的活动过程，是立法的内部民主，也可以说是立法的狭义民主，而民主立法则是指社会的大多数成员参与立法的各种途径，是立法的外部民主，是广义的民主。

1. 对民主立法的定性分析

对民主立法的定性分析主要从民主立法内涵和量的两方面进行分析。

（1）民主立法的内涵。民主立法是指一个国家的绝大多数成员在立法过程中，通过法律提供的保障机制享有的参与立法的权利。其立法主体的范围与立法民主主体范围不同，是抽象的、不确定的。而立法民主的主体则是由法律规定的，其范围是具体的、确定的。民主立法一般包含三方面的内容：一是立法主体在根本上属于人民，即作为整体意义的享有立法权利的全体人民；二是立法内容是以体现最广泛的人民利益为根本；三是立法的过程是以保障人民参与立法为必经途径。最理想的状态是人人都能亲自参与立法，但是这种直接参与立法的民主立法随着参与者人数的增大以及地域和人们参与意识等方面的原因，而使直接参与立法的效率大大降低。因此在现代社会中，实现民主立法主要是通过代议制间接完成的。国家通过法律规定，特别是通过建立保障机制，保障人民参与立法的权利。中国现行宪法第 2 条规定："中华人民共和国的一切权力属于人民。人民行使国家权力的机关是全国人民代表大会和地方各级人民人代表大会。"立法是享有相应立法权的国家机关制定法律的专门活动。

（2）民主立法的价值。民主立法的价值在于能够满足人民对立法的需求，这对于形成公民自觉守法，促进法律的实施有重要的意义。

第一，满足人民对立法的需求，增强人民的政治民主意识。人民在参与立法的过程中，是通过多种途径和形式表达自己的愿望和需要的，这些途径和形式不仅要通过法律进行规范，同时也要建立相应的制度，形成相应的机制，有布置、有落实、有反馈、有监督，给予公民以充分的话语权、足够的诉权，通过相应的程序把人民的心声集中起来，上升为人民整体的意志，并以国家的意志体现出来。爱因斯坦曾说："我的政治理想是民主。让每一个人都作为个人而受到尊敬，而不让任何人成为崇拜的偶像。"① 民主体现的是人与人之间的平等和相互的尊重，一个国家和社会如果能有这样的品格，就能够增进人民的参政热情，"能够强化公民的政治责任感，培养人们对集体的公共问题的关注，有助于积极的公民精神的培养。成为人民群众学习法律知识、了解法律精神、认可法律规范的过程，成为明确权利义务、自觉接受法律约束的过程"②。以此增强人民的政治民主意识，满足人民对立法的需求

第二，节约立法成本，维护社会和谐稳定。通过民主立法的途径，使人民的意志得到体现，人们对立法的需求得到满足的同时，也是对国家行使立法权进行着有效的监督。民主既然是和个人独裁相对立的，那么民主就意味着多数人的意志的一致。但是在现实中由于人们总是从自身的利益出发，如果发生利益的对立，就会有意见的分歧。立法就是要善于在各种利益冲突的过程

---

① ［美］艾丽斯·卡拉普编：《爱因斯坦语录》，仲维光、还学文译，杭州出版社 2001 年版，第 119 页。

② 程锦：《立法民主的价值与保障》，载《改革研究》2008 年第 2 期。

中，找到某一利益的平衡点，使利益的各方都能进行一定程度的让步，从而使更多的人赞成或服从法律的规范。而赞成或服从法律规范的人越多，就越意味着守法、遵法的人越多，就会减轻执法和司法环节的负担，从而节约立法成本，维护了社会的和谐稳定。

第三，推进立法价值的实现。民主立法是实现立法价值的重要途径，因为立法的价值的实现最终是以能否满足全体社会成员对立法的满足为标准的。而民主立法正是从这样一个途径，确切地说是从程序意义的维度体现道德、习惯和科学的立法价值的。“一个古老却没有失去活力的观念认为，人类政治社会应当由普通人（即成年公民），而不是由超人统治。虽然，这不是对我们生活世界真实情况的合理描述，但它却成为衡量世界应当如何的主导观念。”① 的确，在一个文明进步的社会中，立法必须是民主的，必须使人民有意识、有能力、自觉地争取对立法参与的权利，唯有这样的民主权利，立法的正义价值才能实现，而没有了正义，就是“放弃自己的自由，就是放弃自己做人的资格，就是放弃人类的权利，甚至就是放弃自己的义务。对于一个放弃了一切的人，是无法加以任何补偿的。这样一种弃权是不合人性的；而且取消了自己意志的一切自由，也就是取消了自己行为的一切道德性”②。可见，推进立法价值实现的真正主体正是被法律竭力体现整体意志的人民自己。

2. 对民主立法的量化分析

民主立法是现代法治社会建立的民主政治制度的必然要求，

---

① ［英］约翰·邓恩：《民主的历程》，林猛等译，吉林人民出版社 1999 年版，第 1 页。

② ［法］让·雅克·卢梭：《社会契约论》，何兆武译，商务印书馆 1996 年版，第 16 页。

执政者为了维护其统治，必须能够保障民主立法的实效，必须通过法律的、道德的、社会的各种途径，建立各种制度，形成有效的运行机制，以保障人民参政、议政的合法权利。社会主义的立法应当是民主立法，也必须是民主立法。《中华人民共和国立法法》第5条明确规定，“立法应当体现人民的意志，发扬社会主义民主，保障人民通过多种途径参与立法活动”。

（1）作为目的的民主立法。民主立法不仅仅是途径和手段，而且还是目的，必须明确民主立法是民主政治的本质，是衡量民主政治的重要标志。

第一，体现人民的意志是实现民主立法的前提。中国是工人阶级领导的、以工农联盟为基础的社会主义国家。实现民主立法就是以人民意志为根本，通过立法充分保障人民行使属于自己的权利。在中国享有立法权的是全国及地方各级人民代表大会和有权制定法律的市以上各级人民政府。因此中国法律所体现的人民意志是通过其选举的代表表达的，人民代表能够、也必须代表民意。立法是享有相应立法权的国家机关制定法律的专门活动，其社会的主要功能就在于调整社会关系，平衡权利，实行社会利益的再分配。因此“如果仅仅强调立法机关的主体地位，忽视利益相关人、权利相关人的作用，在社会贫富分化加剧未能有效遏制的情况下，立法和公共政策的制定就可能演变成为强手利益强化的手段，将事实不平等变成制度不平等”①。因此应当确立民主立法的合法地位，体现立法的人民意志，这是实现立法价值的根基。

第二，以人为本，尊重和保障人权是民主立法的出发点。中共十七大的胜利召开，进一步明确地把科学发展观作为中国经济

---

①　参见程锦《立法民主的价值与保障》，载《改革研究》2008年第2期。

社会发展的重要指导方针和发展中国特色社会主义必须坚持和贯彻的重大战略思想。科学发展观就是以人为本、尊重和保障人权，以实现人的全面发展为本质内容的。国家以法律的形式保护公民的合法权益，将以人为本作为民主立法的根本出以点，并通过确认权利的核心地位加以体现，而义务的设立和履行是以维护一定的权利为目的。因此权利的实质在于，确认和保障公民的正当利益，以促进民主立法的实现。

第三，保护弱势群体是实现社会公平的重要体现。所谓弱势群体，是指他们在现实生活中处于一种不利的状况：即物质生活的贫困状态；在市场竞争中由于社会及自身的原因，使自己处于不利于自身发展的地位；在社会和政治层面上，由于表达和追求其利益的能力所限，也使他们处于不利于自身发展状态之中[①]。罗尔斯在谈到民主平等的问题时指出，由于社会不同阶层财富收入的不平等，社会结构并不确立和保障那些状况较好的人的较好的前景，除非这样做适合于那些较不幸运的人的利益。进而他通过差别原则和量化曲线分析，得出了令人信服的结论：一个社会应当努力避免使强者对弱者的贡献是一个负数。应当按照贡献曲线的上升部分运行（包括最大值），只有在贡献曲线的上升阶段才能使互利的标准总是得到满足。这样就达到了社会各种利益的和谐[②]。因此在社会中，只有充分保护弱者的利益，才能实现社会公平。

（2）作为途径的民主立法。民主立法的根本途径就是保障公民参与立法的权利。目前，中国关于保障公民参与立法方面

---

① 参见孙立平《断裂——20 世纪 90 年代以来的中国社会》，社会科学文献出版社 2003 年版，第 48 页。

② 参见约翰·罗尔斯《正义论》，何怀宏等译，中国社会科学出版社 1988 年版，第 71、99 页。

的法律还不够完善，因此，在中国应当制定相应的法规，健全民主制度，拓宽多种民主渠道，以确保公民参与立法的实效，以立法的民主性保证立法决策的科学性。

第一，依法保障公民参与立法的权利。《中华人民共和国立法法》第 5 条规定，立法应当体现人民的意志，发扬社会主义民主，保障人民通过多种途径参与立法活动。第 58 条又规定，行政法规在起草过程中，应当广泛听取有关机关、组织和公民的意见。听取意见可以采取座谈会、论证会、听证会等多种形式。法律的规定具有普遍性、稳定性，但同时也有抽象性和原则性。因此各地方要根据本地区不同的情况建立保障公民参与立法的具体措施，以保障公民这一权利的真正实现。

第二，完善立法听证会制度。立法听证会是公民参与立法的最正式的途径，也是中国法律规定的公民参与立法的有效途径。为实现中国现阶段立法听证的民主性和科学性，从中国现实出发，应首先扩大听证主体的范围、增加立法听证的透明度。目前，中国的立法听证适用的范围是极其有限的，对行使听证权的主体也进行了严格的限制，在听证的公开性上做得也不够。同时，听证问题的界限要明确、内容要具体、程序要科学、结果要清晰。由于社会资源的有限性，对所有的立法都要听证是不现实的，因此对于什么立法问题要听证，听证的内容是什么，采用什么的程序才更科学、更能取得实效，如何对听证结果进行监督等问题都要由相关法规进行说明。另外还要注意听证人数中一般群众、特别是弱势群体的比例，以确保立法听证的民主性。

第三，提高立法论证会、座谈会的职能。立法论证会是通过听取有关专家对相关法律所进行的科学性、技术性和可行性等方面的论证。座谈会是在一定范围内邀请各方代表就某一法律内容、公众对其认可度等问题征求意见。它们是常见的，也是运用最广泛的两种民主立法的形式。在适用中要注意将二者结合起来。对一些科学性、技术性要求较高的法规，要多采纳专家们的见解；而对于较普遍的涉及民生、民权的法规，则应更多地听取民众的意见。

第四，发挥媒体的桥梁作用。在信息技术高速发展的今天，以及公民参政、议政的热情，使利用媒体在民主立法中发挥其作用成为可能。因此要通过报刊、期刊、广播电视、网络等多种不同形式搭建民主立法信息畅通的平台，特别是要利用网络高速传递和信息量大等特点，建立立法的信息公开制度，将重要的，尤其是一些关系到民生、民权的法律法规的草案要及时向社会公开，广泛征求意见，将意见进行整理和分析，公布于众，接受民众的监督。

3. 对民主立法途径的精益要求

对民主立法的精益要求就是通过依法治国保障人民自由、平等地参与政治的权利，以人民的根本利益为本位，由人民的意愿拉动立法权力的行使，整合社会一切积极因素，建立完善的民主立法的有效机制，实现民主政治的和谐发展，杜绝无价值的民主立法的行为。

要达到民主立法的精益要求必须通过法律及相应的科学化、合理化的制度和决策，保障公民有序地参与立法，享有广泛管理国家和社会的权利，使人民能充分行使属于自己的权力，通过选举制度，选出真正能代表人民意志的代表行使管理国家和公共事务的权力，保证人民当家做主，完善民主政治制度，杜绝一切侵害民主立法的无价值活动。任何侵害行为，无论是来自于个人、团体和国家的职能部门都是非法的和不道德的，都会增加社会成本。这种社会成本即可能是客观的、可视的、现实的、可以用经济价值来衡量物质性的损失；也可能是主观的、不可视的、将来的、不能由经济价值来衡量的精神性的损失。特别是执法机关和司法机关在适用法律中滥用职权、枉法裁判，会在民众中丧失法律的公信力，使公民的权利和国家的权力产生对抗而毫无相容之处，形成百姓和政府的离心离德，造成社会不同阶层和群体之间利益的失衡，而酿成社会的冲突和危机，影响经济的发展和社会的和谐进步，而最终伤害的是立法价值本身和实现立法价值最广泛、最坚实的根基——民意。这种无价值的适用法律的行为，与无价值的经济行为不同，无价值的经济行为等于零增长，等于回到了原来的起点，并且是可以用经济价值来衡量的，由于仅仅是经济价值的损失，通过物质的补偿，是可以消除其影响的，其损失只是浪费了时间。而民主立法的无价值活动则不然。民主立法的无价值活动所造成的后果也可能是可视的、经济的，但不仅如此，更重要的是其无形性和非经济性，所造成的侵害和付出的成本则更是不可估量的。因此

无价值的立法行为＝
无价值的民主立法行为＝
侵害了公民参政、议政的权利＝
无价值的适用法律的行为

任何侵害都是阻碍社会和谐稳定的因子，这种因子不仅单纯地表现为无效性，还会和社会的其他因子形成网络式、链条式的复杂关系，一旦有适宜的外在条件，就会引发放射性和连锁性的反映，从而形成负面的（坏的、恶劣的、严重的）影响。如腐败分子毕竟是我们内部的少数分子，公安败类并不常

见，枉法裁判也是屈指可数。但其所产生的社会危害却是不可估量的，所形成的负面影响也是极度的。因此

杜绝无价值民主立法行为包括：

A. **以人民的利益为根本，立法价值取向由人民的意志决定；**

B. **由人民的意愿拉动立法权力的行使，一切权力来源于人民；**

C. **根据民众的需求，提供公民平等参与立法的条件；**

D. **杜绝一切官僚主义所产生的无价值的行为；**

E. **科学发展、民主立法、政治稳定、社会和谐。**

杜绝无价值民主立法行为的根本措施就是要杜绝一切官本位“人治”行为。官本位在实际中表现为官僚主义，就是脱离实际、脱离群众的不良作风。主要表现的危害是：压制民主，高高在上，滥用权力，人浮于事，办事拖拉，不讲效率等。官僚主义的实质是“人治”，其产生的根源与国家的集权管理体制有密切关系。中国政治体制改革的重要内容就是要克服权力过分集中现象，防止官僚主义的产生。当然绝对地杜绝一切官僚主义和“人治”现象及由此产生的侵害公民民主立法的无价值行为只是理论性和原则性的。从中国的现实出发，特别是在一个具体的事件中，如果一味地强调“杜绝一切无价值”的行为是不现实的，也是不可能的，如果那样我们就会犯同样的历史性的“错误”，因为这同样是一种非科学的，“无价值”的行为，同样会给社会造成“负价值”危害。在中国共产党的执政道路上，这方面“左”的教训是同样惨痛的，甚至是有过之而不及。

社会主义是当今人类社会发展较为先进的社会形态，因为相对于以往的社会形态而言，社会主义实现了多数人享有立法参与权的民主立法，其广泛性和深入性都是前所未有的，但社会主义的民主立法并不是尽善尽美。由于中国特殊的国情，实行的是直接选举和间接选举相结合的选举制度，这就意味着公民对国家立法等大事的参政议政，主要是通过所选举的代表完成的。加之一些地方的民主渠道不够畅通，使民众参与立法的活动呈现了多级间接性。为了弥补这种间接性所造成的民主立法渠道的不足，应采取综合性措施和方法，搭建立法协商平台，除召开立法听证会和座谈会外，还可以通过网络及各种媒体，建立健全民主协商机制，给公民更加多的话语权、平等的参与权，从征求意见到协商讨论，都应当高度重视。最大限度地保障公民参与立法的权利，为最终实现立法的价值创造前提条件。

第四章　立法的精益价值适用

我们必须把来自稳定性的论证视为一种政治道德的论证。它提出下述主张：从长远的观点看，有成文宪法的政治社会将是一个更好、更公平、更公正，并且在其他方面也更成功的社会。

——［美］罗纳德·德沃金

立法的精益价值虽然有其内在的、本质的、稳定的一致性，但是这种一致性的生命力却是来源于一片广域的沃土，在这片沃土中，我们会感叹它的浩瀚和精致。法律是一个有着内在结构的有机整体，作为组成这一整体的每一个部分的法律都是绝对不可缺少的，但这并不意味着这些部分仅仅是附属品，它们中的每一部分都以自身立法价值独特的一面展现出它们在调整社会关系、保护人权方面所产生的力量。在这些力量中宪法的立法价值无疑是最根本的力量，而笔者所选择的刑法、民法、劳动法和诉讼法也是其中最坚实力量的一部分，对它们立法的精益价值的分析和评价，是我们在适用法律中所要实现的理想，没有了这份理想，法律在现实中就会失去人的情感、人的智慧和人的思维，法治在人类社会的历程中就不会融入人的激情和创新，而仅仅成为人们行为外在的、强制性的、毫无生机的桎梏，这样法治本身也会名存实亡。因此，坚守着这部分“力量”，就是坚守了法治的力量，就是坚守了人类文明与进步的力量。这在中国现阶段以科学发展观为指导思想，建立和发展中国特色社会主义，构建和谐社会的历程中尤为重要。

第一节　宪法的立法价值

宪法在整个法律体系中的至高无上的地位以及在社会中的作用是毋庸置疑的，因此对宪法立法价值的精益要求的论证也就更为重要。

一　确立宪法的根本法地位

宪法是国家的根本大法，在法律体系中处于根本的地位，是万法之法的“母法”，是具有最高等级效力的法律，因此确立宪法的根本地位，是实现立法价值的根本保证。

1. 宪法的一般性理论

宪法在法律体系中的地位来自于其自身的内在规定性，这就是宪法的内涵和由内涵所表现出来的根本特征及深藏于其内在的本质。

(1) 宪法的内涵。从字面理解，“宪”就是指法令，作为法律，在中国典籍如《尚书·说命》、《管子·七法》、《管子·立政》及《中庸》中都出现过“宪法”、“宪令”、“宪章”等用语，主要是指一般的法律、法令，优于刑法等法律的基本法及颁布法律、实施法律。在中国将宪法作为国家的根本大法是 19 世纪 80 年代的改良主义思想家们基于当时国内外的形势而明确提出的。古代西方宪法一词也有不同的内涵。亚里士多德对当时的 158 个城邦的政体进行了研究，并根据法律调整的范围、作用和性质将城邦的法律分为宪法和普通法律，认为政体（宪法）为城邦一切组织的依据，尤其着重于政治所决定的“最高治权”组织。进而他指出，由多数人统治的宪政（共和制）是最优良的政体，是由最优良的人们为之治理的政体。这一类型的政体统治适宜于人类最崇高的生活①。在古罗马时期，宪法主要是指“宪令”。而在中世纪则是指确认教会、国王及封建主的特权方面的法律，如英国的《克拉伦敦宪法》、《大宪章》等。现代意义的宪法从欧洲文艺复兴以后，特别是随着近代资产阶级革命胜利而最终形成，是对资产阶级掌握政权的事实从法律的意义上给予的确认。因此，现代意义上的宪法是指规定国家的根本制度和根本任务、集中表现各种政治力量对比关系、保障公民基本权利的国家根本法。

（2）宪法的根本特征在于宪法是国家的根本大法，其原因主要是：

第一，在内容上，宪法规定国家最根本、最重要的问题。宪法规定了国家基本的经济和政治制度、国家的政权组织形式和任务、公民的基本权利和义务、国家机构的组成和权限等带有根本性的内容。美国法理学家德沃金认为：“宪法在一个方面明显地不同于普通法规。宪法是其他法律的基础……同样也是对其他法律解释的基础。宪法必须适合并鉴别社会中政治权力的最基本的安排，这就是说宪法一定来自对政治理论最有哲理性的理由。”②中国现行宪法序言中规定：本宪法以法律的形式确认了中国各族人民奋斗的成果，规定了国家的根本制度和根本任务，是国家的

① 参见张宏生主编《西方法律思想史》，北京大学出版社1983年版，第44页。

② ［美］德沃金：《法律帝国》，李常青译，中国大百科全书出版社1996年版，第337页

根本法。可见宪法与其他法律仅规定国家生活和社会关系某一方面相比，它规定的则是一般性或根本性的问题。

第二，在效力上宪法具有最高的法律效力。其他一切法律、法规的立法活动都必须直接或间接地以宪法作为立法的依据，符合宪法的精神，不得与宪法原则和规定相抵触，否则将导致无效或被撤销的法律后果。如美国宪法第 6 条规定："本宪法及依本宪法所制定之合众国法律，以及合众国已经缔结及将要缔结的一切条约，皆为全国之最高法律，每个州的法官都应受其约束，任何一州宪法或法律中的任何内容与之抵触时，均不得有违这一规定。前述之参议员及众议员，各州州议会议员，合众国政府及各州政府之一切行政及司法官员，均应宣誓或誓愿拥护本宪法，但合众国政府之任何职位或公职，皆不得以任何宗教标准作为任职的必要条件。"中国现行宪法序言中规定：宪法具有最高的法律效力。"全国各族人民、一切国家机关和武装力量、各政党和各社会团体、各企业事业组织，都必须以宪法为根本的活动准则，并且负有维护宪法尊严、保证宪法实施的职责。"

第三，在制定和修改的程序上，宪法比其他法律更加严格。由于宪法在成文法的国家中所处的重要地位，为了保障宪法的这种权威地位和尊严，因此对于宪法的制定和修改也是极其庄重和严格的，首先要成立专门的机构。如：1878 年的美国宪法由 55 名代表组成的制宪会议制定；中国于 1953 年 1 月 13 日成立了中华人民共和国宪法起草委员会。其次是通过的过程严于一般的法律，一般要求由立法机关大会成员的 2/3 或 3/4 以上的绝对多数通过才能生效。如中国现行宪法第 64 条规定，宪法的修改由全国人大常委会或 1/5 以上的全国人大代表提议，并由全国人大会议以全体代表的 2/3 以上的多数通过才能有效。

（3）宪法的本质。宪法的本质是指在总体上决定宪法的性质和发展方向的内在联系，是宪法最为稳定的那部分。德沃金认为，宪法有些条款承认个人有反对州和国家的权利：言论自由、刑事诉讼的正当程序和平等分配包括教育在内的公共资源。在这些权利逐一进行阐述中，稳定性有着某种实际的重要意义[①]。这种稳定性就是指宪法内在的、不可动摇的本质。宪法和其他法律一样，其本质都是上升为国家意志的统治阶级意志。但宪法会更集中、更全面地反映这种意志。法是调整人们行为的社会规范，因此它对社会具有指引、评价、预测、教育和强制的作用。宪法作为根本法是以更普遍、更抽象的形式体现这种作用的。这些作用的效果如何？程度如何？都取决于政治力量的对比关系，因此，宪法的本质就是，各种政治力量对比关系的集中表现。在政治力量对比中，阶级力量的对比是最重要的，这不仅表现为不同阶级力量的对比，也表现为同一阶级内部不同群体和不同阶层之间力量的对比。在对比中，哪一方面的力量占主要地位，哪一方统治者的意志就会通过宪法的作用对整个社会产生重大的影响。

2. 宪法的根本法地位

由于宪法是国家的根本大法，因此宪法在整个法律体系中处于根本法的地位。中国社会主义法律体系，是以中国全部现行法律规范按照一定的标准和原则分为不同的法律部门，并由这些法律部门所构成的具有内在联系的统一整体。由于宪法在法律体系中根本法的地位以及宪法的效力是处于最高位阶的地位，因此宪法对立法价值的确立有重要的意义。

宪法是所有其他法律制定的依据。实现以宪法为依据的有价值的立法活动就是要体现国家宪法的最高法律效力。中国现

---

① ［美］德沃金：《法律帝国》，李常青译，中国大百科全书出版社 1996 年版，第 327 页。

行宪法第 5 条、第 89 条明确规定：一切法律、行政法规和地方性法规都不得与宪法相抵触；国务院要根据宪法和法律规定行政措施、制定行政法规、发布决定和行政命令。也就是说，一切法律法规都必须以宪法的规定为底线，在规范的标准上只能高于宪法的规范，而不能低于，否则不仅会导致其无效的法律后果，还会造成法律秩序和适用的混乱，从而失去立法的根本价值。

以宪法为依据是当今各国立法最基本的准则之一。这是由宪法的性质和内容决定的。在当今的法治国家，尽管其社会制度的政权和组织形式不同，但就其宪法本身所规定的基本原则和精神却是一致的，这些原则主要是：人民主权原则、权力制约原则、保护基本人权原则及法治原则。宪法的精神最基本的就是平等、自由。宪法作为国家的基本法，在国家的法律体系中发挥着根本法的作用，是由于宪法是对近代资产阶级反对封建专制斗争胜利成果的法律形式。法国第五共和宪法（1958 年）在序言中规定：法兰西人民郑重宣告恪遵 1789 年宣言中所明定及 1946 年宪法序言中所确认与补充之人权暨国家主权原则。1789 年《法国人权宣言》第 3 条规定：整个主权的本原主要是寄托于国民。任何团体、任何个人都不得行使主权所未明白授予的权力。

中国现行宪法是对中国人民在近代反对封建专制和殖民统治，为争取民族独立、民族解放和自由斗争中，最终在中国共产党人领导下取得了胜利的法律形式。是对中国社会主义制度人民民主专政、人民当家作主的人民主权原则在法律上的确认。中国现行宪法自 1982 年 12 月 4 日第五届全国人民代表大会通过，至 2004 年 3 月 14 日第十届全国人大第二次会议为止已通过了四次的修正案。

二　宪法立法价值的取向

宪法是国家的根本大法，因此在整个法律体系中处于根本法的地位，这就决定了宪法立法价值的道德规范、科学性要求及习惯影响的本质特征。

1. 宪法立法价值的道德规范

正义是法律所要体现的最基本价值，因此正义是所有的法律无论是作为国家根本法的宪法、还是作为部门法的普通法在立法的过程中都要体现这一价值，就宪法而言，它主要是通过保障人权、实现民主来体现宪法的正义之立法价值的。

（1）保障人权。人权历来是一个聚争不定的概念，人们可以从多维的角度去理解。人权既是一个政治概念，又是一个道德概念，同时也是一个法律概念。英国法学家米尔恩认为，人权概念是"存在某些无论被承认与否都在一切时间和场合属于全体人类的权利。人们仅凭其作为人就享有这些权利……"① 广义的人权包括人的权利和自由两方面。米尔恩的阐述应该说代表了当代国内外理论界对人权概念的理解。关于人权概念的性质，米尔恩认为，人权不是政治人权，而是道德人权。他认为，人权一定是普遍道德的权利。普遍意义上的道德就是作为共同生活的准则，以"给每个人以其应得"为表现形式的公正原则是社会权利的道德基础。它要求尊重每一个社会成员所享有的权利。但是对满足共同道德原则所提出的特定要求，是每一个人类成员的义务，也就是包含权利的每一项原则里的一个例外，就是社会责任②。可

---

① ［英］A. J. M. 米尔恩：《人的权利与人的多样性》，夏勇、张志铭译，中国大百科全书出版社1995年版，第2页。

② 同上书，第124、125页。

见，从人权具有道德内容方面去认定人权的意义就在于它的现实性和可行性，就在于它能够成为人们自觉遵守的共同的道德规则。当然政治和法律意义上的人权也是必不可少的，尤其在争取、确立人权的社会地位及保护人权不受侵害等方面，政治和法律都起着重要的作用。宪法立法所体现的人权价值是基本人权的价值，是其他法律立法体现人权价值的基础和立法依据。

人权自从由 17 世纪西方资产阶级启蒙思想家们提出，被 1776《美国独立宣言》和 1789 年《法国人权宣言》确认后，就一直成为法治国家宪法中的重要内容。特别是 1948 年联合国《世界人权宣言》的发布，对人权的内容进行了全面的、系统的诠释。《世界人权宣言》第 2 条第 1 款规定："人人有资格享受本宣言所载的一切权利和自由，不分种族、肤色、性别、语言、宗教、政治或其他见解、国籍或社会出身、财产、出生或其他身份等任何区别"。为了进一步推动《世界人权宣言》所宣扬的保障基本人权理念的传播，1966 年的第 21 届联合国大会通过了《经济、社会和文化权利国际公约》和《公民权利和政治权利国际公约》，奠定了人权国际保护的法律基础。中国政府于 1997 年 10 月 27 日和 1998 年 10 月 5 日先后签署了这两个公约，全国人大常委会已于 2001 年 2 月 28 日，批准了《经济、社会和文化权利国际公约》。中国由于其特殊的历史原因在法律中一直未出现过"人权"这一用语，直到 2004 年的宪法修正案中，才在法律中正式确定了"人权"这一概念的法律意义。把尊重和保护人权作为一项原则写入宪法。表明中国此后的立法活动及与此相关各项制度的建立和实施必将全面遵循和体现这一原则。

人权被写入宪法，意味着包括宪法在内的所有法律、法规的立法都要全面体现保护人权的价值取向。这就为国家权力行使宪法规范时提供了正当性的道德基础，使人权成为国家权力运行的指导性价值。国家权力是人权除公民权利以外的另一种法律转化的形式，用于人权的保障。人权是国家权力的正当源泉。宪法中的人权保障条款使宪法理顺了国家权力和公民权利的关系，即国家权力为保障人权而存在不仅是宪法规定的强制义务，也是国家权力的道德要求。另外把人权保障作为原则写入宪法后，表明国家保障人权应有更高的要求，即国家不仅要对宪法列明的权利要加以保护，而且对宪法外的权利亦有保障的义务。这一人权保障的理念实际上已得到了普遍的认同①。如美国宪法第 10 修正案规定："宪法未授予合众国、也未禁止各州行使的各项权利，分别由各州或人民予以保留。"一直作为法国宪法序言而长期保留的《法国人权宣言》也庄严宣布："任何政治结合的目的都在于保存人的自然和不可动摇的权利。这些权利就是自由、财产、安全和反抗压迫。"

宪法通过对公民基本权利保护的规定，把保障人权的原则直接体现于宪法的立法价值中，也就使"基本权利"条款具有了直接效力，这就意味着如果宪法上的基本权利受到侵害，公民可以直接寻求宪法上的救济，而不必论证这一权利是否已被普通法律具体化，特别是宪法上的"基本权利条款"在没有被普通法具体化时公民可直接以宪法为依据，对国家机关的侵权行为寻求救济②。中国宪法对公民基本权利的规定主要有：平等权、政治权利和自由（选择权和被选择权、言论自由、出版自由、结社自由、集会、游行示威自由、监督权和获得赔偿权）、宗教信仰和自由、人身自由（人身自由、人格尊严、住宅、通信自由和

---

① 参见焦洪昌《"国家尊重和保障人权"的宪法分析》，载《中国法学》2004 年第 3 期。

② 参见姚国建《违宪责任论》，知识产权出版社 2006 年版，第 59 页。

通信秘密）、财产权、教育权、劳动权等。

（2）实现民主。从广义而言，民主也是基本的人权，实现民主也是宪法立法价值的重要取向。在现代法治国家中所谓的民主大多是指宪政民主。宪政民主就是根据宪法来安排和行使权力的民主。宪政保障民主制度的运转安定、理性，而且可预测。宪政主义的一个主要的精神是，以保障人民权利为基础，制约政府的权力。因此，法治政府实施宪政民主，意味着人民参与了这个国家的宪法和法律的制定和修订[①]。也就是公民参与国家立法，参与国家管理的参政、议政的权利，其中最重的权利就是选择权和监督权。选择权是选民依法选择代议机关代表和特定国家公职人员的权利。监督权是宪法赋予公民监督国家机关及其工作人员的权利，是作为国家管理活动的相对方对抗其违法失职行为的权利。

中国现行宪法第 34 条规定，中华人民共和国年满 18 周岁的公民，除依照法律被剥夺政治权利者外都有选举权和被选举权。可见，宪法保护公民的基本权利和自由是通过民主得以实现的。因此，民主是现代民主政治制度的基础和前提。立法正是通过人民民主体现人民意志的。在中国现阶段法律所体现的人民意志是通过其选举的代表表达的，因此要不断完善中国的选举制度，加强对人大代表资格方面的法律规范，如对人大代表的候选人政治素质和参政能力进行严格审查，适当减少“官员代表”和“名人代表”的比例，引进竞争机制，确保选出真正代表民意的人民代表。同时要赋予公民对选举程序的监督权，中国现行宪法第 41 条规定了中国公民的监督主要包括：批评、建议权，控告、

① 参见周天玮《法治理想国——苏格拉底与孟子的虚拟对话》，商务印书馆 1999 年版，第 163—165 页。

检举权和申诉权。中国于 1999 年 4 月由九届全国人大常委会通过了《中华人民共和国行政复议法》，进一步明确了对公民申诉权的保护。

2. 宪法立法价值的习惯影响和科学性要求

道德价值无疑在宪法的立法价值中占据核心地位，统领着整个宪法立法价值的方向，决定着宪法立法价值的其他方面，但是，宪法的立法价值的和习惯影响和科学性要求也具有十分重要的意义。

（1）习惯影响。在体现宪法的立法价值中也在充分体现习惯的影响，因为“政治制度会创造人民的思维习惯，也可以移风易俗；有效实行的宪法会改变人民的生活方式，也有助于形成公民性格。缺乏正常管道去疏导人民正义需求的政治结构，容易激起公众的抗争；争端和冲突可以获得有效化解的制度，有助于造就社会的理性文化；同时，政府依法行事所表现的自制，会帮助人民建立良好的守法习惯。”① 在立宪设计中所要考虑的习惯因素必须从符合道德标准的层面上体现，即要体现良好的道德风尚，如中国现行宪法中关于国家对妇女、儿童、老人、残疾人的合法权益保护的规定，关于公民必须遵守劳动纪律、遵守社会秩序、尊重社会公德的规定都体现了宪法尊重良好的社会习惯的立法价值。

（2）科学性要求。宪法在国家整个法律体系中处于基本法的地位，是国家的根本大法，由此也成为了其他所有法律的依据，并具备了最高的法律效力。因此对宪法立法价值的科学性要求无论在内容还是形式上都更加严格。

---

① 周天玮：《法治理想国——苏格拉底与孟子的虚拟对话》，商务印书馆 1999 年版，第 168 页。

第一，内容的科学性。在内容上首先要求宪法规范必须更客观地反映国家的政治制度、经济制度以及对公民基本权利的法律保护，并且要随着社会的发展和国家形势的变化而修正其不相适应的内容。如我国 1982 年的宪法，是在改革开放初期颁布的，随着政治经济形式的变化，已不能适应社会发展的需要，因此 1988 年七届全国人大第一次会议对宪法的修改增加了“国家允许私营经济在法律规定的范围内存在和发展。私营经济是社会主义公有制经济的补充”的规定。1993 年八届全国人大第一次会议对宪法的修改，将社会主义市场经济确定为国家的基本经济制度。1999 年九届全国人大第二次会议对宪法修改的一个重要的内容是国家对个体经济和私营经济的基本政策合并为：“在法律规定范围内的个体经济、私营经济等非公有制经济是社会主义市场经济的重要组成部分。”2004 年十届全国人大第二次会议，对宪法的修改后，将国家对非公有制的政策修改为国家保护非公有制经济的合法权利和利益。中国宪法的四次修正案对经济制度的修改充分反映了国内社会不同阶段社会经济发展的客观实际。同时宪法所规定的内容应当具有更高程度的普遍性和稳定性，如中国现行宪法对公民基本权利的规定就是对权利最广泛保护的普遍性。而对政治制度，即中国国体是人民民主专政的社会主义国家的规定，始终如一体现了中国现行宪法的高度的稳定性。

第二，形式的科学性。宪法在形式方面，即立法的技术方面的要求会更精湛。首先是宪法的结构体系方面的编排，在 1999 年九届全国人大第二次会议对宪法修正案中对其进行了调整，将原本是第三章的“公民的基本权利和义务”调至第二章，将原本是第二章的“国家机构”调至第三章，其目的是注重公民的基本权利和义务的法律规定，同时更重要的是这样的编排体现了“一切权力来源于人民”宪法的基本原则。其次在语言的表述上不仅要一般地注意其规范性，同时还要考虑作为宪法语言的规范性，即最高的涵盖性和抽象性，也就是说不能太过于具体，要给其他法律以应有的空间和余地，以体现宪法根本性和效力的最高性的特征。

三　对宪法立法价值的精益要求

由于宪法的特殊地位和对社会的重要作用，因此对宪法立法价值的精益要求更高，如果说，一般的法律立法出现了无价值或负价值活动，给社会造成的还只是对公民的某一方面权利的侵害；但是作为国家根本法，又具有最高法律效力的宪法如果出现了无价值或负价值活动，其对公民权利的侵害则是根本的和全面的，其程度也是致命的。因此除要高度重视立法活动的每一环节外，为了树立宪法的权威，发挥宪法根本法的作用，防止出现无价值的活动，特别是负价值的活动，建议采取以下措施：

1. 建立违宪审查制度

违宪审查制度，也称宪法监督制度，是由宪法授权的机关，以一定的方式进行审查，对违反宪法事件进行追究的一种制度。建立违宪审查制度对树立宪法至上的权威有重大的意义。

（1）建立违宪审查制度的重要性。建立违宪审查制度是对违宪法规和违宪行为进行追究。国家机关具有强大的权力，特别是立法机关，其权力的范围要比行政和司法机关更广泛、更模糊，也更容易侵犯其他部门的权力，对国家权力结构体系的破坏性较大，对公民的权利损害也较大。同时民意代表在实践中能在多大程度上代表民意或者假借民意反过来侵害人民的权利，这种违宪行为的危害性更大①。因此，建立违宪审查制度的意义就

① 参见姚国建《违宪责任论》，知识产权出版社 2006 年版，第 152 页。

在于：

第一，维护法律的一致性。违宪行为实际上是破坏了法律效力的一致性。法律效力的一致性是指在宪法、法律、行政法规、地方法规、规章之间的效力要协调一致，下一阶位的法律不得与上一阶位的法律位相抵触，所有的法律都不得和宪法相抵触，否则应被撤销或修改。法律效力的一致性要遵循宪法至上的原则。这是立法的一个根本性的问题，法律效力如果出现不一致将导致法律体系的混乱和适用法律的不公，就会失去法律的尊严、丧失法律的权威。因此必须维护法律的一致性。

第二，保障人权。在第二次世界大战中，德国等法西斯对人权的肆意践踏，促使大陆法系诸国深刻反省，并于二战后构建了新的社会形态，形成了真正意义上的宪政体制，宪法成为人权的第一保障法，公民的权利真正得到保障①。但是违宪行为的发生，则构成了对公民基本权利的侵害，其实质就是对人权的侵害。因此违宪审查制度就是人权保障制度。

（2）违宪审查的法律规定。目前，世界上诸多国家都有违宪审查方面的法律规定，并建立有违宪审查制度，中国现行宪法和相关法律也对违宪审查进行了规定，主要规定了抽象审查和具体审查两种形式。中国现行宪法第 5 条 3 款规定，“法律、行政法规和地方性法规都不能与宪法相抵触”，为违宪审查提供了依据：

第一，抽象审查。抽象审查就是立法机关自身的违宪审查，其主体是各级人大及其常委会。这种审查是一种盖然性的抽象审查，不是对具体的法规进行审查，具体可分为事先和事后两种审查形式。前者如《中华人民共和国立法法》第 63、68 条规定的

---

① 参见姚国建《违宪责任论》，知识产权出版社 2006 年版，第 140 页。

地方法规和自治区条例，单行条例在生效前报批准机关批准。后者如中国现行宪法第62条和《中华人民共和国立法法》第88条规定的全国人大可以就不适当的法律作出改变或撤销的决定①。

第二，具体审查。具体审查是一种附带性的审查，发生在案件的审理过程中，审查的主体是人民法院，审查的方式是：对于法律、行政法规、地方性法规、自治条例和单行条例采用“依据”的审查方式；对于规章采用“参照”的审查方式；对其他规范性文件采用“合法有效地可以引用”的审查方式。中国法律对违宪的具体审查在《中华人民共和国行政诉讼法》第52、53条中有相关的规定，人民法院审理行政区案件，以法律、行政法规、地方性法规为依据。2004年，最高人民法院发布《关于审理行政案件适用法律规范问题的座谈会纪要》（以下简称《纪要》)，人民法院审查具体行政行为合法性时，应当对下位法是否符合上位法一并作出判断。下位法规定不符合上位法的，人民法院原则上应当适用上位法。那么按照这样的逻辑以此类推，如果下位法与上位法相抵触的法是宪法，法院就可以直接适用宪法了，这样法院该如何判决？如直接判该行为违宪，是否超出了行政诉讼只限于对法律进行合法性审查的原则呢②？这既是一个理论问题，也是一个实践问题，是不能回避的。笔者认为，《纪要》中规定的“人民法院审查具体行政行为合法性”的“法”，毫无疑问是应当包括宪法，不仅如此而且首先应当是宪法。因为宪法是基本法，是所有法律法规的依据，当然也是验证所有法律

① 参见胡绵光《违宪审查比较研究》，中国人民大学出版社2006年版，第330、331页。

② 同上书，第339—341页。

法规合法性的最后底限。因此，人民法院在审理行政案件时理应直接适用宪法，并作出违宪的判决。如能够赋予法院的这项权力对提升宪法至上性的权威，特别是在适用法律中对显示宪法最高法律效力的力量有十分重大的意义。

而仅仅有法律的规定是不够的，在有法律存在的前提下，建立相应的落实机制无疑是更重要的。目前，世界上许多国家都建立有违宪审查制度，而中国目前并没有建立实际意义上的宪法审查机制。因此还达不到实际的违宪审查的目的。2005 年 12 月 16 日十届全国人大常委会委员长会议通过了《法规备案审查工作程序》和《司法解释备案审查工作程序》，被专家认为是“我国建立违宪审查机制的重要一步”①。因此，中国立法机关应尽快制定相关法律，真正启动违宪违法审查机制，并向社会定期公布审查结果，同时还应建立相应的机构，以确保违宪审查的实际效力。

（3）对设立违宪审查制度的建议。就中国目前来说，首先从主体来说，应建立专门的违宪审查机构。目前，中国还没建立专门的违宪审查机构或宪法监督机关，具体的工作主要是由各级人大常委会行使，部分由各级人民法院行使，而且还缺乏行政、司法主体行为。因此应建立人大、政府、两院（法院、检察院）多元主体的宪法监督制度。从运行机制来说，应建立立法机关、执法机关和司法机关的各自独立、又相协调的运行机制，并进行必要的分工。人大常委会主要审查（监督）法律法规的违宪现象；政府专门的违宪审查机构主要审查行政执法的违宪行为；建立专门的宪法诉讼制度以审理相应的案件。目前，中国虽然没有

---

① 参见梨伟华《公民个人启动违宪法审查机制——谁是第一个“幸运儿”?》，载《民主与法制》2006 年第 3 期（下）。

宪法诉讼制度，但近年来已在司法实践中有援用宪法条款审判案件的案例，其中最典型是山东省滕州齐玉苓案，被誉为中国宪法司法化第一案。该案是援用宪法对公民教育权保护的规定判决的。具体内容是：齐玉苓与被告人之一陈晓琪都是山东省滕州市第八中学学生。在1990年的中专考试中，齐玉苓被山东省济宁市商业学校录取，陈晓琪预考被淘汰，但在陈父原在村党支部书记陈克政的一手策划下，从滕州市八中领取了济宁市商业学校给齐玉苓的录取通知书，冒名顶替入学就读，毕业后分配到中国银行山东省滕州支行工作。1999年1月29日，得知真相的齐玉苓以侵害其姓名权和受教育权为由，将陈晓琪、济宁市商业学校、滕州市第八中学和滕州市教委告上法庭，要求停止侵害、赔礼道歉并赔偿经济损失16万元和精神损失40万元。2001年8月13日，最高人民法院认定“陈晓琪等以侵犯姓名权的手段，侵犯了齐玉苓依据宪法规定所享有的受教育的基本权利，并造成了具体的损害后果，应承担相应的民事责任。”2001年8月24日，山东省高级人民法院根据最高人民法院批复作出二审判决：陈晓琪停止对齐玉苓姓名权的侵害；齐玉苓因受教育权被侵犯而获得经济损失赔偿4.8万多元及精神损害赔偿5万元①。如果仅仅由侵权人承担民事赔偿责任显然是不公平的，也不足以遏制类似事件的发生。近年来，中国各地发生了太多的侵犯教育权的“齐玉苓案”，如：“齐玉苓案”的“河南版”——张娟案（2002年案发）、“齐玉苓案”的江西版——邱冬芳案（2008年）——罗彩霞案（2009年初，此案正在审理中）、“齐玉苓案”的山东版——邹志静案（2009年），在对这些类似案件的处理中，侵权人均受到了民事、行政的处罚。因此，司法部门也由单一的民事

① http://forum.xitek.com/printthread.php?threadid=624901/2009-05-08.

赔偿，发展为民事责任、行政责任，直至刑事责任。

从违宪的法律后果来说，应加大对违宪制裁的惩罚力度。现实中由于相关的制度不够建全，因此对违宪制裁不严和惩罚不力，缺乏应有的严肃性和强制性，降低了宪法监督的尊严①。因此要完善违宪制裁制度，加大惩罚力度。

2. 以道德约束立宪的专制

如前所述，宪政民主就是根据宪法安排和行使权力的民主，因此，立宪的设计是为了取专制而代之，建立以自由、平等和个人尊严为内容的政府②。因此，除以法律手段进行的审查违宪行为外，道德规范约束宪法的立法过程也是对抗立宪专制的有效方法。哈耶克指出，民主政治是对自由最大的威胁，因为在不成文的宪法国家中，国会的立法权完全不受限制，国会制定和修改任何法律都是合法的。宪法的规定可以使对法治的侵犯更为困难，也可以使立法的过程更为缓慢而慎重，但就“最高立法者”来说，绝无法用其制定法（不论是宪法或法律）对其权力加以限制。那么究竟如何才能限制立法权的滥用？他认为，法治不能解释为一种具体的法律之治，而是关于“法律应该是什么”、“超立法原理”（meta—legal doctrine）或“政治理想”（political ideal）之治。此种超越立法之上而作为立法依据之法治的政治理想，其有效性只有在立法者感觉受其拘束时才显现出来。在民主政治中，它必须成为社会道德传统的一部分，成为一种社群共同分享的理想，并且被多数人毫不迟疑地接受，才能普遍地盛

---

① 参见王艳霞《论宪法监督制度发挥作用的必要条件》，《山东电大学报》2001 年第 1 期。

② 参见周天玮《法治理想国——苏格拉底与孟子的虚拟对话》，商务印书馆 1999 年版，第 164 页。

行[①]。哈耶克提出的“超立法原理”对我们是一个重要的启迪，这就是无论是立法机关的立法行为，还是公民参与立法的行为，最能杜绝无价值立法行为的实际上是作为行为主体自身内在的道德规范。

（1）立法民主的平等。现代法治国家立法过程就是在遵循民主原则，通过组成立法机关众多个体行使的话语权，充分表达思想意志，并以多数原则，即少数服从多数的做法集成共同的意志，而形成这一意志的本质就是在立法民主中所体现的平等。美国当代政治学家萨托利认为，民主就是非个人独裁，是个人独裁的准确的对比词和确定无疑的对立词。这就意味着民主是指以反对个人化的权力，反对统治公民的权力属于某个人为特征的一种政治制度。由此他给民主的定义是：“民主是这样一种制度，其中谁也不能选择自己进行统治，谁也不能授权自己进行统治，因此，谁也不能自我僭取无条件的和不受限制的权力。”[②] 奥地利法学家凯尔森也认为：“民主意味着在国家的法律秩序中所代表的那个‘意志’等于国民的意志。民主的对立面就是专制束缚。”[③] 只有平等才能防止专制，才能实现真正的民主。要做到这一点，必须认识到，有时在一定的条件下，多数未必代表正义。因为民主本身不是目的，自由才是目的，民主是人类历史所出现过的、比较能保障自由的一种政治制度。事实上，民主所可能产生的专断与偏私，会不幸地造成与多数决定的道德性相矛盾的后果[④]。因此要

---

① 参见何信全《哈耶克自由理论研究》，北京大学出版社 2004 年版，第 90 页。

② ［美］乔·萨托利：《民主新论》，冯克利、阎克文译，东方出版社 1998 年版，第 232、233 页。

③ ［奥］汉斯·凯尔森：《法与国家的一般理论》，沈宗灵译，中国大百科全书出版社 1996 年版，第 315 页。

④ 参见周天玮《法治理想国——苏格拉底与孟子的虚拟对话》，商务印书馆 1999 年版，第 166 页

对少数人意见给予应有的尊重，这种尊重更重要的是一种对权利的尊重，并在进一步的交流中，取得互相信任，允许他们保留自己意见，并将这些不同意见归纳在案，以备后效。其意义在于，反对意见也可能会成为真理的一面镜子，从而减少或杜绝无价值行为的产生。即使是一股逆流而对真理性的意志形成冲击，也会使意志的品质更加坚定。可见，立法民主的平等在立法中至关重要。

（2）民主立法的妥协和让步。民主立法是依法享有参与立法权力的公民所进行的立法活动。这一活动的主体具有极其广泛性，是由不同群体、不同阶层组成。由于他们都有其各自的利益，这些利益有时会出现不一致，甚至会产生对抗和冲突。立法实际上就是通过平衡这些利益的矛盾，并找到一种妥协的结合点。但立法机关如果仅仅是立法精英们的“闭门造车”，可能立法的理念是进步的，立法的技术是先进的，但有时却可能存在着一个致命的软肋，这就是脱离实际，确切地说由于主客观的原因，没能顾及现实中社会关系各方利益相同点和不同点，并找到一个确实能够使各方都能比较认同或满意的答案。因此这就要求利益各方要建立在相互信任和相互尊重的基础上，尽可能协商、妥协和一定程度的让步。因为在民主制度下，每个人的人格都是独立的，其地位也都是平等的，无论他的职业和社会地位如何，也无论他的经济地位怎样，除依法被剥夺政治权利者外，都有平等的立法参与权。认识到这一点对构建民主立法的和谐关系意义重大。

第二节　刑法的立法价值

刑法的立法价值是由刑法的目的和特殊的研究对象决定的。刑法是规定犯罪和刑罚的法律，在整个法律体系中是一个独立的法律部门，与其他法律部门一样是宪法之下的子法，在法律体系中处于保障法的地位，具有较强的公法性质。

一　作为公法的刑法的立法价值导向

刑法具有较强的公法性质，因此确定其公法的立法价值导向对于实现刑法的立法价值非常重要，而显示公法性质的原因在于刑法自身的价值和内容。

1. 刑法的一般性理论

刑法以其自身特殊的内容形成了自己的部门体系，这主要表现在刑法的内涵、特征等各个方面。

（1）刑法的内涵。按通说理解，刑法是掌握政权的阶级，为了维护其统治，以国家名义颁布的规定犯罪及其刑事责任的法律规范的总称。刑法是一个独立的法律部门，这主要表现在刑法特殊的研究对象，这就是犯罪行为。同时在调整范围上，刑法和其他法律不同的是，刑法并不是对违反其他法律的行为直接给予制裁，而是根据专业的判断对某种行为是否需要给予刑事制裁①。关于刑法的性质，可以从不同的维度去认识，在实体法和程序法的分类中，刑法是实体法，作为它的程序法刑事诉讼法的适用必须符合刑法的精神。在母法与子法的分类中，刑法是子法，刑法的规范必须符合宪法，不能与宪法相抵触。在强行法与任意法的分类中，刑法属于强行法，除少数的“告诉才处理”的犯罪，在大多数情况下，只要构成犯罪，而不问被害人的意志如何，就能依刑法追究刑事责任。② 在公法和私法的分类中，刑法属于公法。对公法和私法的区分有诸多

① 参见张明楷《刑法学》（上），法律出版社1997年版，第12页。

② 同上书，第13页。

标准，如“主体说”、“利益说”、“服从说”、“强行说”等，但无论有多少标准，刑法具有公法的性质是各种学说的共识。

（2）刑法的特征。刑法的特征是指刑法与其他法律相比所呈现出来的品性。主要表现为：

第一，特定性。刑法是关于犯罪和刑事责任的法律规范，所调整的是因犯罪而形成的社会关系；而其他法律规定的都是一般的违法行为及其法律后果，所调整的是因一般的违法行为而引起的社会关系。

第二，广泛性。一般的法律所调整和保护的都是某一方面的社会关系，如民法调整的是财产关系和与财产有关系的人身关系；行政法所调整和保护的仅仅是行政关系。而刑法所调整和保护的是所有的、各个领域的社会关系。

第三，严厉性。一般法律对违法行为也有严厉性，如民法的赔偿损失，行政法的警告、罚款等，但这些强制性不具有绝对意义，只要具备法定的条件，当事人是可以自行协商或经法定程序调解得到解决的。而刑法对犯罪行为的制裁是刑罚，不仅仅有限制自由刑，而且还有生命刑，尽管在一些国家早已取消了死刑，但死刑仍然存在于诸多国家的法律之中，中国就是其中仍保留有死刑法律的国家之一，其对罪犯的处罚的强制性具有直接的和绝对的意义。

第四，补充性。刑法在保护社会关系时，是处于第二道的防线和程序，即只有当一般的法律部门不能较好地保护某种合法权益时，才由刑法保护；只有当一般的法律部门不足以抑制某种危害时，才适用刑法。也就是说，如果其他的法律部门都能有效地保护其属于自己调整的范围，那么刑法就没有了适用的价值。因此刑法具有明显的补充性质。

第五，保障性。由于其他法律已不能有效地保护其合法权益时才需要刑法的保护，而刑法又以其最为严厉的惩罚手段预防和制裁犯罪，使得刑法实际上成为了其他法律的保障[①]。

2. 作为公法的刑法其立法价值

刑法是以国家权力进行调整社会关系的法律，具有明显的强制性特征，属于公法的范畴，对刑法公法性质的立法价值的定位有利于展示刑法自身的立法价值。

（1）刑法的公法性质。公法是与私法相对应的法律，公法和私法是大陆法系的一个重要分类。最早是由古罗马时期的法学家乌尔比安提出，他以利益标准或目的进行划分，认为公法是以保护公共利益为目的的法律；私法则是以保护私人利益为目的的法律。这一观点也被大多数人所采用。此外，比较有影响的还有主体说，认为在法律关系中的双方主体，只要有一方是国家或及其公权力参加的法律关系就是公法，而法律关系双方均为私人或私人团体的则是私法。如日本现代著名法学家美浓部达吉认为，应完全把公法和私法的区别标准求之于主体。当国家直接为法主体时，那法便是公法[②]。此外，还有强行法说、服从说等。一般来说，公法包括宪法、行政法和刑法等，私法包括民法、商法等。区分公法和私法的意义在于对公法私法所体现的立法价值差别的确认。公法的立法价值更侧重秩序、人权和社会公正等方面的价值，而私法则更强调平等和个人利益等方面的价值。

从公法和私法的发展来说，在古罗马时期，私法占统治地位，在调整简单商品经济中起着重要的作用。近代资本主义国家产生后，为实现依法治国的方略，大陆法系的国家制定了大量的

---

① 参见张明楷《刑法学》（上），法律出版社 1997 年版，第 16—17 页。

② 参见［日］美浓部达吉《公法与私法》，中国政法大学出版社 2003 年版，第 61 页。

法律，由于在这一时期的经济发展中，国家实行自由放任的调控手段，因此较强调公法和私法的界限。进入20世纪以来，随着国家对经济干预的加强，国家对公民权利的保护由私法领域逐渐转入宪法、刑法等公法范围，并由此出现了公法和私法的相互渗透。同时，这一时期出现了所谓的“法的社会化运动”，一些学者，主要是社会法学派提出了介于公法和私法之间的社会法，如劳动法、社会保障法和环境与资源保护法等被归为社会法的作法也逐渐被国际社会所接受。

（2）作为公法的刑法其立法价值导向。从现代社会发展的维度来认识，说刑法是公法，倒不如说刑法属于公法的范畴，具有公法的性质，更能确切地表达刑法的这一特征。的确，刑法首先体现的是公法的性质，这一性质在刑法中占主导地位，“在刑事司法里，为维护公共利益（无论是伦理的或功利上的利益），而对违反客观规范者求偿，其方式是由国家机构里的机关对嫌犯科以刑罚，而后者享有正规诉讼程序的保障”[①]。可见，刑法的适用是以国家行使刑罚权为前提的，国家的这一权力的运用是自上而下进行的，其法律关系双方是罪犯和国家司法机关，其地位是隶属的、服从的关系，是不可协商和让渡的，只要实施了犯罪行为，行为人就要承担刑事责任。司法机关代表国家行使司法权，树立刑法的权威，遵循罪刑法定原则，依照法定程序，根据事实和依法采纳的证据，认定罪名，并给予相应的惩罚，这样犯罪人就和国家处于确定的惩罚与被惩罚的关系之中。犯罪行为虽然有明确的行为指向对象，但他所造成的危害却是社会性和公共性的。

---

① ［德］马克斯·韦伯：《法律社会学》，康乐等译，广西师范大学出版社2005年版，第12页。

因此，一般来说，各国刑法都不认可犯罪人和被害人之间的“私了”，而必须遵从司法机关的审理裁判。这样被告在刑事法律关系中就失去了独立地位，“以国家追诉为标志的刑事司法模式和以监禁刑为中心的刑罚结构，虽然在法律效果上实现了对犯罪的惩处，彰显了正义，但在被害人损失的弥补、犯罪的矫正以及被破坏的社会关系的恢复等社会性效果上却渐显力不从心，带来了成本过高、改造效果不理想等一系列难题”①。由此引发人们对刑事司法局限性的思考，形成了刑事和解制度。这一制度源于刑事被害人学的产生及恢复性司法理论的提出和实践。“和解”成为被害人学的重要概念。且从 20 世纪 60 年代起，英美等国开始了对受到暴力犯罪行为侵害的被害人提供国家补偿的实践②。近年来，这一制度已开始进入中国的司法领域，并引起了社会的广泛关注。当然刑事和解是有严格条件的，前提必须是轻微的刑事案，一般是处三年以下刑罚的案件或情节不严重的过失犯罪，同时必须能够得到受害人的谅解，而且一般来说，是对刑罚的轻重进行和解，而绝不是对罪与非罪进行协商。刑事和解制度实际上就是作为公法的刑法被融入了私法的调整手段而形成的。

二　刑法立法的价值取向

刑法作为规范犯罪和刑罚的法律，其立法的价值取向上除体现一般的立法价值外，更注意强调体现刑法自身独特的立法价值的一面。在刑法立法中首先注重体现的是道德立法价值，而在一

---

① 傅达林：《刑事和解：从“有害正义”到“无害正义”》，载《社会观察》2005 年第 2 期。

② 参见马静华等《西方刑事和解制度考略》，载《福建公安高等专科学校学报》2006 年第 1 期。

定的情形中所体现习惯要求和缜密的科学规则，也是刑法立法价值中绝对必要的。

1. 道德规范

体现刑法立法价值的道德规范除体现公正精神的一般立足点外，也体现在刑事立法独特的价值，即谦抑性和人道主义。

（1）公正精神。刑罚是所有法律制裁中最为严厉的，关系到对人的生命的剥夺，因此公正性更为重要，更值得我们倡导和珍重。下面仅从中国刑法规定的基本原则中透视刑法的公正精神。

第一，法律面前人人平等是中国现行宪法规定的适用法律中的基本原则，刑法中规定这一原则对实现公正的立法价值有着特别重要的意义，中国刑法第 4 条规定："对任何人犯罪，在适用法律上一律平等。不允许任何人有超越法律的特权。"无论犯罪人的社会地位的高低、财产状况如何，都要以事实为根据，以法律为准绳，在定罪的标准、量刑的尺度上都一律平等。"当那些认为自己同他人是平等的人却在法律上得到了不平等的待遇时，他们就会产生一种卑微感，亦即产生他们的人格与共同的人性遭到侵损的感觉。"① 平等是人类的理想，人都具有得到他人尊重和受到平等待遇的欲望。如果有的人犯罪后不受法律的追究，就意味着适用法律上的不平等。因此适用刑法平等是实现刑法立法价值体现公平精神的需要。

第二，罪刑法定原则，是指法无明文规定不为罪，法无明文规定不处罚。这一原则的提出是为了反对封建专制擅断的司法制度，由资产阶级启蒙思想家提出的，并提出了这一原则的四个派

---

① ［美］博登海默：《法理学—法哲学及其方法》，邓正来等译，华夏出版社 1987 年版，第 284 页。

生原则是：排斥习惯法、否定溯及力、禁止类推适用、反对不定期刑。这一原则符合现代社会民主和法治的进步的发展趋势，体现了刑法的公正精神，为此，也为世界各国法律普遍认可。1789年的《法国人权宣言》第8条规定："在绝对必要的刑罚之外不能制定法律，不依据犯罪行为前提制定且颁布并付诸实施的法律，不得处罚任何人。"这一规定确立了罪刑法定原则的基本方向。1810年法国刑法典第4条进一步规定："没有在犯罪行为时以明文规定刑罚的法律，对任何人不得处以违警罪、轻罪和重罪。"中国刑法第3条规定："法律明文规定为犯罪行为的，依照法律定罪处罚；法律没有明文规定为犯罪行为的，不得定罪处罚。"中国在1979年刑法中不但没有规定这一原则，而且还规定了类推原则，即法条规定不明确的犯罪行为，可适用相类似的规定。这在适用刑法中会诱发法官滥用自由裁量权的恶果。中国于1997年修改刑法时，取消了类推原则，明确规定了罪刑法定原则，实现了犯罪与刑罚的法定化，重申了原刑法在溯及力上的从旧兼从轻原则，在分则罪名上，由原来的110个罪名增加到了413个。从1997年刑法实施至今，已出台了七个修正案，对诸多法条进行了修改和增补，使罪刑法定原则更具有适用性。

第三，罪刑相适应原则，是指定罪和量刑要相当、均衡。中国刑法第5条规定："刑罚的轻重，应当与犯罪分子所犯罪行和承担的刑事责任相适应。"罪刑相适应是人类早期因果报应朴素的公平观念在刑法中的体现，确切地说，是由原始社会"同态复仇"发展而来。罪刑相适应原则是近代西方启蒙思想家积极倡导的一项立法和司法的原则，最早是由孟德斯鸠提出的，意大利刑法学家贝卡利亚在《论犯罪与刑罚》一书中，也专门论述了"刑罚与犯罪相对称"的问题。罪刑相适应原则，要求对犯罪人判处刑罚的轻重，要与罪行和应承担的责任相当，责任的大小，取决于罪行的大小。因此刑罚的轻重最终取决于罪行的大小。罪行的大小表现在犯罪的情节、犯罪的社会危害性和犯罪行为人的人身危险等方面。情节是指影响犯罪社会危害程度的各种事实情况；社会危害性是指行为人对刑法所保护的利益已经造成或可能造成的不利后果；人身危险是指行为人再次实施犯罪可能性的大小。可见，这一原则既注重刑罚与犯罪相适应，又注重刑罚与行为人的个体情况相适应，从而使这一原则克服了以往绝对等量处罚的形式上的平等，为体现实质上的立法公正精神奠定了基础。

（2）谦抑性。谦抑就是指缩减或者压缩。刑法的谦抑性最早是由日本刑法学家平野龙一提出的，他认为："即使行为侵害或威胁了他人的生活利益，也不是必须直接动用刑法。可能的话，采取其他社会统制手段（如私刑）过于强烈，有代之以刑法的必要时，才可以动用刑法。这叫刑法的补充性或者谦抑性。"① 平野龙一是从刑法的调整对象、保护手段和自由尊重等方面认为，刑法的谦抑性包含刑法的补充性、宽容性和不完整性。中国一些法学家也对刑法的谦抑性进行深入的研究，如陈兴良先生认为："谦抑，是指缩减或压缩。刑法的谦抑性，是指立法者力求以最小的支出——少用甚至不用刑罚（而用其他刑罚替代措施），获得最大的社会效益——有效地预防和控制犯罪。"② 可见刑法的谦抑性的内涵是：

第一，刑法的补充性或最后性。对违法行为的制裁应当优先考虑其他制裁手段，只有在其他社会制裁手段不充分时，才使用

---

① 转引自陈兴良《刑法的价值构造》，中国政法大学出版社 1998 年版，第 363 页。

② 同上书，第 353 页。

刑罚。由于刑罚在所有的法律制裁中是最严厉的，因此刑法是在其他调整社会的规范不能奏效时的最后选择。

第二，刑法的紧缩性和宽容性。随着社会的发展和进步，当一个国家的犯罪率较低，特别是暴力性犯罪的比例减少，说明社会的安定程度较大，立法机关会收敛和限缩刑法的制定，使刑法在整个法律体系中所占比重也会逐渐降低，同时刑法立法的收敛和限缩在适用法律中又会表现为宽容性，如在中国刑法第 13 条中在规范犯罪的界限时，有一则：情节显著轻微危害不大的，不认为是犯罪。社会的危害性是犯罪重要特征，但刑法所认定犯罪的危害性是对社会严重的危害性，是对犯罪的“宽容”。

第三，刑法的不完整性或有限性。刑法不可能对其应予以调整的社会关系面面俱到，刑法在抑制犯罪方面的有限性以及刑罚自身的局限性决定了刑法的不完整性。刑法的“不完整”也就是刑法自身的“不足”，而这种“不足”必然决定了刑法在调控范围和刑罚效果上的“有限性”①。

第四，刑法的经济性或节俭性，是指以最小的刑法资源投入，获得最大的刑法效益。

（3）人道主义。人道主义的历史渊源最早可追溯到欧洲文艺复兴时期，是为反对封建专制和宗教统治提出的，它要求以人为中心，关爱弱者，尊重人性和人的尊严，尊重人的自由和平等地位。随着人类文明的进步，人道主义已成为普世价值，成为以人为本，关注人性，人的尊严和价值，人的快乐、幸福和自由的学说。18 世纪中期以来，以贝卡利亚为代表的刑事古典学派，从人道主义出发，针对中世纪的严刑酷法提出了刑罚的人道主义

---

① 参见张颖杰、李茂华《刑法谦抑性之价值蕴含》，载《海南大学学报》（人文社会科学版）2006 年第 4 期。

思想，主张限制和废除死刑，建立以自由刑为中心的刑罚体系，改善监狱条件，给服刑人员以应有的人的权利和人性化的待遇，取消绝对不定刑。至今这一原则仍是大多数西方国家刑法的基本原则。中国刑法虽然没有直接规定人道主义原则，但人道主义这一立法价值却通过具体的规定得到了体现。

第一，刑事责任。刑事责任是行为人对违反刑事法律义务而承担的不利后果，行为人要接受国家的否定性评价和社会的道德谴责，并且刑事责任是一种严格的个人责任。虽然行为人造成的社会危害性相似，认定的罪名相同，但由于个人的刑事责任能力是不同的，因此所能承担的实际责任的能力也是不同的。中国刑法把 14 周岁以下的未成年人和实施行为时因精神病不能辨认或不能控制自己行为的人，确定为完全无刑事责任能力的人，他们所实施的任何对社会造成严重危害的行为都不能认定为是犯罪。另外还规定了 14 周岁至 16 周岁的未成年人（只对杀人、抢劫等严重的刑事犯罪负责任）、尚未完全丧失辨认能力和控制能力的人为相对无刑事责任能力，又聋又哑的人、盲人及未成年人是减轻刑事责任能力的人。对这部分人犯罪的处罚均规定了从轻或减轻情节。

第二，刑罚。在刑罚方面的规定，中国刑法和世界上绝大多数国家一样取消肉刑和耻辱刑。规定了最轻刑罚的限制自由刑的管制、短期剥夺自由刑的拘役、不定期剥夺自由刑的有期徒刑、永久剥夺自由刑的无期徒刑和剥夺生命刑的死刑。为了从有利于改造罪犯，尽快重新回归社会，中国刑法还规定了缓刑、假释、减刑、监外执行等制度。因此在一般情况下，大多数的罪犯都能被缩短刑期，无期徒刑也只是理论上的。关于死刑，中国刑法只对极少数极其严重的犯罪适用死刑，并进行了严格的限制性的规定，即犯罪时不满 18 周岁的人和审判时怀孕的妇女，不适用死刑。针对慎重对待死刑，中国刑法还规定了缓期两年执行和立即执行两个层次的死刑，对于适用死刑，但不必立即执行的，可适用死缓。在死刑适用程序上规定了核准制度，对死缓的核准由省高级人民法院进行，对死刑立即执行的核准一律由最高人民法院进行。为了更具体地体现人道主义，中国刑法还规定了法院在量刑时的法定情节，主要有从轻、从重、减轻和免除处罚的情节，如自首是法定的可以从轻的情节，累犯是法定的应当从重的情节。刑法在规定量刑情节时充分考虑了行为人的主观恶意程度。如主观恶意性大，对人身危险就大，对社会的危害性就大，则应判较重的刑罚，反之就应当判较轻的刑罚，从而体现了刑法的人道主义。

2. 习惯影响和科学规则

刑法的道德价值渗透着人类文明、宽容的熠熠光芒，遵从具有正当性的风俗习惯，则是会使这束光芒成为刑法适用不可缺少的融化剂，而科学的立法价值会使这束光芒放射得更加从容、坚定。

（1）习惯影响。为了更充分地适用刑法，在刑法的立法中也要适当地体现习惯的立法价值，使刑法在规范人们行为时，保障人权方面发挥着那份不可动摇的和令人信赖的力量。为了更好地遵循罪刑相适应原则，刑法会对放火、抢劫、杀人等暴力性的严重犯罪行为规定较为重的惩罚，这实际上就迎合了远古至今人类评判善恶的朴素标准，在一定程度上满足了人们“以牙还牙”、“以眼还眼”的复仇心理。因此现实中“杀人者偿命”、“欠债者还钱”成为了天经地义的公理。正因为这一固执的、绝对的观念，使人们对一些有命案的罪犯，判处了非死刑的处罚，有着强烈不公的抵触情绪，而对于一个一贯遵纪守法、品德端正只是因为一时的冲动而一失足成千古恨的罪犯则给予了莫大的同情，如一位长期受其夫虐待的妻子因不堪忍受而杀夫夺命，并且这也在与他相处的人际关系中肯定了这一点，那么是否可以满足众人的这种疾恶如仇的风气呢？这些点滴的、但却是能够深入人心的意识，不必也不可能完全由立法的规定来解决，而是否满足众人的疾恶如仇的心理，应以不超出法律许可的范围为限，在这一范围内如能体现一种尊重民间的善良风尚，则更能在实现刑法的立法价值方面起到良好的作用。

（2）科学规则。由于刑法是对违法的犯罪行为最为严厉的制裁手段，因此体现立法的科学价值方面的要求更加严谨和精确，这主要表现在刑法立法的内容和形式两个方面。

第一，刑法内容的科学性。刑法作为社会上层建筑的重要组成部分，无疑是对一定社会客观发展规律的反映，而作为法律的一个独立和具体的法律部门就决定了这一反映的针对性。中国刑法从 1997 年大规模地修改后至今，已经颁布了七次的刑法修正案，每一次修正案的颁布都是对中国一定社会发展阶段所出现的新的需要，由刑法调整社会关系的及时、客观地反映。如其中：修正案（二）将投毒罪修改扩充为投放危险物质罪；修正案（三）增设资助恐怖活动罪，投放虚假危险物质罪，编造、故意传播虚假恐怖信息罪；修正案（四）增设非法雇用童工罪，非法采伐、毁坏国家重点保护植物罪，非法收购、运输、加工、出售国家重点保护植物、国家重点保护植物制品罪，增设执行判决、裁定失职罪，执行判决、裁定滥用职权罪；修正案（五）增设妨害信用卡管理罪；修正案（六）增设非法鉴定胎儿性别罪；修正案（七）增设泄露个人信息罪、组织未成年人犯罪等罪名。同时还对诸多法条进行了修改，增加了法律的科学性和适用性。如将投毒罪修改扩充为投放危险物质罪是因为在现实中，犯罪行为在使用投放手段犯罪时，除运用有毒物品外，还出现了运用了腐蚀性、镇静性、麻醉性，甚至放射性物品，因此对投毒罪的有毒物品进行了扩充规定。再如 2009 年 2 月 28 日第十一届全国人大常委会第七次会议通过的修正案（七）中对刑法 253 条后增加一条，作为 253 条之一：“国家机关或者金融、电信、交通、教育、医疗等单位的工作人员，违反国家规定，将本单位在履行职责或者提供服务过程中获得的公民个人信息，出售或者非法提供给他人，情节严重的，处三年以下有期徒刑或者拘役，并处或者单处罚金。”近年来，一些国家机关和电信、金融等单位在履行公务或提供服务活动中，获得的公民个人信息被非法泄露的情况时有发生，对公民的人身、财产安全和个人隐私构成严重威胁。经有关部门研究，对这类侵害公民权益情节严重的行为，应当追究刑事责任。

第二，刑法形式的科学性。为了体现刑法立法的科学价值，要求刑法的立法技术先进而精湛。为了增强刑法的适用性，对罪状的规定更多地使用叙明罪状的确认方法。叙明罪状是指在罪行规定中对具体犯罪的构成特征作了详细描述。如刑法修正案（七）关于非法传销罪（作为第 224 条之一）的规定：“组织、领导以推销商品、提供服务等经营活动为名，要求参加者以缴纳费用或者购买商品、服务等方式获得加入资格，并按照一定顺序组成层级，直接或者间接以发展人员的数量作为计酬或者返利依据，引诱、胁迫参加者继续发展他人参加，骗取财物，扰乱经济社会秩序的传销活动的，处五年以下有期徒刑或者拘役，并处罚金；情节严重的，处五年以上有期徒刑，并处罚金。”就是叙明罪状，其特点是要件明确，能避免生歧义。之所以采用这一方式是因为这一类犯罪的特征具有特殊性，不为一般人所知，也难以从总则的规定中予以把握，因此需要详细规范。为了保持法条段与段落之间的逻辑性，要科学地运用但书。法条是以文字表达立法意图的，因此表达自然应符合语法。当同一条款的两段之间的内容出现了相反、例外限制和补充的规定时，要使用但书一词，对立法准确表达立法意图起着重要的作用[①]。为了遵循罪刑法定原则，更公正地适用刑法，防止法官滥用自由裁量权，在表达适用的并列条件或情形时，应尽量采用“穷尽”方法，即至少符合在人们所处的社会发展阶段对某些事物的认识水平，不提倡使用“等”、“其他”词汇表述，因为使用这些词汇时，会在法律适用时给法官留有太多的自由裁量的可能性，并不能在总体上保证适用法律的公平公正。此外对刑法的解释、刑法体系等方面也要体现科学规则。

三　对刑法立法价值的精益要求

由于刑法是人权的保障法，是实现法治社会良法善治的根本保障，特别是刑法所体现的道德价值是人们对法律弘扬正义、驱恶崇善最直接和最有力的见证。因此对刑法立法价值提出精益要求有着特别重要的意义。

1. 对刑法立法价值道德规范的精益要求

在刑法立法中要体现其道德的精益价值，必须注意刑法所调整的特定的对象和所遵循的属于刑法的基本原则，并通过量化的对比分析，在刑法不同方面的内容上突出某一种立法价值的作用。

（1）公正精神。在刑法立法中体现公正精神必须在遵循刑法基本原则的基础上，对刑法规定所能涵盖的具体的社会关系进行分析，并适时地在立法中加以采纳，防止适用法律中所出现的混乱、甚至不公。

---

① 参见张明楷《刑法学》（上），法律出版社1997年版，第30页。

河南省安阳市于2008年5月30日由市政法委及市公、检、法三部门联合出台《安阳市办理盗窃案件适用法律问题的意见》规定，对于入户盗窃数额达不到盗窃罪追诉标准，符合一定条件的按非法侵入他人住宅罪追究刑事责任。这份决定在性质上还不是法律，应属于刑事政策。这一“红头文件”被外界解读为对入室行窃的“零容忍”。2008年8月17日，入室盗窃的李凯，被安阳市文峰区人民法院以非法侵入他人住宅罪判处拘役四个月。案情经过是：5月3日晚，李凯窜至开发区大定龙村准备盗窃。次日凌晨两点左右，李凯挪开村民姜琴家的楼顶盖板潜入三楼，然后蹑手蹑脚来到二楼室内，将正熟睡的姜的女儿的衣服翻了一遍，没有找到钱，就偷走了她的手机。得手后，李凯想从三楼楼顶逃跑，但实在顶不住睡意，就先潜入三楼的一个房间休息。等李凯醒来时，天已大亮，他想从原路逃跑已不可能了。原来失主发现楼顶盖板有挪动的痕迹，就把出入口堵死了，4日上午10点左右，姜琴准备与夫去买防盗门，突然听到三楼有响声，跑去发现了李凯。在派出所，李凯对作案事实供认不讳。经市价格认定中心鉴定，被盗手机价值为612元，而安阳对于盗窃既遂的犯罪起点是800元，如果像李凯这种案情只能进行治安拘留和罚款。但这次按安阳的这份“文件”则将李凯认定为非法侵入他人住宅罪而被判刑。对于这份“文件”的意义，安阳市的有关负责人认为，公民的住宅不受非法侵犯，这既符合国际社会普遍接受的人权理论，也是中国现行宪法规定的一项基本公民权利。目前入户盗窃行为在司法实践中参照一般意义上的盗窃行为来定罪量刑存在不少弊端。与一般意义上的盗窃比，一些盗窃者携凶器攀爬进入居民室内，一旦被发现，很容易转换成抢劫、故意伤害，甚至故意杀人。因此这一规定也得到了一些人大和政协代表们的高度评价。其实早在2004年到2006年间，上海、浙江、广东等一些地方也有类似的做法。这些规定也引来了一些学者们的不同看法，认为这一刑事“新政”的出发点是好的，但只在少数地方适用，会实际造成法律适用的不公正[①]。笔者同意这一观点，并建议立法机关应及时预测和论证，并将其纳入立法中，使刑法立法的公正价值能够在现实中得到更加普遍地体现。

（2）谦抑性。刑法谦抑性的立法价值体现在对犯罪确认和刑罚的理性控制上。要求立法者能以人为本，以社会安定、和谐的大局为重，谨慎行使制刑权，杜绝酷法严刑导致的无价值，甚至是负价值的活动，科学地审视刑法的不完整性和有限性，摈弃“刑法万能”论。而体现刑法经济性，也是刑法立法价值所要体现的重要内容。

（3）人道主义。随着社会的发展，人道主义已成为衡量一个国家文明与进步的标准，并成为现代法治国家立法的重要价值取向。在刑法立法中体现人道主义的立法价值与现阶段以人为本的科学发展观的指导思想，其精神实质是完全一致的，也是国际相关的人权公约所一向倡导和积极推进的。因此，中国刑法应当将人道主义确定为刑法的基本原则，使其具有公理性原则的作用。

为了弥补法律规定的不足，满足实际中的迫切需求，近年来，中国主要是通过行政、司法部门下发的文件或决定加以规定。2009年4月13日经国务院授权，国务院新闻办公室发布《国家人权行动计划（2009—2010年）》（以下简称《国家行动计划》）这是中国第一次制定以人权为主题的国家规划。《国家行动计划》明确了未来两年中国政府在促进和保护人权方面的

---

① 参见殷晓章《入室行窃“零容忍”引发争议》，载《民主与法制》2008年第21期（11月上半月）。

工作目标和具体措施。《国家行动计划》全文约22000字，分为导言，经济、社会和文化权利保障，公民权利和政治权利保障，少数民族、妇女、儿童、老年人和残疾人的人权保障，人权教育和国际人权义务的履行及国际人权领域交流与合作六部分。《国家行动计划》特别强调了要完善预防和救济措施，在执法、司法的各个环节上，都要依法保障公民的人身权利。具体包括：严禁刑讯逼供，严禁执法人员实施非法拘禁行为，严格控制并慎用死刑，严格死刑审判程序，建立完善的执法、司法监督机制。并将依法获得公正审判作为诉讼当事人特别是受刑事指控者的权利加以规定和保障。更为重要的是《国家行动计划》还提出了2009—2010年期间，国家将结合普法活动，积极依托现有的义务教育、中等教育、高等教育、职业教育体系和国家机关内的培训机构，以及广播、电视、报刊、网络等多种媒体，有计划地开展形式多样的人权教育，普及和传播法律知识和人权知识。相信国家人权行动的这一计划的落实，会对在法律适用中彰显人道主义起到积极的推进作用，并能为人道主义原则的刑法立法起到重要的促进作用。

2. 对习惯影响和对科学规则的精益要求

对习惯影响和科学规则提出精益性要求同样是十分必要的。因为随着法律的普及和深入人心，即使是刑法这样的公法的有关规定也会逐渐渗透到人们的生活中的，而科学技术的发展，信息化技术也在不断被运用到刑法的适用中，由此对其进行量化择优，精益分析更显得意义重大。

（1）对习惯的正当性引导。在现代刑法的理念中，如果刑法认定的从轻或减轻情节，杀人者未必偿命，欠债者也未必还钱。但在中国一些落后的、边远的山区，由于人们对法律所产生的茫然，对于一些刑事案件会从一种绝对的意义上去认识，并且在一些日常的纠纷中，也往往以大家都认同的习俗方式去理解。由于没有确定的规范，常将本来是民事的纠纷或矛盾，以侵权为事由加以解决，如动用私刑、非法拘禁等。而且又常以姓氏宗族关系的力量参与其中，从而造成了一些不必要的矛盾和冲突。因此要杜绝这些愚昧的现象，除通过普法宣传外，还应当深入了解地方形成这些习惯做法的原因，通过对风俗习惯的正当性引导，使人们能认识到行刑权是国家的权力。在刑法立法中要对习惯的正当性引导作出原则性的规定，如对酌定情节要进行科学的分析，选择适宜的纳入到立法中来，使其成为法定情节，这将会产生刑法在社会中无形的公信和威慑力量。因此是否可以考虑将量刑的酌定情节的某些方面上升到法规的高度。酌定情节是指不是由刑法明文规定的，但却能对量刑起着重要的影响，它是司法机关在长期的实践中获得的宝贵经验。常见的有犯罪手段、时间地点，犯罪的对象和动机，犯罪所造成的危害结果，犯罪后的认罪态度及犯罪人的一贯表现等，它们不是由法律明文规定的，而是由法官从主观上对案件具体情形判断的结果，因此这样的判断有时可能会因人而异，在适用法律中难免会出现不公的判决结果，而如果将这些情节进行理性的概括，上升为法定情节则可能避免这样的结果。

（2）关于“电脑量刑”①。据有关材料显示，近年来，中国刑事案件上诉（申诉）率一直维持在60%左右，约有一半的上诉原因起源于量刑的不均衡。为了防止出现量刑畸轻畸重的情况，从2003年开始，山东省淄博市淄川区法院开发的“智能数

---

① 相关内容根据王雷《山东在争议中推广电脑量刑 刑期有望精确》，http：//www.hangzhou.com.cn/20060801/ca1191124.htm 2006—9—12 及 http：//www.it.com.cn/f/news/069/12/324050.htm 2006—9—12 等网页的资料整理。

字化量刑系统”开始试用，经过几年的试用，该区法院审理的刑事案件“极少”上诉。

传统的量刑方法都是“估堆”量刑：查明事实，合议庭定性后，由老成员介绍这类案件以前如何判的，拿出主导意见，合议庭通过后就成为判决结果，如果合议庭意见不一致，提交审判委员会研究。“估堆”量刑根据个人经验和以往案例为准，在法定刑限度内对犯罪人随意适用刑罚。在没有科学量刑规则的情形下，究竟谁“估”错了无从判定。“估堆”量刑，是否“估”得正确，需要有一个公正、客观的标准。这就是科学量刑的“计算方法”，如无此前提“估堆”量刑即便估准了，那也是一种偶然性。

淄川区法院编撰的《常用百种罪名量刑规范化实施细则》（以下简称《细则》）是一套精确的量刑“计算方法”，把刑期精确到天。中国刑事判决的量刑单位一般是“半年”，这意味着每一个犯人的服刑期比实际法律规定总有几个月的“误差”。而且由于不同地区法官量刑的标准不一样，对自首、累犯、主犯、从犯、退赃等四十多种可以增减刑期的情节理解不一，直接的后果是“两个罪犯在监狱中相遇，彼此一介绍，发现各自的犯罪情节大致相同，但刑期却有较大的差异”。量刑偏差不仅是中国法官们遇到的一道难题，也是世界司法界的一道难题。由于西方国家还没有找到科学的量刑方法，于是在立法上或者事实上赋予法官“自由裁量权”，在诉讼中提倡法官“自由心证”，把量刑公正的希望寄托于法官的“良知”、“学识”和“经验”上。这种做法不但没有实现量刑公正，反而使量刑之随意性成了久年之诟病。为了限制法官的自由裁量权，意大利、法国规定了法官应当对自由裁量权的运用作出合理的解释，美国在20世纪60年代由于媒体大量披露了刑事案件量刑中的黑幕，引起全社会对量刑混乱的公愤。1984 年，美国国会通过《量刑改革法》，成立了有法官、检察官、律师、议员、学者等数千人参加的“量刑改革委员会”，导致国会于 1987 年颁布《美国量刑指南》。中国法律没有明确规定法官的刑事自由裁量权，但法院和法官实际上享有非常宽泛的刑事自由裁量权。例如《中华人民共和国刑法》第 236 条规定：以暴力威胁或者其他手段强奸妇女的，处三年以上十年以下有期徒刑。奸淫不满 14 周岁幼女的，以强奸论，从重处罚。从三年到十年的幅度和“从重”的标准虽然有司法解释以界定，但仍然过于笼统。

淄川区法院的《细则》具体规定了四十多种可增减刑期的情节类型，例如刑法规定累犯应从重量刑，但没有具体指标，《细则》则把累犯分成“1 年内又犯罪的”、“2 年内又犯罪的”、“3 至 5 年内又犯罪”的三等，每等增加三分之一幅度的刑期。同样，自首也被分成七种不同类型，每种类型对应固定的减刑比例。只要事实一样，法官量刑的结果就不会相差很大。而且工作的效率也大大提高了，以前要一周，现在几分钟。

2003 年，淄川区法院成立量刑规范化课题小组，每人负责几个罪名，搜集资料，把审判过的 1300 余起刑事案件进行对比，2004 年 1 月制定了《细则》第一稿，可以计算 11 类案件的量刑数值。2 个月后，淄博当地一家电脑公司开发出相应软件，“量刑软件”第一次出现。2004 年 10 月，《细则》第二稿出台，适用罪名扩大到 100 个，2005 年《细则》第三稿制定完毕，其中不仅参考了淄川区法院审理的 2050 个案件，还包括了全国的 5000 个案件。2006 年 3 月，淄川区法院与北京一软件公司共同开发的“量刑软件”第二个版本面世。新增的未成年人案件司法解释的《细则》第四稿在 2006 年 9 月印刷，8 万字。由于淄川区法院只是一个基层法院，审理的案件较简单，无期徒刑、死刑等重罪的量刑没有被涵盖在《细则》中。“量刑软件”只是依据《细则》的计算工具，并不是外界误解的把它等同于“电脑审判”，而应当是“电脑量刑”。

淄川区法院“量刑软件”是有科学依据的。电脑人工智能在法律中的第一次实际应用是1981年美国开发的法律判决辅助系统（LDS），可以运用严格责任、相对疏忽和损害赔偿等模式，计算出责任案件的赔偿价值。中国法律专家系统的研制于20世纪80年代中期起步。先后开发了《量刑综合平衡与电脑辅助量刑专家系统研究》、《LOA律师办公自动化系统》，而赵廷光教授（武汉大学刑法学教授）1993年开发的《实用刑法专家系统》已经具有检索刑法知识和对刑事个案进行推理判断的功能。

中国政法大学副校长张保生教授也认为，人工智能运用于司法审判，可以促进司法公正。他认为我们必须承认，钢铁之躯的机器没有物质欲望和感情生活，可以比人更少地受到外界因素的干扰。正像计算机录取增强了高考招生的公正性、电子监视器提高了纠正行车违章的公正性一样，智能法律系统在庭审中的运用有可能减少某些徇私舞弊现象。

鉴于以上情况，山东省高级人民法院已经决定于2006年底在全省推广这种模式。

附电脑量刑全过程的实例：

案例：一起故意伤害罪，被告因琐事与被害人发生争执，用随身携带的小刀将被害人面部划伤，经鉴定，被害人构成十级伤残，案发后被告主动投案，并赔偿被害人全部经济损失。

1. 以上事实经庭审查明后，进入量刑环节。

2. 启动软件，选择了故意伤害罪，输入“致一人轻伤”，电脑显示“基准刑”为“有期徒刑6个月”；输入“十级伤残”，出现“增加刑期3个月”，据此确定“基准刑”为9个月徒刑。

3. 选择“在传讯前自首”和“主动全部赔偿”的“浮动刑”情节，电脑显示各“减基准刑20%”，减去的“基准刑”为3.6个月。

4. “基准刑”减掉“浮动刑”，得出“量化刑”为5.4个月，根据量刑细则规定的四舍五入原则，最后得出此案“量化刑”：5个月拘役。

5. 法官的自由裁量权也还有余地，考虑到被告用刀伤人，性质较恶劣，最终裁判“宣告刑”为6个月拘役。

应当说，“电脑量刑”是为了提高刑法适用中量刑的精确度，更好地实现刑法立法的精益科学价值而设定的，其宗旨是为实现公平、正义的立法价值提供技术手段，是有价值的行为，符合精益学理论的要求。

第三节 民法的立法价值

民法作为调整平等主体之间的财产关系和人身关系的法律，其立法价值的取向是源于平等这一最基本的价值展开和延伸的，而由于民法调整对象的深入性和广泛性，又使其立法价值的取向在民法的不同法规中有不同的体现。

一 作为私法的民法的立法价值导向

民法是典型的私法，明确私法的立法价值，给予私法一定的空间位置，满足全体社会成员对民法立法客体的需求，对于防止来自于国家公权力的侵犯，保护和尊重私人权利具有重要的意义。

1. 民法的一般性理论

民法既是一个独立的法律部门，又是一个相对完整的法律体系，从广义的民法来说，还包括作为民法特别法的商法。

（1）民法的内涵。“民法”一词来源于罗马法的市民法。在罗马法中，市民法是相对于万民法而言的，主要调整罗马公民之间的关系，而万民法则调整罗马公民与外国人的关系。民法是由于商品生产和商品交换的客观需要而产生的，是市场行为最基本的规范。“商品交换的实现必然要求交换双方的主体具有独立的人格权、财产的自主权以及与这两种权利相适应的合同的自由权。”①《中华人民共和国民法通则》第 2 条规定：“民法是调整平等主体的公民之间、法人之间、公民与法人之间的财产关系和人身关系的法律规范的总和。”这一定义反映了民法的研究对象和基本任务。民法有狭义和广义之分。狭义的民法就是指形式的民法，即民法典。中国目前还没有民法典，1986 年 4 月 12 日六届全国人大常委会四次会议通过了《中华人民共和国民法通则》。《中华人民共和国民法通则》与《中华人民共和国合同法》（1999 年）、《中华人民共和国物权法》（2007 年）等法律实际上起着民法典的作用。广义的民法就是实质的民法，是指所有调整民事关系的法律规范的总称，除民法典外，还包括作为民法特别法的商法。关于民法的属性，可以从不同的维度去认识，在实体法和程序法的分类中，民法是实体法，作为它的程序法民事诉讼法的适用必须符合民法的精神；在母法与子法的分类中，民法与刑法一样都是子法，其内容不能与宪法相抵触；在强行法与任意法的分类中，民法属于任意法；在公法和私法的分类中，民法属于私法，是典型的私法。

---

① 王利明：《民法学》，中国人民大学出版社 2000 年版，第 4 页。

（2）民法的特点。民法作为一个独立的法律部门，与其他法律部门相比，具有以下特点：

第一，民法是人法。民法是以人为本位的法律，是以人身关系和财产关系作为调整对象的。人身关系是基于一定的人格和身份产生的，主要是指作为人本身资格的权利及特定身份的权利。财产关系仍然是人，脱离了人，财产关系就失去了载体，也就失去了存在的价值。民法以人为本，注重对个人人格尊重和对人身自由的保护，体现了对人的关爱，对人性关怀和对人的生命的珍惜。在人格权和财产权的关系中，人格权是实现财产权的前提，当人的生命、健康和自由都无法得到充分保护的时候，又如何享有财产权。因此人格权应当置于民法的各项权利之首，当人格利益和财产利益发生冲突时应优先保护人格利益，它应该置于比财产更重要的位置，它们是最高的法益①。

第二，民法是权利法。民法最基本的职能在于对民事权利的确认和保护，这就使民法具有了权利法的特征。民法就是为了对抗公权力的干预，保障公民的权利不受侵犯而产生的，其体系的构建是以权利为基本逻辑起点的，并通过权利确认当事人的行为规则。从权利救济的角度来看，无救济则无权利，通过民法的方法提供司法救济，是确定权利的重要手段②。民法赋予了民事主体广泛的财产权，如物权、债权、继承权等，并为保护财产权规范了相应的措施。同时还确定公民主体的人身权，如生命权、健康权、姓名权、人格权、身份权等，也为尊重和保护人身权规范了相应的措施。

第三，民法是平等法。民法是调整平等财产关系和人身关系

---

① 参见王利明《民法总则研究》，中国人民大学出版社 2003 年版，第 35 页。

② 同上书，第 23 页。

的法律，因此它就是调整横向的市场交易关系的，要维护交易关系市场的和谐，必须遵循等价有偿的原则才能进行，而这一原则的前提是，交易关系双方当事人的法律地位是平等的，在民事活动中能以自己的名义独立表达内心的意志，其合法权益也平等地受到保护。民法的这一特点与调整纵向关系的经济法和行政法相区别开来。

此外，王利明先生认为，民法是市场经济的基本法和市民社会的基本法，也表明了民法与其他法律相区别的特点。

2. 民法的私法性质和民商法的体例问题

民法是调整平等主体的法律，具有自原性和任意性的特征，属于私法的范畴，同时由于现代市场经济发展的要求，使民法具有了公法的特征。认识民法的这一性质能为确定民法自身的立法价值找到一个逻辑的切入点，也使民法的存在有了更稳固的依托。

（1）民法的私法属性。私法是公法相对应当的法律。关于私法和公法的划分在中国的学术界一直是有分歧的。一些学者认为，私法和公法的划分只是大陆法系国家的做法，普通法系并无此划分，不具有普遍的意义。同时公法、私法相融的趋势已经比较明显，因此没有必要划分。但实际上，在中国对私法和公法的划分是十分必要的。中国长期以来由于经济体制方面的原因，对私法采取排斥的做法。由于公法上权利的主体是国家，是为公共利益而设定的，而且国家行为具有公定力的特点，即相对方的行为被正当权限机关取消或确定其无效为止，是受“合法的”推定的，其相对方不得否认其效力，因此国家的公权力具有强制力①。一个社会如果否认私法及私权利存在的合理性，是不利于对私人权利

① 参见［日］美浓部达吉《公法与私法》，中国政法大学出版社2003年版，第110、112页。

的尊重和保护的，其后果不利于调动社会个体的积极性和创造性。“私法领域中奉行的基本原理是私法自治，民事主体有权在法定的范围内根据自己的意志从事民事活动，通过法律行为构建其法律关系。”① 因此，在中国由于市场经济还没有达到成熟阶段，需要对私权利的保护确定一定的范围，明确私权利的独立地位，有效地保护和尊重市场主体的权利和地位，以限制国家强权的过度干预。在现代法治社会中，必须重视私法建设，确立私法优先的观念。因为私法中的平等观、自由观是现代权利体系的核心，私法所调整的社会关系是形成整个法治社会法律关系的基础。与公法私法化一样，进入 20 世纪以来也出现了私法公法化的倾向。为了限制和规范私权利中的自由泛滥，危害公共利益，国家权力干预社会经济生活开始加强，确立了对民事行为合法性的认定，如《中华人民共和国产品质量法》、《中华人民共和国消费者权益保护法》等法律的陆续出台，更加强化了私法公法化的发展趋势。

（2）关于民商法的体例问题。在讲到民法及民法的立法价值问题时，民商法的立法体例是不能回避的理论问题。对这一问题进行理论上的分析，对认识民法的性质及民法的立法价值等问题有重要的作用。

在传统的法律分类理论中，商法和民法都属于私法的范畴，都强调“个人本位”、“权利本位”，都遵循“平等、自由、等价有偿、诚实信用”等基本原则。但在商品经济的发展中，由于其赢利目的的驱动，使商事法律关系中隐含着巨大投机性。因此，各国商法都将国家公权引入商法中，通过国家干预弥补私法自治的不足。这样虽然商法和民法都为私法，但商法却有诸多不

① 王利明：《民法总则研究》，中国人民大学出版社 2003 年版，第 15 页。

同于民法的特殊性。正是基于这一认识，学者们也把法律分为普通法与特别法。以“法律之规定事项为标准者”，关于一般事项之法律为普通法，关于特别事项之法律为特别法，即民法为普通法，商法为特别法[①]。近代大陆法系的国家在立法体例上，是按民商合一和民商分立两种模式确立的。以法、德、日为代表的国家主张民商分立，在民法典外制定了独立的商法典。只有少数国家如瑞士、泰国采取了民商合一的体例。民国时期的中国也选择了这种体例，中国台湾地区仍沿用这种体例。客观的评价这两种体例都有其各自的合理性，也都有其各自的局限性。因为它们的形成和发展都有其历史的必然，都有与社会经济发展相适应的一面。但任何立法体例都不会尽善尽美，在理论内容和适用法律中都会有不足之处。从本质上讲，商法是在民法的产生、发展中逐渐形成的，无论这一形成是自然而然的，还是人为强加的，在商法的理论及适用上都留有民法的痕迹。这样不管商法采取何种立法体例都不能摆脱和民法的联系，只是所侧重的方面不同而已。

民商合一的立法体例注重民商法的共性。原因是商事的所有活动都可以在本质上归结为民法上的债权债务关系。这种体例要求在适用法律中达到尽可能的普遍适用，使社会全体成员一体遵守。这在发达的市场经济中能达到较理想的效果。同时民商法有着共同的经济基础，都可以成为调整市场经济平等主体关系的法律。当然，民法除了调整平等的财产关系外，还调整平等主体的人身关系。尽管两种关系在性质上不同，但在发达的市场经济社会中，当人身关系也能用财产关系加以补偿时，就有可能以此平衡人身关系利益，如人身受到侵害获得精神赔偿。因此民商合一更注重追求法规的完备和适用法律的一致。采用该体例可避免在

---

① 参见史尚宽《民法总论》，中国政法大学出版社2000年版，第56、63页。

法律内容上的大量重复，实现市场经济的规范化和优质化。另外，从思想根源上看，民商合一的思想萌芽虽然最早可追溯到罗马法，但现代意义上民商合一的立法体例，却是从近代西方资本主义经济关系得到充分发展才得以确立的，特别是20世纪以来，西方社会商品经济已广泛进入市场经济领域，商事活动已广泛社会化，使商法独立存在的根基受到冲击。因此，民商合一的先进性还体现在：它使民事主体的行为能力扩大，民事主体在从事商事行为时，不需重新辨认其身份，从而更加符合发达市场经济所形成的历史潮流[①]。但该体例过于规范化和理想化，而在现实中是许多商事行为并不具有典型意义，如果一味地套用这种体例，则会导致适用法律的力不从心，造成理论中的“巨人”、实践中的“矮子”的局面。同时民商合一还可能造成适用法律的不平等，因为在某一领域内，如过于强调统一标准，则会忽视某些特定条件下的环节和情势的存在，不利于维护特定当事人的合法权益。

在民商分立的国家则更强调商法在规范、主体和行为上的差异。因为商法的调整对象是营利主体和营利行为，决定了商事活动以营利为目的，以经济效益为重，这就必须通过简捷、快速的运作，才能保证减少损失、避免风险、降低成本、获得利润。所以在商事活动中，对所形成的当事人之间特定的关系和习惯，仅仅以商法中一般的规则加以调整是不够的。把商法从民法中分化出来的目的就是要把商法中的这些特殊方面加以规范化，从而使商法更具有适用性。同时民商分立注重实际问题的具体分析和特殊处理，有利于法律的创新和应变，能避免民商合一的理想化禁锢所带来的僵化和单一。因为商事活动注重的是效益，及时、准

① 参见苏惠祥主编《商法概论》（中国商法系列），吉林人民出版社1993年版，第67页。

确地掌握市场信息，按照商品价值规律进行交易至关重要。所以商事立法必须根据经济发展的需要不断更新，才能规制商事活动。把商法从民法中分立出来，有利于商法自身的完善和发展。另外，从民商分立的历史看，也与民商合一的体例经历了不同的发展过程。民商分立的思想萌芽最早出现在中世纪，主要是为了适应地中海沿岸商业贸易发展的需要，在商人交往中自发产生的各种习惯规则的基础上形成的。民商分立体例后来率先在法国得以确立也不是偶然的，在法国资产阶级革命中，商人为维护本阶级的利益，与旧制度的民法进行了坚决的抵制，经过一系列的立法程序，法国终于在 1807 年颁布了商法典。德国和日本在战后不断更新和完善固有的法典，很快适应了现代市场经济发展的需要，极大地促进了本国经济的腾飞。可见，民商分立的体例较适合市场经济发展的初级阶段。但由于民商分立的国家在立法上标准不同，都较强调本国内的特殊情况，会给涉外司法工作造成不便。

在法系上，中国属于大陆法系，因此人们在构建法律模式或选择法律体例时，总会受到大陆法系的影响。事实上，作为成文法典型的大陆法系，所追求的法典化、规范化，强调适用法律的普遍性和一致性的做法，在现今社会的发展中已造成了法律的诸多不适。况且“法律不是万能的……法律有其自身的局限性，在加强法制的声浪中，要对法律保持客观清醒的认识，克服立法万能、立法至上的思想。在设定中国应采取何种立法模式时，应把古典法的局限性考虑进去。我国未来的立法模式应该是开放的而非封闭的。深受大陆法系影响的我国应避免走大陆法系的国家已经走过的弯路”①。因此我们应该在继承大陆法系积极成果的同时，

① 徐国栋：《民法基本原则解释——成文法局限性之克服》，中国政法大学出版社 1992 年版，第 228 页。

冲破原法系的束缚，使中国的立法跟上时代的步伐，永远充满生机[①]。

二　民事立法的立法价值取向

民法作为调整平等主体的财产关系和人身关系的法律，其立法价值的取向更倾于对社会成员个体权利的保护，这样在民法的立法价值中，道德价值无可争议地处于主导地位，同时习惯要求会悄然地深植于其中，科学规则同样是不可缺少的。

1. 道德规范

民法的任意法性质，决定了民法的权利是可以选择的，这就意味着道德规范在民法立法的价值中的重要和珍贵。通过民法的目的和调整的对象，平等、公平理应是民法立法价值的首选，而意思自治和诚实信用也是民法立法价值不能缺少的。

（1）平等、公平。平等和公平都是作为一项公理性的原则体现在民法之中的。公理性原则集中反映了民法所调整的社会关系的特征，在民法中具有极大的普遍性，凡是有商品经济及民法存在的地方，这些原则都是共同的[②]。《中华人民共和国民法通则》第3条规定，当事人在民事活动中的地位平等；第4条规定，民事活动应当遵循公平原则。

第一，平等集中反映了民法调整的对象和调整的手段之特点，反映了市场经济的本质要求，也是构建市场经济秩序的基础。市场经济是竞争经济，而竞争经济的前提必须使竞争的主体处于平等的起跑线上。为了避免市场主体利益之间最大化的冲突

---

① 关于民商法体例的问题可参见陈雪平《对作为民法的特别法——商法性质的认识》，载《学术交流》2005年第4期。

② 参见徐国栋《民法基本原则解释——成文法局限性之克服》，中国政法大学出版社1992年版，第15页。

和矛盾，必须明确市场主体的平等地位。这种平等地位有利于平等地保护民事主体的权利。

民法立法的平等价值，首先体现在人格的平等上。人格的平等就是没有特权，没有等级，就是在法律上无条件地承认人与人之间的平等，这种平等是抽象的、绝对的，人作为人的资格的平等。《中华人民共和国民法通则》第 10 条规定的民事权利能力一律平等，就是指人格的平等，它是与生俱来的，一个人从出生开始，直到死亡为止都享有这种平等的权利，即使是被剥夺了政治权利的罪犯也同样享有这一权利。任何人或国家都不能非法剥夺公民这一权利。其次是指民事法律关系中的当事人的法律地位是平等的。如在合同法律关系中，当事人双方的法律地位必须是平等的，才能进行合同的订立和履行，任何一方都不能对另一方进行暴力和胁迫。另外，在民事权利受到侵害时，法律都给予平等的保护，无论是公有财产，还是私人财产。《中华人民共和国物权法》第 3 条规定，国家在社会主义初级阶段，坚持公有制为主体、多种所有制经济共同发展的基本经济制度。国家巩固和发展公有制经济，鼓励、支持和引导非公有制经济的发展。国家实行社会主义市场经济，保障一切市场主体的平等法律地位和发展权利。第 4 条规定：国家、集体、私人的物权和其他权利人的物权受法律保护，任何单位和个人不得侵犯。在补救方法上，按照实际损失填补原则，即以恢复到财产损害前的状态为限。

平等是民法的本质特征，是民法立法价值的基本理念。现代法治国家强调公民在法律面前人人平等的法治精神，这一精神要求民法必须确认民事主体的平等地位，平等地保护民事主体的合法权益。这对于建立和完善民主政治制度是十分重要的。

第二，公平是指以利益均衡作为价值判断标准，调整民事主体之间的物质利益关系、确定其民事权利和民事责任的要求[①]。公平是指一种公正、正直、不偏袒和公道的品质，是作为民事主体在进行民事行为时的一种内心的正当性的道德要求，因此公平是民事行为目的性的评价标准，“任何一项民事活动，是否违反了公平原则，常常难以从行为本身和行为过程作出评价，而需要从结果上是否符合公平的要求进行评价。如果交易的结果形成当事人之间的极大利益失衡，除当事人自愿接受，否则法律应当作出适当的调整”[②]。正是由于公平是一种目的性的评价标准，因此公平更多体现的是实质正义的要求。这种实质正义的要求最终也是由法官来完成的，当民事法律关系的当事人自身无法解决他们之间的利益均衡而导致不可相融的纠纷时，选择诉讼虽然不是最好的，但可能是能被社会普遍认可的最为公平解决纠纷的方法。法官在审理民事案件时就应当本着公平的理念，权衡双方的利益，依法作出公平的裁决。因此，是否具备公平的精神也是评判一个好法官的重要标准。

公平在民法立法价值中体现在合同法的等价有偿、显示公平和情势变更等原则的内容中。等价有偿原则意味着合同双方当事人的权利义务在一般情况下具有相对性，也就是互为等价给付。当事人取得的利益与其所履行的义务要大致相等。显示公平是指一方在订立合同的同时，由于事情紧迫或者缺乏经验，没有尽到注意义务，而订立了明显对自己不利的合同条款。出现这种情况后当事人采用请求撤销或变更合同。情势变更是指合同有效成立

---

① 参见徐国栋《民法基本原则解释——成文法局限性之克服》，中国政法大学出版社 1992 年版，第 65 页。

② 王利明：《民法总则研究》，中国人民大学出版社 2003 年版，第 116 页。

后，非因当事人双方的过错而导致了一种情势的变化，致使合同不能履行或者如果履行会显失公平，根据公平原则，当事人可以请求变更或解除合同。其次还体现在物权法中，如在取得物权的添附制度中，取得添附的人应当补偿失去该物人的损失；尤其是在损失无法确定的情况下，只能根据公平原则进行补偿。在相邻关系中，一方应当容忍另一方不动产所有权人或使用人的权利的必要延伸，为其行使权利提供必要的方便。而所有人也应当容忍来自他人轻微的伤害，实际上也体现了公平的原则。在侵权法中，当一种侵权行为发生后，当事人双方对造成损害均无过错的情况下，则法院根据公平的理念，在考虑当事人的财产及其他情况的前提下，责令加害人对受害人的财产损失给予适当的补偿。

（2）意思自治、诚实信用。自治和诚信也是作为一项公理性的原则体现在民法之中的。《中华人民共和国民法通则》第4条规定了民事活动应当遵循自愿原则和诚实信用原则。

第一，意思自治是指民事主体享有的在法定范围内的意思自由和行为自由权利。自治是民法的基本精神，是民法立法价值最重要的、最基本的价值。意思自治作为民法的公理性原则，奠定了民法作为市民社会基本法的重要地位，最直接地反映了市场经济的本质要求。民事立法之所以以自治作为立法的价值取向，是因为人类对一定社会发展阶段的社会关系的认识是有限的，不可能对社会的一切问题都作出预先的判断。因此，我们不能指望有万能的立法者对社会主体的一切行为都作出圆满的安排，而只能赋予各个民事主体自主决定其事物的意志的自由[①]。意思自治的本质就是允许当事人在法律规定的范围内，自主决定意志的选择，自由地从事民事行为，不受他人影响和干预。意思自治表现

---

① 参见王利明《民法总则研究》，中国人民大学出版社2003年版，第111页。

在，当事人有权依法从事某种民事行为和不从事某种民事行为、有权选择行为的内容和行为的相对人、有权选择其行为的方式、有权选择补救方式。19 世纪由于实行国家自由放任的经济政策，导致意识形态的自由主义泛滥，意思自治被绝对化，给社会的公共利益造成了危害。20 世纪以来，由于国家强化了对市场经济的干预，意思自治也受到了越来越多的限制，如当事人从事民事行为不得违反国家的法律，不得损害公共利益和他人的利益；再如当事人在选择其行为方式时，如有法律规定要求有特定形式的，应尊重法定形式。

第二，诚信（也即诚实信用）作为民法的一项基本原则被置于极高的地位，被学者们誉为“帝王条款”。这一原则来源于罗马法，此后一直是大陆法系国家的民法的一项重要的原则。诚信原则是市场经济活动中的道德准则，要求人们在进行民事行为时讲究信用、恪守诺言，在不损害他人利益和社会利益的前提下追求自己的利益[①]。这一原则反映了民事主体在民事行为中维持双方的利益平衡，以及当事人利益与社会利益平衡的立法者的意志。当事人以诚实、善良的态度行使权利、履行义务，达到利益的平衡，法官根据公共场所公平正义地进行创造性司法活动是达到利益平衡手段。诚信是模糊的和不确定的规范，立法者在此要把法律对现实诸多的、难以预料的情况之补充权部分地授予司法者，以法官的自由裁量权完成[②]。诚信原则的功能首先在于能够填补法律的漏洞。如果法官在适用法律时，所依据的法律没有相应的规定，法官可以根据诚信原则进行适用。同时，诚信原则还

① 参见梁慧星《诚实信用与法律漏洞补充》，载《民商法学》第 2 卷，法律出版社 1994 年版，第 60 页。

② 参见徐国栋《民法基本原则解释——成文法局限性之克服》，中国政法大学出版社 1992 年版，第 79 页。

可以平衡当事人之间的各种利益冲突和矛盾。另外，诚信原则还有解释法律功能以及降低交易成本和增进效率的功能[①]。诚信原则的立法价值在于谋求利益的公平，也就是市场交易中的道德准则，其内容是：尊重他人的利益，以对待自己事务之注意对待他人的事务，从善良的愿望出发，不损人利己，通过自身的努力得到属于自己的利益，以维护双方当事人的利益及社会利益平衡的立法价值。

（3）在民法内容中体现了道德的立法价值。在民法的具体内容中，如无因管理、无过错责任以及合同关系等都体现了道德的精神。无因管理与侵权行为不同，它符合社会道德标准，对他人和社会都是有益的。把无因管理的行为上升为法律的高度，就是要以法律的规范来确认和鼓励这种行为，从而受到法律的保护。无过错责任，是指无论行为人有无过错，法律规定行为人应当对其行为造成的损失承担的民事责任。无过错责任原则起源于19世纪，当时资本主义社会的国家经济迅速发展，但同时也导致了工业灾难（如高度危险作业）、交通事故、环境污染等频繁发生，严重损害了人们的生命健康，同时还发生了因产品缺陷导致侵犯消费者合法权益的事实。在此，人们试图找到一种较传统的、过错责任更为严格的法律对策，为受害人提供保护和救济。无过错正是为了适应这种情况而产生的。这一原则的意义就在于它对保护处于弱者地位的受害人的利益有重要意义，符合道德规范的要求，是社会公平正义的体现。

合同关系是人类在长期的商品交换过程中所形成的信用关系在法律上的体现。诚信一直是商品经济发展的基石，现代市

---

① 参见王利明《民法总则研究》，中国人民大学出版社2003年版，第125、126、127页。

场经济的发展更是主要依靠诚信来维系。1995 年 5 月在国际统一私法协会理事会通过的《国际商事合同通则》（以下简称《通则》）规定了合同的三项普遍原则：第一，缔约自由原则。由法律地位平等的双方当事人通过自由协商，共同确定相互之间的权利、义务关系，而是否进行合同行为完全取决于当事人的自由意志，如谈判自由、订立合同自由等。这一原则的意义是：双方当事人必须出于自愿进行合同行为，一方不能强迫另一方而为之。第二，诚实信用和公平交易原则。《通则》规定：每一方当事人在国际贸易交往中都应依据诚实信用与公平交易原则行事；当事人不得排除或限制此项业务。这一原则在《通则》的不同文本中都直接或间接地得到了体现，如：恶意谈判或恶意终止谈判责任的规定；谈判过程中保密条款的规定；书面变更或终止条款的规定以及关于相关错误、重大失衡、欺诈、合同不履行的救济等规定。根据《通则》的规定，这一原则是强制性的原则，当事人不可以在合同中对该原则加以限制或排除。第三，合同守信原则，合同必须守信是指合同有效成立后，当事人必须严格按照合同的规定履行各自的义务，并保证对方享有自己的权利，没有经过双方的同意，不得擅自修改合同或终止合同，否则将承担违约责任。这一原则的道德意义是：合同行为必须言而有信的履行自己的承诺，并对自己的承诺负责到底。这一原则在国际法的实践中得到了广泛的承认和遵守，并被认为是所有合同关系的基础。因此，把合同的道德行为，特别是诚信行为上升为法律的高度，使其具有强制性，更有利于规范和调整社会经济的稳定发展。这也正是民法体现这一立法价值的缘由所在。

2. 习惯影响和科学规则

民法的道德价值蕴涵着人类平等、善良的美好情怀，遵从善良、和睦的风俗习惯，则会使这一情怀成为民法立法价值实现的精神动力，而科学的立法价值会使这一情怀的释然更加自然和具有公信力。

（1）习惯影响。习惯对民法立法价值的影响体现在公序良俗的原则中，公序良俗就是由公共秩序和善良风俗组成。《中华人民共和国民法通则》第 7 条规定，民事活动应当尊重社会公德，不得损害社会公共利益。在中国学术界一般认为，社会公德就是指民法中的公序良俗的概念。“善良风俗，谓为社会之有在及其发展所必要之一般道德，非指谓现要风俗中之善良者而言，而系为道德律，即道德的人民意识”①。可见善良风俗就是指公共道德，是社会全体成员所普遍认可的、遵循的道德准则。善良风俗客观存在包括两方面的内容：一是社会普遍承认的伦理道德；二是某一区域社会所普遍存在的风俗习惯。有的伦理道德已经被上升为法律规范，如赡养老人、抚育子女等，但还有一些目前还不能或有些不适宜规范为法律，如献爱心、助人为乐等比较高尚的道德。因此，立法者有必要在立法价值中体现善良风俗。

（2）科学规则。从民法的内容来看，民法是市民之法，是调整所有平等主体之间的法律，因此和其他法律部门相比，并从民法的形式来说，民法是一个拥有众多成员的庞大的部门家庭，每一个成员所调整的社会关系的范围虽然狭窄，或许它们在整个的法律体系中并不显赫，但却占据着重要的、不可被取代的地位。

第一，内容的科学性。民法作为国家的法律无疑是国家的立法主体认可和制定的，其内容是人类长期以来对在商品交换中形成的规则的反映，这种反映越真实，越能客观地为民法提供可靠

① 史尚宽：《民法总论》，中国政法大学出版社 2000 年版，第 335 页。

的、有效的依据，就越能更好地满足人们对民法立法客体的需求。如罗马法的产生，是由于罗马时期正处在自然经济的土壤上。当时简单商品经济得到了发展，从而产生了罗马调整私人财产关系的发达的私法。而西欧早期的日耳曼法则是在日耳曼部落侵入西罗马帝国，建立“蛮族”国家的过程中，由部落习惯逐渐发展而成的法律，有较浓重的习惯法的特征。而近代民法则是在资产阶级启蒙思想家们倡导的平等、自由观念的影响下，通过对资产阶级革命胜利成果的确定形成的。并确立了民法的无限制私有权、契约自由和过失责任原则。人类社会发展到了19世纪20年代初，由于经济发展从自由竞争转向垄断，国家对市场经济加大了权力的干预，提高了生产力，促进了科学技术的发展，也使民法呈现出了新的特点，从内容来说，注重对实质正义的维护，人格权日益受到重视。中国现行民法的产生和形成是新中国成立后，随着中国经济体制由计划经济向市场经济发展过程的反映。目前，中国民法体系是以“民法通则”为核心，主体方面有“公司法”、“合伙法”等，合同方面有“合同法”，物权方面有“物权法”、“土地管理法”，知识产权方面有“商标法”、“专利法”、“著作权法”，亲属法方面有“婚姻法”、“继承法”、“收养法”。此外还包括诸多的商法，这些法律都是对中国现阶段某一领域社会关系的正确反映，体现了民法内容的科学性。

第二，形式的科学性。现代民法从形式来说出现了一种新的特征，就是民法的商法化，体现了民法形式的科学性，因此民法的立法价值也应体现这一特征。商法是调整商事法律关系的总称。关于商法的范围，即究竟哪些具体的法律可以归到商法中去目前在中国也并不统一，但一般认为商法包括：“公司法”、“票据法”、“海商法”、“保险法”、“信托法”、“银行法”、“证券法”等。技术性是商法与民法相区别的一个重要的特征。由于商事行为的主体是由职业性和专业性的人充当的，这就决定了商法具有较强的技术性[①]。民法的商法化现象不仅形成了民商合一的趋势，也表现在商法的技术性和专业性融入民法的规范中，如对权利的外观保护，传统的民法主要探求当事人真实的意思，而商法注重权利外观的保护。现代民法的公信原则，善意取得和表见代理等制度也形成了对外观权利的保护。再如，对形式要件，传统民法注重意思主义，并不强调形式，而商法则注重形式要件。现代民法的某些合同，如房地产买卖合同就是以登记为生效要件的[②]。这些做法都需要相应的科学理论和一定的技术手段才能完成。

三　对民法立法价值的精益要求

由于民法是市民社会和市场经济的基本法，是实现和谐社会的基础，特别是民法所体现的道德价值是市场经济发展的灵魂，也是提升对民事主体权利保护和对公民个体人格尊重的需要。而现代民法的发展所呈现的习惯立法价值和技术性特点，在民法中的重要地位，也要求我们必须对其立法价值进行量化分析，进行有价值的行为。

1. 对民法立法价值道德规范的精益要求

在民法立法价值的道德规范中，是以民法的确定性得到具体体现的，因此对其具体的状况和条件进行分析，对实现民法的立法价值是大有益处的。

(1) 平等、公平。平等、公平都是民法的公理性原则，二者有相通的地方，即都是以体现民法的正义精神为宗旨。但实际

---

① 黄晚林：《商法总论》，齐鲁书社 2004 年版，第 9 页。

② 参见王利明《民法总则研究》，中国人民大学出版社 2003 年版，第 87 页。

上二者是有区别的，一方面，平等原则注重的是地位的平等，而公平原则注重的是结果的公平。另一方面，平等注重的是形式的平等，而公平注重的是实质上的公平。因此二者是不能相互代替的[①]。因此，对二者进行区别是十分必要的。体现平等的立法价值是由民法的调整对象和调整方法决定的，平等价值构筑了通体的“民法大厦”，平等不仅是民法的根基，也是“民法大厦”的每一块砖，他们持久地、坚定地固守着属于自己的这份信念。无论是古罗马的商品交换中的平等，还是马克思笔下《资本论》中商品价值的平等，甚至现代市场经济中流通的平等，都是民法所要规范的平等。没有平等，民法就会失去作为民法存在的意义。但仅有平等是不够的，平等不是平均，人们追求平等的目的是希望有一个与自己付出义务相当的回报，这就需要有一个公平的评判、公平的结果。“平等并非是一个已经确定的现实，物与物的不同，‘就像鸡蛋之间的不同一样’，平等也永远只能以一个已定观点的、给定的不平等的抽象为基础。”[②] 因此需要公平去实际地平衡不平等，以慰藉人们内心的“不平”，也给法官主持正义、公正执法提供了精致的尺度。因此在立法中要对二者的区别有明确的认识，并对其各自承担的重任有所把握。

（2）意思自治和诚实信用。对意思自治的立法价值的精益要求是：首先，要明确意思自治的功能。在民法中当事人意识表示的内容有优于法律推定条款或任意条款的效力。任意条款的设立是为了弥补当事人意思不明确而设立的，其作用是拟制意思表示。民法以尊重公民的自由意志，激励每个社会成员的创造力为己任，因此有当事人的约定按约定，没有当事人的意思表示约定

---

① 参见王利明《民法总则研究》，中国人民大学出版社 2003 年版，第 117 页。

② ［德］拉德布鲁赫：《法哲学》，王朴译，法律出版社 2005 年版，第 33 页。

或约定不明的才适用法律的任意条款。其次，意思自治要求以权利为本位。权利本位是民法私法属性的具体表现，民法的一切制度都以权利为核心，义务只是实现权利的手段。意思自治就是当事人通过行使权利实现的，因此民事立法必须以授权性规范为主体，赋予公民以广泛的民事权利①，以充分调动民事主体当事人的积极性，更真实、有效地进行自我意识的表达。再次，还要处理好自由的选择与合法性的关系，因为在现实中没有绝对的自由，任何绝对的自由其本身就是最大的不自由，所以任何意思自治都是有限制的相对的自由自治，即是一种顾及社会公益和社会公正的意思自治。

对诚实信用立法价值的精益要求主要是评价性的问题。对诚信的评价特别重要，因为它涉及诚信的效力问题。诚信是通过行为人主体的善良品德实现的，而善良品德又是人的内在的心理过程，而行为是外在的，法律是规范人的行为的，行为人的意图是善意，还是恶意，只能通过外因进行判断，如财产的善意取得，就把受让人的善意作为其要件之一，要求受让人在受让财产时，不仅要付出对价，同时必须是出于善意，而确定是否是善意主要是考虑当事人从事交易时的客观情况，根据受让财产的性质、价格、让与人的状况及受让人的经验等方面判定。在没有法律规定的情况下，这种判断往往会带有主观因素而不能实事求是。因此，立法者应当规范评判“善意”的标准，以解决这一关键性的问题。不解决这一问题就无法全面、公正、彻底地适用和实现诚信的立法价值。

2. 对习惯和科学的精益要求

民法和其他法律一样，在立法的价值中要顺应某一历史发展

① 申卫星：《民法学》，北京大学出版社2003年版，第9、35页。

阶段社会的习惯要求，不断适时地汲取先进的科学营养，进行有价值的行为，以实现作为市民社会和奉行权利本位民法立法价值的重任。

（1）善良风俗的法定化。善良风俗在中国民法中还没有被正式立法，而是学者们根据《中华人民共和国民法通则》第7条规定中的“社会公德”推定的。其实善良风俗在大陆法系的一些国家的民法中都有明确的规定，如《德国民法典》第138条规定，违反善良风俗的行为，无效。第826条规定，违反善良风俗的对他人故意施加损害的人，对受害人负赔偿的义务。在此，是将违反善良风俗行为作为侵权行为之一。可是对是否违反善良风俗如何判断？《德国民法典》实施后的1901年莱比锡最高法院判决，由法官按照“考虑正当且公平的一切人的道义感”进行判断[①]。这实际上是给予法官以莫大的自由裁量权，并对具体的案件依据强制性条款审理时给予一定的道德价值的补充，以增加法律适用在人们心中的接受度。这正是民法立法的精益价值实现的希望。因此，为了确定善良风俗在民法中的地位，增强其规范性和普遍性，应当适时地将“善良风俗”在民法中法定化，这样能更好地发挥善良风俗在民事立法价值中的作用。

（2）民法的与时俱进。与时俱进既是一种科学的精神，也是一种科学的立法方法与手段，它要求人的认识一定要不断地、及时地更新和调整，使其与客观事物相适应。作为市民社会和市场经济的基本法，客观存在所调整的范围是极其广泛、丰富多变的领域，因此民法的与时俱进和特征更加突出。如在中国现实中还有诸多“事物”没有被立法，如2008年12月22日提交全国

---

① 参见梁慧星《诚实信用与法律漏洞补充》，载《民商法学》第2卷，法律出版社1994年版，第45、46、48页。

人大常委会二次审议的“侵权责任法”草案有些复杂问题一直分歧巨大、难有定论，其中典型当数轰动一时的“烟灰缸伤人案”。2000 年 5 月，重庆市民郝先生在街上行走，被一只从天而降的烟灰缸砸中头部，送到医院后昏迷七十多天，花费了高额医疗费，仍然留下严重后遗症，基本丧失生活自理和工作能力。由于公安机关无法查清肇事者，郝先生将事发地点的两幢居民楼的开发商及一楼以上的 24 户居民先后诉诸法院。除了能够证明事发时没有居住的两户居民外，法院认为其余 22 户居民都无法排除嫌疑，于是根据过错推定原则，判决“嫌疑”居民共同承担赔偿责任，每户赔偿 8000 多元。不过，类似案件在司法实践的命运并不相同。比如 2001 年，济南市一位老太太被一块“高空”菜板砸中头部致死，家属起诉 15 户“嫌疑”居民，法院以无法确定菜板所有人为由驳回起诉。2006 年，深圳一名小学生被高楼掉下的一块玻璃砸死，家属将 73 户“嫌疑”居民和相关物业公司告上法庭，法院判决物业公司承担 30% 的赔偿责任，73 户居民不担责任。这些不同“版本”的高空抛物致害案，无不引发激烈的社会争议，学术界也难以达成共识。“株连无辜”是否公平？受害人“自认倒霉”又会不会引发道德风险？侵权责任法必须对这些难以克服的利益冲突作出更合理、更慎重的平衡，它关乎立法的公平和正义，也关乎立法所秉持的基本理念和价值观①。而对于此类责任的认定就关乎一定的科学性和技术性问题。

再如关于“人肉搜索”已成为近年来的社会热点和焦点，并已经到了不进行立法讨“说法”，就不足于“安息”之地步。

---

① 参见阿计《用责任保卫权利（破解侵权责任法专题报道之一）》，载《民主与法制》2009 年第 3 期（2 月上半月）。

于是地方立法开始“崛起”。2009 年 1 月 18 日，《徐州市计算机信息系统安全保护条例》（以下简称《条例》）获得江苏省十一届人大常委会第七次会议通过，将于 2009 年 6 月 1 日起正式生效。根据这一条例，今后，未经允许，擅自在网上散布他人隐私，或在网上提供或公开他人的信息资料，对发布者、传播者等违法行为人，最多可罚款 5000 元；情节严重的，半年内禁止计算机上网或予以停机。这就是关于禁止“人肉搜索”的规定。所谓“人肉搜索”，就是利用现代信息科技，变传统的网络信息搜索为“人找人、人问人、人碰人、人挤人、人挨人”的关系型网络社区活动。该《条例》经过新闻媒体公布后，立即引起了轩然大波，据人民网当天调查，高达 90% 的网友对此条例表示反对。认为“不利于草根监督”，只有 4% 的网民表示赞同，认为“人肉搜索弊大于利”。有意思的是，某网站当天也作了一项调查：“你担心被‘人肉搜索’吗?”超过 80% 的网民表示：“不担心，我又没做亏心事。”有近 15% 的网民表示“担心，但反对立法禁止它”。不少网友表示，“人肉搜索”在一定程度上起到了网络舆论监督的作用，立法叫停有封杀网络监督的嫌疑，是在给贪官污吏撑起“保护伞”。甚至有的网民认为，该条例是对人身自由权利的绝对侵犯，是公权暴力。不少法学专家认为，“人肉搜索”是国际难题，地方不宜制定互联网法规。北京大学宪法学教授张千帆说，网络是一种全国性乃至全球性的公共物品，而民主责任制的一条基本原则是立法影响的范围必须和立法主体相适应，也就是说，影响全国的立法应该由全国性立法机构来制定，影响地方的立法才应由地方立法机构制定。不论是江苏省还是徐州市，都不应该涉足互联网立法。徐州立法只能禁止徐州人或在徐州境内网址上进行“人肉搜索”的行为，而无法禁止或惩罚徐州以外的人或行为；否则，徐州立法显然构成了越权立法。即便立法适用范围限于徐州境内，还是会产生一系列问题。一个最大的问题就是标准不统一：同样是“人肉搜索”，在徐州就要承担法律责任，在其他地方做完全同样的事情就不用承担或承担不同的法律责任①。

因此对于“人肉搜索”问题应当科学地认识，辩证地分析，在立法的主体及立法的科学性和技术性方面都要进行积极的探讨，如《条例》中规定的“情节严重的，半年内禁止计算机上网或予以停机”的处罚也是不妥当的，因为即使禁止某一计算机上网或被停机，但并不能禁止其主人使用另外的计算机上网。因此这一规定是极其不现实的，也是没有任何适用性的。

第四节　劳动法的立法价值

作为调整劳动关系的劳动法，其立法价值是在斡旋于劳动者和用人单位关系的前提下，以保护劳动者的权利为根本，并将公正定格在保护劳动者合法权益的立法价值上。

一　作为社会法的劳动法的立法价值导向

劳动法具有较强的社会法性质，它是公法私法相融合的产物，是国家对劳动关系管理，保护处于弱势一方劳动者的权利而精心设置的，并由此决定了其立法价值善良的一面。

1. 劳动法的一般性理论

劳动法是一个独立的法律部门，有特定的调整对象、特定的

---

① 参见孟亚生《地方立法禁止“人肉搜索”备受争议》，载《民主与法制》2009年第5期（3月上半月）。

主体和特定的内容体系。

（1）劳动法与劳动法律关系。劳动法是调整劳动关系及与劳动关系有密切联系的其他社会关系的法律规范的总称，是广义的，不仅包括法典式的劳动法，还包括宪法中相关的规定、国务院的行政法规、部门规章及地方性劳动法规等。劳动法调整的对象首先是劳动关系，是指在运用劳动能力、实现劳动过程中，劳动者与用人单位之间的社会劳动关系，其特征表现为现实性、双方主体的特定性及双方关系的平等性和不平等性，也就是说，劳动关系是在劳动的过程的现实中，产生的劳动者与用人单位之间的具有经济利益的平等性和管理的从属性。

劳动法律关系是指劳动法律规范在调整劳动关系过程中形成的法律上的劳动权利和义务的关系，是劳动法对现实中劳动关系的反映，因此劳动法律关系的特征，首先，表现为主体的双方具有平等性和隶属性。在劳动力市场中劳动者和用人单位的地位是平等的，双方就是否建立劳动法律关系及其条件都是有选择权的，并可协商决定。但在劳动法律关系确定后，即劳动合同生效后，劳动者就成了用人单位的职工而提供劳动，处于被管理的地位，形成管理和被管理的隶属关系。其次，劳动法律关系具有国家意志为主导的特征。劳动合同虽然是劳动双方自愿订立的，但却要严格依照劳动法的相关规定进行，不得订立有侵害劳动者人身权利和低于国家最低工资的内容，当然即使存在也会作无效认定，体现了较强的国家意志干预的特征，即劳动关系双方当事人的意志必须符合国家的意志。

（2）劳动法的特点。劳动法是一个独立的法律部门，其特征是在与其他法律部门的比较中体现的。首先与民法的区别表现在三个方面：一是调整的对象不同。民法是调整财产关系和人身关系的法律，劳动法虽然有一部分也涉及财产关系，如工资报酬和人身关系如职业安全，但这些关系是基于双方主体的劳动关系产生的。二是主体不同。民事法律关系的主体是广泛而不特定的，而劳动法律关系的主体双方都是特定的。三是二者调整的原则不完全相同。民法以平等、等价有偿为原则，而劳动法除对一般性主体实行平等原则外，对某些特殊主体，如对妇女和未成年人实行特殊的保护原则。同时劳动法的有些关系也不是等价有偿的，如社会保险中的某些关系[①]。其次与行政法的区别。二者调整的对象是有明显的不同，行政法是调整国家机关在执行行政职务时发生的各种社会关系，行政关系必须有一方行政机关，而劳动关系必须有一方是劳动者。

2. *劳动法的社会法性质*

由古罗马时期乌尔比安以利益标准对法律所进行的公法和私法的划分，对后世乃至现代都产生了深刻的影响。但是随着社会的发展，社会关系日趋复杂化，特别是市场经济的激烈竞争所导致的贫富两极分化现象愈加严重，对弱势群体民生权利的保护已成为普遍的社会问题。同时由于生产力的快速发展、科学技术的应用所导致的破坏自然资源和生态环境，给人类造成的灾难性的危害和由此产生的各种社会矛盾，不是社会的个人及团体所能够解决的。因此，迫切需要国家通过执政的权力，运用政治、法律的手段，对劳动权利、民生民权、社会保障、环境保护及公共卫生等方面的问题进行调整，由此产生了以保护公共利益、融公法和私法性质的第三大领域的社会法，社会法包括劳动法、社会保障法、教育法、环境与资源保护法、消费者权益保护法、医疗法、公共卫生法及生命法等。

---

① 参见贾俊玲《劳动法学》，中央广播电视大学出版社 2003 年版，第 30—31 页。

社会法以社会利益、公平和谐为本位，其主体是公众，即公众社会，或者说是具体社会化了的人，主要是指处于社会相对弱势地位的人，如劳动者、消费者、患者。社会法调整的对象是市场主体与社会之间所形成的关系，其法律调整方式是政策性平衡，目的是减少市场经济竞争所导致的社会公害，使风险分散、转移，让作为整体的社会分担，以减少市场主体的损失，特别是向保护弱势群体的权利方面倾斜，体现社会的互助合作的精神，保障社会利益。社会法立法的价值是周全体现各种利益主体要求，追求社会的公平和谐①。可见保护社会利益是社会法的本质要求。社会利益是公众对社会文明状态的一种愿望和需求，主要包括：公共秩序的和平与安全、经济秩序的健康、安全及效率化、社会资源与机会的合理保存与利用、对社会弱者利益的保障、公共道德的维护、人类朝文明方向发展的条件等方面②。

由于每一个具体的法律所调整的社会关系不同，因此，对社会利益的保护所侧重的方面也有所不同。劳动法的立法价值侧重的是对处于弱者的劳动者利益的保护。《中华人民共和国劳动法》第 1 条明确了“保护劳动者合法权益”的宗旨。《中华人民共和国劳动合同法》第 1 条规定，为了完善劳动合同制度，明确劳动合同双方当事人的权利和义务，保护劳动者的合法权益，构建和发展和谐稳定的劳动关系，制定本法。

为了化解和减少各种利害冲突及不和谐因素，党中央把构建社会主义和谐社会的能力问题作为重点，提出了构建社会主

① 参见谈大正《生命法的价值取向和立法原则》，载《法治论丛》2008 年第 1 期。

② 参见孙笑侠《论法律与社会利益》，载《中国法学》1995 年第 4 期。

义和谐社会的系统工程，同时中国已加入世界贸易组织，中国不仅要全面履行入世的承诺，而且还要接受 WTO 正在争论的新议题的考验。这些新议题就包括劳工标准问题。截至 2007 年年底，中国已承认和批准加入了 24 个劳动标准公约，其中核心劳工公约有 4 项。尚待批准的核心劳工公约包括两个方面：一是有关强迫劳动的；另一是有关结社自由和组织权的。今后中国要加强劳动者公平权和结社权方面的保护，以实现劳动法的立法价值。

二　劳动法的立法价值取向

《中华人民共和国劳动法》是 1994 年 7 月 5 日由七届全国人大常委会 8 次会议通过，1995 年 1 月 1 日实施。在《中华人民共和国劳动法》中有专门的劳动合同一章，但随着市场经济主体和用工形式的多元化、劳动关系复杂化的具体规范，因此 2007 年 6 月 29 日十届全国人大常委会 28 次会议通过了《中华人民共和国劳动合同法》，并于 2008 年 1 月 1 日实施。尽管在劳动合同立法的价值取向上是“单保护”，还是“双保护”始终存在着博弈，但最终立法者还是坚定地把立法宗旨定格在“保护劳动者的合法权益”上。同时也兼顾了对用人单位的保护，并把“构建和发展和谐稳定的劳动关系”作为最终的立法价值。

1. 道德规范

劳动法的社会法性质决定了劳动法的立法价值是保护弱者的权利，以达到利益的公平分配，这也充分说明了建立和谐的劳动关系的重要性。

（1）保护劳动者的合法权益[①]。将保护劳动者的权利作为追求公平和效益平衡的重点。在中国当前的劳动力市场“强资本、弱劳动”的格局中，必须体现对劳动者利益的保护倾向，并在构建和发展和谐的劳动关系中才能实现[②]。以科学发展观指导劳动立法就是以人为本，保护劳动者的合法权益。在具体规定关于劳动者合法权益的保护条款中始终远远多于对用人单位的保护，在为数 16 条的“法律责任”中，有 13 条半是对用人单位的，法律责任比例也明显有利于劳方。这足以表明，“保护劳动者合法权益”和“构建和发展和谐稳定的劳动关系”的内在的逻辑关系。中国劳动法确认的劳动者权益有公平就业权、取得劳动报酬权、休息休假权、获得劳动安全卫生保护权、接受职业技能培训权、享受社会保险和福利权、提请劳动争议权、依法参加和组织工会的权利等，其中最重要的是公平就业权和取得劳动报酬权。

就业不仅是谋生手段，也是一个人和社会产生联系、实现自身价值的重要方式。长期以来，中国在就业方面的立法是不完善的，没有专门的法律，主要是通过政策进行调整，虽然取得了一定的成效，但政策具有短期性和不稳定性等特点。更重的是当公民的平等就业权受到侵犯时，不能得到法律的有效保护，对实施就业歧视行为只能进行道德谴责，而不能要求其承担法律责任，从而不能有效地保护劳动者的公平就业权。为进一步促进就业公平、消除就业和职业歧视方面的立法和执法工作，树立中国重视

---

① 这部分内容是本书作者 2006 年度主持负责的山东省社会规划重点资助课题：“保护劳动者合法权益，构建山东和谐劳动关系对策研究”内容的一部分。已于 2008 年结项，课题批准号：06BFJ003。

② 参见王全兴《劳动合同立法中若干重要问题讨论》，载《中国劳动》2007 年第 7 期。

社会进步、关心和维护劳动者基本权益的良好形象。中国于2005年8月28日十届全国人大常委会17次会议批准加入了《1958年（就业与职业）歧视公约》（111号公约）。该公约第5条之一规定，国际劳工大会通过的其他公约和建议书规定的保护或援助的特殊措施不应视为歧视，即由于诸如性别、年龄、残疾、家庭负担，或社会或文化地位等原因而一般被认为需要特殊保护或援助的公民在就业时不应受到歧视。

《中华人民共和国劳动法》（1995年）对劳动就业进行了原则性的规定。为更好地承诺和履行作为国际主体的义务，充分体现党和国家关于促进就业的方针政策，并将其法制化，以建立促进就业、消除就业歧视的长效机制，十届全国人大常委会29次会议通过了《中华人民共和国就业促进法》，对保护公民的公平就业权进行了规定，如规定了各级人民政府创造公平就业的环境，消除就业歧视，制定政策并采取措施对就业困难人员给予扶持和援助（第25条）；用人单位招用人员、职业中介机构从事职业中介活动，应当向劳动者提供平等就业机会和公平就业条件，不得实施就业歧视（第26条）；对妇女、少数民族、残疾人、传染病病原携带者①、农村劳动者就业的不得歧视或设置歧视性限制；各级人民政府和有关部门应当建立促进就业的目标责任制度、职责和法律责任（第58条）。并特别规定了违反本法规定，实施就业歧视的，劳动者可以向人民法院提起诉讼（第62条）。以有效地保护劳动者的公平就业权。同时由于目前一些用人单位为规避法定义务，不愿与劳动者签订长期合同，一般期

① 参见《中华人民共和国就业促进法》第30条的规定。规定中，对传染病病原携带者提供就业机会是有限制的，即经医学鉴定传染病病原携带者在治愈前或者排除传染嫌疑前，不得从事法律、行政法规和国务院卫生行政部门规定禁止从事的易使传染病扩散的工作。

限都在一年以内。劳动合同短期化不仅影响了劳动关系的和谐，还影响了职工对企业的归属感和就业的稳定感。《中华人民共和国劳动合同法》在用人单位与劳动者订立无固定期限劳动合同、终止劳动合同支付经济补偿金等方面提出了新的要求，以便更好地维护劳动者的就业权。

劳动者取得劳动报酬权是通过领取工资得到实现的。劳动者的工资是其本人及其家属维系生存的根基，是人的基本权利。因此劳动者的工资是劳动权的核心内容，也是劳动行为追求的终极目的①。对于拖欠工资、侵犯劳动者取得劳动报酬的权利的行为在相应的国际公约中均有严格的规定，如 1949 年国际劳工组织制定的《保护劳工公约》要求：工资应当直接发给工人，禁止雇主以任何方式限制工人支配自己工资的自由。工资应定期支付。在雇用合同终结时，全部应付工资的最终结算应按照国家法律或条例、集体协议或仲裁裁定来进行。当企业倒闭或清算时，工人均应享有优先债权人的地位，在分割资产前支付。1992 年国际劳工组织《雇主无偿债能力的情况下保护工人债权公约》规定：在雇主无偿债能力的情况下，需以优先权保护工人因其失业而伴生的债权，以使工人能在非优先债权人获得其份额之前，从破产雇主的资产中获得偿还②。同时为保障工资支付的有效性和支付后的安全，公约还对工资支付地点进行了专门规定，如规

---

① 参见黎建飞《拖欠民工工资中的法律问题》，载《法学杂志》2004 年第 2 期。

② 优先权至少应包括：工人在雇主破产或本人雇佣关系终止前一段规定时间内因工资所拥有的债权；工人在雇主破产或本人雇佣关系终止前一段规定时间内因所从事的工作而在假日报酬方面拥有的债权；工人在雇主破产或本人雇佣关系终止前一段规定时间内因其他形式的有酬缺勤而拥有的债权；工人因雇佣关系的终止而应得到的遣散金。参见刘旭《国际劳工标准概述》，中国劳动和社会保障出版社 2003 年版，第 68 页。

定工资支付地应为劳动者的工作场所，不应在可能诱使劳动者花销的场所支付工资，如娱乐场所、旅馆酒店或购物中心等①。

《中华人民共和国劳动法》和《中华人民共和国劳动合同法》规定的劳动合同的内容，都将劳动报酬作为必要条款，并规定工资应当以货币形式按月支付给劳动者本人，不得克扣或者无故拖欠劳动者的工资，用人单位应当按照劳动合同约定和国家规定，向劳动者及时足额支付劳动报酬（《中华人民共和国劳动法》第50条、《中华人民共和国劳动合同法》第30条）。《劳动合同法》还规定，用人单位拖欠或者未足额支付劳动报酬的，劳动者可以依法向当地人民法院申请支付令，人民法院应当依法发出支付令（第30条）。这些规定对劳动者获取劳动报酬提供了一定的保障。但是中国现行立法中无专门的“工资法”，也没有工资优先权的统一规定，仅散见于中国现行的“企业破产法”（第13条）和《中华人民共和国民事诉讼法》（第97、204条）的程序法中。因此，中国应在条件成熟时制定专门的“工资法”，从有利于劳动者的角度，在立法中详细规定工资支付的时间、地点、具体的方式及工资的优先权等内容。长期以来，由于多方面的复杂因素，拖欠农民工工资已成为社会普遍存在的“顽症”，为了彻底根治这一“顽症”的毒害，国务院出台相关规定，自2004年起，用3年时间基本解决2003年底之前竣工工程拖欠款和农民工工资等问题。2006年3月27日国务院发布《关于解决农民工问题的若干意见》，提出建立工资支付监控制度和工资保证金制度，对解决拖欠、克扣农民工工资的问题起到了重要的作用。

（2）公平、和谐。美国当代哲学与法学家贝勒斯认为，公

① 参见史尚宽《劳动法原论》，台北正大印书馆1978年版，第33页。

平是财产劳动理论的一个终极关怀。概括言之，劳动理论认为，至少在无相反理由的场合，人应对其劳动成果享受所有权。由此他提出了劳动原则：在不对他人负有义务场合，人们对其生产、做成或创造的财产之大部分享有所有权[①]。在劳动法律关系中，劳动者和用人单位所建立的经济利益关系是互补关系，劳动者提供劳动能力，要求获得相应的劳动报酬以及保证工作的良好条件；经营者提供相应的劳动条件和生产资料，要求获得符合质量的产品，并以此达到公正，即利益的平衡。劳动法公平的立法价值是由劳动法的社会法性质决定的，并最终实现和谐的劳动关系。现实中影响劳动和谐关系的原因主要是当前劳动力供大于求的矛盾突出所致。有的企业为降低成本，将风险转移给劳动者，进行降低劳动报酬、不缴或少缴社会保险费、延长劳动时间而拒付加班费或拖欠工资等违法行为；还有的企业缺乏契约意识，不履行合同义务，随意解除、变更、终止劳动合同关系，甚至有的企业还做出了索要保证金、扣押身份证以及侵犯劳动者人身权利的行为；作为劳动者主要表现为不重视劳动合同，缺乏履行合同的责任心，不按法定程序解除劳动关系，随意脱岗、旷工、跳槽，从而引发了劳动争议。不利于构建和发展和谐的劳动关系，这对于劳动关系双方都是一种利益的损失。因此，构建和发展和谐的劳动关系需要在双方当事人的共同努力下，依法行事，积极履行合同义务，预防劳动争议的发生和进一步的激化，共同维护和发展和谐的劳动关系。

2. 科学规则和习惯影响

劳动法的道德价值彰显了人类保护弱者的高尚品格，固守同

---

① 参见［美］迈克尔·D. 贝勒斯《法律的原则——一个规范的分析》，张文显、宋金娜等译，中国大百科全书出版社 1996 年版，第 92、93 页。

情弱者、热爱劳动的习惯，则会使这一品格成为劳动立法价值实现的土壤，而科学的立法价值会使这一品格的存在更具合理性和生命力。

（1）习惯影响。保护弱者是劳动法重要的立法价值。在立法中“保护弱势群体”是国际通行做法。中国加入的24个劳动标准公约中就有《残疾人职业康复与就业公约》、《男女工人同工同酬公约》、《准予就业最低年龄公约》等反映劳动标准的公约。由于妇女和未成年人生理上的特殊性而表现的差异，使他们在劳动能力上要低于一般的劳动者。为了消除这种差异所导致的不公平，《中华人民共和国劳动法》对女职工和未成年工制定了特殊的保护条款，如第59条规定：“禁止安排女职工从事矿山井下、国家规定的第四级体力劳动强度的劳动和其他禁忌从事的劳动。”其他禁忌从事的劳动主要指劳动部1990年《女职工禁忌劳动范围的规定》第3条规定的劳动：森林业伐木、归楞及流放作业；建筑业脚手架的组装和拆除业务，以及电力、电信行业的高处作业；连续负重作业。并对女职工在经期、孕期、产期和哺乳期规定了特殊的保护制度。同时《中华人民共和国劳动法》第64条规定：“不得安排未成年工从事矿山井下、有毒有害、国家规定的第四级体力劳动强度的劳动和其他禁忌从事的劳动”。并在第65条规定：“用人单位应当定期进行健康检查”，以保证未成年人的身体健康。这些规定都体现了关爱弱者的善良风尚对劳动立法价值的影响。

（2）科学规则。在中国多年来的就业形势严峻，使劳动者始终处于弱势地位，特别是从事劳动密集型产业的劳动者，由于他们不掌握较高的劳动技能，其地位更加弱势。同时由于经济发展模式的转型，廉价劳动力支撑起来的经济高增长率不仅有害社会公正，更缺乏可持续性[①]。因此，中国劳动力市场化所形成的企业强势、劳动者弱势局面导致劳动关系所存在的五个方面问题：一是虚无化。建立劳动关系不签劳动合同。二是形式化。照抄照搬法律，不去明确具体合理的标准条件，把法定最低标准当作正常劳动标准。三是单边化。很多问题，如企业的规章制度都是企业单方强加给员工的。四是短期化。签劳动合同都是以一年为一个期限。尽量不签无固定期的合同。五是空心化。建立劳动关系不用人，用人的不建立劳动关系，最典型的就是劳务派遣[②]。是否能够将中国现阶段的这一客观现实反映到立法中来，是对劳动法立法价值科学性的考验。

三 对劳动法立法价值的精益要求

劳动法作为保护劳动者合法权益的法律，不仅要有质的规定性，还要有量的劳动标准的规定性，因为只有量化才能为构建和谐的劳动关系提供透明、信任的指标，加上良好的习惯都会为进行有价值的行为奠定基础。

1. 对劳动法立法价值道德规范的精益要求

在劳动法立法价值的道德规范中，是以和谐的劳动关系为最终的立法价值的，因为保护劳动者合法权益的价值必须在和谐的劳动关系中才能实现。

（1）和谐的态度。首先，劳动者要进一步加强维权意识。法律赋予了劳动者维护其合法权益的权利，但权利是争取的，权利的享有必须依靠劳动者自身的主动追求，并且这种争取和追求

① 参见胡子敬《规避劳动合同法是一条死胡同》，载《法制日报》2007 年 12 月 27 日第 3 版。

② 中国劳动法学会副会长、《中华人民共和国劳动合同法》起草者之一的郭军在 2007 年 12 月 17 日接受中央电视台焦点访谈记者采访时的谈话。

不是盲目的，而是理智的、科学的和符合法定程序的。因为在现实中许多劳动者在维权时，只是提出了自己的权利请求，却不能提出有效的证据，使自己维权的愿望不能实现。因此作为劳动者一定要知法、懂法，善于运用法律，对于受到侵权的状况和情节应尽可能保存物质性的、可被法律认定和采纳的证据，如工资欠条、考勤表对认定事实劳动关系和拖欠工资争议有很强的证明力。当然在现实中尽可能以协商和调解的方式解决劳动争议，特别是对于那些不想失去原有岗位的职工，这种选择是明智的。

其次，应建立企业和职工的沟通协商机制。在劳动关系建立和履行过程中，沟通协商能最大限度地预防劳动争议，是有效地维持劳动关系的手段。《中华人民共和国劳动合同法》把协商一致作为订立、变更合同的原则（第 35 条），在具体的条款中，如规定在解除劳动合同时，除惩罚性解除外，均应与劳动者（第 40、41 条）沟通，即“用人单位提前三十日以书面形式通知劳动者本人”，在有法定情形进行裁减人员时，把用人单位提前 30 日向工会或者全体职工说明情况，听取工会或者职工意见作为裁减人员、解除劳动合同的必经程序。并且包括惩罚性解除合同在内，只要用人单位单方解除劳动合同，均应当事先将理由通知工会。用人单位应当研究工会的意见，并将处理结果书面通知工会。同时《中华人民共和国劳动合同法》规定用人单位在制定、修改或者决定有关劳动报酬等直接涉及劳动者切身利益的规章制度或者重大事项时，应当经职工代表大会或者全体职工讨论，提出方案和意见，与工会或者职工代表平等协商确定。在规章制度和重大事项决定实施过程中，工会或者职工认为不适当的，有权向用人单位提出，通过协商予以修改完善。用人单位应当将直接涉及劳动者切身利益的规章制度和重大事项决定公示，或者告知劳动者（第 4 条）。

另外《中华人民共和国劳动合同法》还规定，县级以上人民政府劳动行政部门会同工会和企业方面代表，建立健全协调劳动关系三方机制，共同研究解决有关劳动关系的重大问题（第5条）。工会应当帮助、指导劳动者与用人单位依法订立和履行劳动合同，并与用人单位建立集体协商机制，维护劳动者的合法权益（第6条）。因此企业应树立公开、公正、平等的法治精神，遵守《中华人民共和国工会法》和《中华人民共和国劳动合同法》的相关法规，保障职工的知情权和民主权利，使其有更多参与企业管理活动的机会，以调动职工的工作热情；职工也要遵纪守法，依照法定程序，协商处理可能出现的争议。可通过实证方法，以心理问卷调查方法，对企业职工的满意度进行量化分析，为了保证其公正性和可信性，进行此类调查应采取回避做法，可委托高校及社科院等事业单位的科研人员进行。具体可设置劳动关系委员会这一对话平台、完善企业管理和职工参与的双向畅通渠道。

2005年由美国劳工部与中国劳动和社会保障部合作发起的，美国劳工部提供资助的“中美劳动法合作项目”正式启动。该项目的宗旨就是研究改善和构建和谐的劳动关系，从源头上预防劳动争议的发生，其主要途径就是借鉴美国企业内部成立的用于劳资双方交流沟通的劳动关系委员会，协调企业内部的劳资关系。该项目选定了中国的青岛、哈尔滨、合肥等城市作为项目推广试点地区，并将青岛作为重点，选择了青岛地区的昌新鞋业有限公司等15家企业为试点单位，在青岛劳动仲裁院的指导下于2006年5月开始了这项工作。经过了近三年的试点，在改善企业与职工的关系方面积累了一些经验。企业内部的劳动关系委员会在职能和动作机制上淡化行政色彩，突出自治功能，使其成为一个劳动者和用人单位能够平等对话的平台。在这一平台上不仅可以调解和协商有关的劳动争议，还可以讨论其他与劳动者切身利益有关的事项，起到化解劳动争议的功效。因此在今后的工作中要提高广大职工对劳动关系委员会的认可度，同时企业管理层应对此给予高度的重视，建立劳动关系委员会的长效运行机制。

（2）和谐的对策。构建和谐的最佳方案就是预防纠纷的发生。首先，应建立地方的劳动争议网络预警预测机制，利用现代网络技术快捷、公开、民主和信息共享的优点，使劳动争议的预测机制更加科学合理。有关部门应会同相关职能部门、工会及用人单位设立一整套统一的网络预警预测系统，设定相应的具体要求和技术指标、具体的程序要求和制定相关人员的具体责任管理制度等。其次，建立市区、镇（街道）两级劳动争议应急预案。目的是能及时预防影响较大的集体劳动争议案件和快速处理突发性的群体事件。

同时还建立劳动争议的咨询服务体系。各地方劳动仲裁员除通过常规的窗口、电话和登门咨询等为用人单位和劳动者提供一般服务的做法外，还要建立仲裁员与企业的定点联系制度，变被动为主动，积极引导企业守法，并帮助解决问题。最后通过综合治理，建立劳动者的维权联动机制。由于中国目前劳动者所处的弱势地位将长期存在，劳动者被侵权的现象十分普遍，如违反安全法规的矿难、拖欠工资使外来的务工者年关不能返乡等，有的企业还存在严重的打骂及搜身的侵权现象。特别是对那些弱势中的弱势群体，如农民工、妇女、未成年人、残疾人等劳动者，应加大对其的法律援助力度，在各地市建立信访协调、争议仲裁、监察执法、行政复议与诉讼、效能监督、督查考核“六位一体”的劳动保障维权联动机制，形成劳动者维权合力，提高维权效能。同时要主动与工商、建设、公安、法院、海关、边防等部门加强信息沟通，按职责分工，综合治理欠薪逃匿、限制人身自由等违法侵权的案件，确保劳动者的维权取得实效。

2. 习惯要求和科学规则的精益要求

在劳动立法中对习惯和科学规则提出精益要求，会使劳动者和用人单位都能更好地进行有价值的行为，获得更加多的利益。

（1）培养善良的习惯。和谐的劳动关系需要双方当事人的共同呵护，在维权时，能够领会劳动立法的精神和理念要比“死守”某一具体的法条和文字更有意义。因为在现代社会中劳动合同是劳动关系的“固化”形式，而劳动合同的本质就是契约精神。“契约现象是现代法律的一种表征，体现了现代法律意识的基本精神，体现了法治的民主化和自觉化，体现了人们地位的平等和相互的尊重。缺乏契约精神就缺乏对主体平等、意识自治的尊重，就会导致任何劳动合同成为竭力规避法律义务的文字游戏，都会造成相对紧张的劳资关系。”[①] 因此劳动双方当事人都应当有牢固的契约意识，这是遵法守法的内在动力。除了遵守法律、积极履行合同义务外，善意、真诚、守信的做人品德是必不可少的。在争议和利益对抗时：换位思考、设身处地的思维视角，冷静、宽容、妥协、让步、顾大局的心态和胸怀，会化解、消融心中的不满和积怨。这都是实现劳动立法精益价值不可少的必要条件。

（2）科学化管理。由于企业的原因导致劳动争议不断增多，促使人们以更加客观的手段加以预防。公平的科学化管理虽然源

---

① 杨昀赟：《内化法治精神比熟稔法律文本更重要》，载《法制日报》2007年12月27日第3版。

于社会责任意识，但却是科学因素作用的结果。近年来，尽管在劳工标准与国际贸易问题上发达国家与发展中国家存在较大的分歧，但劳工标准正从单边贸易壁垒走向多边领域却是不争的事实。就其发展方向来看，劳工标准问题纳入 WTO 的多边贸易已是大势所趋，只不过是时间问题。一些西方国家为了缓解高居不下的失业率，把劳工标准与贸易挂钩形成单边贸易壁垒。社会责任标准认证就是单边贸易壁垒的一项重的具体措施。社会责任标准认证，即 SA8000 社会责任标准认证，已成为全球第一个可用于第三方认证的社会责任国际标准，其目的在于：通过有道德的贸易活动改善全球工人的工作条件，最终达到公平体面的工作条件。SA8000 社会责任标准认证虽然是民间劳工标准，但对消费者的购买行为会产生较大影响。一些厂商将劳工权利与订单挂钩，那些没有达到认证的产品将在竞争中处于不利地位，甚至会被他国企业联合抵制其进口。可见，SA8000 已经构成了一项新的贸易壁垒①。目前，中国申报和通过 SA8000 认证的企业，还只集中在为数不多的大中型企业。因此，企业要想做好做大，应积极申报 SA8000 认证。这既可以促使企业处理好劳动关系，同时对企业在国内外市场的信誉也是一个极好的体现。

第五节 诉讼法的立法价值

诉讼法是以各种诉讼行为作为其调整对象的，因此也称诉讼程序法，它是从诉讼程序方面保证实体法的有效实施，保证实体权利、义务的实现。因此诉讼法的立法价值是基于程序法的意义

---

① 参见李妮《浅谈国际劳工标准统一化进程及中国的应对措施》，载《湖湘论坛》2006 年第 1 期。

而确定的。

一　作为程序法的诉讼法的立法价值导向

诉讼法具有较强公法的性质，是国家行使司法权的法律依据，同时诉讼法也正是通过国家行使司法权才得以实施的，是立法机关为了保证实体法的正确实施，规范诉讼行为制定的法律，因此明确诉讼法的立法价值对于保护实体法的权利，实现立法价值有重要的意义。

1. 诉讼法的一般性理论

在当代中国的法律体系中，由于诉讼法的诉讼程序的特点，因此诉讼法是一个独立的法律部门，狭义的诉讼法主要包括与刑法、民法、行政法相对应的“刑事诉讼法”、“民事诉讼法”、“行政诉讼法”三大诉讼法，广义的诉讼法除了这三大诉讼法外，还包括律师法、法官法、检察官法、公证法、调解法、仲裁法和监狱法等，当前，在中国公证方面的法律主要是《公证暂行条例》，调解方面的法律主要是《人民调解委员会组织规则》。

(1) 诉讼法的含义。诉讼法是关于各种诉讼行为的法律。“诉讼”从字面理解就是以言词表现的纷争，是诉的行为和讼的现象的结合，并且要由纷争双方以外的第三人充当听断是非之人，国家产生后的听断是非之人主要是由担任国家司法机关职位的法官承担的。可见，诉讼的构成必须由控方（原告）、承控方（被告）、听讼方（审理）三方组成，因此诉讼是指在国家司法机关的主持下，在当事人和其他诉讼参与人的参加下，依法解决争诉的全部活动。按照诉讼纷争的内容可以分为刑事诉讼、民事诉讼和行政诉讼。刑事诉讼是国家专门机关查明犯罪和追究犯罪的活动。刑事诉讼法在中国是指国家公安机关（含国家安全机关）、人民检察院、人民法院和诉讼参与人进行刑事诉讼所必须遵守的法律规范的总称。民事诉讼是国家专门机关解决民事纠纷的活动。民事诉讼法是指人民法院和诉讼参与人进行民事诉讼所必须遵守的法律规范的总称。行政诉讼是指国家专门机关解决行政纠纷的活动。行政诉讼法是指人民法院和诉讼参与人进行行政诉讼所必须遵守的法律规范的总称。

（2）诉讼法的特点。诉讼法作为一个独立的法律部门，与其他法律部门相比具有以下特点：

第一，诉讼法是程序法。诉讼法是依照法定程序进行的诉讼活动的法律，因此其内容主要就是程序问题，三大诉讼法都规定了管辖、立案、起诉、审理、监督等程序以及各个环节都有严格的规定，同时还规定了一定的诉讼期间，如果司法机关和诉讼参与人违反了相关的规定，超过了诉讼期间，将承担相应的法律后果。如刑事诉讼的被告经一审被判处了刑罚，如不服，必须在10日内向上一级人民法院提起上诉，否则就意味着认可了一审的判决，一审判决就是终审而生效。而在民事诉讼中，败诉方不服一审判决，必须在15日内上诉，否则就是终审。再如《中华人民共和国民事诉讼法》第135条规定："人民法院适用普通程序审理的案件，应当在立案之日起六个月内审结。有特殊情况需要延长的，由本院院长批准，可以延长六个月，还需要延长的，报请上级人民法院批准。"表明了诉讼法是程序法的特点。

第二，诉讼法是强制法。诉讼法规定的是由国家机关参与诉讼的法律，其中刑事诉讼规定公、检、法三机关作为国家机关参与刑事诉讼，民事诉讼和行政诉讼都规定是由人民法院参与诉讼活动的。在所有的诉讼活动中，国家机关处于主导地位，并通过行使自己的职权体现国家强权威力，如法院审理判决为终审判决生效后，就产生了法律效力，当事人必须接受和履行，否则法院可以依法强制执行，这在民事诉讼和行政诉讼活动中也不例外。

2. 作为程序法的诉讼法的立法价值导向

程序法是关于法律关系主体在实施一定行为时的步骤、顺序、时限、形式和方法的法律规范的总称。广义的程序法除三大诉讼法以外，还包括立法程序（如议案提出、审议、通过、公布的程序）、行政程序（如听证程序、复议程序）等方面的立法及一些实体法的程序方面的规定，主要体现在商法及经济法中，如公司法规定的设立公司的程序问题，专利法、商标法规定申请专利和注册商标的程序问题。

程序法与实体法是相对应的法律，它们是根据法律的内容所作的分类。实体法是直接规定人们权利和义务的实际关系，即确定权利和义务的产生、变更和消灭的法。程序法是“使法律权利得以强制执行的程序形式，而不同于授予和规定权利的法律，它是法院通过程序来管理诉讼的法律，它是机器，而不是产品”①。因此程序法规定的是实体上的权利义务和职权职能得以实现及履行的法律，它的直接对象不是人们的权利和义务，而是规定如何强制实现权利和义务，规定在权利受到损害时，如何进行补偿的法律②。而诉讼法则是通过诉讼途径解决争执而使实体上的权利义务得以实现的。

贝勒斯认为，解决争执是全部法律（程序法和实体法）的目的之一。而作为法律程序，首先要运用两种方法进行分析：一种是经济分析方法；一种是道德成本分析方法。经济分析方法起码指出了评价法律程序时应予以考虑的一个重要因素。没有充分

---

① ［英］戴维·M. 沃克：《牛津法律大辞典》，李盛平等译，法律出版社 1988 年版，第 725 页。

② 参见葛洪义主编《法理学》，中国政法大学出版社 1999 年版，第 136—137 页。

的理由，谁也不能增加经济成本，无论经济成本是直接成本，还是错误成本，任何关心财富的人都有充分理由选择较低的经济成本，而不是选择较高的经济成本。由此他提出了经济成本的原则是：我们应当使法律程序的经济成本最小化。同时他还认为，错误成本除了包括经济损害成本或纯粹损害成本外，还有道德成本，如撇开“对无罪者治罪”和“未对有罪进行治罪”这两类错误判决的纯粹损害或者经济损害，前者更加有害，因为它侵害了无罪不治罪的权利（无罪原则），这种分析方法即是道德损害或道德成本。在民事案件中，如果一方当事人拥有某一可能会被错误判决侵犯的权利，而另一方当事人没有这种权利，那么程序应偏重于禁止侵犯这种权利及造成道德损害。因此道德成本就是未能实现经济效率之外的其他目的原则或侵权赔偿。由此他得出了道德成本原则：我们应当使法律程序的道德成本最小化。在此基础上贝勒斯提出了研究法律程序的另一种方法是要审思程序的价值和利益。这些价值或利益与它们对审判结果的准确性的影响是不同的，即使公正、尊严和参与等价值并未增进判决的准确性，法律程序也要维护这些价值①。可见，无论诉讼的程序如何，判决的结果怎样，道德的成本都是要付出的，都要有道德体现其中。

二　诉讼法的立法价值取向

由于诉讼法的程序法性质，因此诉讼法立法价值的取向应立足于实现实体法的权利义务的理念之上，其具体的内容仍然是道德价值占主导地位，同时习惯和科学的立法价值也是不可缺

---

① 参见［美］迈克尔·D. 贝勒斯：《法律的原则——一个规范的分析》，张文显、宋金娜等译，中国大百科全书出版社 1996 年版，第 21、26、29、32 页。

少的。

1. 道德规范

诉讼法的程序法性质，决定了诉讼法的立法价值应当是司法正义、尊重当事人的权利。

（1）司法正义。司法是一个与立法和执法相对应的概念。一般是指国家司法机关根据法定职权和法定程序，具体应用法律处理案件的专门活动。诉讼法就是通过司法活动得以实施的，因此司法正义是诉讼法立法的首要价值。司法正义是以矫正正义作为司法正义的逻辑前提，把实现实体法的内容提供公平程序规则保障的程序正义作为司法正义的基础。当一条合乎分配正义（分配权利的措施）、契约正义（权利安排的协商）的规范被一个社会成员或一方当事人违反时，矫正正义便起作用了，如民事赔偿、刑事处罚。矫正正义是立法机关的意图，属于立法正义的范围，通常是通过司法机关的行为实现的。司法正义反映的是司法关系的各个主体遵循一定的程序，根据法律规则来矫正业已发生的不公或伤害而形成的价值关系。司法正义具有以下特征①：

第一，强制性。诉讼法的司法正义是通过国家司法机关的诉讼活动体现的，因此体现了国家权力的强制性。在刑事诉讼中，对罪犯的审判过程直接体现了司法正义的强制性；在行政诉讼中，法院审理行政案件，对具体的行政行为是否合法进行审查，这种审查也是强制性；在民事诉讼中，法院审理民事案件，可根据当事人自愿原则，在事实清楚的基础上，分清是非，进行调解。调解书一旦被双方当事人签收，则具有了法律的强制效力，因此民事诉讼是以间接的形式体现司法正义强制性的。

第二，被动性。与立法权、行政权行使的主动性相比，司法

① 参见杨一平《司法正义论》，法律出版社 1999 年版，第 69、76、81—89 页。

权的行使具有明显的被动性特征。这种被动性是针对法院而言的，因此即使是对主动追究刑事犯罪责任的刑事案件也是如此，是由检察院以国家的名义向法提起公诉，因此对法院来说，也是被动的。从民事诉讼的调解制度来说，虽然法院在调解的过程中要主动进行一系列的行为，但自始至终法官必须处于“中立”的地位，充分尊重当事人的意思自治，因此从本质上讲，调解仍然体现了司法正义的被动性。司法正义的被动性可以用“不告不理”或“告诉才受理”的词语来表达。在此需要明确的是，司法正义的被动性是指司法活动性质，而不是指具体的行为。因此被动性不是消极性，并不能据此否认司法行为的积极性、主动性和创造性。

第三，互动性。司法是通过适用法律公正解决各种纠纷的动态过程，由原告、被告和居间者组成了互动的关系。其中原告一般来说是受害者，为维护自身的权益而提起诉讼，处于诉讼的主体地位；被告作为诉讼关系的行为对象，被置于客体的地位；法官为第三人，是原告谋求支持以实现自身利益所依靠的中间力量，也被置于客体地位。这样原告营造了一个以自己为主体、以被告和居间者为客体的关系，被告也可以形成以自己为主体、以原告和居间者为客体的关系与之对抗，法官也可以设计以自己为主体、以原告被告为客体的关系而进行公正的判决。这样每个人都具有了主客体的双重身份，形成了主动和被动的互动性的矛盾统一体。

(2). 尊重当事人的合法权利。在诉讼法的立法中，特别是民事诉讼法，由于它所调整的是平等主体之间的权利义务关系，因此尊重当事人的合法权利，平等地对待他们的诉求就显得十分重要。当然在刑事诉讼中，也体现了这一立法价值，如依据中国刑事诉讼法的规定，被告的诉讼权主要有申请回避权、自行辩护权或委托他人为自己进行的辩护权、陈述权、申请重新鉴定或勘验权、对未生效的裁判提出上诉权、对已经生效的裁判提出申诉权等，其中辩护权是被告的一项重要的权利，中国现行宪法第125条规定，被告人有权获得辩护。《中华人民共和国刑事诉讼法》第11条又进一步规定，被告人有权获得辩护，人民法院有义务保证被告人获得辩护。为了充分保障被告人的辩护权，《中华人民共和国刑事诉讼法》第34条规定，公诉人出庭公诉的案件，被告因经济困难或者其他原因没有委托辩护人的，人民法院可以指定承担法律援助义务的律师为其提供辩护。被告人是盲、聋、哑人或者未成年人而没有委托辩护人的和可能被判处死刑而没委托辩护人的，人民法院应当指定承担法律援助义务的律师为其提供辩护。这些规定与相关的国际公约的精神相一致，联合国《关于律师作用的基本原则》第3条和第6条分别规定："各国政府应确保拨出向穷人并在必要时向其他处境不利的人提供法律服务所要的资金和其他资源。律师专业组织应在安排和提供服务、便利和其他资源方面进行合作。"任何没有律师的人在司法需要情况下均有权获得按犯罪性质指派给他的一名有经验和能力的律师以便得到有效的法律协助，如果他无足够力量为此种服务支付费用，可不交费。同时为保障被告人的辩护权，《中华人民共和国刑事诉讼法》第190条规定了上诉不加刑原则："第二审人民审判被告人或者他的法定代理人、辩护人、近亲属上诉的案件，不得加重被告人的刑罚。"体现了尊重当事人的合法权利的立法价值。

2. 习惯影响和科学规则

诉讼法的道德价值凸显了国家行使司法权在解决诉讼纠纷时的强大威力，顺应人类长期以来形成的求讼息解的习惯要求和善良愿望，则会使这一威力发挥得更加顺畅，而科学的立法价值会使这一威力的作用更具公信力、更能深入人心。

（1）习惯影响。诉讼法的程序法特征是有其习惯渊源的，如诉讼的仪式性。仪式性是由诉讼法的程序决定的。程序作为一种在不同的情况下必须作出的特定行为、说出特定言词、提交各种文件手续或步骤，往往成为一些法律行为的有效条件。这主要是取决于人们对程序作用的习惯认可，程序往往被要求通过自身的礼节及庄重的仪式，来确保生效的法律行为是公开的，并能被人人记住。程序的仪式性在古代的诉讼中表现得最为突出，如日耳曼社会实行过共誓涤罪制度，即宣誓审判。它以固定的正式的口头语言表达，有表演的特征，通过这种超乎日常生活的诉讼活动是必要的，人们相信这种形式语言的力量①。在现代立法中，对于证据是以规定履行一定习常的手续来保全和证明的，如证词要经过证词人的签字、画押，并要经过在开审庭中的口头言词对质的确认才能成为最后判案的根据。《中华人民共和国刑事诉讼法》第 47 条规定，证人证言必须在法庭上经过公诉人、被害人和被告人、辩护人的双方讯问、质问，听取各方证人的证言并且经过查实以后，才能作为定案的根据。

（2）科学规则。由于诉讼法是实现实体的程序法，而要客观地、全面地做到这一点，就必须运用缜密思维、设计科学诉讼程序。

第一，诉讼法内容的科学性。诉讼法内容的科学性体现在其具体的规定中，如关于证据的法律规定就是根据证据学理论立法的。在人类证据制度发展中，最早出现的是神示证据制度，它是借助“神”的力量，如水审、火审，以确认被告是否有罪或败诉的原始证明方式。它盛行于奴隶社会，是科学技术和生产力低

① 参见杨一平《司法正义论》，法律出版社 1999 年版，第 79—81 页。

下的产物。封建社会中后期盛行的是法定证据制度，它是法律预先机械地规定各种证据的证明力，法官必须按照法定条件，而不是根据自己的认识去判断证据。这种制度对限制办案人员的专断有一定的作用，但却是教条的、非科学的，并容易导致刑讯逼供。随着资产阶级革命的胜利，法定证据制度被自由心证制度代替。这种制度是指证据的取舍和证明力，不由法定，而是由办案人员根据内心确信进行自由判断。这种制度能使法官从法定的教条中解脱出来，但强调人的“理性”和“良心”在证据运用中的主导地位，可能会导致法官自由裁量权的滥用。中国现阶段的证据制度是以事实为根据的，多数学者称实事求是的证据制度，是从抗日战争时期的“马锡五审判方式”发展而来。马锡五是陕甘宁陇东专署员，他把群众路线的工作方法运用到司法审判中，解决了一些疑难案，纠正了一些错案，被誉为“马锡五审判方式”，其特点是：深入实地、调查研究，实事求是地了解案情；依靠群众，教育群众，尊重群众的意见，合理判决案件；方便群众携卷不多，就地审判。中国证据制度的特点是：以事实为根据是取得证据的出发点；查明案件的事实真相是取得证据的目的；通过调查研究取得可靠的证据是取得证据的重要措施；不轻信口供，严禁逼供是取得证据的基本原则。体现了中国证据制度的科学性。

第二，诉讼法形式的科学性。诉讼法主要由管辖、回避、代理、证据、立案、审级程序等内容组成。民事诉讼法还有调解制度的规定，刑事诉讼还有侦查、辩护制度的规定、行政诉讼法则有侵权赔偿制度的规定。此外还有诉讼期间、送达、诉讼文书等方面的规定构成了诉讼法的完整内容。对其中每一部分及各个部分之间的关系的设计都要体现其科学性，并要运用一定的科技手段才能协调好并发挥其作用。

三　对诉讼法立法价值的精益要求

对作为实现实体权利义务的诉讼法提出精益的要求，必须是能够有效地促进诉讼的有价值的行为过程，否则不仅仅是经济成本的付出，同时也是法律权威的丧失和道德水准的滑坡，它危及的将是整个社会的共同利益。

1. 对诉讼法立法道德价值的精益要求

如何体现诉讼法立法的立法价值，使其进行有价值的行为？贝勒斯在关于程序法的目的论述中提出了以下原则[①]：

（1）和平原则：程序应当是和平的。这一原则是法律体系的基石之一。缺少解决争议的法律程序，则争议有可能酿成暴力事件和血亲复仇。人们理性地希望刑法能预防暴力，基于同样的理由，人们也希望有和平的程序。这一原则在限制自助行为上格外重要。

（2）自愿原则：人们应当自愿地将他们的争议交由法院解决。这一原则主要适用于民事案件的原告。无论是民事案件还是刑事案件，被告不能因其不同意参加诉讼而阻碍诉讼进行。这一原则能使受害方得到官方的救济，并且有助于解决争执，因此它有助于和平。

（3）参与原则：当事人应能富有影响地参与法院解决争执的活动。这一原则有助于解决争执，因为能参与诉讼的当事人更易于接受判决；尽管他们有可能不赞成判决，但他们更有可能服从判决。人们至少有理由期望，在作出关系他们的判决之前，法院听取其意见，即他们有发言权。某人被允许参与诉讼也表明别

---

① 参见［美］迈克尔·D. 贝勒斯《法律的原则——一个规范的分析》，张文显、宋金娜等译，中国大百科全书出版社 1996 年版，第 34—37 页。

人尊重他，即他受到了重视。

（4）公平原则：程序应当公平——平等地对待当事人。每个人作原告、被告的机会均等，因而谁也不希望程序偏向某一方，能为双方接受的理由所能合理证明的偏向除外。这一原则要求：其一，解决争议者应当保持中立。人们不应当是审理他们自己的案件的法官；法官或陪审团不应偏心。其二，审理过程中，双方都应提供信息。其三，各方起码应知道他方提供的信息，并有机会对之发表自己的意见。公平原则只指出当事人有参与诉讼的均等机会；参与原则则为当事人卓有成效地参与诉讼提供了理由。

（5）可理解原则：程序应当为当事人所理解。一般而言，事物越合理，就越易理解，如果人们能理解程序及判决理由，他们更有可能接受解决其争执的判决。这一原则要求，法院应根据合理性的规则和原则以及听证或审理时提供的信息，以明白晓畅的语言作出判决。

（6）及时原则：程序应提供及时的判决。及时是草率和拖拉两个极端的折中。人们都不希望在无充足时间收集信息并思考其意义的情况下草率地作出判决，因为这样有可能出错。审判拖拉，不会影响结果，但人们并不愿意久等。“拖拉审判即否定正义”，这一谚语实质上是不对的，因为推迟作出的判决实质上有可能是正确的。不过拖拉审理妨碍人们安排其生活。

（7）止争原则：法院应作出解决争执的最终决定。如果争执可被再次审理，则争执，并未解决；如果案件可以再上诉，相同的争执点在另一案件中仍可提出，则争议也仍未解决。倘若人们求助法律程序来解决争执，那么争执须在某一阶段上最终解决，否则求助法律程序就毫无意义。

由此贝勒斯得出结论：程序法总的规范的目的是，实现经济与道德错误成本加上直接成本再减去程序利益所得的总额最小化。诉讼是负价值交互行为，也就是诉讼具有负价值，即错误成本与直接成本大于程序利益。尽管个别的原告能获得损害赔偿和其他救济，从诉讼中受益，但全面地看，诉讼纯粹是一种损失。因此，从社会的立场或从潜在的原告或被告的立场来看，应避免打官司。

贝勒斯关于程序法目的理论的分析为我们确立诉讼法精益立法价值提供了充分的、客观的和令人信服的理由。他不但提出了实现程序法的目的，也就是诉讼法立法价值的原则，特别是他得出诉讼的消极性，即诉讼是损失的问题，体现了道德的立法价值，而且还提出了实现程序法目的之具体的途径和方法，并进行了量化的分析，是值得我们借鉴的。

2. 诉讼法立法的习惯和科学价值的精益要求

在诉讼法立法中体现习惯和学科价值的精益要求，能更好地实现诉讼法立法的价值，了却人们求讼息解的愿望。

(1) 习惯价值的精益要求。习惯在诉讼中有较深远的影响，无论是潜移默化的、还是自然而然的，都会或多或少地以价值的形态体现在诉讼法的立法中，但只有自觉地、以理性的思维对其提出精益要求才能发挥其相应的作用。

第一，关于语词运用的习惯。在诉讼活动中为了能体现人们表达思想意识的普遍习惯愿望，在进行诉讼法的立法时应充分考虑顺应这一愿望，特别是对于用语言表达的诉讼仪式特征至今已成为一种诉讼的习惯程序保留下来，而在诉讼中所运用的语言中，有一些是以陈词的形式表达的，特别是证词证言。科迪认为，陈词是一种以言行事行为，并且这种行为可以在某种条件下得到执行，并且这种行为有着某种意图，以至于我们自然地认为这个定义向我们提供了支配作证行为的规则。属于陈词的这种语言行为的话语有：承诺、保证、命令、断言等，陈词总是给予他人的，它的接受者一般来说也是明确的[①]。

陈词无论是作为原告主张权利的控告语言，还是作为被告辩护的语言表达都是极其重要的，它可以使当事人建立足够的理性的信心，因此陈词表达应当成为诉讼当事人的言词性重要形式。在欧洲中世纪日耳曼社会出现的宣誓审判或共誓涤罪制度，就是要首先进行预先宣誓，先由主张权利的一方向上帝起誓得出控告，然后再由相对方向上帝起誓否认对方的指控。接着由公众决定由哪一方作证明宣誓。这种形式后来一直在诉讼中被延续下来，形成了教会法院和王室特别法院盛行的"职权宣誓"，由于纠问主义和弹劾主义两种诉讼观念以及世俗和教会权力之间、王权与议会之间的斗争，着重点是除被告人的宣誓义务外，确定了被告的一项"不自我控告"权利，在确定这一权利的过程中，英国的李尔本案起了重要的作用。1637 年，李尔本被指控从荷兰运送煽动性书籍到英国而受到星院法院审判，在接受讯问时，就他被告知的指控回答了问题，但他拒绝回答他认为可能引起的新事实问题，拒绝在讯问笔录上签名，并以没有受到正式传票和起诉书为由坚决拒绝进行宣誓，李尔本后来被判处枷刑和鞭刑。1641 年 5 月，英国议院下发决议认为，星院对李尔本的判决是违法的，侵犯了公民的自由，并予以撤销[②]。这项权利后来被称为沉默权。美国联邦宪法也确认了这一权利，第五修正案规定："任何人不得在任何刑事案件中被迫充当不利于自己的证人。"

确立沉默权的合法性是对人的理性的尊重，因为言辞的陈述

① 参见丛杭青《陈词证据研究》，人民出版社 2005 年版，第 5 页。

② 参见孙长永《沉默权制度研究》，法律出版社 2001 年版，第 14、25 页。

应当是人的真实的思想意思的表达，如果是外在强制性的开口，则是不符合人的本性的。目前，中国的刑事诉讼法还没有确立沉默权的合法地位，《中华人民共和国刑事诉讼法》第93条规定，犯罪嫌疑人对侦察人员的提问，应当如实回答。虽然后面有："但与本案无关的问题，有权拒绝回答。"这句话曾被一些学者认为是对沉默权的认可，但这一规定却是说对与本案无关的问题沉默（权），并不是沉默权，因此在中国由于政治、文化和社会及诉讼制度本身的原因，从最初的侦讯，到审查起诉过程中的讯问，再到法庭审理阶段的讯问，犯罪嫌疑人、被告都没有保持沉默的权利，相反倒有"如实回答"一切与案件有关的讯问的义务。因此中国应在刑事诉讼的立法中确立沉默权的合法地位，因为这有利于加强对犯罪嫌疑人、被告人基本人权的程序保障，促进中国刑事诉讼制度的进一步民主化①。同时由于中国政府认同或签署的国际公约和国际规范性文件中，明确规定有沉默权或者可以从中必然推导出沉默权的有《世界人权宣言》（1948年）、《禁止酷刑和其他残忍、不人道或有辱人格的待遇或处罚公约》（1948年）、《联合国少年司法最低限度标准规则》（1985年）、《儿童权利公约》（1989年）、《公民权利和政治权利公约》（1966年）等，因此确立沉默权的合法地位也是履行相应的国际义务。

第二，关于"公序良俗"在中国诉讼实践中的运用。"公序良俗"作为一种良好的风俗，成为一种具有道德的因素，被社会普遍认同，也是一般的社会成员都能够做到、也愿意去做的行为规范。近年来，"公序良俗"在中国的司法实践中被用作断案的补充依据，取得了良好的效果，是立法的习惯价值的精益性的

① 参见孙长永《沉默权制度研究》，法律出版社2001年版，第214—215、224页。

实现。以下面的四则案例作为说明[①]：

案例一：盗窃骨灰

41岁的要某，是河南省尉氏县农民，曾上过高中，与妻子离异后靠外出打工为生。2006年1月初，在新乡打工的要某从电视上看到，河北的两兄弟盗窃尸体敲诈50万元的案件，从中受到“启发”，遂决定“如法炮制”赚钱。2006年1月31日，春节过后的正月初三，要某乘车来到郑州。在郑州万福金像公墓，要某发现驾驶奔驰车来扫墓的一家人。要某于是认定这家人一定有钱，就跟随其后来到墓地瞄准“目标”。同年2月15日晚10时许，要某再次来到墓地，用事先准备好的撬杠把墓撬开，将老年死者段某的骨灰盒盗走。两天后要某翻拍了骨灰盒上的照片，将照片和写有“你父亲的骨灰盒丢失，请发短信联系”的纸条贴在了死者儿子的车上。之后，要某多次发短信，催促被害人及其家属将现金30万元打到其指定的银行账号上。公安人员接到被害人报警后，通过侦查于2006年3月12日在新乡市将被告人抓获。死者的骨灰盒已发还给被害人。

法院经审理认为，被告人要某以非法占有为目的，采用要挟的方法，强行索取他人钱财，数额巨大，其行为已构成敲诈勒索罪。我国刑法规定，敲诈勒索公司财物，数额巨大的，处三年以上十年以下有期徒刑。被告人要某敲诈勒索被害人现金30万元，已属数额巨大，依法应在上述量刑幅度内判处刑罚。被告人要某在实施犯罪前主观上有预谋，并为完成敲诈勒索犯罪多次选择作案地点，确定犯罪对象，进行了充分的预谋活动，其主观恶性较

① 参见郭丛生《法律为“公序良俗”开绿灯》，载《民主与法制》2007年第16期（8月下半月）。

大，可对其酌定从重处罚；被告人要某以盗窃骨灰盒为犯罪手段，其行为给被害人及其家属造成了较大的精神伤害，且其行为有悖于我国的公序良俗，造成不良社会影响，可对其酌定从重处罚；虽要某的行为系犯罪未遂，法院仍判决被告人要某有期徒刑五年。

案例二："拾金昧了"

2006 年 12 月 2 日晚，王某因家庭琐事与其妻哥在一丁字路口发生冲突，混乱中将随身携带的装有 1 万元现金的牛皮纸信封掉在地上，恰被骑摩托车路过此处的冯某兄弟看到。冯某下车欲拾，被站在自己商店门前看打架的谢某看到后抢先一步拾走。失主王某经冯某指认后向谢某索要，但谢某拒不归还。

法院审理时，在证人冯某兄弟、当事人及其他证人作证的情况下，谢某仍矢口否认。法院审理认为，拾金不昧是中华民族的传统美德，也是每个公民应遵循的公序良俗。谢某看到王某掉下装有现金的信封后本应当即提示失主，却趁乱拾走占为己有。在经证人指认后，谢某仍不归还，违反了民事活动应遵循的诚实信用原则和社会良好的道德规范，谢某无合法根据取得利益并为他人造成损害，已属不当得利。而在法庭审理中，原告方出示的证据与被告方出示的证据相比，更具有真实性、关联性和合法性，其证明力更接近客观事实，具有明显的优势，根据证据优势原则，法院遂判决谢某于判决生效后十日内返还所拾到的现金 1 万元。

案例三：毁人祖坟

2006 年 3 月，某旅游公司在对租赁的林场进行旅游建设开发过程中，将葬有许先生祖父母、父母及祖先的三个坟墓损毁。同年 4 月 1 日，旅游公司法定代表人委托他人告知许先生坟墓被毁的事宜。次日，许先生就该事与旅游公司进行交涉，终因双方对赔偿数额差异大而未能达成协议。为维护自己的合法权益，许先生将旅游公司起诉到法院，要求其将涉诉的3个墓穴进行迁移，赔偿迁移费等各项损失共计2.1万余元，并赔礼道歉。

法院经过对现场进行勘验，确认旅游公司盖起的建筑物处原设有许先生家祖坟。一审法院经审理，判决旅游公司赔偿许先生1.4万元精神损害抚慰金。旅游公司对此不服，上诉至二审法院。

二审法院经审理认为，旅游公司承租林场，在存有坟墓区域施工，理应按国家有关规定公告事主迁坟，并支付相应费用。旅游公司在未通知许先生的情况下，在施工过程中将许先生亲属的坟墓损毁。因该祖坟是许先生及亲友寄托感情、悼念已故亲属的客观载体，系属许先生具有的特殊财产，而且伤害了许先生对已故亲人的情感，违背了社会公序良俗。一审法院鉴于旅游公司已在许先生亲属墓穴上盖有建筑物，迁移坟墓已无法实现，支持许先生要求旅游公司赔偿精神抚慰金的诉讼请求正确，且酌定数额并无不当。故终审驳回旅游公司上诉，维持原判。

案例四：包“二奶”打欠条

王某因妻子几年前患病无法陪伴而倍感寂寞。2005年3月，经朋友介绍，他与比自己小18岁的舒某相识，且开始同居生活。为赢得舒某信任，王某对她承诺：“如果你与我长期同居，我可以补偿你青春损失费6万元。”并向舒某出具此款欠条。此欠条载明：“今欠补偿舒某现金6万元。”同年8月，王某与舒某因家庭琐事发生矛盾。舒某持“6万元欠条”诉至法院，要求王某偿还“欠款”。王某却辩称，虽写欠条属实，写此“欠条”的目的是作为补偿舒某与我长期同居的青春损失费，现在与舒某已发生矛盾，不可能再同居了，因此，该欠款无需支付，请驳回舒某的诉讼请求。

法院经审理认为，王某出具的“欠条”虽属实，但写欠条的“条件违法”。王某与舒某约定“长期同居”，纯属包“二奶”，既违背了公序良俗的基本要求，也违背了《中华人民共和国婚姻法》规定的“须登记结婚”的基本要求。他们这种“长期同居关系”是法律所不允许的。

关于舒某向王某诉讨“青春损失补偿费”的问题，法院认为，根据中国法律规定的权利和义务相一致的原则，舒某要主张王某支付青春损失补偿费的权利，必须是合理合法的，否则，法律不予保护。但为享受这种权利而要履行的义务，也必须符合法律规范的要求，否则，构成犯法。显然，王某要求舒某“长期同居”的行为因违法而不受法律保护，由此而派生出的王某给付舒某的所谓“青春损失补偿费”也是没有法律依据的，因而不应受法律保护。

综上，法院依法判决驳回了舒某的诉讼请求。

（2）科学价值的精益要求。如何使诉讼法立法的科学价值精益化，这既是一个理论问题，也是一个实践问题。目前，在中国的诉讼立法和司法实践中都处于探索之中。例如在刑事诉讼中，中国目前还没有独立的量刑程序，只能由法官通过行使自由裁量权把握，如何规范自由裁量权，使量刑能够达到一个较科学的标准，不仅关系到司法正义的问题，同时也关系到立法价值的实现问题。2009 年初，最高人民法院在“纵深推进司法改革 10 项任务”中提出，将进一步落实宽严相济刑事政策，规范自由裁量权，将量刑纳入法庭审理程序。近年来，中国各地量刑不均衡的现象比较突出，典型的案例为许霆案。

2006年4月21日晚10许，许霆到广州一家商业银行的ATM机取款，发现系统出错后，利用自己的银行卡取款17.5万元。携款潜逃一年后许霆在陕西宝鸡落网，一审被广州市中级人民法院判决犯有盗窃金融机构罪，并被判处无期徒刑。许霆案引起社会广泛关注后，被广东省高级人民法院发回重审。2008年4月1日，广州市中院审理认定，许霆仍犯有盗窃金融机构罪，但鉴于案情特殊，对其在法定刑以下判罚，判处有期徒刑五年。许霆案在一审和二审虽然在认定的罪名上相同，但在量刑上有如此大的区别，因此这一案件成为了公众关注的焦点，即量刑问题，也就是法官对量刑的自由裁量权究竟有多大？有没有对法官自由裁量权的合法制约？这一切都源于刑事诉讼中一个极其重要的问题：中国没有独立的量刑程序。

中国的刑事审判制度继承了大陆法的传统，将定罪程序和量刑程序合二为一。这种制度设计有节约成本、避免拖延的优点，却也存在一定的弊端，其中最重要的一点是，量刑问题无法接受控辩双方的举证、质证和辩论，公诉方、被告方和被害方都无法充分地参与到量刑裁决的过程中，更难以对法庭的量刑结论施加积极有效的影响。量刑不是在法庭中公开进行的，而是“办公室作业”式的秘密决策过程。在英美法系，定罪程序和量刑程序是分开进行的。在陪审团定罪后，法院择日进行量刑听证。量刑听证中，控辩双方都可以就量刑问题充分发表意见。

北京大学法学院陈瑞华教授认为，将量刑和定罪在程序上分离有五个方面的好处：

一是法官可以在认定被告人构成犯罪的前提下认真考虑量刑的问题，并根据当庭最终认定的犯罪事实来确定量刑的基准，有助于贯彻罪刑相适应原则。

二是法官可以对那些与量刑有关的事实、情节进行专门的调查，以便全面审查各种法定和酌定的量刑信息，准确地对各种不利于被告的量刑情节进行综合考虑，使得各种量刑情节都能得到适当的平衡。

三是法官可以对被告的个体情况进行综合调查，根据其犯罪原因、成长经历、家庭情况、社会关系、平常表现等事实确定一个恰当的量刑，以体现刑罚个别化的理念。

四是通过相对独立的量刑程序，法官可以组织诉讼各方对量刑问题作充分的辩论，以便使被告人犯罪行为的社会危害性得到准确审查，对于量刑究竟能否达到一般预防的社会效果以及能否帮助被告重新返回社会的问题，进行必要的评估，特别是对于那些可能判处缓刑、免刑以及其他非监禁刑的被告，还可以考查这种量刑可能存在的潜在风险。

五是独立的量刑程序为被害人、社区代表的充分参与提供了可能，使得量刑裁决能反映被害人及其所在社区的真实反映，这可以促使那种为犯罪所破坏的社会关系得到不同程度的修复，避免那种盲目追求有罪必罚所带来的第二次伤害的后果。

中国从1989年开始，已经有十多个地方法院开始试点将量刑程序和定罪程序分离，施行“调查令制度”，主要由社区矫正机构进行量刑调查，如苏州市平江区法院的“少年刑事案社会调查制度”、青岛市法院系统的“人格调查制度”、合肥市中院的“量刑前人格调查制度”、北京市丰台区法院的“社会道德调查报告”等。各地基层法院所推行的一系列量刑程序改革，已经积累了一定的经验。但要真正使量刑成为独立的程序，还需建立一整套完备的证据规则和庭审程序机制①。

① 参见黎伟华《量刑程序有望“独立成章”》，载《民主与法制》2009年第7期（4月上半月）。

第五章　实现立法价值

残酷的法律会通过恐惧、模仿或培养复仇精神使人变得残酷。温和的法律能使一个民族的生活方式具有人性，政府的精神会在公民中间得到尊重。

——［英］吉米·边沁

在立法过程中所体现的立法价值，必须通过法律的实施才能得到实现。在中国现阶段，立法价值必须根植于“依法治国”方略的实践中才能由理想变为现实，才能具有生机和活力，才能凸显立法价值善良、美好的一面。这是一个复杂的庞大的系统工程，不仅需要法治中各个因素的相互作用所产生的能量，还需要通过社会整体所形成的强大的合力功效才能实现。然而，在中国现阶段还存在着诸多的缺憾，使立法价值的实现面临挑战。以科学的审慎态度正视这一切，以理性的智慧，客观、冷静地分析这一切，提出相应的改进措施是十分必要的。在提出现代法治国家对立法价值的精益性要求的基础上，提出中国现阶段立法价值的科学体系：建立以道德的正当性为主导的立法精益价值体系，建设和谐文化，培育文明风尚，尊重科学，追求真理。

第一节　实现立法价值的缺憾

现代法治的进步性在于能够通过立法、执法、司法、守法等法治的各个环节进行有价值的行为，实现立法的价值。当前，中国从整体上看，实现立法价值的客观基础正在形成和发展之中，但某些局部领域所存在的问题还不容乐观，还存在诸多的缺憾，使实现立法价值面临挑战。

一　立法的缺憾

制定“良法”是实现立法价值的前提，因此必须建立立法民主和民主立法互动的良性机制，保障立法过程中的民主性，保障公民参与立法的民主性以及他们之间的畅通和相互促进，体现立法的公开性、民意性。但现实的立法中却存在着诸多要解决的问题。中国现行宪法和立法法的相关规定为制定“良法”提供了法律方面的保障，但我们必须清醒地认识到：中国目前在保障公民权利方面的立法还不够完善，没有完全达到“良法”的要求。

1. 立法民主的缺憾

立法是以制定和认可法律为职能的，是在国家意志支配下所进行的行为过程。而无论法律的本质所反映的统治阶级的意志是多数、还是少数，都决定了立法的议会性和民主性，立法的行为过程本身就应该是民主的，也必须是民主的。

（1）立法腐败初露端倪。2008 年 8 月商务部条法司原正司级巡视员郭京毅因受贿被“双规”，据媒体披露，郭京毅在商务部任职 22 年，一直参与外资方面的立法，其涉案的真正原因是在制定有关外资并购的法规和司法解释过程中受贿。如果这一罪行成立，郭京毅案将成为首例利用立法寻租的腐败案。郭京毅案是外资领域的系列窝案，案件涉及企业、律师、官员。涉案的人员之间都有着千丝万缕的联系。他们组成了一个封闭的小圈子，几乎“垄断”了10余年来中国大部分利用外资方面法律的立法“业务”。这个小圈子的“潜规则”能量巨大，他们可以在多个层面主导制定有关外资并购法律，精心设计了一个利益链条：企业通过律师向特定官员行贿——法律制定部门官员与律师一起制定相关部门立法，并且利用专业知识，在法律中塞入企业意向或者留下审批漏洞——企业向部门递交审批申请——官员授意企业去找特定律师——企业通过律师费的方式支付贿金——按照律师规划的路径并在相关官员的帮助下，审批通过。在这个利益链条中，监督和制约基本处于真空状态，也就非常容易发生行贿受贿等犯罪行为。在社会多元化时代，立法的过程本身就是一个利益博弈的过程，是一个各方利益群体有序参与、寻求共识、达成平衡的过程。在这一过程中，相关的各个利益群体就可能寻找自己的代言人，委托他们来争取自身的正当利益。在现实中，各种利益集团已经开始有意识地组织起来，为争取各自的利益而对立法、行政机关进行“立法游说”。譬如在《中华人民共和国劳动合同法》制定过程中，一些在华外资企业表现出了高度的参与意识，并通过各种方式试图影响立法。如果没有相应法律规范，在游说过程中的腐败行为就会向立法领域渗透。腐败渗透在立法过程中，相关的利益阶层就不能在法律案起草、审议和表决过程中充分博弈，并以务实的理性来相互达成妥协，立法就很难成为“良法”。同时在立法过程中由于过于依赖某些所谓的“精英”，导致各利益群体公开公正地表达自己的诉求和相互交流甚至辩驳博弈过程的缺失。当然现在立法过程中，常会涉及一些十分艰深的专业问题，需要相关领域的专家、学者或业内人士发挥重要作用。但法律归根结底是一种公共产品，倘若仅由一些专业人士形成的小圈子“闭门造车”，而忽视面向社会更广层面进行公开、充分论证，就很容易形成“一种声音”，公共政策就很容易被个别利益群体所挟制①。

可见，立法腐败的根源在于少数的立法“精英”垄断了立法的话语权，侵蚀了立法的民主权。特别是行政部门立法，由于其行政部门利益的驱使和行政权力的独断性，使其得不到本部门民主程序更多的滋润，而社会公众的参与和相关利益方面的有效监督则更是难以实现。

（2）立法民主的形式化。在立法过程中，立法的民主性不仅表现在立法的预测、规划和决策等立法的准备阶段，更突出地体现在立法从法案到法的阶段，这是立法的正式或实质性的过程，因此其立法的民主性更加重要，但在中国现实中立法的民主往往流于形式。

在此，有必要介绍一位“农民工的代言人”——张志强，他被评为改革开放30年“维权较真的10位法治人物”之一。他是一位民工，为讨回拖欠的120元的工资状告到法院却不立案，于是他写了一份“农民工生存报告”给了几家媒体，引发了公众对他的关注。穷尽一切努力，他终于花了1000元的诉讼成本讨回了工资。2005年，他如愿当选了人大代表。张志强曾与100多名劳动法学专家一起参加了“劳动合同法”在上海和南京的两次审稿，会上张志强直言：“劳动法是保护谁的？可是企业有代表参加吗？我作为全国近1.5亿农民工的唯一代表，来参与讨论。仅仅我一个人能代表1.5亿农民工吗？”② 张志强的经历说明在中国立法的正式过程中的民主实效问题还有待于不断地完善。

---

① 参见吴学安《警惕“立法”腐败》，载《民主与法制》2008年第21期（11月上半月）；荆剑：《立法腐败预警》，载《民主与法制》2009年第3期（2月上半月）。

② 参见阮莹、李伟红《观海法潮涌：维权较真的10位法治人物》，载《民主与法制》2008年第24期（12月下半月）。

还有一件让人震撼的事情是2008年全国“两会”期间，发生了一些代表、委员之间的观点辩论之战。张茵委员的“劳动密集型企业应取消无固定期限劳动合同”等3份提案，遭到另一名委员公开批评，并引发社会激辩；孙淑义委员“投资300亿元建‘中华文化标志城’”的发言，在政协讨论会上激起反对声浪，上百名委员联名反对；此外，认为“手机通话费不是高收费”的曹淑敏委员遭到其他委员的“围攻”，围绕着“急救基金该不该建”，凌锋委员和邓小虹委员也展开了激烈“交锋”……这种针锋相对的辩论场景，史无前例。辩论要成为“两会”常态，还有赖于代表、委员的意识自觉和参政能力。这既需要代表、委员们习惯于在辩论氛围中进行政治表达和利益博弈，更需要他们提高“敢于辩论”“善于辩论”的政治技巧。从这个意义而言，张茵代言自身所在的利益集团并非其“原罪”，一些人指责其“为富人说话”也未必站得住脚。但当广东一位工会副主席提出与其公开辩论时，张茵却拒而不辩，多少令人感到遗憾。问题是，“两会”上的辩论还是太少了。比如，在2008年“两会”期间，有代表、委员提出了“‘钉子户’对房价上涨有责任”、“我国不存在‘上学难’、‘上学贵’”等观点，虽然招致社会舆论的强烈反响，却未在“两会”这一公共政治平台上引发足够的公开辩论①。在立法过程中所出现的“辩论”，是代表们自由意志的充分表达，是立法民主的集中体现，但在中国现实中这样的“辩论”，却成了让人震撼的事情，而不是自然的常态。

可见，无论是张志强代表全国近1.5亿名农民工参与劳动方面的立法，还是极其少有的“两会”代表们的“辩论”，都说明

① 参见阿计《政治民主，辩论不可缺席》，载《民主与法制》2008年第10期（5月下半月）。

立法民主的形式化倾向的存在，其深层的原因就是立法民主并没有实质化、真正化。

(3) 对“民意立法”缺乏理性的引导，导致立法的被动局面。近年来，由于中国市场经济的发展，公民的主体意识不断加强，民众在追求物质生活需要，注重自身人身权利保护的同时，更加重视其民主权利的实现。特别是随着中国政治体制改革的不断深入，各级人大作为国家的民意机关、立法机关和监督机关，主体意识不断加强，其重要的标志就是对“婚姻法修正案”的审议通过。由于对“重婚”、“包二奶”争论较大，致使提交给第九届全国人大常委会第18次会议（2000年10月31日闭幕）的“婚姻法修正案草案”未获得审议通过。后经过第19次会议的审议，于2001年4月28日第21次会议的再次审议而获得通过，前后共经过三次的审议。正是由于立法机关主体意识的复苏和作出的强硬举动，使民众看到了民主的希望，长期压制在民众心中的意愿和心声要倾诉，因此“民意立法”近年来不断涌现。但遗憾的是中国立法机关对“民意立法”的“迎接”并没有做好充分的思想准备，而一些立法最终顺应“民意”也是处于极尴尬的局面，甚至是在出现了血案、命案激怒“民意”的情况下出台的，如《城市生活无着的流浪乞讨人员救助管理办法》就是在2003年发生在广州的孙志刚事件后①，

---

① 27岁的孙志刚2001年在武汉科技学院艺术设计专业结业，2003年2月24日受聘于广州达奇服装有限公司。3月17日晚10时许，孙志刚因未携带任何证件上街，被执行统一清查任务的广州市天河公安分局黄村街派出所民警带回询问，随后被作为“三无”人员送至天河公安分局收容待遣所，后转送至广州市收容遣送中转站。3月20日，孙志刚被打致死。法医认定孙因大面积软组织损伤致创伤性休克死亡。广州市公安部门先后依法拘留了13位犯罪嫌疑人，除了涉嫌动手打人者外，还包括涉嫌指使打人的护工、收容救治站的负责人、当晚值班医生、天河区黄村街派出所的民警等。参见阮莹、李伟红《观海法潮涌：具有里程碑意义的10起法治事件》，载《民主与法制》2008年第24期（12月下半月）。

在维权大军的呼吁中，由许志永、俞江、腾彪三位法学博士以公民的身份向全国人大常委会提交建议书，被采纳而最终出台的。还有，在一次次的矿难中，吞噬了无数普通、但同样有着珍贵生命权的矿工兄弟的生命时，才最终使有关部门痛下决心，出台了诸多追究领导干部责任，提高赔偿数额及限期撤“官股”的强硬法规。而在这民众一致叫好、大快人心、为民众伸张正义的同时，也使我们深切地感到了这种顺应“民意”的被动性。

另外在现实中，一些政府部门的规章制度有明显的利益倾向，违反了国家的有关法律，如人事部对报考公务员年龄的限制，以及一些省市对公务员录取限制乙肝（病毒）携带者，并对地域、性别、身高、外貌等方面作了不合理的规定。这些都从根本上违反了中国现行宪法规定的公民的基本权利。因此也一度引起了“民意”的强烈关注，并“迫使”有关部门对有些问题进行了思考，如有的省市已对录取公务员的不平等规定进行了修改，其快速和诚意也都是前所未有的。在庆幸法治的威力时，也同样让人们品尝了其中的无奈。因为有的当事人恐怕永远也不可能是这些“良法”的受益者了，因为他们中的很多人都失去了受益机会。

2. 民主立法的缺憾

民主立法是通过公民参与立法的行为实现的，因此保障公民参与立法权利是实现民主立法的前提。但在中国的现实中还存在诸多不利于保障公民行使参与立法权利的问题，应当引起我们足够的重视。

（1）弱势群体的立法参与权被忽略。在一个社会里，由于强者掌握更多的资源，客观上拥有更多的话语权，对法律的制定和公共政策有较大的影响力。一些地方由于过度追求“效率”，弱者的利益往往被有意无意地忽略[①]。中国建立市场经济以来，由于市场主体的竞争，使社会资源得到了重新的分配和积聚，社会中的一些人迅速暴富起来，而原来在改革初期得到一些利益的边缘群体成为改革代价的承担者，形成了相当规模的弱势群体，包括贫困农民、外来打工者、失业人员和处于特定关系中的相对方，如行政执法的被管理者、企业职工、就医患者、消费者和受教育者等。由于中国现阶段的立法过程大部分仍属于“精英”立法，因此普通民众只能通过选举代表的方式，间接地参与立法，特别是一些行政立法和地方立法往往表现了极浓重的部门利益和地方权力的色彩。至于一些相关法律所涉及的对某些相对人的利益保护，则更难以通过直接的方式参与立法。

（2）一些代表的“代表”性失去意义。中国实行直接选举和间接选举相结合的选举制度，这就意味着在中国，公民对县级以上国家大事的参政议政，是通过所选举的代表完成的。因此，人大代表，就是民意的代表，就是建立中国民主法治和谐社会的承担者，在百姓的心中具有极高的威望。但是近年来有些地方的选举制度却出现了严重的失衡状态。如为了经济利益的驱动，一些地方对其人大代表资格的政审方面作出了“让步”，纵容异己者当选。刘涌，这个与沈阳市慕马腐败案件有牵连的、组织领导黑社会性质犯罪集团的首犯，已于 2003 年 12 月 22 日由最高人民法院在辽宁省锦州市中级人民法院经再审后判处死刑。此人曾当选为沈阳市人大代表；2005 年 7 月 28 日，吉林市中级法院进行终审判决，原长春吉港集团公司监事局主席桑粤春犯有组织、领导黑社会性质等 14 项罪名成立，判决其死刑，此人曾是全国

---

① 参见郭之纯《扩充弱者的权利是法治的进步》，载《齐鲁晚报》2005 年 12 月 27 日第 2 版。

人大代表。正是这些人身后的财富，使有些地方为了经济利益，不惜践踏公民的民主权利，在民众中造成了极其恶劣的影响。2008年3月，广东省云浮市“亿万富翁”梁广镇因涉嫌挪用公款罪被立案侦查，鉴于其云浮市人大代表身份，经云浮市检察院申请，该市人大常委会许可检察院对其采取强制措施并移送法院进行刑事审判。然而，广西百色市人大常委会表示了不同的意见，原因是梁广镇也是百色市人大代表，未经其许可，云浮市检察院不能对其采取强制措施并移送法院进行刑事审判。一人可否兼任两地人大代表？两地人大常委会机关意见相左，检察机关无所适从，案件被迫搁置。梁广镇身兼两地人大代表事件是违反中国选举法的，同一层次的选民（同为地级），只有一次选举权和被选举权，是不能同时兼职两地代表的[①]。而在人大代表的比例中“官员代表”、“老板代表”数量过多的现象依然存在，“先进”、“劳模”身份的代表也不乏其数。当然具有这些身份的人是有资格当代表，但并不是有了这些特殊身份就能够胜任代表。问题的关键是一个合格的民众代言人，应当视其是否具有参与公共事务的责任意识和政治技能，以及有无广泛的民意代表资格。再如有些地方不重视基层选举，不按法定程序进行，为了某些人和某一部门的利益，贿选成风，甚至发生暴力胁迫选民等严重的违法事件。加之没有选举竞争机制、缺失选民与代表联系的平台及监督救济机制，因此这样一些人大代表的“代表”性已经失去了其意义。

（3）立法的公开渠道不够畅通。目前，中国还没有制定立法公开的法律和建立相关的制度，因此立法草案的公开和听证会的召开具有很大的随意性。到目前为止，中国向社会公开的法律

---

① “梁广镇身兼两地人大代表事件”被评为2008年十大宪法事例之一。

草案不足20部，据不完全统计，经过听证和公布立法草案的法律尚不足立法总数的1%。立法草案是否听证或公布立法草案更多地取决于有关领导是否开明和重视的程度、地方人大业绩的宣传需要等人为因素，基本上是处于政策性的人治状态。一些地方立法的听证会为了省时省力，简约了其中的诸多环节，没有完全遵守公开、公正原则，如听证会的代表是有关机关“邀请”或直接指定的，听证过程和结果不够公开，有些合理的意见不被采纳，无法有效地影响立法决策。而一些立法草案公开后，民众的建议和意见是否被采纳，缺乏合理的解释，这些都表明立法机关和民众并没有建立有效的互动机制，从而使某些立法听证和草案公开流于形式，导致了民意的冷漠，如2005年8月发生在珠海的行政立法听证会的流产事件就说明了这一点①。

二　依法行政的缺憾

行政执法的民主体现在依法行政、执政为民和建立健全科学民主决策机制的整个过程中。中共十六大以来，党中央对行政部门就提出了依法行政的要求，虽然经过整改，违法执政现象有所遏制，但其所存在的问题，仍不能忽视。

1. 违法行政

政府是执法机关，依法行政是政府的应尽职责。但现实中有的地方因官僚腐败，执行政策有偏差，干群关系紧张，不断引发新的矛盾。一些涉及部分群众共同利益的矛盾：如企业改制重

---

① 原定于2005年9月7日举行的“珠海市服务业环境管理条例（草案修改稿）”立法听证会，由于仅有4位报名者，且均为正在开设服务行业的人士，立法机关最想听到的是市民的意见，却未见有人报名，市人大常委最终“明智”地取消了这次听证会。参见阿计等《“民意立法”温度飙升》系列专题报道，载《民主与法制》2005年第22期（11月下半月）。

组、工资福利待遇、征地拆迁等引发的矛盾，不能依法得到有效的处理，不断引发群体性事件，从而激发矛盾，层层上访，甚至导致了流血事件。有的行政执法人员粗暴执法，不按法定程序进行，剥夺相对方的应有权利，从而导致行政申诉和行政诉讼案件的增多。

“深圳‘卖淫女示众’事件”被评为2006年“中国十大宪法事例”之一。2006年11月24日开始，福田区公安局在区内进行为期60天的大扫黄，全面查封违法、违规场所，全面打击皮条客、灯头（容留吸毒的组织者）、鸡头、妈咪、保护伞及黑帮势力。11月29日，福田区公安分局挂出“福田公安分局打击整治涉黄违法犯罪公开处理大会”的横幅，将连日大扫黄中逮捕的167人押到色情场所集中的“三沙”（上沙、下沙和沙嘴）地区游街示众。这些人全部戴上口罩，面部几乎全部遮住，仅留一双眼睛。警方在众人围观下分别读出他们的姓名及籍贯，宣判每人行政拘留15天。此事一经报道，社会反响强烈，2月1日，上海普若律师事务所律师姚建国给全国人大常委会写了一封公开信，称“这样的活动本身是违法的”，而且“有必要对这种公开示众的做法以立法的形式予以明令禁止。”

这一事件被称为2006年“中国十大宪法事例”之一的理由是：人格尊严是公民权利的基础，根据中国现行宪法第38条的规定，“中华人民共和国公民的人格尊严不受侵犯。禁止用任何方法对公民进行侮辱、诽谤和诬告陷害”。在现代宪法理论上，人格尊严是宪法价值的集中体现，是宪法权利的核心内容。专家在评价时认为，从20世纪80年代开始，公安部就强调对于犯罪嫌疑人不能游街示众，不能挂牌子。但是这样侵犯公民人格尊严的事件还是时有发生。清华大学法学院教授田思源认为，在这一事件中，要思考的是“为什么这件事会发生在改革开放起步早、民主法制相对更健全的深圳?”国家行政学院博士赵永伟进一步指出，在法制建设进程中，要防止三种不良倾向：一是以道德评判取代法律判断，这是公权力行使过程中存在的普遍问题。二是以公共管理创新为名突破法律底线。三是在公共执法中，以对个人隐私的公开掩饰政务不公开。中国人民公安大学法律系教授齐小力说，行政机关在执法过程中，要注重维持国家权力与公民权利间的平衡。公权力如何保障相对人的权利和人格尊严，是这一事件带给我们最重要的启示。①

然而，类似事件并没有引起人们的警醒，仍时有发生。例一：2008 年 11 月 25 日，在陕西府谷县，“5·29”特大持枪抢劫案 3 名主要犯罪嫌疑人被押解回府谷县城，当地为破案民警组织了盛大的欢迎仪式，当地不少企业打出“欢迎专案组凯旋”的牌匾，行进在拥挤不堪的人流中，有的群众燃放起鞭炮，甚至还有群众自发组织锣鼓、秧歌队来庆贺大案告破。整个府谷县城万人空巷，街头人山人海，约 5 万名居民上街目睹其真容。同时 3 人被移交给荷枪实弹的武警战士，押上一辆大卡车进行游街②。例二：2009 年 4 月 23 日上午，浙江省温州市在瓯江帆影广场举行“严打”整治公开宣判处理大会，公开逮捕 65 名犯罪嫌疑人，并对 32 名刑事被告人进行公开宣判。当地媒体报道宣判处理大会时，用了“广场上挤满了上万名前来观看的群众”这样的话。温州市有关部门负责人在公开宣判处理大会上说，这次大会，是壮“严打”声威、掀“严打”高潮、长群众志气、灭不法分子威风的重要标志。今后，将全年保持高压态势，以深入推进“平安温州”建设，切实提高人民群众的安全感和满意度。

---

① 参见李丽（记者）《中国青年报》2007 年 1 月 6 日。

② http：//news. 163. com/08/1126/06/4RLFD4B10001124J. html 2008—11—26.

如此大规模的公捕，引起了温州市民的争议。支持者说，这样做对不法分子具有强大的震慑力；反对者说，这种做法严重违法[①]。在此，无论是游街，还是公捕的行政行为都是违法的。《中华人民共和国刑事诉讼法》第2条规定："未经人民法院依法判决，对任何人都不得确定有罪。"确认了无罪推定原则。同时这种行为也是侵犯公民人格尊严的行为。

而在内蒙古通辽市科尔沁区政府连续多年聘用区内所有律师，以此要求律师们不得再为"民告官"者提供法律援助的做法和山东新泰市多名欲进京上访者被强制送进精神病院（2008年10月，山东新泰市农民孙法武赴京上访时，被镇政府抓回送进精神病院20余日，签下不再上访的保证书后被放出。在新泰市，因上访而被送进精神病院者不是个别现象）的做法[②]，则严重侵犯了公民的相关诉讼权利，并剥夺了律师实施法律援助的职责，是典型的行政强权主义。

2．依权压法

有些领导干部并没真正树立法治的观念，封建人治残余的影响还相当严重。如有的工作作风霸气十足，剥夺他人的民主权利，听不进不同意见，明明是开会研究问题却成了一言堂。日常工作不依法行政，不按规章办事，对于已按规定形成和正在形成的决定，进行权力干预或人为改变。甚至有的地方领导不仅干预行政，还干预司法，往往一个电话、一个"口谕"或一张条子就能呼风唤雨，决定一个人的命运。而某些下属的奴性文化思想意识支配下的唯命是从，则更加助长了他们的权力欲，形成了以权压法、法不敌权的恶性循环。而那些"不听话"的坚贞者们个个落下的

---

① http：//news. sina. com. cn/c/p/2009—04—27/084017695952. shtm2009—4—27.

② 这两起事件均被列为"2008年十大宪法事例备选事例"。

都是“惨不忍睹”的打击报复，不是长期得不到晋升，让你永无出头这日，就是降级使用也让你尝尝落难的滋味，而且还把封建社会的“连坐”运用得入木三分。不仅让坚贞者们自身倒霉，连同其至爱至亲也一块“有难同当”了。甚至在一些地方还多次出现了领导干部买凶杀人，残害忠良的恶性案件。普通党员郭光允十年反腐败，屡遭打击甚至坐牢，但最终揭开了河北省个别领导干部腐败的重重内幕就是一个典型的例子。发生在2008年3月13日的阜阳“白宫”举报人李国富在安徽省第一监狱医院离奇死亡事件，后被查明是一起涉嫌报复陷害罪的刑事案件也说明了这一点。此事源于李国富对原颍泉区党委书记张治安圈7000多亩耕地兴建高尔夫球场、跑马场和白宫式办公大楼举报一事。李国富被抓，其妻被扣留37天，女婿被投进了监狱，七个子女四个住进了精神病院。2008年12月25日安徽省芜湖市人民检察院以涉嫌报复陷害罪对张治安等人提起公诉，此案正在审理中①。

3. 执法犯法

法律不仅是为守法者制定的，同样也是为执法者制定的。执法者是使法律得以实现的承担者，执法的前提是执法者自身必须守法，树立榜样的形象，这样才能折服他人守法。然而在现实中，从某些执法者身上却找不到守法的踪影，相反却是严重的违法违纪，如领导干部及其配偶和子女办实体，开公司已成一些地方的公开的“秘密”。党中央、国务院等有关部门三令五申，严禁其进行经营或变相经营，但仍有一些人为了物质利益，铤而走险，如充当黑社会的保护伞、参与企业经营成为股东，以权谋私，如2005年“8·7”矿难造成124人死亡的

① 参见强江海《举报后遗症：一人死亡四人失常——阜阳“白宫”举报人离奇死亡事件透析》，载《民主与法制》第4期（2月下半月）。

广东大兴煤矿就是典型的"官煤"，该矿的股东就有一些当地领导。由此国家安监总局开始了全国煤矿领导干部的撤资工作，截至2005年底，主动上报、主动从煤矿撤资的国家工作人员和国有企业负责人5878人，涉及金额7亿多元。再如成都火车站竟出现了警贼勾结的惊人案件。行窃者向警察缴纳"班费"、"烤火费"可获保护。2005年12月5日，轰动全国"警贼勾结案"有了一审结果，2006年1月22日的二审裁定驳回上诉，维持原判。11名被告人以滥用职权罪获刑进牢。从2008年全国检察机关对国家工作人员犯罪的立案数字对执法犯法行为可见一斑。2008年共立案侦查贪污贿赂、渎职侵权犯罪案件33546件41179人，已侦结提起公诉26684件33953人，案件数、人数分别比2007年增加1%和10.1%。其中：立案侦查贪污贿赂大案17594件，重特大渎职侵权案件3211件；查办涉嫌犯罪的县处级以上国家工作人员2687人，含厅局级181人、省部级4人。会同有关部门加强境内外追抓工作，抓获在逃职务犯罪嫌疑人1200名①。

三 司法公正的缺憾

司法是法律的守护神，是匡扶公正的最后一道防线，是连接民众与当权者的最为坚实的一条纽带，也是实现立法价值最具说服力的铁证。如果公民的合法权益因枉法裁判而受到了限制或剥夺，就会丧失法律的尊严和神圣，就会直接导致民众对国家、对社会的不满和抵触，立法的价值不仅不会实现，而且还会丧失立法价值存在的意义。

---

① 参见曹建明在第十一届全国人大第二次会议上所作的《最高人民检察院工作报告》(2009年3月10日)。

1. 制度设置滞后

司法制度的完善是促进司法公正的前提，也是实现立法价值的保障。但中国的司法制度的设置却仍然滞后。中国现行的司法体制是在单一公有制和计划经济体制下产生的，不能适应社会主义市场经济体制的要求，尽管司法机关内部也进行了一系列改革，但这种形式的改革并不能从根本上解决“告状难”、“裁判不公”和“执行难”的问题。中国现行宪法明确规定，人民法院和人民检察院独立行使审判权和检察权，但实际上中国仍实行多级政权体制，即每一级都设有权力机关、行政机关及司法机关（除乡镇不设司法机关外），司法机关的人事任免、财政经费都在同级政府掌管之下，这就导致了司法权力的地方化和行政化，一些地方行政干预司法断案现象比较严重，同时这也成了人情案、关系案，甚至金钱案的根源所在。因此“检察工作中的一些体制性、机制性、保障性障碍还没有从根本上消除，法律监督制度、队伍管理机制、经费保障体制还不完善，执法规范化体系和自身监督制约机制还不健全”。[①]

2. 徇私枉法，程序不公，随意性大

近年来，司法人员职务犯罪的突出特征是群体性、团伙性的窝案串案。犯罪危害大，查处案件的难度大，社会影响十分恶劣。在民事行政诉讼的主要表现为：虚设原告，滥用管辖权；授意当事人伪造证据；滥用裁判权；利用职权隐匿销毁证据，或非法执行，牟取私利。在刑事诉讼中主要犯罪手段为徇私情私利，伪造、隐匿、毁灭证据，隐瞒事实，帮助犯罪嫌疑人、被告人逃避法律追究等。如2004年底，在河北省沧州市有一惊人消息，

① 参见曹建明在第十一届全国人大第二次会议上所作的《最高人民检察院工作报告》（2009年3月10日）。

该市新华区法院一副庭长因私自制作民事判决书、终结裁定书20余份被依法逮捕。原因是对一些案件久“受而不立”、“立而不审”、“审而不判”。有一劳动纠纷案件，整整拖了13年，最后当事人不但没有等到最后的判决结果，竟连卷宗也丢掉了。为了敷衍当事人，该副庭长则不惜滥用职权，私自制作司法文书，涉嫌金额370多万元。

同时程序不公的现象也时有发生。诉讼程序的设计是为了保障诉讼活动的顺利进行，而诉讼程序必须依据法定规范操作。唯有程序公正，才能力保司法实体裁决的公正。然而在现实中存在着法官重实体、轻程序的观念，办案随意性较大，无规范性和严肃性。同时有些办案人员在对案件事实的认定以及法律适用上任意取舍。如：不遵守开庭、休庭时间；庭审不规范：法官审案时不穿法袍、不使用法槌；在审理过程中减少辩论次数，简略审判程序，粗暴打断当事人、律师的发言和辩护等。有些地方的司法人员素质较差，法官开庭时接听手机，甚至有些地方法院庭审时临时更换或随意减少庭审人员。司法的随意性，必然会导致程序的不公、而程序的不公往往会带来审判的不公、司法的不公和法律的不公。

3. 刑讯逼供仍时有发生

在现代法治国家实行的是无罪推定，严禁刑讯逼供。这已经被相关的国际公约或国际规范性文件所确认。如1948年的《禁止酷刑和其他残忍、不人道或有辱人格的待遇或处罚公约》[①] 第15条规定：“每一缔约国应确保在任何诉讼程序中，不得援引任何业经确定系以酷刑取得的口供为证据，但这类口供可用作被控

---

① 中国政府是1988年10月4日批准该公约的，同年11月3日起对中国生效。中国对其中的第20条和第30条第1款进行了保留。

施用酷刑者刑讯逼供的证据。” 1989 年的《儿童权利公约》[①]第 40 条规定：“所有被指称或指控触犯刑法的儿童至少应得到下列保障：（一）在依法被判定有罪之前，应假定为无罪……（四）不得被迫作口供或认罪……”1966 年《公民权利和政治权利公约》[②] 第 14 条第 3 款规定，任何受到刑事指控的人有权“不被强迫自证其罪或供认罪行”。《中华人民共和国刑事诉讼法》第 43 条规定，严禁刑讯逼供或以威胁、引诱、欺骗以及其他非法的方法搜集证据。《中华人民共和国刑法》第 247 条规定，司法工作人员对犯罪嫌疑人、被告人实行刑讯逼供或者使用暴力逼取证人证言的，处三年以下有期徒刑或者拘役。致人伤残、死亡的按故意伤害罪、故意杀人罪从重处罚。同时最高人民法院 1998 年 9 月发布《关于执行〈中华人民共和国刑事诉讼法〉若干问题的解释》、最高人民检察院 1998 年 12 月颁布《人民检察院刑事诉讼规则》、2001 年 1 月，最高人民检察院发布《关于严禁将刑讯逼供获取的犯罪嫌疑人供述作为定案依据的通知》及 2009 年 4 月 13 日经国务院授权，国务院新闻办公室发布《国家人权行动计划（2009—2010 年）》都明确了严格贯彻执行有关法律关于严禁刑讯逼供的规定。但是由于中国目前相关的法律还没有赋予犯罪嫌疑人、被告人享有沉默权，刑事侦查科学技术程度还相对较弱以及一部分办案人员刑事技能和职业道德方面因素的限制，因此导致了中国多年来不断出现这一类恶性事件。刑讯逼供的危害极大，不仅易造成冤假错案、降低了刑事诉讼的效率，同时也严重影响了司法公正，侵害了当事人的合法权益。

---

① 中国政府是 1998 年 3 月 1 日批准该公约的，同年 4 月 1 日起对中国生效。

② 1998 年 10 月 5 日中国常驻联合国代表秦华孙代表中国政府签署该条约，尚待全国人大常委会批准，才能对中国生效。

第二节　实现立法价值的途径

人类在立法中形成的价值取向，不是仅仅设定一种目标和理想，而是祈望能够成为现实，因此在中国现阶段探讨实现立法价值的途径问题，是极其重要的。

一　立法民主、民主立法

立法民主、民主立法是立法过程不可缺少的两个方面，尽管他们各自有较确定的主体范围，相对明确的权力或权利界限，但二者在立法的现实过程中是不可分割的整体。在立法的行为过程中，形成立法民主、民主立法的互动机制是实现立法价值的前提。

1. 规范立法民主

立法民主是在立法的行为过程中体现的，是依据法定程序进行的，因此必须不断完善立法民主的相关法律，进一步规范立法民主，应做到：

（1）防范立法腐败。立法腐败是多种因素共同作用的结果，因此防范立法腐败要采取综合性的措施。首先要规范授权立法的权限。立法本是全国人大及其常委会的职权，行政立法权须基于权力机关的授予才存在。由于中国的代议机关不仅作为立法机关，还承担着大量的事务性的工作，因此人大往往无法在繁重的议程中抽身出来专心做好全部立法，尤其是对一些专业领域内的立法更是力不从心，授权行政机关立法或授权行政部门起草已成了一惯例。为避免类似情况发生，人大应该尽可能减少类似授权，加强人大各专门委员会的能力，乃至使部分人大代表专职化，来负责行政性法规的起草①。其次在利益博弈的过程中，要遵守法律，按照法定程序和规则，以正当的方式、途径和手段，表达不同阶层、不同群体和不同集团的利益需求，使“立法游说”成为“立法民说”，真正将那些能够反映广大人民群众根本利益的意思表达体现在立法中，凝聚在法律中，防止立法成为极少数人权力寻租的通道，使法律成为立法腐败的牺牲品。另外，在立法技术和方式上要体现其科学性，要服从立法的特有规律。从提出立法项目建议开始，全程听取公众和专家意见，使法案的各利害攸关方能够通过稳定、正常的渠道和平台立法，而整个制定过程也应该更加透明化、程序化，为社会公众监督和参与留下充分的时间，从而促进立法机关与司法、行政机关之间良性关系的形成，使法律这一具有最强公共属性的事物，能够真正成为反映民意、集中民智、保障民利的公共产品。这样，亦有助于避免立法腐败的产生②。

（2）建立新型的立法模式，体现立法民主的价值。为了防止部门利益倾向的嫌疑，可采取回避制度，采用国外较通行的“委托立法”模式③，由非行政或其他行政部门进行起草相关法规，而对技术较强的部门法规，可聘请同行业的国内外专家起草。当然这些具体的途径都要根据中国的国情作进一步的探讨和研究。这种由第三方立法的做法不仅有利于最大限度地吸取民意，还可能排除部门利益的干扰，从而体现民主立法的价值。在这方面，中国已经有了成功的经验，一些地方的立法机关已经作

① 参见吴学安《警惕“立法”腐败》，载《民主与法制》2008 年第 21 期（11 月上半月）。

② 参见荆剑《立法腐败预警》，载《民主与法制》2009 年第 3 期（2 月上半月）。

③ 参见戚渊《论立法权》，中国法制出版社 2002 年版，第 162 页。

了尝试，并取得了成功，如“证券法”就是中国立法史上第一部由专家学者起草的民商法律，而物权法、证券投资基金法等专业性极强的法律的起草同样凝聚着法学界精英们的智慧。而在地方立法中早在1993年，广东省人大常委会就委托广东省法学会组织专家共同起草了《广东省经纪人管理条例》；同年10月在上海市人大常委会、上海市政府组织的“立法招标”中，上海社科院、华东政法大学、复旦大学等科研单位和高校中标，承担了10项地方性法规的起草工作。2001年2月，重庆市人大常委会委托重庆索通律师事务所起草《重庆市物业管理条例》；2004年6月，青岛市人大常委会委托山东德恒和文康律师事务所，分别承担《青岛市物业管理条例》的修订和《青岛市房地产开发经营条例》的草案工作；2005年9月，天津律师协会接受天津市人大常委会法工委的委托，组建12名律师构成的团队，负责起草《天津地方立法听证办法》；2006年10月，通过招标接受郑州市人大常委会委托的河南文丰律师事务所，完成了《郑州市物业管理条例》……与此同时，公民个人草拟法案也开始出现。记者出身的普通公民熊伟，在采访期间，深感村级选举中的矛盾，费时两个月，起草了“村民委员会选举法”。这种“自下而上”的民间热情，与立法机关的“自上而下”的主动改革互为响应不仅为提升法案起草的民主性提供了新的途径和可能，而且也凸显了可贵的公民意识和民主意识①。可见由第三方进行立法不仅便于最大限度听取公众意见建议和吸取民智，更主要的是可以最大限度排除部门利益的干扰，体现立法民主的价值。

---

①　参见阿计《法案起草，应坚守怎样的起跑线》，载《民主与法制》2006年第23期（12月上半月）。

（3）加强对“民意立法”的理性引导，不断提高立法主体的意识。对“民意立法”的理性引导和立法主体意识提高是相互促进的。

1992年召开的七届全国人大五次会议上，兴建三峡工程的议案引发激烈争议，近三分之一的代表投了反对票或弃权票，以民主的方式对重大建设工程行使决定权，一时传为佳话。而1997年3月召开的八届全国人大五次会议表决最高人民检察院工作报告时，更是出现了1009张反对票、弃权票，占总票数的40.4%。地方人大的行权实践同样精彩纷呈。1985年，湖南省部分人大代表因不满湖南省副省长杨汇泉清理整顿公司不力且对代表质询敷衍了事，提出罢免案并获通过；2000年，广东省人大代表就“四会电镀城”事件质询省环保局，场面极为火爆，并建议撤换省环保局副局长；2001年，沈阳市中级人民法院腐败窝案引发人大代表强烈愤慨，尽管某些领导反复“打招呼”“做工作”，但市中院工作报告依然在人代会上被无情否决，开创人大监督史上的先河，被媒体称为“沈阳事件”而受到当时社会的普遍关注；2005年3月，广州市人大代表在人代会上数次质疑政府预算，掀起轰动全国的“预算风暴”……①

至此，人大主体立法意识得到了加强，从而打破了中国过去“行政独大”的立法格局。而一些地方的立法机关则更是向“行政独立”发起了挑战，在“民意立法”呼声的推动下，立法机关也开始大力推行立法听证会、公开立法草案等提高立法主体地位，加强民主立法的措施，在与“民意立法”的互动中，以理性的设计吸取“民意”的营养，使其升华为科学合理的、具有

---

① 参见阿计《溯民主路径：〈30年聚变〉专题报道之二》，载《民主与法制》2008年第24期（12月下半月）。

普遍性的法律规范。与此同时，中国“民意立法”的热情也不断高涨。这是人民群众民主意识的觉醒，体现了现阶段中国社会主义民主政治的本质要求，是实现民主立法的前提，也是实现立法价值的推动力。但“民意立法”还不等于民主立法，由于目前中国社会对“民意立法”观念上的种种误区，以及实践中存在的“民意立法”观念发展上的种种障碍，“民意立法”还有较大的自发性和随意性：首先，“民意立法”的民意并不是真正意义上的全“民意”。因为就中国的实际情况而言，在当今所谓的“网络民主”时代，真正成为网民的毕竟是少数，绝大多数的平民百姓，则无法通过这一途径表达其意愿。其次，“民意立法”从性质而言还只是社会心理，尽管民心所向，民意不可违，但“民意”通常会被激情、甚至被无知所左右①。因此，我们绝不能天真地认为占到最大比重的“民意”就天然代表着立法所追求的公平和正义。②

因此不能盲目地顺应“民意”，要善意地呵护“民意立法”的热情，在中国当前形势下，为适应中国全球背景下的市场经济的发展必须以科学发展观为指导思想，以人为本，对“民意立法”进行理性的引导，将科学性和合理性融入立法中，采取积极主动的措施，将孤立的个人的“民意”凝聚为集团的“民意”、社会的“民意”。可通过各种群众性的组织，如工会、妇联，以及各种行业协会、商会等发挥集体的智慧，以此不断提高公民的理性立法意识，有秩序地限制或杜绝无价值的民主政治行为，激发越来越多的社会成员参与立法，为实现民主立法奠定坚

---

① 参见陈雪平《植根“民意立法”，实现民主立法》，载《当代世界与社会主义》2007 年第 1 期。

② 参见阿计等《“民意立法”温度飙升》系列专题报道，载《民主与法制》2005 年第 22 期（11 月下半月）。

实的基础。当然真正在中国实现民主立法还有相当的一段路要走。

同时立法机关争取立法的主动权才是法治的理性选择。因为唯有主动，才能自觉，才能真正展现作为上层建筑的法律对经济基础能动作用的魅力。也只有主动，才能深思熟虑，具备科学性、合理性，才能凸显公平，呵护生命，也才能使人们遵守法律，这是法治生命的根基。在中国法治脚步不断加快的今天，我们有理由相信：对于有悖于社会公平、缺少对生命关爱的法律法规，有关部门会主动行事，而不必使自己处于不做不足以“平民心”的被动局面。

2. 实现民主立法

实现民主立法是实现立法价值最为宝贵的前提条件，我们必须在尊重中国现阶段立法的客观基础上，找到实现民主立法的最佳途径。

（1）通过立法限制强者的权力，扩充弱者的权力，实现社会的公平。在立法中“保护弱势群体”是国际通行做法。但在中国现实中，强者强权的现象仍然存在，如执法中的野蛮拆迁、粗暴罚款；企业欠薪逃薪；生产者经营者造假售假；医院漫天要价。这不仅激化了社会矛盾，也侵犯了弱者的合法权益。因此需要通过立法限制强者的权力，扩充弱者的权力，以实现社会的公平。正在审议中的“行政强制法草案”的一些条款体现了对强权部门权力限制的法治理念。如行政机关不得采取停止供水、供电、供热、供燃气等方式迫使当事人履行行政义务。行政强制执行除因情况紧急或者当事人同意的外，不得在夜间和法定节假日实施。《中华人民共和国劳动就业促进法》（2008 年 1 月 1 日实施）规定了不得对妇女、残疾人、农民工设置就业限制。《中华人民共和国未成年人保护法修订案》（2007 年 6 月 1 日实施），增加了对未成年人的优先保护权的规定。第十一届全国人大常委会第六次会议审议了《中华人民共和国侵权责任法草案》（二次审议稿），注重借鉴各国侵权法的科学做法，扩大了其调整的范围，特别是规范明确、合理，可操作性强，对于被侵害人的权利保护更加有利。今后应进一步制定和完善相关的法律法规，使对弱者合法权益的保护更有实效。

同时要通过立法进一步完善对弱势群体的保护机制。继续加强对城市贫困家庭实行的低保等社会保障制度，以解决他们的基本生活，并为失业人员再就业和掌握一技之长进行有效地投入和再就业政策扶持。建设社会主义新农村是“十一五”规划的重要内容，中共十七届三中全会专题研究了新形势下推进农村改革发展问题，会议决议指出：“建设社会主义新农村，形成城乡经济发展新格局，必须扩大公共财产覆盖农村范围，发展农村公共事业……繁荣发展农村文化……健全农村社会保障体系、加强农村基础设施和环境建设、推进农村扶贫开发、加强农村防灾减灾能力建设、强化农村社会管理。”为解决“三农”问题，不仅要在广大农村建立和普及新型医疗保险制度，解决农民看病难的问题，而且还要建立农村贫困家庭低保制度，并完善相应的立法。为保护妇女、老年人、未成年人和残疾人等群体的合法权益，防止家庭暴力，杜绝虐待和遗弃老人、儿童等违反道德和法律的行为，应发动社会力量的作用，大力发展慈善事业，积极与国际红十字会等慈善团体通力合作，完善中国的救助和法律援助的立法和相关制度，以帮助解决丧失劳动能力、又无生活着落人员的生存及健康方面的问题。同时还要特别注意保护“留守儿童”、“艾滋子女”及服刑人员的后代等新形势下出现的弱势群体的合法权益。

（2）要不断完善中国的民主选举制度。在中国享有立法权的是全国及地方各级人民代表大会和有权制定法律的市以上各级人民政府。在中国现阶段法律所体现的人民意志是通过其选举的代表表达的，人民代表能够、也必须代表民意。根据中国当前选举制度存在的缺陷，首先应加强各级人大代表资格的监审制度，按照相关法规对人大代表的资格进行严格政审，对不符合要求的候选人应坚决剔除，这样才能将真正代表民意的公民选为代表。同时应引入竞争机制、并创造条件使代表候选人直接与选民或选民代表见面，回答所提出的问题，这样可以展现代表候选人的素质和能力，使其珍惜代表这一职务，并激发选民的热情，使其在对代表候选人情况熟悉的前提下，好中选优，使一些责任感不强的代表增强责任感，克服“挂名代表、会议代表”的现象。“尤为重要的是，在利益多元化的年代，只有推选出敢言善辩、具备合格参政议政能力的代表、委员，并且允许各利益阶层通过罢免等手段随时将那些明哲保身、言行慎微的代言者淘汰出局，才能使政治辩论真正开展起来。”[①] 另外，还要加强对人大代表职责监督管理的科学性与合理性，进一步完善有关的法律法规，建立相应的选举诉讼制度，监督选举的全过程，防止各种违法违纪行为的出现，保障选民或代表民主权利的有效行使。中共十七大报告建议逐步实行城乡按相同人口比例选举人大代表，将有利于改进以往农村每一代表所代表的人口数四倍于城市每一代表所代表的人口数的原则分配，而导致公民选举权的不平等局面。

山东省淄博市淄川区已率先实行了城乡按相同人口比例选举人大代表。2007 年 11 月，山东省淄博市淄川区以中共十七大精神指导人大换届选举工作，在研究确定代表名额分配比例时，在

① 阿计：《政治民主，辩论不可缺席》，载《民主与法制》2008 年第 10 期（5 月下半月）。

全市率先取消了城乡差别，将农村每一代表所代表的人口数应多于市区每一代表所代表的人口数，改为农村代表所代表的人口数与市区代表所代表的人口数相同，即“城乡按相同人口比例选举人大代表”。山东省十届人大常委会第二十七次会议依法确定淄川区第十六届人民代表大会代表名额为253名。该区已将代表名额按照这一原则分配到各选举单位，由各选举单位酝酿产生候选人。国家行政学院教授任进、苏州大学法学院副教授上官丕亮点评认为，这是一次完善选举制度的重要实践，符合中共十七大确立的目标，有利于公民平等权的实现。不过，对这一实践的评价不宜过高，修改选举法，将4∶1变为1∶1才是最终目标[①]。山东省淄博市淄川区的做法开了个好头，各地方应当根据本地区的实际情况进行这项工作。

（3）应尽快制定立法公开的法规，建立立法公开制度。在立法公开的法规立法中，对应当向社会公开和可以向社会公开的立法草案进行严格的界定；对公开的程序、手段、方法，以及公民的相关权利、立法机关的相应义务、法律责任都应进行明确的规定。中国虽然已于2000年制定了《中华人民共和国立法法》，但却没有向社会公开法律草案的规定。在实施法治的国家中，没有法律作为依据，任何行为都可能出现随意性，国家立法行为也是如此。

事实上，新中国成立后向社会公开法律草案虽然寥寥无几，但却一直“源远流长”，从1954年宪法至今向社会公开的草案其数量总共近20起。而备受社会关注的“公务员法”（于2005年7月27日由十届全国人大常委会第十五次会议通过）草案就

---

① “山东淄博淄川区实行城乡按相同人口比例选举人大代表”被列入2007年中国十大宪法事例。

没有向社会公开。且对后来一些草案的公开，公民参政的热情远不如1954年宪法①。直至2004年7月向社会公布的物权法草案，在两个月内共收到民众意见11543条，已创下了除1954年宪法的历史最高纪录。2005年9月27日由全国人大常委会立法司在人民大会堂主持了《个人所得税工薪所得减免标准》听证会，其代表的产生是按照公开、公正的原则，在全国5000余人报名的公众中，在兼顾了不同地区、不同阶层和不同观点前提下，确立20位代表进行发言听证的。其后来的征税标准也是采纳了多数代表的意见。这是中国人大常委会的首次面向社会召开的立法听证会（此前2002年9月就“文物保护法”召开的听证会则是面向专家的），受到了社会广泛的高度评价，表明了中国立法机制的法制化和民主化正在得到加强。

近年来，中国在立法公开方面已经取得了成功的实践经验，如备受关注的、与百姓切身利益相关的“物权法”和以保护劳动者合法权益为宗旨的“劳动合同法”草案都是在向社会全文公布征求意见的基础上进行多次修改而通过实施的。其中“物权法”自2002年12月直至十届全国人大第五次会议通过，已于2007年10月1日实施。其间，经过两届全国人大常委会先后审议8次，同时召开立法听证会，向社会全文公布征集意见，并召开100多次座谈会广征意见，创下了全国人大立法史上审议次数和召开座谈会次数最多的新纪录。据统计分析，绝大多数法律从法律草案提交审议到通过，有1/3以上条款经审议后被修改或调整，少数法律草案一半以上条款被修改或调整。“劳动合同法”经四次审议，草案自2006年3月20日向社会公布，短短一个月

① 1954年，我国第一部宪法草案向社会公布，意见征集历时两个多月，有1.5亿人参与了立法讨论，共提出118万多条意见。

时间，创纪录地收到各地群众意见20万件，其中65%的意见来自普通劳动者，全国人大常委会据此对草案进行了大幅度修改，后获得通过。可见中国目前制定立法公开的相关法律的客观条件已经成熟。

同时还应建立一套行之有效的相应制度。不仅要在多种媒体上公布法律草案，还应邀请相关的公民旁听人代会，以提高立法机关的透明度，这是最能直接保障公民知情权的有效措施①；通过网络视频向社会进行直播②，利用网络快速、广泛的特点扩大影响力。同时还要有组织地深入基层，多了解普通百姓，如农民、外来打工人员、失业人员等弱势群体所思所想。通过深入工地、田间、车间、港口等生产第一线征求他们的意见，并探访一些失业、贫困及丧失劳动能力的残疾人家庭，掌握他们生活和思想的真实情况。这是最艰辛、同时也是最重要和最有意义的工作，因为他们是我们这个社会也是我们这个时代最广泛、最坚实的民主立法的主体，他们对立法的参与权利、特别是话语权理应得到充分的尊重。同时由于经济方面的原因，他们中的一些人很难成为"网络民主"的主体，因此一定要通过不同的途径和方法，引导和鼓励他们表达出自己内心的利益需求。这是社会的义务、相关国家机关的职能，也

---

① 2003年11月24日河南省十届人大常委会第六次会议上，来自全省不同职业的公民旁听了会议。其他省市如浙江、上海、四川、湖南也实行了这一制度。参见胡震杰等《公民旁听人代会：不是作秀》，载《民主与法制》2004年第3期（2月上半月）。

② 2005年7月25日下午浙江省十届人大常委会第十九次会议的联合会议及27日上午的第三次会议，就是通过网络视频向社会进行直播的，在社会上引起了强烈的反响，受到了社会的好评。使更多的公民能及时"旁听"，改变了以往只能是个别受邀请的公民才可以旁听的模式。在公民知政、议政、参政方面实现了从被动接受到主动参与的转变。参见史巧云《居家"旁听"人代会》，载《民主与法制》2005年第18期（9月下半月）。

是我们这个时代的责任。

充分利用网络的开放性、平等性等特征为民主立法提供方便。一些代表开辟博客形成了近年来政治参与的新窗口，并由个人发展为集体博客。2007年4月，浙江温州市首开先河，为温州的全国、省、市三级人大代表在网上开设了一个集体博客；2008年地方“两会”期间，上海、江苏等地亦依托政府网站为省级人大代表开设了“集体会议博客”。据不完全统计，2008年，全国至少有5个省市人大为代表开通了集体博客，征集到了220多份议案和建议。通过集体博客，许多人大代表公开了自己的议案、建议，并向网民征集对“一府两院”的意见。与此同时，一些代表还将自己参与执法检查、立法调研等履职情况也公布在博客上。集体博客的开通，不仅为代表与选民之间的交流提供了更为宽大的平台，赢得了更多选民的支持和参与，而且意味着原来仅仅是人大代表个人行为的代表博客，得到了权力机关的认可、重视和推广。有统计表明，自2006年全国“两会”起，仅在人民网强国论坛开设博客的全国人大代表和全国政协委员就有107位，发表博文近一千两百篇。代表博客作为政治参与和表达的一种新形态，正在民主生活中发挥日趋重要的影响力①。当然对于这一“新窗口”还需要更多的公民参与，同时更依赖于代表们自身的积极投入和持久的热情。

二　依法行政，打造法治政府

法是人民意志和利益的体现，法治政府理应是执政为民的政

① 参见黄少凌《代表博客 开通政治参与高速路》，载《民主与法制》2008年第22期（11月下半月）。

府，是民主政府。为了实现这一宗旨，2004 年 3 月 22 日，国务院印发《全面推进依法行政实施纲要》（以下简《纲要》），提出了用 10 年时间打造法治政府的目标，这是中央政府首次明确提出建设法治政府的目标和任务。“法治政府”也成为近年来“两会”代表讨论的热点话题。而依法行政，打造法治政府无疑也是实现立法价值极其重要的前提。

（1）依法行政和法治政府。依法行政是实现法治政府的途径和手段。依法行政就是要求执法者运用法的规范，为社会的生产活动提供经济调节、市场监管、社会管理和公共服务，促进社会生产力的发展；就是要使政府通过依法执政，行使人民赋予的权利，保护公共利益和公民的合法权益。

法治政府是民主政府，政府在行使权力和履行职能的行为方式上都要受到严格的法律限制，接受民主监督，在制定行政规章和城市规划、发展经济的过程中行使为社会提供公共产品的职能，而如果直接干预经济或直接从事经济活动，就会受经济利益驱动，与民争利，以权谋私，背离法治政府的宗旨。法治政府是有限政府，打造法治政府是控制行政权力膨胀的必然选择。政府职能如果不受限制，可以“越位”做其想做的任何事情，就可能侵犯人民的权利和自由，最终导致政府功能的异化。

第一，打造法治政府关键还在于要依法治“官”，提高执法者的综合素质。在此不仅要注重完善对国家公务员选拔的相关制度，还要着重加强对其道德品质、责任意识、法律素质、文化修养等方面的考核。

第二，建立健全责任的追究制度。《国务院特大安全事故行政责任追究的规定》（2001 年 4 月 21 日）实施以来，最终导致了在 2008 年底的问责风暴，“三鹿奶粉”事件、临汾尾矿库溃坝事故、深圳舞王俱乐部特大火灾等事故中负有责任的，一批省部级、地市级和职能部门官员不止担责，而且丢了“乌纱帽”。通过党中央、国务院对最近几起特大安全事故的处理，人们不难看到政治体改正在加快步伐的迹象。改变了过去类似的安全事故也没少出，受追究的官员虽然也有，但总的说来，发生多、处理少；发生快、处理慢，发生重、处理轻的局面。使老百姓有了一种全新的感觉：政府把人民利益看得高于一切！政府的地位也会同时在老百姓的心目中提升①。并及时依法对其违法犯罪进行行政处分和刑事处罚。2009 年 5 月 22 日胡锦涛主持中共中央政治局会议研究党政领导干部问责等问题。会议审议并通过了《关于实行党政领导干部问责的暂行规定》、《中国共产党巡视工作条例（试行）》、《国有企业领导人员廉洁从业若干规定》。会议认为，加强反腐倡廉法规制度建设，完善领导干部行为规范，健全党内监督和责任追究制度，真正形成用制度规范从政行为、按制度办事、靠制度管人的有效机制，是加强以完善惩治和预防腐败体系为重点的反腐倡廉建设的重要内容，是发展中国特色社会主义、推进党的建设新的伟大工程的必然要求②。

第三，建立引咎辞职制度。提倡因失职、不作为及滥用职权等违法违规的行为，由于其行为主体对其行为所造成的社会危害受到良心谴责，深怀负罪感而主动辞职。引咎辞职是行为人对自己过错悔过的一种自我惩罚的方式，也是西方国家政府官员对自身职务过错承担道德责任的习惯做法。中国近年来也有多名高官

① 参见黎明《强化人民利益高于一切》，载《民主与法制》2008 年第 20 期（10 月下半月）。

② http://bbs.news.sina.com.cn/treeforum/App/view2009—05—23.

采用这一做法，结束了自己的政治生涯。采用这一主动辞职方式远比开除、降职等行政处分的被动形式更有意义。这种做法不仅有深远的道德教育意义，而且对树立政府官员的良好形象，维护政府在社会中的公信力都有重大的现实意义。

第四，发挥中国的权力机构的监督作用，以对公权力进行有效的监督，防止权力寻租。2006 年 8 月 27 日十届全国人大常委会第二十三次会议通过的《中华人民共和国各级人民代表大会常务委员会监督法》，已于 2007 年 1 月 1 日起施行。这部法律对完善中国特色的公权力监督机制具有重要的作用。

第五，在依法加大惩治腐败分子、坚决查办严重违法违纪大案要案的同时，也应借鉴国外的经验，和中国一些学者所倡导的实行“高薪养廉”。因为单纯地强调教育在重商主义和功利主义盛行的时代会显得苍白无力，而“合理的薪俸是吸引社会优秀人才进入国家公职人员队伍的重要保障，也是推动政府有效运行的重要力量”①。当然这一做法还有待于根据中国的国情进行相关问题的科学探讨，以寻找到一条更加有效的，以政治指导、责任意识、道德教育为主导，以法律制裁为辅、以“高薪养廉”为补充的综合性的反腐措施体系。

（2）建立健全科学民主决策机制、保障公民公共参与权和监督权。法治政府的重要标志就是要建立健全一整套科学、合理的民主决策机制，根据《纲要》的要求，首先，要建立健全公众参与、专家论证和政府决定相结合的行政决策机制。实行依法决策、科学决策、民主决策，而公众参与则是其他决策环节的前提，是民主决策的根基。因为“一个合法的政治社会应基于人

---

① 季正矩：《通往廉洁之路——中外反腐败的经验与教训研究》，中央编译出版社 2005 年版，第 595 页。

们的同意，这种同意应在人们为建立政府而达成的社会契约中反映出来”[①]。在这方面1999年浙江省温岭市新河镇政府“民主恳谈会”就是一个行之有效的民主参政、督政的形式，被学者称誉：为中国的民主政治寻找了新的生长空间[②]。10年过去了，这一“泥土里诞生的村议会”已经成为一种新型的民主形式和“执政”方式在全国的乡镇、企事业单位广泛推广，取得了较好的效果。其次，是要完善行政决策程序、使政府成为“阳光政府”。除依法应当保密的立法事项外，社会涉及面广、与人民群众利益密切相关的立法决策事项，应当向社会公布，或者通过举行座谈会、听证会、论证会等形式广泛听取意见。同时公众有权查阅相关资料。再次，还要建立健全决策跟踪反馈和责任追究制度，使政府成为诚信政府、责任政府。行政机关应当确定机构和人员，定期对决策的执行情况进行跟踪与反馈，并适时调整和完善有关决策、完善行政决策的监督制度、提高执法人员的责任意识，在行政复议、行政许可和行政处罚等具体行政行为的程序中，更加规范、公正和民主。

2007年1月17日《中华人民共和国政府信息公开条例》（以下简称《条例》）经国务院第165次常务会议通过，自2008年5月1日起施行[③]。《条例》第9条规定，四类政府信息应当主动公开，包括：涉及公民、法人或者其他组织切身利益的；需要社会公众广泛知晓或者参与的；反映本行政机关机构设置、职

---

① ［美］路易斯·亨金：《宪政·民主·对外事务》，邓正来译，生活·读书·新知三联书店1996年版，第7页。

② 参见陈奕敏《温岭民主恳谈会：为民主政治寻找生长空间》，载《决策杂志》2005年第11期。

③ 《中华人民共和国政府信息公开条例》的颁布被评为“2007中国十大宪法事例”。

能、办事程序等情况的；其他依照法律、法规和国家有关规定应当主动公开的。《条例》第 18 条规定信息公开时间：信息形成或者变更之日起 20 个工作日内予以公开，法律、法规对期限另有规定的，从其规定。中国人民大学法学院教授莫于川、副教授刘飞宇点评认为，只有实行阳光政府，才能建立法治政府。中共十七大报告中一句“让权力在阳光下运行”，被媒体誉为“最具诗意的一句话”。也是中央对政府信息公开在更高政治层面上的一种支持。《条例》自实施后，其间，公开汶川震情的信息以及“三鹿奶粉”事件、临汾尾矿库溃坝事故、深圳舞王俱乐部特大火灾等一大批突发事件的公开为该条例的实施开了个好头。

被评为 2007 年十大宪法事件中的“最牛钉子户事件”、“山西黑窑事件”、“厦门 PX 之争”等事件，体现了公共事件中公众参与权利的行使，提升政府依法行政、尊重民意的良好品质。

事件一：“最牛钉子户事件”。2007 年 3 月，重庆市九龙坡区鹤兴路 17 号的房屋产权人——杨武和吴萍，因拆迁时未能与开发商达成一致，而拒绝拆迁，开发商将周围房屋拆除，同时挖断了房子边上的路，将那栋两层小楼变成了无法靠近的孤岛。面对相关部门的强制拆迁令，杨武住进了无水无电的小楼。一时间，这栋悬挂着国旗和标语的小楼，成为举世瞩目的焦点。杨武、吴萍一家被称为“史上最牛钉子户”。经过艰难谈判，2007 年 4 月 2 日，杨武、吴萍终于与相关部门、开发商达成协议，当日晚 10 点 37 分，小楼被拆除。中国社会科学院法学所研究员莫纪宏、国家行政学院教授杨伟东点评时认为，杨武、吴萍夫妇以宪法维护自己的私产，引发了人们对宪法规定的“公民的合法私有财产不受侵犯”的争论。宪法保护的是什么性质的财产权？保护到什么程度？住宅不受侵犯的意义何在？一时间，这些论争成为学界和舆论关注的焦点。

事件二："山西黑窑事件"。自2007年3月起，媒体接连曝光发生在山西的多起黑砖窑主非法限制民工人身自由、非法雇用童工、强迫民工超强度劳动、殴打民工致死致残等事件，引起强烈反响。5月，山西洪洞警方破获一起黑砖场虐工案，解救出31名民工，其中有部分童工。7月31日，山西省临汾市和运城市五家法院，依法对一批"黑砖窑"案件公开宣判，31名被告人被判有罪，打手赵延兵被判处死刑。另有95名党员干部、公职人员因该案受处分。北京大学法学院教授王磊、中央民族大学法学院教授熊文钊点评时认为，该事件不仅是一个违反劳动法、违反刑法的事件，更是一个涉及人权保障、政府责任的宪法性事件。它反映的是当地政府在人权保障上的缺席和失职。

事件三："厦门PX之争事件"。2006年6月11日，十几个业主组成"厦门611环保志愿者联盟"，阻止尚未兴建的PX项目上马。这是2006年厦门市引进的投资额达108亿元的二甲苯化工项目。"两会"期间，有政协提案认为PX项目离居民区太近，如果发生泄漏或爆炸，厦门百万人口将面临危险。6月1日，数千名厦门市民以"散步"的名义，表达了反对在厦门建设PX化工项目的心愿。12月8日，在厦门市委主办的厦门网上，开通了"环评报告网络公众参与活动"的投票平台；有5.5万张票反对PX项目建设，支持的仅有3000票。厦门PX最后迁建漳州。中南财经政法大学教授王广辉、中央党校副教授刘素华点评时认为：此事件直接体现了现代法治中政府与公民的关系。该事例成为公民知情权、参与权、监督权、自由表达权得到保障的范例①。

① 参见阮莹、李伟红《观海法潮涌》，载《民主与法制》2008年第24期（12月下半月）。

（3）依法把党的政策转化为国家法律，确保和人民意志相一致。在革命战争年代，我们党主要是依靠政策实施领导，随着中国共产党成为领导全国人民掌握政权并长期执政的党，成为新时期改革开放条件下领导国家建设的党，其执政方式也要随着社会发展的需要进行相应的调整，因此要正确处理好党的政策与立法的关系，通过法定程序及时把党的政策转化为国家意志，成为全体人民普遍遵循的行为准则，这是党依法执政的核心内容。因此，党的各级组织要通过民主和法定的程序，使党的代表进入各级人大，并担任各级人大常委会的领导职务，使各级人大依法履行人民当家作主的职责，依法监督各级政府依法行政、各级司法机关依法司法。党的最高组织要依法领导和监督全国人大履行维护国家法律的统一和权威的职责，确保地方人大不制定与国家法律相违背的地方法律法规；要不断地把人民的意志集中起来，把党所代表的最广大人民的根本利益表达出来，向全国人大提出立法建议，形成国家法律。为立法价值的实现提供政治上的保障。

三　积极推进司法制度的改革，促进司法公正

司法公正是实现立法价值的根本保证，唯有司法公正，才能最终满足民众对立法的客观需求，才有最后的祈盼和依靠，社会才能和谐安稳。而在中国现阶段，促进司法正义必须积极推进司法改革。中共十七大报告指出：要深化司法体制改革，优化司法职权配置，规范司法行为，建设公正高效权威的社会主义司法制度，保证审判机关、检察机关依法独立公正地行使审判权、检察权。加强政法队伍建设，做到严格、公正、文明执法。

1. 要从制度上保证司法权的独立性，并做好内部的分工、协作

保证司法的独立性是促进司法公正的前提。司法的独立性是

由司法的被动性和中立性决定的。司法总是在相应的纠纷或违法行为发生后，而采取的措施。司法往往是“不告不理”，在民事诉讼和行政诉讼中，没有原告就不能发生相应的诉讼活动，而刑事诉讼也是以控诉机关或刑事诉讼自诉案件的原告提起诉讼为前提的，因此处于被动的状态。同时司法具有中立性。中立是指“任何人不能作为自己的法官；冲突的解决结果中不包括有解决者个人的利益；冲突的解决者不应有对当事人一方的好恶偏见”①。保持司法中立，需满足两个基本条件：一是实行独立审判，法官除向法律负责外不向任何机关负责；二是在体制上司法权只接受监督不接受命令。因此，依据中国的现实情况，要保证司法权的独立性，首先，要完善司法机关的机构设置、职权的划分和管理制度。为了使民商案件的审理更具独立性，可尝试在地方设立跨区域的专门法院；为了在司法程序上更加严格、规范，可以考虑在审级上实行“三审终审制”；检察院应成为代表国家专门履行追诉和法律监督的机关等。这样可以明确司法内部各自的权限范围，并做到相互配合、相互制约，提高司法效率，实现司法公正。其次，要建立司法机关自己的行政部门，使其在人事和经费等行政事务上摆脱各级地方的控制，这样更能有利于在制度上保证司法独立权的行使，也有利于解决目前一些地方存在的司法行政化、司法地方化和“执行难”等问题。

为了打破中国长期以来在刑事诉讼取证方面所形成的公安局侦查、检察院审查的严格职能界定所带来的弊端，2007 年 11 月 30 日，北京市海淀区检察院和海淀公安分局签署了全国检警系统首个《检警关系指导规则》进行了这方面的改革，该规则规

① ［美］马丁·P. 戈尔丁：《法律哲学》，齐海滨译，生活·读书·新知三联书店 1987 年版，第 240 页。

定："对于重大疑难复杂的案件，公安机关在决定立案前，可以提请人民检察院提前介入，人民检察院与公安机关共同研究案件，对案件性质、法律适用等进行指导"；"应公安机关邀请，人民检察院可以参加公安机关重大疑难案件的讨论，出席重大刑事案件的现场勘查、旁听讯问、询问等侦查活动，就证据收集、法律适用等进行指导"；"对于重大疑难复杂的经济犯罪案件、黑恶势力犯罪案件、群体性事件中的犯罪案件、涉外案件，公安机关刑侦、法制部门，在立案、提请批准逮捕前可与人民检察院侦查监督部门共同研究案件，即通过移送卷宗书面审查或者由侦查人员介绍案情和证据，侦查监督部门承办人就案件的定性、取证等发表意见。"基于这些规定，侦查监督部门的检察官们将一改以往坐等审查的监督形式，将参与侦查的时间前移到受理批捕案件之前的立案、破案阶段，帮助确立侦查方向，引导侦查人员全面搜集和固定证据，创造出对侦查活动全过程动态监督的全新工作模式①。中国目前的刑事诉讼程序采用的是"流水作业"式的运作模式，分为侦查、起诉、审判这三个互相衔接的阶段。侦查实行职能分工，除检察机关管辖渎职侵权犯罪案件和国家工作人员职务犯罪案件的侦查以外，其他绝大部分案件都由公安机关管辖（其中，危害国家安全的犯罪案件由国家安全机关管辖），公安机关享有广泛的权力。这种检警关系的彼此封闭状态导致两个不利后果：对公安机关的工作而言，不起诉或者补充侦查都是对其先期工作成效的否定；对检察机关而言，检察机关凭公安机关提供的不合公诉标准的证据提起公诉，势必导致公诉质量和效果的降低。因此陈兴良教授认为，在刑事法治背景下，检察权的

---

① 参见赵暖芷《检警联手取证：由惯例到制度》，载《民主与法制》2008年第3期（2月上半月）。

行使，应当以控制公安机关的侦查活动为方向。由于检警同为主诉方，具有共同的利益追求，因此，检察官应该成为“法官之前的法官”，同时，还须引入辩护方的制约机制。2008 年 6 月 1 日实施的《中华人民共和国律师法》，对于律师提前介入侦查阶段的权力进行了规范，但中国刑事诉讼法对于检察机关和律师应该如何介入侦查阶段，尚没有进行修改。这一切都有待于立法工作的进一步完善①。

北京市海淀区公安分局和检察院的这一创新模式，能保证侦查阶段的取证质量，使逮捕案件质量的提高，最大限度地避免退回补充侦查的可能性，提高了工作效率，密切了警检间的密切配合。当然这一模式的科学性和普遍性还有待于进一步地提升，使之成为适合中国实际的“检警一体化”模式的要求，而如能将其中科学、合理的因素渗入到相关的立法中，对《中华人民共和国刑事诉讼法》的有关规定进行修改和补充，使“检警一体化”成为符合依法定程序实施的行为，那将会是普遍而有效的。

2. 推进民主司法的进程

广泛地吸纳民意，将民主精神渗入到司法中去，充分体现人民的意志和根本利益的需求，自觉接受社会的监督是中国现阶段实现司法公正的内在要求。当然，民主司法绝不意味着公民可以直接参与或左右案件的审理，而是通过公开的诉讼程序，在一定的条件下，依法间接性地参与其中。因此民主司法是通过一些程序性的规定体现的，如律师介入诉讼、人民陪审员制度、公开审判和诉讼调解制度等。近年来，中国立法和司法领域对这些制度进行了相应修改、改革和创新，并取得了一定的成效。

---

① 参见黎伟华《检警一体：理想与现实之间》，载《民主与法制》2008 年第 3 期（2 月上半月）。

（1）律师介入侦查诉讼阶段。2007 年 10 月 28 日，十届全国人大常委会第 30 次会议对《中华人民共和国律师法》进行了第二次修订。该律师法第 33 条规定："犯罪嫌疑人被侦查机关第一次讯问或者采取强制措施之日起，受委托的律师凭律师执业证书、律师事务所证明和委托书或者法律援助公函，有权会见犯罪嫌疑人、被告人并了解有关案件情况。律师会见犯罪嫌疑人、被告人，不被监听。"由此以法定的形式第一次确认了律师有权介入侦查诉讼阶段。而《中华人民共和国刑事诉讼法》第 96 条第 2 款规定："受委托的律师有权向侦查机关了解犯罪嫌疑人涉嫌的罪名，可以会见在押的犯罪嫌疑人，向犯罪嫌疑人了解有关案件情况。律师会见在押的犯罪嫌疑人，侦查机关根据案件情况和需要可以派员在场。涉及国家秘密的案件，律师会见在押的犯罪嫌疑人，应当经侦查机关批准。"这两个条文至少存在三处冲突：律师会见一般案件的当事人是否需要批准；律师会见涉及国家秘密案件的当事人是否需要批准；侦查机关是否有权监听。与此相似的冲突还包括对律师阅卷权、调查取证权的相关规定。

这些冲突在适用法律中遭遇了尴尬，当《中华人民共和国律师法》生效后，律师依第 33 条的规定请求会见刑事案件当事人均遭拒，这一事实在社会上引起了极大的反响，这一事件也因此被评为 2008 年"宪法十大事件"之一。2008 年 7 月份，上海袭警案辩护律师熊烈锁曾两次要求会见犯罪嫌疑人杨佳，因没有得到有关部门的批准均受阻。因此，应尽快修改刑事诉讼法的相关规定，使其与《中华人民共和国律师法》的规定相一致，以树立法律的权威和公信力。

（2）完善人民陪审员制度。不穿法袍、不戴国徽，审判席上却与法官并肩而坐；他们不是法官，却能够调阅案宗、参与庭审调查；他们不是法律院校科班出身，却能以特殊的身份、朴素的道德情感维护并促进司法公正。他们被称为人民陪审员。人民陪审员制度最早始于革命根据地时期，是中国人民司法工作的一项优良传统。“文化大革命”期间，人民陪审员制度基本上被废除。2005 年 5 月 1 日，全国人民代表大会常务委员会《关于完善人民陪审员制度的决定》正式实施，经过“改装”重组后的人民陪审员制度隆重登场。人民陪审员制度是中国实践所创立的体现中国审判制度人民性的制度，有利于实现人民群众对审判的有效监督，确保案件审判、反映人民意志，拉近了百姓和审判机关的距离，使百姓能够切实感受到当家做主的地位。如何通过制度创新，使人民陪审员制度在中国的现实土壤中行之有效，避免那种“参而不审、审而不议、议而不用”的现象，真正实现民主、公正等价值与功能的崇高追求，将是下一步的更高追求①。

（3）强化诉讼调解。调解是中国审判制度的重要组成部分，是人民法院行使审判权的重要方式。1982 年颁布的《民事诉讼法（试行）》对中国的诉讼调解制度作出了初步规定，1991 年颁布了《中华人民共和国民事诉讼法》，将诉讼调解提到总则篇中，专列为第八章，对调解的原则、形式、调解书之制作、调解不成立之处理等问题，均作了详尽规定，将诉讼调解制度纳入了规范化轨道。调解一直在审判工作中发挥着重要的作用，特别是近年来，这一制度能够有效化解矛盾、节约司法资源的重要意义获得了广泛的认同，确立了“能调则调，当判则判，调判结合，案结事了”的指导方针，把调解与审判有机地结合起来。调解可以使审判结果更好地得到双方当事人的认同，有助于和谐社会的实现；也可以有效减少上诉、强制执行和申请再审的现象，提

① 参见阮莹、李伟红《观海法潮涌：推动法治进程的 10 项改革》，载《民主与法制》2008 年第 24 期（12 月下半月）。

高了审判效率。诉讼调解制度具有极为鲜明的中国特色，在推动和谐社会建设和未来的司法改革中必将发挥独特的作用[①]。

（4）完善公开审判制度。1999 年 3 月，最高人民法院出台了《关于严格执行公开审判制度的若干规定》的司法解释，对应当公开审理的案件的范围和类型以及旁听的要求作了详细规定，并要求各级法院严格执行。2007 年 6 月，最高人民法院再次出台《关于加强人民法院公开审判工作若干意见》的司法解释，要求全国各级法院要充分认识加强人民法院审判公开工作的重大意义，并对加强人民法院审判公开工作提出了 22 条具体要求。近年来，围绕着公开审判的具体的形式问题，各地方法院进行了多种形式的改革尝试，被媒体称为“阳光审判”。下面这一组实景对此作了记录：

实景之一：2006 年 12 月 12 日上午 9 时 30 分，北京市第一中级人民法院。随着法官手中的法槌重重落下，“北京海淀城管分队副队长李志强被杀案”在这里公开开庭审理。同以往一样，中央电视台、中央人民广播电台以及首都各大新闻媒体的记者和前来旁听审理的群众早早地聚集在旁听席中。法庭一个不起眼的位置，一台笔记本正连接着互联网，随着操作员手指的上下翻飞，参与庭审的每个人的每次“发言”都一字不落地出现在了电脑的显示屏幕上。这些文字和图像在中国法院网上以网络直播的形式同步传向了世界的各个角落。

实景之二：2008 年 6 月 19 日上午 9 时，北京市第一中级人民法院西中法庭。首次民事申请再审案件公开听证会正在威严的国徽下举行。除案件双方当事人外，数十家媒体的记者首次集体

---

① 参见阮莹、李伟红《观海法潮涌：推动法治进程的 10 项改革》，载《民主与法制》2008 年第 24 期（12 月下半月）。

出现在了听证会的现场。不到 10 分钟，400 多张旁听证就被从四面八方赶来旁听的群众一抢而空。随后，热情的群众通过设有“请主动出示证件”提示牌的门口按要求有序地进入法院。然而，由于法庭容量有限，仍有一部分旁听者不得不被拒之门外，但他们没有遗憾，因为还有另一扇更大的门向他们敞开着——中央电视台将全程直播此次庭审全过程。上午 8 时 45 分，审判长孙建宣布开庭，中央电视台的 3 台摄像机从不同角度对准审判大厅，开始记录庭审的全过程。与此同时，从法庭调查、法庭辩论，直到合议庭评议最后宣判共历时 275 分钟，这次庭审每个细枝末节都一一出现在了千家万户的电视屏幕上。当天晚上，这起案件公开审理的消息便破天荒地上了中央电视台的新闻联播。人民日报评论说，面向社会公开庭审，是司法体制改革和社会进步的必然，也是今后人民法院改革的方向。北京市第一中级人民法院开了个好头。香港《东方早报》更是认为，这是中共十五大后中国努力推进司法改革、增加司法透明度和增加社会监督的重要举措，标志着中国民主与法制建设的新的进步。然而，面对社会各界的赞誉，北京市第一中级人民法院并没有停止探索和深化审判公开制度的步伐。目前，北京市第一中级人民法院又史无前例地相继推出了网上“晒”裁判文书和已审结案件卷宗公开两项新举措。

实景之三：“现在开庭，带被告人。”2008 年 6 月 20 日上午 9 点整，随着审判长敲响法槌，杭州西湖区法院 2121 法庭开始审理张言华涉嫌抢劫一案。与以往不同的是，被告人张言华并没有出现在法庭上，而是现身于悬挂在法庭右侧墙壁上的一个巨大显示屏上。这是一个用网络视频技术和设施武装起来的“电子法庭”，西湖法院正在尝试一种新的审案方式——远程审判，这在浙江省尚属首例。

西湖法院将网络技术引入审判实践已有时日。早在2005年，西湖法院就推出了网上立案。2007年4月，该院审理一起跨国离婚案时，经双方当事人同意，大胆采用了QQ网络聊天系统这一远程通信方式，使原本至少需半年才能审结的跨国案件，仅在一个小时内就调解结案。这些先期实验，也为此次远程审判埋下了伏笔。依托于网络视频技术的远程审判，实际上就是从QQ远程通信等网络技术演变而来，并且最大限度地利用了目前的网络技术。在西湖法院为此次远程审判而设计的“电子法庭”内，配备了网络专线，法官、公诉人、辩护人席位上都设置了电脑显示器以及麦克风。麦克风随时可以进行界面切换，将镜头对准法庭上的发言人，确保声音和画面同步。庭审过程实行全程录音录像，所有数据集中存放在一台专用存储服务器上。通过网络直播机，庭审过程可以进行网络直播，也可以点播回放。与此相对应，羁押被告人张言华的看守所里，也设置了一个由网络视频传输系统建立的审判法庭，通过视频设施，被告人可以实时听到、看到现场的法官、公诉人和辩护人的言行。通过高科技手段，将上述两个法庭“合二为一”，最终实现网络远程审判。

利用网络技术进行远程审判至少有两大好处：其一，可以有效缓解法院案多人少、警力严重不足的矛盾，减少押解风险和往返时间，节约诉讼成本，提高办案效率；其二，远程审判时所忠实记载和保留的庭审录像，能够确保审判的公正性和透明度。比如，未能当场观摩庭审的审判委员会成员可以调看庭审录像，有利于其研讨案情。案件如果二审或再审，相关法院同样可以调阅一审时的庭审实况录像，以提高办案质量。有专家预测，随着司法改革的进一步推进、网络技术的进一步发展，网络技术将会更多地介入审判实践。这对革新庭审方式、提高审判效率、降低司法成本等，都有着重要意义。

与西湖法院相似，上海、福建等地法院也曾有过利用视频、QQ 等网络技术审案的尝试。而运用网络技术开展网上审批、远程立案、远程提讯、异地质证等，在地方法院更为普遍。随着市场经济的发展，社会成员流动性不断增强，异地当事人之间的纠纷案件日益增多。而传统的法院审判方式是以地域管辖为主，要求当事人到庭应诉，这就增加了当事人的诉讼成本，一些当事人在计算利益得失后“理性”地选择不出庭，其诉讼权利亦随之流失。福建省沙县法院已经尝试过利用网络技术审案，该院副院长余其兴指出：“假如网络技术能普遍运用，异地当事人只需就近到当地人民法院参加庭审，就能避免很多不必要的精力和财力的消耗，既方便当事人，又能避免当事人之间的正面冲突。”此外，证人出庭率低也是多年来困扰中国司法实践的一大痼疾，除了传统观念影响外，证人保护不力、异地证人不愿奔波、经济补偿难以解决等，都是重要原因。而网络技术的运用，能在相当程度上缓解上述难题。典型一例是，沙县法院曾于 2007 年 4 月审理了一起借款纠纷案件，远在浙江的证人林先生通过网络视频“出庭”作证，在网上回答了法官和当事人的询问。书记员当庭将庭审笔录传真给林先生，林先生确认后再签字传回法院，整个作证程序还不到半小时。

尽管远程审判、QQ 审案等新审判方式赢得了许多赞誉，但从其诞生之日起，就招来了巨大争议。“这合法吗?”这是一位当事人听说远程审判、QQ 审案时的第一反应。与这位当事人相似，许多人都对运用网络技术审案的严肃性、可行性表示怀疑，总觉得还是双方到法庭上面对面说得清。比如，根据诉讼法的相关规定，证据应当在法庭上出示原件，并经过庭审辩论、质证。而采用远程审判等网络方式审案时，如何出示证据原件？如果当事人提出新的证据，法院又如何认定其真伪？如果无法当庭采信，由此造成的延期审理是否抬高了司法成本？此外，通过网络视频图像能否准确无误地确认当事人身份？将法律文书传真给对方签字，又如何确保签字的真实性……诸如此类的疑惑，都有待破解。

究竟哪些案件适宜采用远程审判等网络审案方式，也缺乏统一的标准，而不同法院的“自由裁量”，又引发了普遍的疑虑。比如，杭州西湖区法院认为，远程审判在简易刑事案件审理中才具有可操作性。而湖南省高级人民法院于 2007 年 3 月进行远程审判时，审理的却是两起故意杀人重案。有人因此担忧：在传统审理模式和远程审判模式下，对被告人权利保护形式有所不同，在浙江不适用远程审判的重罪案件，到了湖南却能适用。至少在目前情形下，远程审判等新审判方式仍需谨慎地控制适用，而不能滥用。余其兴副院长就此披露：“我们尽量避免当事人因惰性心理而选择网上开庭，毕竟和庄严的法庭相比，在自己的空间内会让人轻松很多。事先我们都会进行调查，认定当事人确有无法抗拒的理由不能到庭，并且案件属于简单的、适宜于调解的民事案件，才会考虑网上开庭。”相当多的人士认为，不能因为网络技术便捷、节约成本就盲目地牺牲程序正义乃至实质正义，如当事人的私权将处于何种地位？比如公民的肖像权、隐私权和人格权。极有可能产生新的纠纷。在现行技术条件下，远程审判只能处理一些事实较为清楚、法律关系简单的案件。而争议较大的重大、疑难案件，仍应坚持传统的审理方式。

尤为关键的是，远程审判、QQ 审案等，其合法性、规范性都需进一步予以确认。有专家建议，最高人民法院应当尽快出台有关的司法解释，确认远程审判等运用网络技术审案的合法性，并对开庭场所、身份认证、案件类型等重大问题作出明确规定，以推动网络时代的新审判方式更好地成长[①]。

可见，无论是“实物性”置身于其中的审判，还是利用高科技的“虚拟性”的网络审判，都体现了公开审判的精神，而无论是审判人员、专家，还是普通百姓及当事人本人的赞誉、顾虑、担忧、质疑，甚至反对，都折射了我们这个时代对于选择诉讼这一充满焦虑、无奈和艰辛地解决社会矛盾的途径时，所表现的那种理性的、趋善的心态、品质和责任。摸索的过程本身就会充满曲折，这是客观事物发展的必然规律，我们没有理由不遵循。但是我们相信，随着各地方法院的不遗余力的探索和实践，随着社会的关注，特别是“民意”的倾诉和话语权得到应有的尊重，必将推动立法机制的启动，而如能以相关的法规加以普遍地、确定地规范，体现符合道德规范的立法价值，并考虑先进的科学技术及善良风俗的影响，“阳光审判”定会温暖人心。

3. 建立防止刑讯逼供的法律制度

刑讯逼供既是违反国际义务的行为，也是违法犯罪和侵犯人权的行为，更是严重违背道德的行为，必须加以根除。但由于主客观方面的复杂原因，导致了这一工作的艰难，这不仅需要启动立法程序、相应的制度改革，还要建立一支高素质的司法队伍。

（1）完善立法，明确对犯罪嫌疑人“沉默权”的保护。中国的刑法已经明确了罪刑法定原则和罪刑相适应原则；中国的刑事诉讼法也规定了无罪推定原则。但中国刑事诉讼法第93条关于犯罪嫌疑人对侦查人员在质询时所提出的与犯罪有关的问题时，应当如实回答的规定却否认了犯罪嫌疑人“沉默权”。当然一些地方司法机关在实践中进行了这方面的有益尝试，值

① 这方面的内容均来源于王健《“阳光审判”渐行渐近》和胡国强《西湖法院试水远程审判》，载《民主与法制》2008年第18期（9月下半月）。

得提倡，如2000年8月，辽宁省抚顺市顺城区人民检察院率先引入了“零口供”制度，即对侦查机关提请逮捕的嫌疑人的有罪供述暂视为无，主要通过审查在案的其他证据论证其是否涉嫌犯罪，在此期间，犯罪嫌疑人享有“沉默权”。但这毕竟是个案，并没有得到法律的认可。因此要全面实施“零口供”制度，必须完善相关的法律，明确对犯罪嫌疑人“沉默权”的法律保护。因为对犯罪嫌疑人进行“沉默权”的保护，可以有效地防止刑讯逼供现象的出现，也会保障犯罪嫌疑人在诉讼中的人身权利，并将侦查人员从过分依赖口供的桎梏中“解放”出来，从而积极、主动地从其他合法的途径寻找收集破案证据，这对于不断提高司法人员的综合素质也是大有益处的。因此必须完善立法，明确对犯罪嫌疑人“沉默权”的保护，才能规范相关的行为，使其成为具有普遍法律效力的行为规范。

（2）建立严禁刑讯逼供的司法制度。首先要建立有效的监督机制。在对犯罪嫌疑人、被告人进行讯问时，可进行同步的录音录像，这不仅可以作为合法的证据，在一定程度上有效地防止翻供，降低诉讼成本，提高司法人员的自律行为，还可以有效地监督司法人员的司法行为，防止刑讯逼供事件的发生。其次要加大科技手段在刑侦中的作用，提高司法鉴定的精确度，确保物证、书证的真实性和有效性。同时还要加大对刑讯逼供者的处罚力度，并对相关的领导或责任人给予相应的处罚。

（3）要建立一支高素质的司法队伍。司法队伍素质的高低，与司法公正的程度成正比。随着中国司法制度的改革，特别是近年来，英美法系的抗辩式诉讼模式已得到了普遍的适用，这就必须有一支高素质的司法队伍才能胜任。

第一，要克服司法队伍的大众化倾向，建立一支政治坚定、业务精通、作风优良、执法公正的司法队伍以保证司法公正的实现。2001 年，国家统一司法考试制度的出台确立了中国的法律职业准入制度；“法官法”和“检察官法”的修订提高了法官和检察官的任职资格。适当提高法官、检察官的“门槛”是贯彻司法官职业化建设“少而精”目标的重要手段，是建设高素质的司法队伍的重要制度保障，有利于促进法律职业共同体的形成，并将带动司法人员选任、升降、惩戒和退出等一系列深层次的改革。另外，法官和检察官的分级制度则标志着司法体制真正开始从行政体制的影子里摆脱出来，有利于案件审理的相对独立，让司法不再成为行政的附庸，让法官、检察官能够放心地公正查案、审案①。

第二，要培养司法人员严格缜密的法律思维。法律的思维一般来说是三段论推理。其逻辑过程是，从解释学的意义上可称为 subsumption，即涵摄或归摄，指待决案件事实置诸法律规范构成要件之下，以获得特定结论的一种逻辑思维过程。与一般的思维逻辑不同，法律思维逻辑在严格的制度和程序空间里表现出高超的形式理性和技术理性②。美国著名的河鲈科淡水小鱼案，在这方面也许会给我们提供帮助。

1973 年，美国国会制定了《保护濒危物种的法案》。一群以田纳西州为基地的主张保护自然环境者，一致反对田纳西水利工程管理局水坝建筑工程项目。这并非因为工程项目对物种构成了威胁，而是因为这些工程项目正在改变该地区的地理状况，使自由流动的溪流成为狭窄的面目全非的沟渠，

---

① 参见阮莹、李伟红《观海法潮涌：推动法治进程的 10 项改革》，载《民主与法制》2008 年第 24 期（12 月下半月）。

② 参见陈金钊主编《法理学》，北京大学出版社 2002 年版，第 71 页。

不必要地提高发电能力（或者主张保护自然环境者认为如此）。主张保护自然环境者发现，田纳西水利工程管理局即将竣工的、耗资超过1亿美元的一个水坝，有可能毁掉一种河鲈科淡水小鱼的唯一栖息地。这种长仅三英寸的小鱼既不特别美丽，也无生物学上的价值，同时也谈不上一般生态学上的重要性。主张保护自然环境者说服内政部长将这种小鱼指定为已遭到危害的物种，并提起诉讼阻止水坝竣工投入使用。然而最高法院却命令该项水坝工程必须停止进行，尽管这会造成国家经费的巨大浪费（根据听证委员会的研究结果，国会制定了另一法规，规定了对保护濒危物种法案享有豁免权的一般程序）。沃伦·伯格大法官代表大多数法官提出了一种见解，即法官对法律的解释必须尊重立法机构的意图，这种提法得出的结论是，如果法规文本文字的上下文含义清楚——如果“实施”一次通常包括一项工程的开始和持续，那么，除非能够表明立法机构实际的意图是要得到相反的结果，那么最高法院则必须确定那些词的含义。他说，导致《保护濒危物种法案》产生的立法史并不能证明这种结论有充分的理由，因为国会明显的重视保护濒危物种，即使对其他社会目标有重大牺牲也在所不惜。因此，怀有这种总的目的的立法者即使以废弃一座水坝的惊人代价去拯救河鲈科淡水小鱼，不是很有可能，却也不无可能①。对这一案件的诉讼过程的思考，体现了法官的思维是建立在“必须尊重立法机构的意图”之上，即严格的理性思维模式。

---

① 参见［美］罗纳德·德沃金《法律帝国》，李常青译，中国大百科全书出版社1996年版，第19—21页。

四　实现立法价值的其他条件

在实现立法价值的过程中会受到多方面因素的影响和制约，因此必须具备多方面的条件加以化解。对这些条件进行合理的量化分析和精益的提取，是实现立法价值的必备。

1. 法律本身的条件

法律本身的条件主要指法律自身的实质有效性，必须满足以下两方面的条件：

（1）法律内容必须符合社会发展的客观规律，体现社会发展的基本要求。马克思主义认为，法律作为上层建筑的组成部分归根结底是由社会的物质生活条件决定的。因此法律规定的具体内容不能脱离它所运作于其中的社会现实，而是应当体现社会发展的基本要求，对有关问题作出符合实际的规定。实践证明，法律如果严重滞后或过于超前于社会现实，都将无法实施法律，也就无法实现立法价值。同时法律应当尊重客观事物发展的规律，只有那些符合规律的法律才能促进社会的稳定和有序发展。相反，如果法律的内容违背了社会发展的客观规律，那么法律就会成为社会稳定的干扰因素，成为社会进步和发展的障碍和破坏力量①。因此不具有客观性的法律，也就失去了科学性和真理性，也就失去了法律作为“良法”的品质，也就丧失了实现立法价值最起码的先决条件。

（2）法律内容要符合社会的基本价值观念。法律内容始终体现着一定时代人们的价值观念。日本著名法学家川岛武宜认为，立法以价值判断为依据是非常明显的。之所以要用立法和审判要求或强制人们为某种社会行为，是因为要实现一定的社会价

① 参见陈金钊主编《法理学》，北京大学出版社 2002 年版，第 232—233 页。

值（例如，抽象地说，对各种权利的尊重、义务的履行、保障财产交换中的等价性、交易性的安全、政府的各种利益等）[①]。法律所包含和体现的价值取向越符合一定时期社会的基本价值观念，它就越容易得到社会的认同，法律就越具有实质的有效性；相反，如果一部法律在内容上严重背离社会的需求，与人们普遍的价值取向相对立，那么，不仅公众不会自觉地遵守它，而且有关国家机关和执法人员也会不同程度地抵制它[②]。这样法律就会失去它在人们心中的权威地位，失去人们对法律的道德信赖，就会从主观上排斥它，这样，就不能从实质上实现立法的价值。

2. 主体条件

在法律与人之间，人是能动的因素。无论是法律的创制，还是法律在现实生活中的付诸实施，都是人的一种活动；缺少人的因素，法律不足以自成，不足以自行[③]。因此主体方面的条件，对立法价值的实现有着重要的影响和制约。

（1）法律适用主体对法律的认知水平是立法价值实现的重要前提。法律是由一系列抽象的法律概念、概括性的法律原则和严密的法律规范，按照一定的逻辑规则构成的一个完整的体系，同时法律调整的社会关系范围又是极其广泛的，各个部门的法律都具有较强的专业性和特殊性，而且法律科学作为人文社会科学的一门科学也有其自身的特殊性，它不像哲学那样是为人们提供方法论，也不像伦理学那样是为人们提供道德规范，它是以一定

---

① 参见［日］川岛武宜《现代化与法》，王志安译，中国政法大学出版社1999年版，第243、244页。

② 参见陈金钊主编《法理学》，北京大学出版社2002年版，第233页；葛洪义主编：《法理学》，中国政法大学出版社1999年版，第362页。

③ 参见张志铭《法律解释操作分析》，中国政法大学出版社1998年版，第217页。

社会的法律为研究对象。法律产生的目的是为了实施，是由一个庞大的职业阶层完成的。这就要求相关的主体必须具备一定的专业知识和对法律的认知能力，也就是说，相关的主体必须通过专门系统的学习才能掌握相关的知识。“当然，在法律实施的过程中，不同主体所需要达到的法律认知水平是不同的，一般来说，由于法律执行主体和适用主体担负着特定的法律职责，他们所需达到的法律认知水平远高于一般的社会公众。”[①] 而一般的公众如果也能掌握一定的法律知识，对实现立法的价值也是大有益处的。

（2）要提高主体的法律意识。法律意识一般是指人们对于法律、特别是对与本国现行法律相关的立法、执法、司法的认识过程中所形成的思想观念和心理状态，它是立法价值实现的不可缺少的主观方面的精神条件。“对法律的价值认同、守法精神、忠于法律的坚定信念、深层次的法律信仰等主观精神因素，是有关主体主动认知法律、自觉将法律付诸贯彻实施的深层次动力和重要保证……”[②] 因此法律意识是实现立法价值不可缺少的必备条件。在法律意识中公民的维权意识尤其重要，法律赋予公民维护其合法权益就是要保障公民合法权利的行使，而权利行使必须由法律的主体积极争取和主动追求才能获得，不能放弃自己的权利，因为“放弃自己的自由，就是放弃自己做人的资格，就是放弃人类的权利，甚至就是放弃自己的义务……这样一种弃权是不合人性的”[③]。当然这种争取和追求应是理智、科学和符合法定程序的。因为在现实中，有些公民要么不知道维权，要么在维

---

① 陈金钊主编：《法理学》，北京大学出版社 2002 年版，第 234 页。

② 同上书，第 235 页。

③ ［法］让·卢梭：《社会契约论》，何兆武译，商务印书馆 1980 年版，第 35 页。

权时不知道怎样维权，使自己维权的愿望难以实现。卡拉玛德雷认为，对个人的尊重必然要求保障民众实效性地诉诸司法，但这却面临着种种障碍。因此，他特别强调对穷人的尊重，提出为穷人辩护实际上是当事人之间实现事实平等的问题①。因此作为公民一定要知法、懂法，并善于运用法律。当我们的合法权益受到侵害时，应勇敢地拿起法律的武器。司法机关正是在一次次维权的裁判中实现着民众心中祈望的正义。正是这种眼见为实的正义才能在民众中树立法律的权威，才能折服民众遵法守法，实现立法的价值。

3. 社会条件

实现立法价值还需要诸多的社会条件，主要是社会的政治环境、经济环境和历史文化传统及科技发展水平等。

（1）政治环境。法律从内容上来说，是立法者的社会价值取向的产物，因此法律在内容上总是反映一定社会的政治要求，并服务于一定的社会政治。在政治环境中，政策、特别是执政党的政策对立法价值的实现起着至关重要的作用。执政党的政策是执政党为实现一定的政治目标、完成一定的政治任务而作出的政治决策。执政党的政策也是调整人们行为的社会规范，但它体现的是党的意志，通常表现为纲领、决议、指示等形式，内容也较原则和概括，与法律的稳定性相比，其最大的区别就是有较大的灵活性。政策对立法的实现起着重要的指导作用。执政党的一些基本国策或行动纲领，会在立法上体现并作为法律的基本原则；一些经检验比较成熟的实践经验，可制定为法律，作为法律规范而存在。同时，执法和司法人员在法律实施过程中，不仅要认知

① 参见［意］皮罗·卡拉玛德雷《程序与民主》，翟小波、刘刚译，高等教育出版社2005年版，第71页。

法律，有较好的业务水平，而且还要有较高的政策水平，正确理解和掌握法律的基本精神，合理地实施法律。而且在出现法律漏洞时，政策可以作为法律的非正式渊源补充法律的漏洞[①]。2006年11月27日召开的全国政法工作会议上提出，在和谐社会建设中，各级政法机关要善于运用宽严相济的司法政策，最大限度地遏制、预防和减少犯罪。这就是根据中共十六大作出的构建社会主义和谐社会的决策提出的。

（2）经济环境。在经济环境中，国家的经济制度、经济管理体制和经济发展水平等方面的条件，对立法价值的实现也有着重要的影响，如在市场经济体制中，市场调节占主导地位，国家通过间接方式对其进行宏观调控，而法律是其最重要的调整方式，因此市场经济就是法治经济。市场经济对实现立法价值是充分而全面的，因为市场经济主体的地位是平等的，其利益的分配要求是公正的，其竞争的手段和途径必须是正当的，必须遵循起码的商业道德。只有这样才能维护市场经济良好的秩序，而市场主体只有遵守法律，才能使自己的行为自由，并最终实现正义的立法价值。同时经济的发展为立法价值的实现提供了物质方面的保障。法律的制定和实施都是有成本的，其中物质条件和资金的投入都离不开社会生产力的发展和经济水平的提高。

此外，历史文化传统和科学技术水平的发展对立法价值的实现都有重要的影响。一定历史时期的文化传统会影响到法律实施主体的法律意识，制约着他们对现行法律价值的认同，以及对法律信念和法律信仰等观念的确立。而科学技术的发展不仅使法律的内容更加完善，更趋真理性，同时也影响着法律的运行机制和

---

① 参见高其才《法理学》，清华大学出版社2007年版，第400、402页。

运行方式[①]。而无论是政治环境、经济环境，还是历史文化传统和科学技术水平，都会对立法价值的实现产生重要的影响。并且要特别注意的是，立法价值实现的过程是这些因素之间相互影响，相互促进的，共同和谐地发挥作用的。

我们必须清醒地认识到，实现立法价值是一个由量变到质变的渐进过程，在这一过程中，由于会受到主客观一系列复杂因素的影响，在中国现阶段的历史发展中，实现立法价值只能达到一定的程度。随着社会整体和谐、全面稳定的发展，我们有理由相信，实现立法价值的程度会不断提高。

第三节 中国现阶段立法的精益价值体系

实现立法价值是“良法善治”的内在要求，是现代法治国家所追求的理想，是人类对自身行为探索的结果，它以公平、正义为最高理想，通过法律权威抑恶扬善，约束公权、保护人权得到体现，是人类政治文明的重要标志。在中国现阶段实现立法价值就是要建立立法的精益价值体系，并对其提出社会主义立法价值的精益性要求。

一 中国现阶段立法的精益价值体系内容

中国现阶段立法的精益价值体系是以现阶段中国共产党提出的科学发展观为指导原则，以反映中国特色社会主义客观实际为内容的。

1. 形成具有中国特色社会主义的法律体系

立法价值是一个有着内在结构的系统，它是在进行立法的精

---

① 参见陈金钊主编《法理学》，北京大学出版社 2002 年版，第 237 页。

益行为中确立的，是在形成法律体系的过程中产生的。形成具有中国特色社会主义的法律体系是中国实现立法价值的重要内容。

（1）中国当前立法的状况。改革开放以来，经过各方面共同努力，到十届全国人大任期届满，以宪法为核心，以涵盖7个法律部门的法律为主干，由法律、行政法规、地方性法规等3个层次法律规范构成的中国特色社会主义法律体系已经基本形成，国家经济、政治、文化、社会生活各个方面基本做到有法可依，有力地保障和推动了中国特色社会主义事业的发展[①]。

第一，法律体系的内容体现了尊重和保护人权的原则。近年来，中国立法机关坚持以人为本、立法为民的原则，尊重和保护公民作为法律关系主体的资格和地位。制定的法律充分体现了尊重和保护人权的原则，如“监督法”、“居民身份证法”、“行政许可法”、“就业促进法”、“道路交通安全法”、“突发事件应对法”、“放射性污染防治法”、“循环经济法”体现了为民、便民、利民的立法精神。新修改的“义务教育法”、“妇女权益保障法”、“未成年人保护法”加大了对弱势群体权利的保护。“治安处罚法”在审议过程中，增加了“尊重和保障人权，保护公民的人格尊严”的原则。当前在中国，精神赔偿已普遍适用于名誉权、隐私权等各种民事的侵权案件中，但公权力的滥用对公民名誉、精神等方面所造成的伤害更为严重，但“国家赔偿法”却未规定任何精神赔偿，十一届全国人大常委会第五次会议首次审议了“国家赔偿法修正草案”，第一次将精神损害纳入赔偿范围，将从保护人权的角度，给申请人以最大限度的全面保护。十一届全国人大常委会第六次会议审议的“侵权责任法”草案，

---

① 参见吴邦国在十一届全国人大第二次会议上所作的《全国人大常务委员会工作报告》（2009年3月9日）。

首次以民事立法的形式，对精神赔偿作了具体规定："侵害他人生命权、健康权，造成死亡的，受害人的近亲属可以请求精神赔偿；造成残疾的，受害人可以请求精神赔偿。故意侵害他人人格权、身份权，造成他人严重精神损害的，受害人可以请求精神赔偿。"这是尊重和保障人权的宪法理念在立法中的具体体现。

近年来，中国政府重视国际人权公约在促进人权方面的积极作用，到目前为止，中国已批准和参加了 22 项国际人权公约，并采取有效措施认真履行公约义务，及时提交履行公约情况的报告，接受联合国条约机构的审议。中国政府正在加快进程，积极推进研究批准《公民权利和政治权利国际公约》的工作①。

第二，法律体系的各个部门的立法均衡发展。在中国目前的 7 个法律部门中，宪法是 1982 年制定的，其间经过了四次修改，每一次的修改都使相关的规范得到了完善，加强了宪法作为国家根本法的地位，特别是中国 2004 年的宪法修正案中，把尊重和保护人权作为一项原则写入宪法，成为依法治国的基本原则。尊重和保障人权作为经济社会发展的一个重要主题首次列入了国民经济和社会发展"十一五"规划中。中共十七大首次将尊重和保障人权写入党章，并着重强调依法保证全体社会成员平等参与、平等发展的权利。表明中国今后的各项工作将全面遵循和体现这一原则。因此通过立法，合理配置人与人、人与社会的权利义务关系，满足中国现阶段尊重和保障人权的迫切需要。

作为公法性较强的中国刑法，自 1979 年制定实施后，于 1997 年进行了大幅度的修改，一个突出的亮点就是在分则中增加了 303 个罪名，这期间，刑法又根据中国现实中不断出现的新

① 参见董云虎《中国人权取得突破性进展的五年》，载《人权》2008 年第 1 期。

的社会关系，对刑法进行了七次修改，使中国刑法更加完美。在作为公法的另一个法律部门经济法中，《中华人民共和国反垄断法》的实施，对规范市场秩序起到了重要的作用。

作为私法的典型代表民商法律部门经过全社会的共同努力正在走向成熟。1999 年《中华人民共和国合同法》的出台，结束了多头法规冲突的混乱局面。近年来，中国的民商立法取得了重大的突破，其重要的标志就是《中华人民共和国物权法》的诞生，而另一部同样重要的法律，“中华人民共和国侵权责任法”正在审议之中。在商法中，随着市场经济的深入发展，对商事法律的要求也不断提高，近年来，在公司、保险、证券等领域中法律都得到了修改。

作为社会法的劳动法，由于《中华人民共和国劳动合同法》、《中华人民共和国就业促进法》等法律的颁布，使劳动者合法权益的保护得到了加强。同样作为社会法的“中华人民共和国社会保障法”和“中华人民共和国食品安全法”正在审议中，也使我们充满了期待。

2. 形成法律体系的措施

在 2009 年 3 月 9 日十一届全国人大第二次会议上，吴邦国所作的《全国人大常务委员会工作报告》（以下简称《报告》指出，党中央明确提出，到 2010 年形成具有中国特色社会主义法律体系。2009 年要按照党的十七大精神，在提高立法质量的前提下，一手抓法律制定，一手抓法律清理，努力在形成中国特色社会主义法律体系上迈出决定性步伐。并提出了具体的工作步骤：

（1）抓紧制定和修改在法律体系中起支架作用的重要法律，着力加强社会领域立法，继续完善经济、政治、文化领域立法。2009 年计划安排的立法项目主要有：制定社会保险法、社会救助法、侵权责任法、行政强制法、农村土地承包经营纠纷仲裁法、精神卫生法、国防动员法等法律，修改国家赔偿法、保守国家秘密法、选举法、村民委员会组织法、土地管理法、邮政法、统计法等法律。要加强立法工作的组织协调，积极推进科学立法、民主立法，扩大公民对立法的有序参与，加强立法调研和科学论证，广泛凝聚共识，提高立法质量。要继续督促有关方面抓紧制定法律配套法规，保证法律有效实施。

（2）要完成法律清理工作。中国现行有效的321件法律中，有的法律也存在一些需要完善的地方。这当中大体分三种情况：一是有的法律是20世纪80年代或90年代初制定的，现在看来，有些规定已经明显不适应发展社会主义市场经济的需要；二是由于法律制定的时间有先有后，有的后法与前法的一些规定有不尽一致或不够衔接的地方；三是有的法律操作性不强，难以用国家强制力来保证实施。针对这些情况，2008年常委会组织部署了对现行法律的清理工作，2009年要完成这项工作。要认真研究和全面分析有关方面提出的清理意见，区分轻重缓急，采取修改、废止、解释、配套等方式进行分类处理，促进法律体系的科学、统一与和谐。

吴邦国在《报告》中强调，我们的法律体系是中国特色社会主义法律体系，在形成并完善法律体系过程中，必须把握好以下四点：一是不能用西方的法律体系来套我们的法律体系。外国法律体系中有的法律，不符合中国国情和实际的，我们不搞；外国法律体系中没有的法律，但中国现实生活需要的，要及时制定。二是行政法规和地方性法规都是法律体系的重要组成部分。对用法律来规范尚不具备条件的，可依法制定行政法规和地方性法规，待取得经验、条件成熟时再制定法律；对一些地方事务和具有民族地区特点的事项，可依法制定地方性法规或自治条例、单行条例进行规范。三是要区分法律手段和其他调整手段的关系，需要用法律调整的才通过立法来规范，以更好地发挥法制的功能和作用。四是我们的法律体系是动态的、开放的、发展的，本身就有一个与时俱进的问题，需要适应客观形势的发展变化，不断加以完善。

吴邦国委员长的《报告》，为中国现阶段的立法活动提出了具体的要求，对实现立法价值有着重大的现实意义。

二　对中国现阶段立法价值的精益要求

“良法善治”是社会主义立法价值精益要求的根本，也是实现中国现阶段立法价值的重要标志。通过建立道德正当性为主导的立法的精益价值体系，促进良好的社会风尚、形成遵守法律的良好习惯，尊重科学，追求真理的立法的精益行为过程，最大限度地实现立法价值。

1. 以道德的正当性为主导

在中国现阶段道德的正当性是以社会主义的核心价值体系为内容的，是以马克思主义为指导思想、中国特色社会主义的共同理想、以爱国主义为核心的民族精神、以改革创新为内容的时代精神和社会主义的荣辱观构成。因此建立道德正当性为主导的立法价值体系也要体现这一内容。

（1）坚持马克思主义在立法中的指导思想。马克思主义理论是科学，为我们提供了科学的世界观和方法论。中国共产党在执政的过程中，不断地与中国的现实相结合，在实践中创造性地发展了马克思主义理论，在现阶段提出了科学发展观的指导思想。坚持以人为本，是科学发展观的本质和核心。树立科学发展观，必须实现民主立法的科学发展，凸显以人为本，体现人民的意志。这是社会主义民主立法的本质要求，是尊重和保障人权的需要，是保护弱势群体，实现社会公平的保障。同时科学发展观强调实现经济社会的全面、协调、可持续发展，其最终目的是为了实现广大人民的根本利益。这不仅是现阶段中国经济建设的指导思想，也是作为上层建筑的立法活动的指导思想。因为社会主义和谐社会应当是整体的和谐、全面的和谐。社会主义的民主立法要适应经济发展，其本身也要做到全面、协调和可持续发展。这样才能体现民主立法的科学性和合理性，其所制定的法律才能体现人民的意志，才能被全体社会成员所“一体遵守”，这样既能节约社会成本，又能体现公平正义的法治精神，从而满足立法的道德正当性要求。

（2）体现自然法的道德要求，实现“良法善治”的共同理想。自然法在西方法学史的流变中，是影响最大、存在时间最长的法学派，时至今日经过了诸多继承者的改造创新仍具有较强的生命力，并对现阶段各国的法律思想都产生着重要的影响。尽管自然法理论也存在自身的局限性，如自然法对法律的评价都是外部的理性、道德、人权、公益等，缺少自身的评价体系，法学得不到独立的地位，而且自然法学家往往从抽象化和理想化的视角分析问题。但是将其作为体现立法价值的评价内容，却依然存在一定的真理性，其根本的原因就在于自然法强调以正义为核心的法律道德价值，认为自然法是人类理性的结晶，是以追求“良法”为目的的。这不仅是掌握政权的立法者的理想，也是全人类共同的渴望和追求。因此，要实现立法的价值，使中国的立法达到或接近“良法”的程度，“在立法时必须以自然法为理论基点，以自然权利为核心内容，把自然法所包含一些平等、博爱、自由、善良的精神融入立法过程中。在立法的指导思想中体现自然法的精神。不应把法看成是治民之具，而应把法看成是衡量是非正义的尺度”[①]。获得

① 欧阳梦春等：《“良法”与“恶法”之思》，载《湖湘论坛》2004 年第 1 期。

“良法”的目的是为了达到“善法”。

“良法”必须能够有利于社会进步、维护社会安全，有利于保障人类的基本权利，如生存权、平等权、自由权及追求物质幸福的权利；只要不侵害国家、集体和他人的利益，凡是法律未禁止的，任何个人和组织都可以按照自由的意愿从事一定的行为，并受到社会和他人的尊重。没有法律的依据，一切个人和组织的权益不受侵犯，也不承担超出法律规定之外的义务。

关于“善治”。中国政治学家俞可平先生认为，善治就是使公共利益最大化的社会管理体制过程。善治的本质特征就在于政府和公民对共同生活的合作管理，是政治国家与市民社会的一种新颖关系，是二者的最佳状态。并提出了合法性、法治性、透明性、责任性、回应、有效、参与、稳定、廉洁和公正 10 项善治的基本要素。其中在对合法性的阐述中认为，合法性是指社会秩序和权威被自觉认可和服从的性质和状态。它与法律规范没有直接的关系，从法律的角度看是合法的（legal）东西，并不必然具有合法性。只有那些被一定范围内的人们内心所体现的权威和秩序才是善治的合法性。合法性越大，善治的程度就越高。取得和增大合法性的主要途径，是尽可能增加公民共识和政治认同感[①]。而这种共识和认同感就是符合了人们对道德善的认可度，也就是道德的正当性。只有体现道德正当性的立法价值才能被人们共识和认可，才能得到实现。

2. 建设和谐文化，培育文明风尚

中共十七大报告把“建设和谐文化，培育文明风尚”作为人们日常行为的规范，并着重指出，要弘扬社会正气，引导人们自觉履行法定义务、社会责任、家庭责任。立法价值的实现需要

① 参见俞可平《民主与陀螺》，北京大学出版社 2006 年版，第 84—86 页。

根植于和谐文化的土壤，文明风尚会为实现立法价值供给适宜的阳光、温度和水分。

（1）建设和谐文化。建设和谐文化离不开法律的规范和保护。文化是人类在社会历史过程中所创造的物质财富和精神财富的总和，是一个社会所共同具有的价值观和意义体系及其物质形态。通过人们的智力行为所形成的物化客体，即知识产权关系权利义务的载体，表现为著作、商标和专利等，人们正是通过对这些载体的控制，并由法律赋予其独占权，使著作权、商标权和专利权得到保护的。同时中国刑法对侵犯知识产权的行为专门设立了假冒注册商标罪、假冒专利罪、侵犯著作权罪等七项侵犯知识产权的罪行。近年来，由于计算机的广泛应用以及网络技术的普及，出现了一些新型的违法犯罪，如在互联网上建立淫秽、赌博网站、传播有害信息，利用计算机和网络技术进行侵权、诈骗、非法传销等方面的犯罪时有发生。为促进中国互联网的健康发展，维护国家的安全和社会公共利益，保护个人、法人和其他社会组织的合法权益，2000 年 12 月 28 日九届全国人大常委会第十九次会议通过了《维护互联网安全的决定》，对破坏互联网安全的行为、利用互联网侵权的行为及相应的责任进行了规定。条件成熟时应当制定相应的法律，以提升维护互联网安全规范的法律效力。

对当前热议的“人肉搜索”问题应当辩证地分析：应当肯定“人肉搜索”的积极作用，如作为“正义使者”的化身，最典型的事例当属 2008 年“5・12”汶川大地震期间，谷歌建立了专门用于寻找亲人的“人肉搜索”引擎。在 2007 年发生的陕西农民周正龙的“假虎案”中，正是由于网民不断从光线、拍摄角度、现实年画搜索等角度提出质疑，最终攀枝花一网民称虎照中的虎和自家所挂年画极其相似；此后几天，全国各地网民不断报告发现“年画虎”，并发动“人肉搜索”，终于找到了生产年画的厂家①。但“人肉搜索”也确实有涉嫌侵犯他人名誉权和隐私权的行为，因此应当理性地引导，至于是否如一些人大代表所言“人肉搜索”应该纳入刑法的管辖范围应当慎之又慎。

（2）培育文明风尚。文明风尚体现在各个方面，如尊老爱幼、互爱互助、见义勇为等。尊老爱幼是中华民族的传统美德，也是法律的义务。《中华人民共和国婚姻法》第21条规定，子女对父母有赡养扶助的义务，子女不履行赡养义务时，无劳动能力或生活困难的父母，有要求子女付给赡养费的权利。但赡养不仅仅局限于赡养费的给付，老年人更需要得到的是精神上的慰藉。对子女而言，对父母的精神赡养也是一种必须履行的义务，是一种不可推卸的道德责任。国家统计局最新的统计数字，截至目前，我国60岁以上的人口已经达到1.53亿人，占总人口11.6%。“空巢老人”越来越多，已经成为一个不容忽视的社会问题。独守“空巢”的老年夫妇因此而产生的心理失调症状，称为家庭“空巢”综合征。

为了解决空巢老人的这些症结和顽疾，辽宁省第十一届人大常委会通过了《辽宁省老年人权益保障条例》，这部于2008年10月1日起在辽宁省实施的地方性法规，在全国率先将“精神赡养”列入了法律层面。该条例第31条规定：赡养老人应当履行对老年人的精神慰藉义务，与老年人不在一起居住的，应当经常问候、看望。条例同时规定，国家工作人员如果违反上述规定的，由其所在单位或者上级机关责令改正；情节严重的，给予行政处分，或追究相关法律责任。此外，条例还明确，成年子女不

---

① 参见张娟等《人肉搜索：亦正亦邪待规范》，载《民主与法制》2008年第20期（10月下半月）。

得强迫老年人提供经济资助[①]。中国现行的“老年人权益保障法”是1996年制定的。针对“空巢老人”精神赡养引发的老年人权益保障问题应适时地引入法律，不断完善相关法律。同时政府也应当建立相应的制度，如河北省出现的“养老助理员”服务模式，就是一种有益的尝试。但最好的精神慰藉就是子女能尽到“常回家看看”的道德义务。

中国2007年6月1日实施的“未成年人保护法修订案”增加了对未成年人的优先保护权的规定，这是中国政府批准加入的联合国《儿童权利保护公约》关于“儿童利益优先和最大化”等基本原则的具体体现。

同时，中国相关法律对助人为乐、见义勇为的道德行为都有相应的法律规定，如民法中关于无因管理之债的规定。无因管理是指没有法律或约定义务而为他人管理事务和行为。无因管理制度起源于罗马法，被称为准契约，即当形成无因管理时，也就形成了管理人和受益人之间的法律权利和义务的关系。《中华人民共和国民法通则》第93条规定：“没有法定义务，为避免他人的利益受损失进行管理或服务的，有权要求受益人赔偿由此支付的必要费用。”无因管理行为的主观要件是行为人的自愿心理，因而是帮助他人的道德行为，是通过法律规范对助人行为的认可。类似的还有法律对拾得遗失物的规定，《中华人民共和国物权法》第109条规定：“拾得遗失物，应当返还权利人。拾得人应当及时通知权利人领取，或者送交公安等有关部门。”第112条规定：“权利人领取遗失物时，应当向拾得人或者有关部门支付保管遗失物等支出的必要费用。”也是对返还遗失物道德行为

---

① 参见王智《“精神赡养”首次步入立法》，载《民主与法制》2008年第18期（9月下半月）。

的认可。中国刑法第20条对正当防卫进行了规定，如果是为了国家、公共利益或他人的合法权益免受正在进行的不法侵害，采取制止的行为，造成不法侵害人伤亡的，不负刑事责任。这一规定是对见义勇为这一正义行为的法律上的肯定。

3. 尊重科学，追求真理

中共十七大报告对尊重科学，追求真理提出了“弘扬科学精神，普及科学知识”的具体的要求。实现立法价值必须建立在对事物发展规律科学认识的基础上，才能使实现立法价值具有定数和效率。而定数和效率则是社会主义市场经济和我们这个时代的必然要求。

（1）尊重科学，弘扬科学精神。无论时代如何变迁，情况多么复杂，对于立法者来说，立法价值的确立必须依据科学实证，才能使正当性的道德价值在立法中拥有存在的合理性。而科学的实证则首先是来源于人的理性对自然界和人类社会发展规律的正确认识。在此，我们不能不回顾2008年，这一年，中国遭遇了南方雪灾、汶川地震等难言的苦痛，也使得立法者采取了行动。2008年10月下旬，国家立法机关的一系列立法行动表明立法者科学的务实精神。

第一，三鹿“问题奶粉”与食品安全法。由“三鹿事件”激发的食品安全法六个方面的大修改，体现了立法机关审慎、科学和高度负责的态度。2008年10月23日，“食品安全法”草案提交十一届全国人大常委会第五次会议进行三审。通常情况下，进入三审程序的法律草案往往只在个别条款上“小修小补”，但“食品安全法”三审稿（以下简称“三审稿”）却罕见地提出了八个方面的重大修改，其中六个方面更是直接针对“三鹿事件”，如针对一些“奶站”的不法分子收购原奶后添加三聚氰胺行为，强化了地方政府及有关部门的职责，强调

“对食品安全实行全程监督管理”。同时针对“三鹿事件”预警机制失灵所造成的悲剧，三审稿强调了有关部门的监测责任，强化了风险监测与后续检验、风险评估、举报等制度之间的无缝对接。另外“食品安全法”草案三审前，在已确立要求企业发现缺陷食品后主动召回的召回制度中增加了，在企业不能承担应尽的社会责任时，应由政府监管部门出面“责令召回”的规定。三鹿奶粉曾是享受“免检”待遇的放心产品。但事实却证明，自免检制度已异变出巨大的监管漏洞。“三鹿事件”曝光后不久，国务院已断然废除了1999年起施行的食品免检制度，“食品安全法”草案三审稿以立法的形式，进一步否认了食品“免检”的合法性。在这一草案中还规定了食品添加剂许可制度。

第二，汶川地震与防震减灾法。“防震减灾法”的修订在汶川地震发生前已列入立法规划，修订草案亦在2008年5月初完成起草。据参与立法的有关人士披露，5月12日上午，全国人大、国务院有关机构还开会商谈“防震减灾法”修订草案，当天下午就发生了汶川地震。这一极其巧合的变故，“打乱”了原定的立法节奏，原本已基本定型的修订草案亦重新“回炉”。按照原定计划，“防震减灾法”修订草案应在2008年6月下旬提交一审，但汶川地震发生后，立法机关果断推迟了这一议程。吴邦国委员长等领导亦指示，要做好“防震减灾法”的修订工作，必须深入灾区调研。2008年9月初，灾区局势稍稍安定之后，一个立法调研组即奔赴都江堰、北川、绵阳、绵竹等重灾区，全力搜集最新的立法素材。典型的一例是，汶川地震发生后，都江堰聚源中学教学楼、中医院住院部倒塌，人员伤亡极其惨烈，一时成为舆论焦点。这一严酷教训令立法者意识到，学校、医院等人员密集场所的设计和施工，其抗震标准必须高于普通的房屋建筑。这一痛定思痛的理念，最终转化成“防震减灾法”修订草案中的法定要求。另一个典型例证是，立法调研组在四川灾区了解到，安县桑枣中学、德阳孝泉中学、绵阳花园中学等学校经常开展防震减灾知识教育。震灾来临后，这些学校师生有条不紊地施行自救、互救，大大减轻了人员伤亡。这些宝贵经验同样启发了立法者，“防震减灾法”修订草案为此明确规定，学校应当把地震应急知识教育纳入教学内容，同时要求政府部门、新闻媒体等开展相关的救援演练和公益宣传，提高全民的自救与互救能力。正是汶川地震这一客观事实，启发了“防震减灾法”的立法细节①。

正是中国立法机关有尊重科学的理性的态度和弘扬科学精神的坚定信念，才使得应对重大灾难的相关法律得以凸显其旺盛的生命力，也使得立法价值的实现更具有了真实性和可信度。

（2）追求真理，普及科学知识。目前，尽管人类对物质世界的认识已经达到了较高水平的发展阶段，但自然界和人类社会本身的诸多“不解之谜”仍困惑着科学家们的思维和意识。在科学技术高速发展的今天，人类的智慧能力和创造精神得到了充分的发挥，追求真理已不再仅仅是处于信仰的情感的层面上。因此应普及科学知识，通过立法和建立相关的制度，使科学知识民主化、公开化。事实证明，一个人对科学知识的认知水平会影响他的法律意识，特别是维权意识的程度。

近年来，一些不法分子在物质利益的驱动下，将人不能食用的化工原料，添加到食品中早已成为业内业外公开的秘密。尽管对于一般的普通百姓来说，它们的化学分子比较复杂，学名也不

---

① 相关内容均来源于阿计《从灾难中汲取立法的智慧》，载《民主与法制》2008 年第 22 期（11 月下半月）。

太好记，但他们的俗称却是人人皆知的，如“瘦肉精”、“苏丹红”、“蛋白精”、“生长激素”等，而三鹿“问题奶粉”事件曝光后，“三聚氰胺”这一化工原料不仅成为社会的流行语，而且也成为当前“食品安全法”草案审议过程中规定的食品添加剂许可制度的直接的动力。按照三审稿的有关规定，食品添加剂将实施许可制度，生产者只能按照有关部门严格制定的法定目录进行添加，凡是目录之外的其他物质——即使无害，也禁止添加。长期以来，一些在环境污染、医疗事故、交通肇事、保险理赔、生产安全事故中的受害人在诉讼中的权利保护都是以相应的技术鉴定为依据的，而这些鉴定当然必须由掌握相关知识的专业人员进行。但是无论其鉴定本身的真实性如何，都会不同程度地遭遇其不信任的尴尬局面，于是重复鉴定、多头鉴定就不可避免。这不仅增加了诉讼成本，也使受害人的身心再次受到了伤害。

因此作为相关的鉴定机构，应当将其基本的科学知识，以通俗的语言向当事人进行必要的解释，并将所包含的主要成分告知当事人或关系人。对诉讼方式解决纠纷不能要求、也不必要求普通的公民必须知悉相关的知识，但是作为国家的相关部门应当为公民提供一种获得相关知识的途径和可能性。在普法教育的同时，应建立与之相配套的科学知识的普及制度，使人们能够产生对相关法规的认可和信赖，以此增强普法教育的实效。作为公民个人为了善于运用法律保护自己的合法权益，也要及时了解相关的知识，以理性维护自己的权利，使自己的行为能获得更多的自由。这样实现立法价值才真正有了不可动摇的坚实根基。

在一个依法治国的国度，“良法善治”无疑是撑起社会公平的脊梁，更是奠基着公民合法权益大厦的基石。而法治的前提必须是“有法可依”而且应当是“有良法可依”。改革开放以来，中国虽然已初步形成了法律体系，但不得不承认还是相当粗糙的，有待于完善和精细之处还相当之多，甚至还存在着违背公平、正义的“恶法”之嫌。而承担“酿造”良法——这一神圣职责的自然是立法机关。“善治”的本质在于政府和公民对共同生活的合作管理，因此公民参与立法是立法的应有之义，也是实现立法价值的根基。立法的精益行为过程是本书对立法活动所提出的内在要求，其目的是形成以道德的正当性为主导的立法的精益价值体系，并以此作为衡量“良法”的刻度。美国现代法学家考克斯的观点道出了实现立法价值的内在本质，“无论是精神自由的事业还是自治政府的信仰都建立一个信念之上：如果在一个社会中，人们拥有个人尊严并承担起选择的权利和责任，那么我们应该信任这个社会中个体精神的潜在理性”①。

---

① ［美］阿奇博尔德·考克斯：《法院与宪法》，田雷译，北京大学出版社2006年版，第191页。

主要参考文献

1.《马克思恩格斯选集》第 3 卷，人民出版社 1995 年版。

2.《马克思恩格斯全集》第 1 卷，人民出版社 1964 年版。

3.《马克思恩格斯全集》第 2、3、4 卷，人民出版社 1958 年版。

4.《马克思恩格斯全集》第 19、40 卷，人民出版社 1963 年版。

5. [古希腊] 柏拉图：《法律篇》，张智仁、何勤华译，上海人民出版社 2001 年版。

6. [古希腊] 亚里士多德《政治学》，吴寿彭译，商务印书馆 1965 年版。

7. [古希腊] 亚里士多德：《尼各马科伦理学》，苗力田译，中国社会科学出版社 1999 年版。

8. [法] 让·皮埃尔·韦尔南：《希腊思想的起源》秦海鹰译，生活·读书·新知三联书店 1996 年版。

9. [英] 麦考密克、[奥] 魏央贝格尔：《制度法论》，周叶谦译，中国政法大学出版社 2004 年版。

10. [美] 科斯塔斯·杜兹纳：《人权的终结》，郭春发译，江苏人民出版社 2002 年版。

11. [德] 黑格尔：《法哲学原理》，范扬、张企泰译，商务印书馆 1962 年版。

12. ［英］吉米·边沁：《道德与立法原理导论》，殷弘译，商务印书馆 2000 年版。

13. ［美］约翰·罗尔斯：《正义论》，何怀宏、何包钢等译，中国社会科学出版社 1988 年版。

14. ［美］罗纳德·德沃金：《认真地看待权利》，信春鹰、吴玉章译，中国大百科全书出版社 1998 年版。

15. ［美］罗纳德·德沃金：《法律帝国》，李常青译，中国大百科全书出版社 1996 年版。

16. ［美］杰克．普拉诺等：《政治学分析辞典（中译本）》，胡杰译，中国社会科学出版社 1986 年版。

17. ［日］川岛武宜：《现代化与法》，王志安等译，中国政法大学出版社 1994 年版。

18. ［美］彼得．斯坦、约翰．香德：《西方社会的法律价值》，王献平译，中国人民公安大学出版社 1990 年版。

19. ［美］詹姆斯·P·沃麦克、［英］丹尼尔·T. 琼斯：《精益思想》，沈希瑾、张文杰等译，商务印书馆 2006 年版。

20. ［英］弗里德利希·冯·哈耶克：《法律、立法与自由》第一卷，邓正来、张守东等译，中国大百科全书出版社 2000 年版。

21. ［英］约翰．洛克：《政府论》下篇，叶启芳、瞿菊农译，商务印书馆 1964 年版。

22. ［英］卡尔·波普：《历史决定论的贫困》，杜汝娟、邱仁宗译，华夏出版社 1987 年版。

23. ［德］冯·冯萨维尼：《论立法与当代法学的使命》，许章润译，中国法制出版社 2001 年版。

24. ［美］约翰·麦·赞恩：《法律的故事》，刘昕、胡凝译，江苏人民出版社 1998 年版。

25. ［美］博登海默：《法理学、法哲学及其方法》，邓正来、姬敬武译，华夏出版社 1987 年版。

26. ［德］卡尔．拉伦次：《法学方法论》，陈爱娥译，商务印书馆 2003 年版。

27. ［美］尼古拉斯·布宁、余纪元编著：《西方哲学英汉对照辞典》，人民出版社 2001 年版。

28. ［美］庞德：《通过法律的社会控制——法律的任务》，沈宗灵等译，商务印书馆 1984 年版。

29. ［法］孟德斯鸠：《论法的精神》上册，张雁深译，商务印书馆 1996 年版。

30. ［古罗马］奥古斯丁：《论上帝之城》，载法律教材编辑部编《西方法律思想史资料选编》，北京大学出版社 1983 年版。

31. ［美］安德鲁·芬伯格：《可选择的现代性》，陆俊、严耕等译，中国社会科学出版社 2003 年版。

32. ［德］卡尔·拉伦次：《法学方法论》，陈爱娥译，商务印书馆 2003 年版。

33. ［日］穗积陈重：《法律进化论》，黄尊三等译，中国政法大学出版社 1997 年版。

34. ［英］J·D·贝尔纳：《科学的社会功能》陈体芳译，广西师范大学出版社 2003 年版。

35. ［英］梅因：《古代法》，沈景一译，商务印书馆 1959 年版。

36. ［英］阿克顿《自由与权力》，侯健、范亚峰译，商务印书馆 2001 年版。

37. ［英］吉米·边沁：《立法理论》，丁露、王丽等译，中国人民公安大学出版社 2004 年版。

38. ［法］让·雅克·卢梭：《社会契约论》，何兆武译，商务印书馆 1996 年版。

39. ［英］戴维·赫尔德《民主的模式》，燕继荣、方向勤等译，中央编译出版社 2004 年版。

40. ［英］约翰·邓恩：《民主的历程》，林猛等译，吉林人民出版社 1999 年版。

41. ［德］马克斯·韦伯：《韦伯作品集——法律社会学》，康乐、简惠美译，广西师范大学出版社 2005 年版。

42. ［美］艾丽斯·卡拉普编：《爱因斯坦语录》，仲维光、还学文译，杭州出版社 2001 年版。

43. ［英］A. J. M. 米尔恩：《人的权利与人的多样性》，夏勇、张志铭译，中国大百科全书出版社 1995 年版

44. ［美］乔·萨托利：《民主新论》，冯克利、阎克文译，东方出版社 1998 年版。

45. ［奥］汉斯·凯尔森：《法与国家的一般理论》，沈宗灵译，中国大百科全书出版社 1996 年版。

46. ［日］美浓部达吉：《公法与私法》，黄冯明译，中国政法大学出版社 2003 年版。

47. ［德］拉德布鲁赫：《法哲学》，王朴译，法律出版社 2005 年版。

48. ［美］迈克尔·D. 贝勒斯：《法律的原则——一个规范的分析》，张文显、宋金娜等译，中国大百科全书出版社 1996 年版。

49. ［美］路易斯·亨金：《宪政·民主·对外事务》，邓正来译，生活·读书·新知三联书店 1996 年版。

50. ［美］马丁·P·戈尔丁：《法律哲学》，齐海滨译，

生活·读书·新知三联书店 1987 年版。

51. ［意］皮罗·卡拉玛德雷：《程序与民主》，翟小波、刘刚译，高等教育出版社 2005 年版。

52. 周旺生：《立法学》，法律出版社 2004 年版。

53. 程燎原、江山：《法治与政治权威》，清华大学出版社 2001 年版。

54. 沈宗灵：《现代西方法理学》（法学丛书），北京大学出版社 1992 年版。

55. 张文显：《二十一世纪西方法哲学研究思潮》，法律出版社 1996 年版。

56. 江畅：《现代西方价值理论研究》，陕西师范大学出版 1992 年版。

57. 李德顺：《价值论》，中国人民大学出版社 1987 年版。

58. 卓泽渊：《法律价值》，重庆大学出版社 1994 年版。

59. 俞可平：《权利政治与公益政治》，社会科学文献出版社 2005 年版。

60. 吕建中等：《精益管理——21 世纪的标准管理模式》，中国海洋大学出版社 2003 年版。

61. 胡仙芝：《政务公开与政治发展研究》，中国经济出版社 2005 年版。

62. 张宏生主编：《西方法律思想史》，北京大学出版社 1983 年版。

63. 何怀宏：《伦理学是什么?》，北京大学出版社 2002 年版。

64. 沈宗灵：《现代西方法理学》（法学丛书），北京大学出版社 1992 年版。

65. 张文显：《法哲学范畴研究》，中国政法大学出版社

2001 年版。

66. 万俊人：《道德之维——现代经济伦理导论》，广东人民出版社 2000 年版。

67. 唐凯麟等：《西方伦理学流派概论》，湖南师范大学出版社 2006 年版。

68. 高其才：《法理学》，清华大学出版社 2007 年版。

69. 周天玮：《法治理想国——苏格拉底与孟子的虚拟对话》，商务印书馆 1999 年版。

70. 吕世伦主编：《西方法律思想思潮源流论》，中国人民公安大学出版社 1993 年版。

71. 徐国栋：《民法基本原则解释——成文法局限性之克服》，中国政法大学出版社 1992 年版。

72. 徐鸿武：《社会主义民主建设与政治体制改革》，人民出版社 2003 年版。

73. 孙立平：《断裂——20 世纪 90 年代以来的中国社会》，社会科学文献出版社 2003 年版。

74. 何信全：《哈耶克自由理论研究》，北京大学出版社 2004 年版。

75. 石元康：《当代西方自由主义理论》，上海三联书店 2000 年版。

76. 邢建国等：《秩序论》，人民出版社 1993 年版。

77. 李泽厚：《批判哲学的批判——康德评述》，人民出版社 1979 年版。

78. 金端林主编：《环境与资源保护法》，北京大学出版社 2006 年版。

79. 邱仁宗编著：《科学方法和科学动力学——现代科学哲学概述》，高等教育出版社 2006 年版。

80. 韩震主编：《西方哲学概论》，北京师范大学出版社2006年版。

81. 王铭铭：《乡土社会的秩序、公正与权威》，中国政法大学出版社1997年版。

82. 潘念之主编：《法学总论》，上海知识出版社1981年版。

83. 葛洪义主编：《法理学》，中国政法大学出版社1999年版。

84. 周林彬：《物权法新论》（法学论丛——民商法系列），北京大学出版社2002年版。

85. 戚渊：《论立法权》，中国法制出版社2002年版。

86. 吕建中、陈雪平：《和谐社会主义——通向共产主义的科学路径》，经济科学出版社2006年版。

87. 郭金红：《道德责任论》，人民出版社2008年版。

88. 姚国建：《违宪责任论》，知识产权出版社2006年版。

89. 张明楷：《刑法学》（上），法律出版社1997年版。

90. 陈兴良：《刑法的价值构造》，中国政法大学出版社1998年版。

91. 何勤华等：《法治的追求——理念、路径和模式的比较》，北京大学出版社2005年版。

92. 王利明：《民法学》，中国人民大学出版社2000年版。

93. 季正矩：《通往廉洁之路——中外反腐败的经验与教训研究》，中央编译出版社2005年版。

94. 史尚宽：《民法总论》，中国政法大学出版社2000年版。

95. 王利明：《民法总则研究》，中国人民大学出版社2003年版。

96. 苏惠祥主编：《商法概论》（中国商法系列），吉林人民出出版 1993 年版。

97. 梁慧星主编：《民商法学》第 2 卷，法律出版社 1994 年版。

98. 黄晓林：《商法总论》，齐鲁书社 2004 年版。

99. 申卫星：《民法学》，北京大学出版社 2003 年版。

100. 贾俊玲：《劳动法学》，中央广播电视大学出版社 2003 年版。

101. 刘旭：《国际劳工标准概述》，中国劳动和社会保障出版社 2003 年版。

102. 杨一平：《司法正义论》，法律出版社 1999 年版。

103. 丛杭青：《陈词证据研究》，人民出版社 2005 年版。

104. 孙长永：《沉默权制度研究》，法律出版社 2001 年版。

后　记

在立法中以道德的正当性为核心内容所体现的立法价值，这一当然的和质朴的逻辑长期以来一直激励着我去思考这一理论和现实的问题，尽管现实的不尽人意也曾使我困惑迷茫，但心中的渴望和等待不会让理性的思维停留，更不会放弃肩负的责任。

在本书出版之际，谨向所有关心、支持和帮助我的人表示由衷的谢意！

首先我要感谢我的母亲，虽然母亲只是一名普遍的工人，也没有太多的文化，但是自从我8个月父亲因公逝世后，母亲独自用她勤劳的双手养育了我们姐妹四人，她的质朴、善良和正直的品性也深深影响着我的人生。感谢我的三姐和姐夫，是他们一直以来承担了照顾我年老多病母亲的重任，也使我能有更多的精力从事我所喜欢的事业。感谢我的爱人和女儿长期以来对我的关怀，特别是在我写作本书的过程他们承担了大部分家务，并在物质和精神方面给予了我莫大的支持和安慰。

感谢中国社会科学院法学研究所邱本研究员，由于他的博学和悉心指教，帮助我解决了诸多的理论难题。

感谢中央编译局的季正矩教授、中国海洋大学法学院的徐祥民教授和刘惠荣教授、青岛大学法学院王圣诵教授和王国征教授长期以来在学术方面对我的引领、鼓励和帮助。

感谢北京师范大学哲学与社会科学院的张曙光教授、韩震教授、程光泉教授、李景林教授、徐文明教授、晏辉教授、刘啸霆教授、刘清平教授等在我于北师大学习期间所给予我的哲学知识和思维方法方面的教诲！

感谢我所工作的院领导钱国旗教授、陈红军教授、李曙新教授、王松平教授多年以来对我的鼓励和支持。感谢我的同仁们张德友、魏雅勤、赵茗、扬育明、粟霞、马斗成、郭金红、马涛、蔡晓红、刁世存、赵炜、庚建凤、鞠树成、万英慧、宫振胜、刘玲、王蓓、刘丽、常青、薛洁、刘学杰、刘子阳等在平日的工作和学习中对我的关心和帮助。

本书虽然是我一人所劳之作，但绝不属于我一个人，在我写作过程中广泛吸取和借鉴了古今中外学者、专家的研究成果和资料，在此一并对他们表达我心中的敬意和最诚挚的感激之情！我要特别感谢不曾相识的我国当代五位法学界的知名专家：吉林大学法学院张文显教授、北京大学法学院周旺生教授、中国人民大学法学院王利明教授、中国社会科学院法学研究所梁慧星研究员、中南政法学院徐国栋教授。是他们多年的理论研究所取得的学术成果，给了我莫大的启迪，使我受益匪浅。另外我还要特别感谢《民主与法制》杂志社编辑和作者们，是他们对现实敏捷的洞察力和高度的社会责任感，使这一期刊的诸多文章给我提供了解我们这一时代民主法制全貌的窗口，也为我在写作本书的过程中提供了大量的第一手真实材料，并成为了我书中论点中重要的、难得的现实依据。

由于本人学识有限，对一些相关问题的思考认识还没达到一个成熟的理论阶段，还需要不懈地努力和完善，因此书中的诸多观点和想法不免会有不足和不当之处，敬请各位专家、读者赐教！

我们处在一个太多矛盾和痛楚的社会，由此也就更希冀着和谐社会所能带来的善良和美好的天空，而能够撑起这片天空的无疑是法治，而法治需要良法才能达到善治，而立良法，道德无疑是当然的、坚实的立法价值的根基。无论社会发生怎样的变迁，无论历史中出现过多少道德的沦丧，都不能阻挡人类对道德正当性——善的共识和向往！

陈雪平

2009 年 6 月 22 日于青岛大学